DORRANCE / DANNENBECK
DOING INCLUSION

DOING INCLUSION
Inklusion in einer nicht inklusiven Gesellschaft

herausgegeben von Carmen Dorrance
und Clemens Dannenbeck

VERLAG JULIUS KLINKHARDT
BAD HEILBRUNN 2013

k

Dieser Titel wurde in das Programm des Verlages mittels eines Peer-Review-Verfahrens aufgenommen. Für weitere Informationen siehe www.klinkhardt.de.

Bibliografische Information der Deutschen Nationalbibliothek
Die Deutsche Nationalbibliothek verzeichnet diese Publikation
in der Deutschen Nationalbibliografie; detaillierte bibliografische Daten
sind im Internet abrufbar über http://dnb.d-nb.de.

2013.k. © by Julius Klinkhardt.

Bildnachweis Cover: © Carmen Dorrance auf der Basis von Schlüsselbegriffen im Text von Ines Boban/Robert Kruschel/Anja Wetzel in diesem Band (S. 72ff).
Druck und Bindung: AZ Druck und Datentechnik, Kempten.
Printed in Germany 2013.
Gedruckt auf chlorfrei gebleichtem alterungsbeständigem Papier.

ISBN 978-3-7815-1900-8

Inhaltsverzeichnis

6

Carmen Dorrance / Clemens Dannenbeck

Doing Inclusion.
Zur Einführung in den Band

Das Jahr 2011 war im deutschsprachigen Raum von intensiven Aktivitäten im Zuge der Umsetzung der *UN-Konvention über die Rechte von Menschen mit Behinderungen* (CRPD, UN-BRK) geprägt – in Deutschland schlug sich dies etwa in bundesweiten und ersten länderspezifischen Aktionsplänen, in überarbeiteten Gesetzentwürfen sowie zahlreichen Eckpunktepapieren oder Leitlinienformulierungen unterschiedlicher Einrichtungen, Interessenverbänden etc. nieder. Solchermaßen veränderte Rahmenbedingungen beeinflussen dabei nicht zuletzt auch die Praxis an den unterschiedlichsten Orten – wenngleich nicht immer ohne Weiteres in einer als intendiert zu unterstellenden Art und Weise. Bisweilen erstreckt sich ihr Einfluss auch weniger auf die eigentliche Handlungsebene, als vielmehr auf die Ebene des *Denkens über* Inklusion: *Doing Inclusion*'.

Wenn es richtig ist, dass Inklusion im Kopf beginnt, so kommt es umso mehr darauf an, wie in den handlungs- und entscheidungsmächtigen Köpfen, sprich in den dort geführten Diskursen, über Vielfalt geredet und *Inklusion*' verhandelt wird. Das, was sich jeweils politisch als theoretische Konsequenz und praktische Umsetzung der UN-BRK durchsetzt, darf und muss dabei der fortgesetzten fachlichen, wissenschaftlichen wie zivilgesellschaftlich geführten kritischen Reflexion ausgesetzt bleiben. Längst sind allenthalben *inklusive Entwicklungen*' beobachtbar, jedenfalls in Gestalt von Entwicklungen, die unter einer solchen oder ähnlichen Bezeichnung firmieren – und doch repräsentieren diese Entwicklungen jeweils lediglich spezifische *Lesarten*' von inklusiven Prozessen und Bemühungen, die zwar ihre eigenen, neuen Realitäten hervorbringen, gleichzeitig aber auch zu neuen Herausforderungen führen.

Der Band stellt insofern eine Momentaufnahme des *Stands der Diskussion*' in fachwissenschaftlicher und politischer Hinsicht dar – jedoch nicht mit dem Anspruch, eine systematische Zwischenbilanz ziehen zu wollen oder zu können, sondern vielmehr mit dem Anliegen eines kritischen Innehaltens inmitten einer beobachtbaren Inklusionsrhetorik, die von ihrem inflationären Cha-

rakter bisweilen schwerlich ablenken kann. Es erschien uns dringlich geboten, den (Zu)Stand des deutschsprachigen Inklusionsdiskurses im Spiegel der
sich vollziehenden *Policy-Making-Prozesse* zu reflektieren und dabei ggf.
auch an die *‚radikalen'* (*Ines Boban, Robert Kruschel* und *Anja Wetzel* in
diesem Band) Konsequenzen der erfolgten Werteorientierung und -entschei-
dung zugunsten einer inklusiven Gesellschaftsentwicklung (und diese stehen
durch die Ratifizierung der UN-BRK im Sinne geltenden Rechts unzweifel-
haft auf der Tagesordnung) zu erinnern sowie die beobachtbaren (politischen,
rechtlichen, gesellschaftlichen) Entwicklungen kritisch zu begleiten.

Dabei geht es auch aus fachwissenschaftlicher Sicht einmal mehr darum, sich
der theoretischen Grundlagen und des *‚gemeinten Sinns'* des Inklusions-
verständnisses, das in der UN-BRK verankert ist, (aufs Neue) zu vergewis-
sern. Aus diesem Grund sollte einer der roten Fäden der Jahrestagung 2012
der Integrations- und Inklusionsforscher/-innen im deutschsprachigen Raum
darin bestehen, Begegnungen und Austausch unterschiedlicher Fachdiskurse
über Inklusions- und Exklusionsverhältnisse zu veranlassen. In diesem Sinn
haben wir im Rahmen der Hauptvorträge namhafte Vertreter/-innen aus unterschiedlichen Theorietraditionen und disziplinären Zusammenhängen eingeladen, die sich seit langem mit Inklusions- und Exklusionsverhältnissen
befassen. So unternimmt *Justin J.W. Powell* einen soziologisch informierten
internationalen Vergleich sonderpädagogischer Fördersysteme im Prozess
der Transformation, *Olaf-Axel Burow* entwirft seine Perspektive Positiver
Pädagogik und Minou Banafsche betrachtet die Situation von Kindern und
Jugendlichen mit Behinderung in der deutschen Sozialgesetzgebung im Licht
der UN-BRK aus juristischer Sicht.

Auch der (im letzten Jahr in Bremen) eingeforderte Blick über den Tellerrand
schulischer Inklusion hinaus sollte dabei eine prominentere Rolle spielen.
Infolgedessen findet sich unter den Beiträgen, die im Rahmen der AGs diskutiert wurden und in diesen Band Eingang gefunden haben, auch eine Reihe
von Themen, die über schul- und bildungstheoretische Felder deutlich hin-
ausweisen. Die Beiträge von *Mario Schreiner, Marion Sigot, Matthias
Windisch/Viviane Schachler* und *Daniela Rölke, Arnold Köpcke-Duttler, Pia
Arend/Bernadette Felder/Marion Fuhrman* sowie *Judith Dubiski/Andrea
Platte* repräsentieren diesen Blick über den (schul)pädagogischen und bildungspolitischen Tellerrand hinaus.

Die Beiträge von *Andreas Hinz/Robert Kruschel* sowie *Ines Boban/Ivo
Grossrieder/Andreas Hinz* schreiben die empirischen Erfahrungen und Dis-
kussionen zur Weiterentwicklung der Arbeit mit dem (deutschsprachigen)
Index für Inklusion fort.

Ein weiterer Schwerpunkt des Bandes bildet der Blick auf empirisch fundierte und methodisch sowie theoretisch innovative Forschungsprojekte, die sich im engeren und weiteren Sinn mit Fragen um die Konsequenzen schulischer Inklusionsprozesse (*Reimer Kornmann*), die Bedingungen sozialer Konstruktionsverhältnisse (*Kirstin Puhr/Teresa Budach; Nina-Kathrin Finnern/Anja Thim; Sandra Pohl*), inklusionsorientierter Unterrichtsforschung und Schulentwicklung (*Tanja Sturm; Lisa Pfahl/Simone Seitz; Katja Scheidt/Andreas Köpfer*) sowie Lehrerbildung (*Marcel Veber/David Rott/Christian Fischer; Natascha Korff*) drehen.

In diesem Jahr fand die Integrations- und Inklusionsforscher/-innentagung nach 26 Jahren zum ersten Mal in Bayern (in Wartaweil am Ammersee) statt. Es ist seit jeher Anliegen dieser Wissenschaftstagung, im Gastgeberland mit zur (bildungs)politischen Debatte um Integrations- und Inklusionsprozesse beizutragen und sich aus fachwissenschaftlicher Sicht in die vorherrschenden Diskurse einzubringen. Dem Austausch mit den jeweils die bildungspolitischen Entwicklungen prägenden Positionen ist dabei stets ein Forum geboten. Der Beitrag des *Bayerischen Staatsministeriums für Unterricht und Kultus*, der von Ministerialdirigentin *Heike Götz* vorgetragen wurde, fasst in diesem Sinne den Stand und die Position der Bayerischen Staatsregierung im Zusammenhang mit der schulischen Umsetzung der UN-BRK in Bayern zusammen. Eine kritische Stellungnahme zur abschließenden Podiumsdiskussion mit Vertreter/-innen aus Wissenschaft und Politik verfasste *Christine Primbs* aus ihrer Sicht als Elternvertreterin. Aus den Diskussionen der Tagung heraus wurde schließlich ein Offener Brief mit ebenso offenen Fragen an die Kultusministerien der Bundesländer formuliert, verbunden mit einer Einladung zur kommenden Tagung der deutschsprachigen Integrations- und Inklusionsforscher/-innen 2013 in Leipzig.

Als methodische Konsequenz aus dem Resümee, das am Ende der Jahrestagung in Bremen 2011 formuliert wurde, haben wir uns ferner dafür entschieden, mehr Raum und Zeit für spontane und informelle Diskussionen bereitzustellen. Zur Entschleunigung des Ablaufs einer solchen Jahrestagung luden wir deshalb unter der professionellen Leitung von *Christian Kemper* zu einem ganztägigen Open Space ein. Auf diese Weise wurde den individuellen Fragen, Bedürfnissen und Reflexionen der Teilnehmer/-innen entsprechender Spiel-Raum geboten, um selbstbestimmt die ‚*eigene Baustelle*' im Inklusionsprozess und -diskurs zu bearbeiten. Dies führte naturgemäß nicht notwendigerweise zu ausformulierten ‚*fertigen*' veröffentlichungsreifen Texten, wie sie der Standard eines ‚*Tagungsreaders*' erwarten lässt. Zu hoffen bleibt aber, dass dabei viele Gedanken angestoßen wurden, die eine zumindest mittelfristige Wirkung zeitigen, insofern sie in den weiteren Fachdiskurs in nachhaltiger Weise eingebracht werden können.

Wir danken allen Teilnehmer/-innen der Tagung für ihre vielfältigen Beiträge und Ihr persönliches Engagement. Ebenso danken wir allen Autor/-innen für die inhaltliche Gestaltung des Tagungsbandes.

München im Januar 2013

Die Herausgeberin und der Herausgeber

Carmen Dorrance und Clemens Dannenbeck

Justin J.W. Powell

Von Exklusion und Inklusion sonderpädagogischer Fördersysteme im internationalen Vergleich

Zusammenfassung

Früher durften viele Kinder gar nicht in die Schule. Manche Leute dachten, diese Kinder könnten nicht so gut lernen. Heute wissen wir: Sie können lernen! Am besten lernen Kinder und Jugendliche, wenn sie gemeinsam lernen und in die gleichen Klassen gehen. Das heißt *„Inklusion"*. Aber Inklusion ist schwierig, weil es schon so viele Sonderschulen und Sonderklassen gibt. Viele Kinder und Jugendliche dürfen die Schule nebenan nicht besuchen. Deshalb müssen wir die Schulen verbessern, nicht nur in Deutschland, sondern auch anderswo. Das Gesetz sagt das und zeigt auch wie. Menschen aus allen Teilen der Welt haben gute Ideen. Sie können uns helfen. Wir wollen die besten Schulen haben – damit alle gut lernen!

1. Einleitung

Ausgangspunkt folgender Überlegungen zur Entwicklung von (Aus-)Bildungssystemen zwischen Exklusion und Inklusion ist das globale Ziel der inklusiven Bildung. Von 2006 bis Juni 2012 haben 115 Länder die UN-Behindertenrechtskonvention (UN-BRK) ratifiziert (United Nations 2012). Artikel 24 definiert inklusive Bildung als Menschenrecht:

> „Die Vertragsstaaten (sichern) ... den Zugang zu einem inklusiven, hochwertigen und unentgeltlichen Unterricht an Grundschulen und weiterführenden Schulen (sowie) ... zu allgemeiner tertiärer Bildung, Berufsausbildung, Erwachsenenbildung und lebenslangem Lernen" (Art. 24, UN-BRK).

Damit wird inklusive Bildung zur globalen Norm – und zum einklagbaren Recht. Dennoch finden wir weltweit derzeit sehr wenige Bildungssysteme, in denen alle Schülerinnen und Schüler in *„inklusiven"* Klassen gemeinsam lernen. Gleichzeitig nimmt die sonderpädagogische Förderung seit Jahrzehnten weltweit zu, oft in Sonderschulen oder -klassen. Sowohl die Förderquoten als auch die Förderorte weisen eine erstaunliche Varianz auf, denn die Schulbildung und individuelle Förderung wird international sehr unterschiedlich organisiert. Entlang des gesamten Lebenslaufs müssen Barrieren abgebaut werden, um Zugang zu Bildung und Ausbildung zu sichern und somit die Teilhabe am gesellschaftlichen Leben zu unterstützen. Insbesondere in Deutschland, wo im internationalen Vergleich immer noch ein äußerst hoher Anteil an Schülerinnen und Schülern mit sonderpädagogischem Förderbedarf (SPF) an Sonderschulen unterrichtet wird, stellt dies eine große Herausforderung dar. Aber auch für Nationalstaaten wie die USA mit längerer Traditionen der flächendeckenden schulischen Integration – dem Schulbesuch von Schülerinnen und Schülern mit SPF in Regelschulen (jedoch oft in Sonderklassen) – wächst aufgrund der UN-BRK der Druck zu grundlegenden Reformen. Sowohl die schulischen Strukturen als auch pädagogische Praxen sollen sich weiterentwickeln, hin zu einer ‚Schule für Alle' und zwar unabhängig von den Lernausgangslagen.

Daraus ergibt sich die Leitfrage: Warum sind Bildungssysteme so unterschiedlich in ihrer Förderung von förderbedürftig wahrgenommenen und benachteiligten Schülerinnen und Schülern? Weltweit, aber auch innerhalb von Regionen wie Europa, gibt es stark kontrastierende Bildungssysteme und variierende Organisationsformen der Lernförderung. In manchen Systemen werden nahezu alle Schülerinnen und Schüler gemeinsam unterrichtet, wie in Italien und Norwegen. Dagegen wurde die räumliche Trennung von Regel- und Sonderschulen in „binären" Systemen wie Deutschland beibehalten. Viele Nationalstaaten in Europa und Nordamerika haben jedoch ihre Bildungssysteme derart reformiert, dass ein „Kontinuum" an Förderorten, von Sonderschulen über Sonderklassen zu inklusiven Klassen entstanden ist (vgl. European Agency for Development in Special Needs Education 2011). Es ist ein gradueller Wandel festzustellen: von der Exklusion zur vollständigen Inklusion entlang eines Kontinuums von Segregation (Trennung zwischen Gebäuden), über Separation (Trennung innerhalb eines Gebäudes) und Integration (teilweise gemeinsamer Unterricht) hin zu vollständiger Inklusion (gemeinsamer Unterricht) (Powell 2011). Auch Deutschland bewegt sich, Schritt für Schritt, in diese Richtung.

Internationale Vergleiche sonderpädagogischer Fördersysteme und inklusiver Bildung zeigen auf, wie „schulische Behinderung" (Powell 2007) aufgrund von Stigmatisierung und verminderter Lernopportunitäten in segregierten Settings entsteht und welche negativen Folgen dies für Individuen und Gesellschaften hat. Um die Barrieren der Umsetzung inklusiver Bildung überwinden zu können, muss daher zunächst die Institutionalisierung segregierender und separierender Bildungssysteme verstanden werden. In diesem Beitrag wird vor allem auf Forschungsergebnisse folgender Studien zurückgegriffen: *Barriers to Inclusion: Special Education in the United States and*

Germany (Powell 2011) und *Comparing Special Education: Origins to Contemporary Paradoxes* (Richardson/Powell 2011). Zunächst werden institutionelle Ansätze zur Erforschung ländervergleichender und historischer Fragestellungen vorgestellt, wie sie in den Studien entwickelt wurden.

2. Vergleichend-institutionelle Ansätze zur Erforschung sonderpädagogischer Fördersysteme und inklusiver Bildung

Es gibt viele Gründe diese in der Erziehungswissenschaft relativ rare Perspektive anzunehmen. Erstens hat es, vor allem seit dem Zweiten Weltkrieg, eine massive weltweite Bildungsexpansion gegeben, die kein Land unberührt ließ: Die Institutionalisierung schreitet voran. Bildung wurde zunehmend als Menschenrecht verstanden, was mit dem Motto „*Bildung für Alle*" („*Education for All*") zum Ausdruck kommt. Zweitens hat sich die Sonderpädagogik vor Einführung der allgemeinen Schulpflicht etabliert, so dass die Betrachtung dieser Entwicklungen viel über die Ursprünge von Bildungssystemen insgesamt aussagt, besonders die Leitprinzipien und Begründungen schulischer Strukturen und pädagogischen Handelns. Drittens ermöglicht eine ländervergleichende Perspektive die Kritik des Status quo, wie auch historische Vergleiche die Kontingenz der Entwicklungen unterstreichen. Seit Jahrhunderten werden Vergleiche als Quelle der Erkenntnis genutzt, in dem Selbstverständlichkeiten hinterfragt werden können. Viertens werden in unserer globalisierten Welt die Versuche des „*Lernen von anderen*" zugleich immer wichtiger und immer üblicher. Ob Schulleitungstests, Benchmarks oder Rankings, kein Land kann sich mehr den internationalen Vergleichsprozessen entziehen, auch nicht im Bereich der inklusiven Bildung (vgl. z.B. OECD 2007).

In einem solchen Ansatz wird von der grenzüberschreitenden Transnationalisierung ausgegangen, gemessen anhand der Diffusion von Ideen und Leitbildern, von Normen und konkreten Standards, oder gar von ganzen Politiken, wobei in allen drei Dimensionen die Interpretationen problematisiert und Implementationsprozesse analysiert werden müssen. Einerseits fungieren solche Modelle als „*internationale Argumente*" zur Inspiration und Legitimation nationaler und lokaler Reformagenden (vgl. Gonon 1998). Andererseits wird in diesen supranationalen Modellen auch etwas Neues konstruiert, basierend auf internationalen Aushandlungsprozessen. Die weltweite Bildungsrevolution (vgl. Meyer 2005) hat Bildung als Menschenrecht zu einer Selbstverständlichkeit erhoben, wobei die Realisierung in vielen Weltregionen noch aussteht. Überall lassen sich Disparitäten im Zugang, in Lernopportunitäten und in Abschlüssen finden. Eine Reaktion auf diese stetig gestiegenen Ansprüche und die Diffusion formalisierter Bildung sind verstärkte Messungen und Standardisierung, wie in den OECD-PISA Schulleistungstests ersichtlich, wobei in diesem Bereich die Exklusion von Schülerinnen und Schülern mit Förderbedarf problematisiert werden muss – und nicht nur ein Messungsproblem darstellt. Dazu ist seit 2006 die UN-BRK gekommen, im dem nicht nur Bildung an sich, sondern inklusive Bildung als Recht definiert wird und somit über Jahrhunderte gewachsene und hochgradig segregative oder separierende Bildungssysteme in Frage gestellt werden.

Wie sollen sonderpädagogische Fördersysteme sowie *inklusive* Bildung und ihre Institutionalisierung (auch im Ländervergleich) untersucht werden? Erstens wird der Blick auf die Klassifizierung gelegt. Welche Definitionen, Bedeutungen und welchen Anteil haben unterschiedliche Kategorien des Förderbedarfs, der Behinderung und der Benachteiligung: Wer wird überhaupt förderbedürftig? Wie werden Differenzen und Vielfalt definiert? Zweitens wird analysiert, welche Förderorte, also welche Schulen und Klassen, im Bildungssystem bereitgestellt und welche Standards festgelegt werden? Drittens wird nach individuellen Bildungs- und Lebensverläufen gefragt: Welche Schulabschlüsse werden erlangt und wie werden die Übergänge und Zugänge zur Berufsbildung, zur Hochschule und zum Arbeitsmarkt unterstützt? Wie gestaltet sich die spätere Teilhabe und Lebenschancen von Abgänger und Abgängerinnen dieser Schulformen?

Vergleichende und institutionelle Analysen bieten reichhaltige Fallstudien der sozialen und politischen Konstruktion von *„Fähigkeit"* und *„Förderbedarf"*, von *„Behinderung"* und *„Benachteiligung"*. Angesiedelt sind solche Studien an der Schnittstelle Benachteiligung und Stigmatisierung, zugleich der weltweiten Behindertenbewegung und Stärkung der Menschenrechte, worauf ihre hohe Bedeutung für die Gerechtigkeit und der Demokratie basiert. Aufgrund der relativ kleinen, aber wachsenden Anzahl solcher internationalen Vergleiche (auf Deutsch siehe z.B. Klauer/Mitter 1987; Benkmann/Pieringer 1991; Hans/Ginnold 2000; Albrecht/Bürli/Erdélyi 2006; Bürli/Strasser/Stein 2009), gibt es eine ganze Reihe von Forschungslücken, die sich von Ideen und Prinzipien, Interessen und Normen oder Standards, bis hin zu Rechten und Ressourcen hinzieht. Um die Grenzen der inklusiven Bildung zu erkennen, zu verstehen und zu verändern, bedarf es Studien der Fördersystementwicklung. Im Folgenden wird dies anhand eines deutschamerikanischen Vergleichs kurz demonstriert.

3. Die Institutionalisierung von sonderpädagogischen Fördersystemen

Der hier verfolgte Ansatz nutzt sowohl den historischen als auch den soziologischen Neoinstitutionalismus, angewandt auf den Gegenstandsbereich der

Bildung, insbesondere auf sonderpädagogische Fördersysteme (vgl. Powell 2009). Der Fokus liegt auf der Institutionalisierung diverser Organisationsformen – von Sonderschulen und Sonderklassen bis hin zu inklusiven Klassen – und analysiert deren Entwicklung über die Zeit und in verschiedenen Kontexten. Institutionen bauen auf kognitiven, normativen und regulativen Strukturen und Verhaltensweisen auf. Institutionalisierung, verstanden als Entwicklungsprozess der Verfestigung sozialer Normen und Verhaltensmuster, kann über diese Dimensionen untersucht werden. Nach Scotts (2008) klassischer Darstellung sollten drei Säulen analysiert werden, in diesem Fall: Behinderungsparadigmen und -kategorien als kulturell-kognitive Säule, die sonderpädagogische Profession und Organisationsformen als normative Säule und die Bildungspolitik und Rechtsprechung als regulative Säule. Diese umfassende Konzeption unterstützt die Untersuchung fundamentaler Aspekte der Institution der sonderpädagogischen Förderung oder – kritisch – der *„schulischen Behinderung"* (vgl. Powell 2007, 2009). Historisch wird besonderes Augenmerk auf das Konzept der *„Pfadabhängigkeit"* gelegt, also die Verfestigung und Reproduktion und der gerichtete Wandel bereits etablierter Institutionen. Hier kann vor allem zwischen inkrementellem und transformativem Wandel unterschieden werden, z.B. der stetige Ausbau des Sonderschulwesens seit den 1960er-Jahren bis heute in Westdeutschland im Vergleich zur Transformation des Bildungswesens in den neuen Bundesländern nach der Wiedervereinigung (mit einer dramatischen Erhöhung der Sonderbeschulung in den neuen Bundesländern, vgl. KMK 2012). Die Persistenz einmal existierender Schulformen wird in vielen Ländern deutlich, sei es die Sonderschule in Deutschland oder die Sonderklassen in den USA als Hauptorganisationsformen für die Bereitstellung von Förderung.

Grundlegend wird nach den *„institutionellen Logiken"* gefragt: Welche Prinzipien und Leitbilder waren ausschlaggebend im Prozess der Institutionalisierung bestimmter Standards und Organisationen, Professionen und Politiken? Die Frage des Wandels bildet einen weiteren Schwerpunkt solcher Analysen, denn diese Systeme haben sich zunehmend auseinander entwickelt. Nicht nur international, sondern auch intranational, etwa in föderalen Ländern wie den USA oder Deutschland gibt es Divergenz in den Entwicklungen hin zur inklusiven Schule. Derzeit kann in Deutschland in Hinblick auf die Implementierung der UN-BRK-Vorgaben eines inklusiven Bildungssystems (noch) wenig Transformation beobachtet werden. Verschiedene Arten des inkrementellen Wandels können jedoch gefunden werden: Derzeit wirkt die UN-BRK in Schleswig-Holstein als *„Verstärker"* des dortigen jahrzehntelangen Auf- und Ausbaus der schulischen Inklusion (Blanck/Edelstein/Powell 2013), wohingegen in Bayern vielfältige Barrieren der schulischen Inklusion trotz der UN-BRK bestehen bleiben (vgl. Schöler/Merz-Atalik/Dorrance 2010). Insbesondere in föderalen politischen Systemen darf die Analyse von Disparitäten nicht auf der Aggregatebene von Mittelwerten stehen bleiben, da es auch regional große Varianz gibt; es sind intranationale Vergleiche von Nöten. Die durchgeführten Analysen sind der Lebenslaufperspektive verpflichtet, da wir wissen, dass die frühe Benachteiligung unweigerlich zu schwierigen Übergängen und hohen Folgekosten führt, nicht nur in der Schule, sondern in den sozialen Sicherungssystemen und am Arbeitsmarkt. Eine weitere theoretische Perspektive, die diese Untersuchungen geprägt hat, ist die der Disability Studies, welche einen Paradigmenwechsel von der Defizitorientierung des medizinischen oder klinischen Modells hin zum minderheits- und menschenrechtsbasierten Verständnis eines sozialen und kulturellen Modells von Behinderung emphatisch verfolgt.

Die Geschichte der beiden Bildungssysteme und deren Förderorte zeigt deutlich eine Divergenz über die letzten hundert Jahre aufgrund kontrastierender *„institutionellen Logiken": „interschulische Segregation"* in Deutschland und *„intraschulische Separierung"* in den USA. Beginnend in 1900 gab es eine lange Phase der Nachahmung, in dem im gegliederten Bildungswesen Deutschlands die Hilfsschule (Sonderschule) entwickelt wurde, nach der Logik *„homogener"* Lerngruppen und eigenständiger Schulformen. In Vergleich dazu wurden in den Gesamtschulen der USA Sonderklassen etabliert, die jedoch alle Schülerinnen und Schüler mit Förderbedarf gemeinsam in heterogenen Klassen zu unterstützen versuchten. In der zweiten Phase, der Expansion und der Differenzierung (seit etwa der 1950er-Jahre), kam es mit der universellen Schulpflicht und der sonderpädagogischen Förderung zu heterogenen Schülerschaften, wobei in amerikanischen Schulen eine individuelle Differenzierung nach Kategorien der Beeinträchtigung vorgenommen wurde, hingegen in Deutschland die organisatorische Differenzierung (nach Sonderschularten) für die Förderung ausschlaggebend war. In der dritten und bis heute andauernden Phase zeichnet sich ein Konflikt zwischen der Persistenz der legitimierten Selektion in Sonderklassen oder -schulen (mit vielen Ressourcen, jedoch niedrigem Status) und dem Wandel hin zur inklusiven Bildung. Seit den 1970er-Jahren folgen elterliche, professionelle und politische Interessen alle der *„institutionellen Logik"* der Bildungssysteme, nämlich der Separation in den USA und der Segregation in Deutschland, weshalb diese Länder herausgefordert sind, inklusive Bildung für Alle zu verwirklichen.

Um die nationalen Reformprozesse zu analysieren, die diese globalen Bewegungen auslösen, ist die international vergleichende Bildungssystemforschung hilfreich. Es werden institutionelle, soziokulturelle und bildungspolitische Kontextfaktoren herausgearbeitet, die zu unterschiedlichen Entwicklungsdynamiken und Institutionalisierungsprozessen der Fördersysteme geführt haben. Idealerweise werden Bildung und Ausbildung im Kontext gesellschaftlicher Entwicklungen nachgezeichnet. Der hier verfolgte institutionelle, systembezogene Ansatz fokussiert auf Schnittstellen, Kopplungen und Wechselwirkungen zwischen Institutionen und organisatorischen Feldern, wie z.b. die sonderpädagogischen Fördersysteme und das allgemeine Bildungswesen, die gemeinsam für die Überweisungen und Übergänge von Kindern und Jugendliche mit sonderpädagogischem Förderbedarf verantwortlich sind. Um die Wirkung und Umsetzung der UN-BRK zu analysieren, bedarf es einer Verbindung dieser Perspektiven auf diversen Ebenen.

4. Klassifizierung, Lernopportunitäten (Förderorte), Abschlüsse und Übergänge

In Deutschland und den USA hat eine massive Bildungsexpansion stattgefunden. Seit den 1960er Jahren wurden die Bildungssysteme zunehmend für als förderbedürftig wahrgenommene Kinder geöffnet. In beiden Ländern erhalten mehr Kinder und Jugendliche eine sonderpädagogische Förderung als je zuvor. Gleichzeitig gibt es in beiden Ländern eine deutliche Überrepräsentanz von männlichen Schülern, ethnischen Minoritäten und sozial Benachteiligten in den sonderpädagogischen Maßnahmen. Dennoch zeigen die Ergebnisse auch bedeutende Unterschiede in den individuellen Schülerkarrieren und den institutionellen Strukturen der sonderpädagogischen Förderung, sowohl zwischen den beiden Ländern, als auch innerhalb des jeweiligen Landes.

4.1 Klassifizierungsraten

Die grundsätzliche Frage lautet: welche und wie viele Schülerinnen und Schüler werden als förderbedürftig wahrgenommen? Die historische Bedingtheit der Klassifikationssysteme, wie die der „Sonderschulbedürftigkeit" (Deutschland, 1950er-Jahre bis 1994) bis hin zu den aktuellen „Förderschwerpunkten" (seit 1994) oder der Internationalen Klassifikation der Gesundheit, der Funktionsfähigkeit und der Behinderung der Weltgesundheitsorganisation (seit 2001) wird in vergleichende Analysen ersichtlich. Wie in vielen Ländern haben auch in Deutschland immer mehr Kinder und Jugendliche einen diagnostizierten „sonderpädagogischen Förderbedarf" (SPF); im Jahre 2010 486.564 oder 6,4% aller Schülerinnen und Schüler im Alter der Vollzeitschulpflicht (KMK 2012: XI). Die Mehrheit der Schülerinnen und Schüler mit SPF kommt aus ärmeren Familien. Gegeben dieser Tatsache drängt sich die Frage auf, ob die Förderung eine Kompensation oder eine

Verstärkung sozialer Benachteiligung darstellt? Förderung heißt Ressourcen-zuwendung, kann aber auch zu einer (lebenslangen) Stigmatisierung führen, deshalb wird von einem „Ressourcen-Etikettierungs-Dilemma" (Füssel/ Kretschmann 1993) gesprochen: es gilt die positiven und negativen Konse-quenzen der Klassifizierung abzuwägen (vgl. Hofsäss 1993; Kottmann 2006). In vielen Ländern finden wir die „Achilles-Ferse" der Sonderpädagogik, nämlich die z.T. erhebliche Überrepräsentation von ethnischen Minderheiten. Kinder und Jugendliche mit Migrationshintergrund sind dabei deutlich über-repräsentiert (vgl. Powell/Wagner 2002; Kornmann 2003; Wagner/Powell 2003). Ähnlich wie in Deutschland sind ethnische Minderheiten in Kanada, Neuseeland und den USA seit Jahrzehnten in sonderpädagogischen Maß-nahmen deutlich häufiger vertreten als in der Gesamtschülerschaft (Gabel et al. 2009).

4.2 Lernopportunitäten

Von den zahlreichen Unterschieden scheinen sowohl die Behinderungsbe-griffe als auch die Organisationsformen der sonderpädagogischen Unterstüt-zung von zentraler Bedeutung zu sein. Während in Deutschland ein hoch differenziertes Sonderschulwesen etabliert ist, stellt die Partizipation einzel-ner Kinder im Einheitsschulsystem in den USA das primäre Ziel dar. Diese „Integration" (früher: mainstreaming) erfolgt aber zumeist in separaten Klassen. Aufbauend auf den Erfolgen anderer Bürgerrechtsbewegungen der 1960er und 1970er Jahre konnte die amerikanische Disability Rights-Bewegung die schulische Integration sowie Antidiskriminierungsgesetze durchsetzen.

In beiden Ländern vollzieht sich, wie in vielen westlichen Ländern, ein gra-dueller Übergang von der Exklusion zur vollständigen Inklusion. Eine Über-windung der prinzipiellen Exklusion, wie sie in den 1960er-Jahren in Deutschland erreicht wurde, ist demnach nur der erste Schritt auf dem Weg zur größtmöglichen Teilhabe an formal organisierten Lernmöglichkeiten. Der gegenwärtige Ausbau des Sonderschulsystems bei gleichzeitiger Zunahme von schulischer Integration steht der aktuellen bildungspolitischen Zielset-zung der Inklusion aller Schülerinnen und Schüler in gemeinsamen Klassen entgegen. Dabei verspricht die Überwindung der Segregation über die Sepa-ration und die Integration hin zur Inklusion eine kontinuierliche Verminde-rung der Stigmatisierung jener Schüler/-innen. Deutschland ist noch sehr weit entfernt vom Ziel der Inklusion. Dies hängt sowohl mit der Institutionalisie-rung der Fördersysteme im 20. Jahrhundert zusammen als auch mit den Leit-ideen und Professionsinteressen der Sonderpädagogik sowie der allgemeinen Pädagogik (vgl. Pfahl 2011; Moser 2012).

Die US-amerikanischen Schulsystemen gehören heute zu den eher integrie-
renden, so besuchen dort seit Jahrzehnten über 95% aller Schülerinnen und
Schüler mit Förderbedarf die Regelschule, wo sie nach einem individuell
erstelltem Förderplan lernen, jedoch teilweise in Sonderklassen unterrichtet
werden. In Deutschland hingegen sind ungefähr ein Fünftel aller Schülerinnen und Schüler mit Förderbedarf in Regelklassen integriert; für die große
Mehrheit der Kinder bedeutet *„Förderung"* den Besuch einer Sonderschule.
Dieses Bild verdeckt aber angesichts der ausgeprägten föderalistischen Struktur die starke Heterogenität auf der Ebene der deutschen Bundesländer bzw.
amerikanische Bundesstaaten und der Kreise, und natürlich auch die der
Vielfalt an den Schulen und in den Schülergruppen.

4.3 Schulabschlüsse

Klassifizierungspraktiken und Institutionalisierungen des Förderbedarfs variieren deutlich – und damit auch die Verteilung der jeweils erreichten Schulabschlüsse. Diese empirischen Befunde legen nahe, dass das Klassifizieren
von förderbedürftigen Schülerinnen und Schüler, wie es in beiden Bildungssystemen praktiziert wird, keineswegs einer Naturgesetzmäßigkeit unterliegt.
Institutionelle Kontexte spielen eine außerordentlich wichtige Rolle für die
Klassifikation der Kinder, für ihren Schulbesuch, für die bereitgestellten
Ressourcen, für ihre Schulabschlüsse und die daraus folgenden Berufschan-
cen im weiteren Lebensverlauf.

Kinder und Jugendliche mit sonderpädagogischem Förderbedarf sind in der
Gruppe gering qualifizierter Personen in beiden Ländern überproportional zu
finden. In Deutschland sind ganze 40% der Schulabgängerinnen und -abgän-
ger ohne Abschluss Sonderschulentlassene, obwohl Sonderschülerinnen und
Schüler nur ungefähr 5% aller Schulkinder ausmachen. Auch in den USA
haben Schülerinnen und Schüler in sonderpädagogischen Maßnahmen ein
deutlich erhöhtes Risiko, die Sekundarstufe ohne Abschluss zu verlassen,
jedoch erreicht mehr als die Hälfte den Standard *high school diploma* (die
notwendige, aber nicht hinreichende Bedingung für den Zugang zu tertiärer
Bildung). Die Bildungschancen von Schülerinnen und Schüler im hoch spe-
zialisierten deutschen Sonderschulwesen sind also viel niedriger als in den
sonderpädagogischen Förderklassen der amerikanischen Gesamtschulen.

Trotz der ähnlichen historischen Ausgangslagen haben sich die sonderpädagogischen Fördersysteme dieser Staaten im Verlauf des letzten Jahrhunderts
zunehmend auseinander entwickelt. Die empirischen Ergebnisse zeigen, dass
institutionelle Grenzen sowie bildungspolitisches Handeln die Verteilung der
Schülerinnen und Schüler auf die Strukturen der schulischen Lerngelegenheiten bestimmen, nicht jedoch die zumeist klinisch-abgeleiteten Kategorien des
sonderpädagogischen Förderbedarfs: Es besteht kein eindeutiger Zusammen-

hang zwischen der diagnostizierten Behinderungskategorie und dem zuge-
wiesenen Förderort. Empirische Analysen zeigen, dass regionale, soziale,
ethnische und geschlechtsspezifische Faktoren den Förderort sowie den
Schul(miss)erfolg bestimmen. Dies gilt nicht nur für so genannte lernbehinderte Schülerinnen und Schüler, sondern auch für „objektive" Förderschwerpunkte, wie Sehen. Der Vergleich der deutschen Bundesländer und der US-
Bundesstaaten zeigt die unterschiedlichen Erfolge bzw. Grenzen einer inklusiven Pädagogik in föderalen Bildungssystemen.

Die wandelnden Förderungsmöglichkeiten in Deutschland ergeben sich u.a.
aus dem Ersatz der vermeintlich objektiven Klassifizierung und dem Glaube
an „Begabung" durch die Menschenrechte Bildung und Inklusion oder Teilhabe. Wie in den USA wird die Förderung einzelner Schülerinnen und Schüler ergänzt durch Beratung und Begleitung. Das Kontinuum von der Sonderbeschulung hin zur Beschulung in inklusiven Klassen ist noch nicht sehr
ausdifferenziert. Diese Ergänzung der Fördermöglichkeiten wird derzeit
unterstützt durch ambulante Dienste und Kompetenzzentren in manchen
Bundesländern. Die Sonderbeschulung wird zwar durch weitere Unterstützungsangebote und Entscheidungsmöglichkeiten für Familien entgegenge-
wirkt, dennoch wird es Klagen bedürfen, um flächendeckend das Recht auf
inklusive Bildung zu sichern (ähnlich wie im Falle der USA seit den 1970er-
Jahren). Trotz dieser zumeist als positiv zu bewertenden Entwicklungen für
betroffene Individuen und Familien, ist diese Vielfalt der Optionen, so zeigt
es der US-amerikanische Fall deutlich, auch eine Grenze der Inklusion, denn
andere Förderorte bieten weniger gemeinsamen Unterricht als die tatsächlich
inklusiv unterrichteten Klassen in Schulen für alle. Hierin gilt es eine „Pädagogik der Vielfalt" in Gemeinsamkeit – über die Fokussierung auf „schulische Behinderung" hin zur Anerkennung aller Formen der Differenz zu entwickeln und diese pädagogisch und sozial als Ressource zu nutzen (vgl. z.B.
Preuss-Lausitz 2001; Prengel 2006).

4.4 Zugang zu Berufsbildungs- und Hochschulsystemen
Diese unterschiedlichen Fördersysteme haben deutliche Auswirkungen auf
Übergänge in der beruflichen Bildung und auf dem Arbeitsmarkt. Davon
hängen zunehmend auch die Lebenschancen ab. Deshalb erhöht sich die
Beteiligung an postsekundärer Bildung und Ausbildung nicht nur in den hoch
entwickelten Ländern. Eine vergleichende Studie zu den Ländern Deutschland, Österreich und Schweiz verdeutlicht, dass die häufige Segregation und
Vielzahl an Barrieren zu geringen Zugangsraten zu Berufsbildung und Hochschulen führen (Powell/Felkendorff/Hollenweger 2008). In diesen Ländern
haben die meisten Studierenden mit Behinderung chronische Krankheiten –
und sie haben Regelschulen besucht. Der Zugang für Absolventen von Son-

derschulen ist deutlich, und z.T. rechtlich begrenzt. Sogar im *„Übergangs-system"* der beruflichen Bildung in Deutschland findet nur eine selektive Gruppe Zugang (Pfahl/Powell 2010). Die Rechte und die Pflichten verändern sich von sekundärer zu post-sekundärer (Aus-)Bildung, so dass die Unter-stützungsangebote eine enge Verzahnung brauchen. Aus Sicht der UN-BRK ist der frühe Abbau der Segregation im Lebenslauf notwendig, was die Besei-tigung von Diskriminierung (Art. 5) und Barrierefreiheit (Art. 9) impliziert.

5. Fazit: Von der Exklusion zur Inklusion in den USA und Deutschland

Abschließend lässt sich festhalten, dass die Förderquote wohl weiter steigen wird, wegen größerem Bedarf (oder wahrgenommenem Förderbedarf), er-höhter Standards und Rechenschaftspflicht. Sonderpädagogische Förderung nimmt seit Jahrzehnten weltweit zu, oft in Sonderschulen oder -klassen. Es mag paradox erscheinen, dass gleichzeitig sowohl segregierende als auch inklusive Lernumwelten expandieren. Der Grund: Die Verflechtung und Wechselwirkungen zwischen sonderpädagogischen Fördersystemen, allge-meiner Bildung und anderen Institutionen sowie die Interessen der beteiligten Professionen verhindern die Transformation hin zur schulischen Inklusion für Alle. Die Ratifizierung der UN-BRK hat die Wahrnehmung der Notwendig-keit des Umbaus von Bildungssystemen – von der Frühförderung bis zur Erwachsenenbildung – unterstrichen. Gleichzeitig aber können die existenten Organisationsformen sich stärken. Professionen, Elternverbände und soziale Bewegungen haben sich erfolgreich durchgesetzt, jedoch bisher nicht gegen die institutionelle Logik des Bildungswesens: statt Inklusion eher Separation (USA) oder Segregation (D). Die UN-BRK stärkt die Advokaten der inklusi-ven Bildung nachhaltig, jedoch wird die Implementierung ein inkrementeller, pfadabhängiger Prozess und keine fundamentale Transformation sein (vgl. Blanck/Edelstein/Powell 2013). Gerade in föderalen Länder wie Deutschland und den USA gibt es eine Persistenz einzelstaatlicher Disparitäten trotz (in-ter)nationaler Ziele, Normen und völkerrechtlicher Verträge. Solche großen Unterschiede sind zugleich in Vergleichen der Klassifizierungssysteme und einzelnen Förderschwerpunkten zu finden. Diese Differenzen offenbaren zugleich vielfältige Innovationen und Reformmöglichkeiten.

**6. Ausblick: Divergenz von Fördersystemen und
   die Grenzen der Inklusion verstehen**

In diesem Beitrag wurde darauf hingewiesen, wie historische Vergleiche helfen können, die Expansion und Ausdifferenzierung der Förderung nach-zuvollziehen. Pfadabhängige Entwicklungen von Ideen, Normen und Politiken wurden analysiert und den langsamen Wandel statt Transformation dieser komplexen Bildungssysteme in föderalen Ländern aufgezeigt. Im Ländervergleich wurde in mehreren Dimensionen eine markante Divergenz festgestellt, wonach die unterschiedlichen „*institutionellen Logiken*" die Expansion dieser Systeme in gegensätzliche Richtungen gesteuert haben, sowohl was die Kategorien des Förderbedarfs (ein hauptsächlich medizinisches Modell in den USA; ein vermehrt pädagogisches in Deutschland) als auch die Größe der Gruppe (zweieinhalb Mal so viele Schülerinnen und Schüler mit Förderbedarf in den USA) betrifft.

Für die Erklärung solcher beständigen institutionalisierten Unterschiede von Bildungssystemen bedarf es der Mehrebenenanalysen. Dies ist insbesondere seit der UN-BRK der Fall, da diese supranationale Leitbilder, Zielsetzungen und Normen diffundieren und als Argumente aufgegriffen und z.T. handlungsleitend werden. Diese Mehrebenenanalysen bedürfen die Kooperation der relevanten Fachdisziplinen, um Verbindungen zwischen Makro-, Meso- und Mikro-Ebene herzustellen und somit ein umfangreiches Bild der Entwicklungen der sonderpädagogischen Fördersysteme und der inklusiven Bildung zu zeichnen. Bisher hat die Arbeitsteilung der Fachdisziplinen zu wenig Synthese und Kumulation wissenschaftlicher Ergebnisse geführt. Umfassend müssen mächtige Diskurse untersucht, die Bildungs- und Sozialpolitiken auf internationale, nationale und kommunale Ebenen analysiert, und institutioneller und organisatorischer Wandel und Persistenz aufgedeckt werden. Nicht zuletzt müssen die pädagogischen Prozesse in formellen und informellen Lernumwelten und Interaktionen zwischen Mitglieder unterschiedlicher gesellschaftlicher Gruppen verstanden und unterstützt werden. Die Selektionsmechanismen und, vor allem im Längsschnitt, die Konsequenzen der Beteiligung an unterschiedliche Lernumwelten, sind verstärkt zu erforschen.

Die Vorgaben der UN-BRK spezifizieren die weltweiten Ideale der Teilhabe und die Normen sonderpädagogischer Förderung für den gemeinsamen Unterricht. Die inklusive Bildung ist zugleich Resultat und Quelle dieser Entwicklung.

Literaturverzeichnis

Albrecht, Friedrich/Bürli, Alois/Erdélyi, Andrea (Hrsg.): *Aspekte internationaler Heil- und Sonderpädagogik*, Bad Heilbrunn: Klinkhardt

Benkmann, Rainer/Pieringer, Gabriele (1991): Gemeinsame Erziehung behinderter und nichtbehinderter Kinder und Jugendlicher in der Allgemeinen Schule: Entwicklungsstand und Forschung im In- und Ausland. Berlin: Pädagogisches Zentrum

Blanck, Jonna M./Edelstein, Benjamin/Powell, Justin J.W. (2013): Persistente schulische Segregation oder Wandel zur inklusiven Bildung? Die UN-Behindertenrechtskonvention und Reformmechanismen in den deutschen Bundesländern. In: Schweizerische Zeitschrift für Soziologie, im Erscheinen

Bürli, Alois/Strasser, Urs/Stein, Anne-Dore (Hrsg.) (2009): Integration/Inklusion aus internationaler Sicht. Bad Heilbronn: Klinkhardt

European Agency for Development in Special Needs Education (2011): Mapping the Implementation of Policy for Inclusive Education. Odense, DK: EADSNE.

Füssel, Hans-Peter/Kretschmann, Rudolf (1993): Gemeinsamer Unterricht für behinderte und nicht-behinderte Kinder. Witterschlick: Wehle

Gonon, Philipp (1998): Das internationale Argument in der Bildungsreform. Bern: Peter Lang

Hans, Maren/Ginnold, Antje (Hrsg.) (2000): Integration von Menschen mit Behinderung: Entwicklungen in Europa. Neuwied: Luchterhand

Hofsäss, Thomas (1993): *Die Überweisung von Schülern auf die Hilfsschule und die Schule für Lernbehinderte in Deutschland seit 1918.* Berlin: Marhold.

KMK (2012): *Sonderpädagogische Förderung in Schulen 2001 bis 2010. Statistische Veröffentlichungen Dokumentation Nr. 196 – Februar 2012.* Bonn: Ständige Konferenz der Kultusminister der Länder in der Bundesrepublik Deutschland.

Klauer, Karl J./Mitter, Wolfgang (Hrsg.) (1987): Vergleichende Sonderpädagogik (Handbuch der Sonderpädagogik, Band 11). Berlin: Marhold

Kornmann, Reimer (2003): Zur Überrepräsentation ausländischer Kinder und Jugendlicher in „Sonderschulen mit dem Schwerpunkt Lernen". In: Auernheimer, Georg (Hrsg.), Schieflagen im Bildungssystem. Opladen: Leske & Budrich, 81-112

Kottmann, Brigitte (2006): Selektion in die Sonderschule. Das Verfahren zur Feststellung von sonderpädagogischem Förderbedarf als Gegenstand empirischer Forschung. Bad Heilbronn: Klinkhardt

Meyer, John W. (2005): Weltkultur. Wie die westlichen Prinzipien die Welt durchdringen. Frankfurt am Main: Suhrkamp

Moser, Vera (2012): Inklusion statt Rehabilitation? Zur Zukunft einer Disziplin. Antrittsvorlesung, Humboldt-Universität zu Berlin, Institut für Rehabilitationswissenschaften am 16.2.2012. URL: http://www.reha.hu-berlin.de/personal/mitarbeiter/1684063/veroeffentlichungen, Download vom 26.07.2012

OECD (2007): Students with Disabilities, Learning Difficulties and Disadvantages: Policies, Statistics and Indicators. Paris: Organisation for Economic Co-operation and Development.

Pfahl, Lisa (2011): Techniken der Behinderung. Der deutsche Lernbehinderungsdiskurs, die Sonderschule und ihre Auswirkungen auf Bildungsbiografien. Bielefeld: transcript Verlag

Pfahl, Lisa/Powell, Justin J.W. (2010): Draußen vor der Tür: Die Arbeitsmarktsituation von Menschen mit Behinderung. In: Aus Politik und Zeitgeschichte 23, 32-38

Powell, Justin J.W. (2011): Barriers to Inclusion: Special Education in the United States and Germany. Boulder, CO: Paradigm Publishers

Powell, Justin J.W. (2009): Von schulischer Exklusion zur Inklusion? Eine neoinstitutionalistische Analyse sonderpädagogischer Fördersysteme in Deutschland und den USA. In: Koch, Sascha/Schemmann, Michael (Hrsg.): Neoinstitutionalismus in der Erziehungswissenschaft. Grundlegende Texte und empirische Studien. Wiesbaden: VS Verlag, 213-232

Powell, Justin J.W. (2007): Behinderung in der Schule, behindert durch Schule? Wie „schulische Behinderung" institutionalisiert wurde. In: Waldschmidt, Anne u.a. (Hrsg.): Disability Studies, Kultursoziologie und Soziologie der Behinderung. Bielefeld: transcript Verlag, 321-343

Powell, Justin J.W./Felkendorff, Kai/Hollenweger, Judith (2008): Disability in the German, Swiss, and Austrian Higher Education Systems. In: Gabel, Susan/Danforth, Scot (Hrsg.): Disability and the Politics of Education. New York: Peter Lang, 517-540

Powell, Justin J.W./Wagner, Sandra J. (2002): Zur Entwicklung der Überrepräsentanz Migrantenjugendlicher an Sonderschulen in der BRD. In: Gemeinsam Leben, Zeitschrift für Integrative Erziehung 10(2), 66–71. bidok.uibk.ac.at/library/powell-migranten.html
Prengel, Annedore (2006): Pädagogik der Vielfalt. Wiesbaden: VS Verlag
Preuss-Lausitz, Ulf (2001): Gemeinsamer Unterricht Behinderter und Nichtbehinderter. In: Zeitschrift für Erziehungswissenschaft 4(2), 209-224
Richardson, John G./Powell, Justin J.W. (2011): Comparing Special Education: Origins to Contemporary Paradoxes. Stanford, CA: Stanford University Press
Schöler, Jutta/Merz-Atalik, Kerstin/Dorrance, Carmen (2010): Auf dem Weg zur Schule für alle? Die Umsetzung der UN-Behindertenrechtskonvention im Bildungsbereich. München: Friedrich-Ebert-Stiftung
Scott, W. Richard (2008): Institutions and Organizations. Thousand Oaks, CA: Sage
United Nations (2012): UN enable. http://www.un.org/disabilities/ Zugriff vom 26.07.2012
Wagner, Sandra J./Powell, Justin J.W. (2003): Ethnisch-kulturelle Ungleichheit im deutschen Bildungssystem: Zur Überrepräsentanz von Migrantenjugendlichen an Sonderschulen. In: Cloerkes, G. (Hg.): Wie man behindert wird. Heidelberg: Winter, 183-208

Dr. Justin J.W. Powell ist *Professeur en Sciences de l'Education* an der Universität Luxemburg. Email: justin.powell@uni.lu

Olaf-Axel Burow

Positive Pädagogik:
Mit der Weisheit der Vielen zur inklusiven Schule

Zusammenfassung

Ausgehend von der Frage, warum Schulen trotz intensiver Forschungen und Reformbemühungen in den letzten Jahrzehnten, noch immer Schüler/-innen zu wenig fördern, wird aus bildungsökonomischer Perspektive gezeigt, dass die Einrichtung einer inklusiven Schule nicht nur zu besseren Leistungsergebnissen führt, sondern sich auch in finanzieller Hinsicht rechnet. Als Beispiel wie ein solches inklusives System bereits heute erfolgreich funktioniert, wird das finnische Schulsystem angeführt und dessen *„Erfolgsgeheimnis"* herausgearbeitet. Hier zeigt sich: In der technokratisch verengten PISA-Debatte wird der wichtigste Dimension einer *„guten Schule"* zu wenig Beachtung geschenkt: Erfolgreiche Schulsystem setzen auf die an wertschätzender Beziehung orientierte Förderung aller Schüler/-innen.

Es folgt eine kurze Darstellung unseres Ansatzes der Positiven Pädagogik, der eine Begründung liefert, warum im Zentrum einer inklusiven Pädagogik die Ermöglichung von Lernfreude und sogar Schulglück stehen sollte. Voraussetzung dafür ist die Nutzung der *„Weisheit der Vielen"*. Am Beispiel des Verfahrens der *„Wertschätzenden Schulentwicklung"* wird abschließend gezeigt, wie man das bislang unterschätzte Erfahrungswissen von Lehrer/-innen, Eltern und Schüler/-innen im Rahmen eines Pädagogischen Tages freisetzen und zur Entwicklung einer inklusiven Schule nutzen kann.

1. Inklusive Schule ist machbar und rechnet sich!

Nach Jahrzehnten emsiger Bemühungen von Lehrer/-innen, Bildungsforscher/-innen und Schulverwaltungen ist die Bilanz ernüchternd: Sowohl die Ergebnisse internationaler Schulleistungsvergleichsstudien, wie auch Untersuchungen zum Wohlbefinden von Lehrer/-innen und Schüler/-innen deuten auf dramatische Defizite unserer derzeitigen Art des Schulemachens hin. Obwohl Hirnforscher nicht müde werden, uns – gestützt auf die Analyse von Hirnaktivitäten in Lehr-/Lernsituationen – zu erklären, dass Lernen ein Grundbedürfnis des Menschen, ja ein lustbesetzter Vorgang ist, erfahren nach

wie vor zu wenig Schüler/-innen und Lehrer/-innen Lernfreude oder gar
Lernglück. Im Gegenteil: Bis zu 20% eines Schülerjahrgangs scheitern und
ca. 60% der Lehrer/-innen – folgt man den Analysen Uwe Schaarschmidts –
sind im Belastungsmodus – davon 29% sogar im *„Burnout"*. Mögen die
Werte, die auf Selbstauskünften von Lehrer/-innen beruhen, auch geringer
sein, so gibt es doch Befragungen von Krankenkassen, die darauf hindeuten,
dass auch bis zu 40% der Schüler/-innen hohe Belastungswerte aufweisen.
Joachim Fittkau, Gruppendynamiker und Lehrercoach warnt deshalb mit
Recht: *„Achtung: Schule kann Ihre Gesundheit gefährden!"* Insgesamt kann
kein Zweifel darüber bestehen, dass unsere Schulen noch immer zu selten
Orte sind, an denen alle Schüler/-innen Wohlbefinden, Erfolgserlebnisse oder
gar Lernlust erfahren.

Im Gegenteil: Wie der ehemalige Hamburger Wissenschaftssenator und jetzige Leiter der Bertelsmann-Bildungsprojekte in seiner Untersuchung *„Dichter, Denker, Schulversager"* (2011) anhand differenzierter empirischer Analysen belegt hat, sind wir noch immer weit entfernt von der *„inklusiven Schule"*, also einer Schule die alle Schüler/-innen gleich welcher Voraussetzungen optimal fördert. So kann nur jede/-r vierte Schüler/-in mit 15 Jahren auf
Grundschulniveau lesen, haben 58.000 Schülerinnen und Schüler 2009 die
Schule ohne Hauptschaulabschluss verlassen und bleiben als Folge ungenü-
gender schulischer Bildung 150.000 junge Menschen ohne Ausbildungsab-
schluss und sind deshalb von lebenslanger Arbeitslosigkeit, zumindest aber
prekären Beschäftigungsverhältnissen zu Minilöhnen bedroht.

Statt negative Herkunftsbedingungen auszugleichen und die Entwicklungs-
chancen zu erhöhen, verschlechtert auf Selektion abzielender Schulbesuch im
gegliederten System sogar die Chancen begabter Novizen. So gehen Kinder
mit Migrationshintergrund – selbst bei gleichem sozioökonomischen Status –
doppelt so häufig auf Hauptschulen und Kinder mit einem akademischen
Elternteil haben eine 8-mal höhere Chance aufs Gymnasium zu kommen.
Vollends düster wird diese negative Bilanz, wenn man erfährt, dass nur
knapp 15% der Förderschüler eine Regelschule besuchen, während 76% der
Kinder in Förderschulen, die dort angeblich gefördert werden, keinen Haupt-
schulabschluss erreichen. Wen wundert es angesichts solcher Zahlen, dass
viele Kinder, aber auch Lehrer und nicht zuletzt Eltern belastet sind: Mangelnde Förderung und ein permanenter Selektionsdruck setzen alle Beteiligten unter Druck.

Drägers verdienstvolles Buch ist nicht nur voll von desillusionierenden Statistiken, die die anhaltende Bildungsmisere drastisch belegen, sondern er
weist auch darauf hin, dass ein exklusives, ausgrenzendes Schulsystem nicht
nur unzureichende Leistungsergebnisse erbringt und zu viele Lehrer/-innen
und Schüler/-innen krank überfordert, sondern darüber hinaus auch den

Staatshaushalt massiv belastet. So entgehen uns nach den Recherchen der Bertelsmann Stiftung innerhalb einer Generation aufgrund schlechter Bildung 2.800 Milliarden Euro an entgangenem Bruttoinlandsprodukt. Durch Desintegration, dem Anwachsen von Arbeitslosigkeit, Kriminalität und Krankheit werden Wohlbefinden und Wohlstand unserer Gesellschaft insgesamt gefährdet. Doch es gibt Auswege aus der Misere. Allein durch den Aufbau eines inklusiven Schulsystems, wäre es nicht nur möglich – bislang ungenutzte Begabungspotenziale auszuschöpfen und für mehr Bildungsgerechtigkeit zu sorgen, sondern es könnten darüber hinaus bis 2090 – durch den Zusatznutzen und sinkende Sozialkosten – die gesamten Staatsschulden getilgt werden (sic!). Sie haben richtig gelesen: Der Einwand leerer Kassen sticht laut Dräger nicht, denn eine Umschichtung der Ausgaben in Richtung auf sinnvolle Bildungsinvestitionen würde in vielfacher Hinsicht eine hohe Rendite einfahren. An Bildungsausgaben zu sparen erweist sich aus dieser Perspektive als zu teuer!

Fassen wir zusammen: Die bildungsökonomische Betrachtung ist wichtig, weil sie handfeste Argumente auch für den materiellen Nutzen eines radikalen Umsteuerns liefert und deutlich macht, dass viele der Probleme nicht allein durch eine bessere Pädagogik innerhalb eines exklusiven Systems gelöst werden können, sondern zugleich auch eine neue Bildungspolitik erfordern, die sich am Ziel umfassender Förderung für Alle, also an Inklusion orientiert. Doch Fachwissen und die akribische Vermessung der Misere allein bewirken nur wenig, denn wir leiden weniger unter einem Wissensdefizit, als stärker unter dem Mangel machbarer Umsetzungsstrategien. Dabei gibt es faszinierende Beispiele wie inklusive Bildung realisiert werden kann. Wie eine inklusionsorientierte, zukunftsfähige Bildungspolitik und ein entsprechendes Schulsystem aussehen können, zeigen der vom ehemaligen baden-württembergischen Gymnasiallehrer zum finnischen Schulreformer mutierte Rainer Domisch und seine Co-Autorin Anne Klein in ihrem gerade erschienenen Buch. Ihr Titel ist Programm: *„Niemand wird zurückgelassen: Eine Schule für Alle".*

2. Was ist das Geheimnis des finnischen Schulsystems?

Nach der Veröffentlichung der ersten PISA-Studie 2001 setzte ein anschwellender Besucherstrom von Personen aus deutschen Schulen, Bildungsverwaltungen und Ministerien ein, die hofften, das Geheimnis des finnischen Schulsystems zu entschlüsseln und Anregungen für die eigene Weiterentwicklung zu erhalten. Domisch, der an leitender Stelle die finnische Bildungsreform mitgestaltete, betreute viele der Besucher. Zunächst deutete er das Interesse als positives Zeichen, musste dann aber desillusioniert feststellen, dass der politische Wille zur Umsetzung eines vergleichsweise einfach strukturierten Schulsystems nicht vorhanden war, wobei das ideologisch begründete Beharren auf dem gegliederten Schulsystem den Ausschlag gab. Nach seinem Eindruck fehlte bei vielen Besuchern die Bereitschaft, sich mit der entwickelten Kultur politischen Denken und Handelns, wie sie für die finnische Gesellschaft tragend ist, auseinanderzusetzen.

Da zu viele Besucher sich lediglich an der Oberfläche festhielten, konnte es nicht ausbleiben, dass die hohen Erwartungen nach anfänglicher Begeisterung enttäuscht wurden und die Suche nach Einwänden begann.

Besucher etwa, die sagenhafte didaktische Innovationen und eine gewandelte Unterrichtskultur suchten, fanden nichts Bemerkenswertes. Die besondere Struktur des dünn besiedelten Flächenstaates Finnland sowie die vergleichsweise geringen Migrantenzahlen wurden angeführt, ebenfalls die aufgrund besonderer Umstände entwickelte Lesekultur, zu der auch die Untertitel der ausländischen Fernsehfilme beitrugen, da sich angesichts der geringen Zuschauerzahl eine Synchronisation oft nicht lohnte. Diese und eine Reihe weiterer Argumente mündeten bei Vielen in die These mangelnder Übertragbarkeit: Das Modell Finnland sei besonderen gesellschaftlichen sowie kulturellen Konstellationen geschuldet und sei deshalb ungeeignet für einen Transfer. Domisch, der ja beide Systeme aus seiner eigenen Schul- und Verwaltungspraxis kennt, widerspricht dieser – die Inklusionsgegner beruhigenden – These vehement und zerpflückt jeden einzelnen Einwand überzeugend. Was also ist das Geheimnis des finnischen Schulsystems und was davon kann auf hiesige Verhältnisse übertragen werden?

3. Auf gute Beziehungen und Wertschätzung kommt es an!

In wenigen Sätzen legt Domisch am Ende seines Buches den verblüffend simplexen Kern des finnischen Erfolgs frei, weswegen ich diesen Abschnitt nachfolgend wiedergebe:

> „Etliche Bildungsreisende, die in finnischen Schulen hospitiert haben, sind beeindruckt, aber auch irritiert. Der Unterricht sehe ganz normal aus, so berichten sie, teilweise würden die Lehrer sogar stark auf sich zentriert arbeiten und vielfach werde sogar Frontalunterricht praktiziert. Auffällig sei allerdings die Ruhe im Klassenzimmer und zudem hätten alle Schüler recht gelassen gewirkt. Bei Besuchen in finnischen Schulen kann man tatsächlich immer wieder diese Erfahrung machen.

> Offensichtlich liegt das Geheimnis der finnischen Bildung nicht, wie es deutsche Didaktik und Bildungsforschung vermutet, in speziellen Unterrichtssituationen, Gruppenarbeitssituationen oder anderen kooperativen Lernformen. Schülerorientierte Unterrichtsmethoden gehören zwar zum Handwerkszeug, das jeder Lehrer beherrscht. Aber ohne den Kern der Bildung, nämlich die Beziehung von Lehrern

und Schülern und auch zwischen den Schülern im Blick zu haben, ist jede noch so schöne Methode bald abgenutzt. Schaut man nur auf die Methoden, bewegt man sich weiter an der Oberfläche und die Suche nach dem optimalen Unterricht geht weiter.

Das Geheimnis des finnischen Erfolgs ist hingegen die Wertschätzung von Beziehungen und des Lernens in Beziehungen. Es gibt keine spezielle finnische Unterrichtsmethode. Vielmehr ist das Bildungssystem als solches und die Summe aller beschriebenen Maßnahmen die Erklärung für den Bildungserfolg. Wenn man kein Kind zurücklassen will, muss man auch die Lehrer mitnehmen, ihnen mit Wertschätzung und Vertrauen begegnen und mit Rat, Ressourcen und Personal zur Seite stehen" (Domisch 2012, S. 216ff.).

Die gelassene Haltung finnischer Schüler/-innen, aber auch der Lehrer/-innen, die viele Beobachter erstaunt, sind Ausdruck eines nicht selektierenden, auf Wertschätzung von Vielfalt und die Förderung Aller ausgerichteten Schulsystems, das auf einem   von allen Parteien getragenen gesellschaftlichen Grundkonsens beruht: Alle Schüler/-innen besuchen eine Gemeinschaftsschule, in der es bis zur siebenten Klasse keine Ziffernzensuren, keine Aufteilung in Niveaukurse und kein Sitzenbleiben gibt. Finnen ist klar: Da die Gesellschaft heterogen ist, muss auch die Schulklasse heterogen zusammengesetzt sein. Die Nutzung von Heterogenität wird ganz im Gegenteil als Chance gesehen.

Lernen ist aus finnischer Perspektive – übrigens in Übereinstimmung mit den Erkenntnissen von Neurobiologie und Humanistischer Pädagogik – ein lustvoll besetztes Grundbedürfnis und vorrangige Aufgabe der Schule ist es darum, Lernlust und Lernbegeisterung zu fördern, denn wie Gerald Hüther sagt: *„Begeisterung ist Dünger fürs Gehirn"*. Diese Begeisterung bzw. Lernlust kann nur in einer angstfreien Umgebung entstehen, die darauf beruht, dass die Schule sich auf die individuellen Bedürfnisse und Neigungen der Schüler/-innen einstellt, etwa indem sie ein breites Spektrum von Fördermaßnahmen und Neigungskursen bereitstellt. Nicht Normierung und Standardisierung weisen den Weg zum Erfolg, sondern Wertschätzung und hilfreiche Beziehungen.

Da sich die finnische Schule offenbar in aller Radikalität dem Leitbild einer transparenten, partizipativen, jeden mitnehmenden Demokratie stellt, kann sie weitgehend auf Mechanismen der Exklusion verzichten. Anders als in Deutschland, wo die Eltern zunehmend in *„Bildungspanik"* (Bude 2011) geraten und schon Grundschüler/-innen einem kontraproduktiven Selektionsdruck ausgesetzt werden, können Finnen ihrer Schule vertrauen, weil sie wissen, dass jedes Kind optimal gefördert wird und die nicht diskriminierende Teilnahme an weiterführenden Bildungseinrichtungen gesichert ist.

Was ist das Fazit meiner bisherigen Überlegungen? Bildungsökonomische Studien und das finnische Beispiel belegen, dass ein inklusives Schulsystem

– entgegen den Behauptungen von Skeptikern und Gegnern – nicht nur theoretisch möglich, sondern auch praktisch umsetzbar ist. Entscheidend für den Erfolg – das zeigen nicht nur die derzeit so populären Metaanalysen des neuseeländischen Bildungsforschers William Hattie, sondern auch das finnische Beispiel und nicht zuletzt unsere eigenen Bildungserfahrungen –, sind neben einem gesellschaftlich getragenen Grundkonsens in erster Linie engagierte Pädagog/-innen, die hinter dem Leitbild der inklusiven Schule stehen. Hierzu bedarf es einer neuen Pädagogik, die – in Übereinstimmung mit den Erkenntnissen von Hirn-, Lern- und Kreativitätsforschung auf die Ermöglichung von Lernfreude und Schulglück setzt und die ich als *„Positive Pädagogik"* (Burow 2011) bezeichne.

4. Positive Pädagogik: Wie das Glück wieder in die Schule kommt

Während Glück in aller Munde ist und insbesondere Philosophen, Psychologen, Wirtschaftswissenschaftler, Wissenschaftsjournalisten, Architekturtheoretiker, Theologen, Schriftsteller und viele mehr, uns publikumswirksam ihre Wege zum Glücklichsein offerieren, scheint Glück kein Thema für Pädagogen zu sein. Und schon gar nicht für die Erziehungswissenschaft. Ja, wenn man ihre Lexika und Studien befragt, dann wird man nirgendwo auf diesen unscharfen und nur schwer zu operationalisierenden Begriff treffen. Schule und Glück – dies scheinen noch immer Gegensätze zu sein. Doch das war nicht immer so.

1780 formulierte der erste Lehrstuhlinhaber der Pädagogik, Ernst Christian Trapp, in Halle: *„Erziehung ist Bildung des Menschen zur Glückseligkeit"*. Wie ich zusammen mit dem Bildungshistoriker Timo Hoyer herausgearbeitet habe, ist seitdem das Glück fast vollständig aus der deutschen Erziehungswissenschaft verschwunden. Während in der Aufklärung – ganz im Sinne der Erkenntnisse heutiger Hirnforscher und finnischer Bildungspolitiker – Glück als Motor der Bildungsreform angesehen wurde, dominiert bei uns eine Fixierung auf äußerliche Konzepte einer entpersönlichten Unterrichtstechnik sowie des Versuchs der Standardisierung von Lernen – Maßnahmen, die von einem falschen Menschenbild ausgehen und oftmals nur eine Erhöhung des ohnehin vorhandenen Drucks bewirken. Angesichts solcher Verkürzungen klingen die programmatischen Äußerungen Johann Heinrich Campes aus dem Jahr 1832 auch heute noch wegweisend:

> „Du bist nicht Seele allein, du hast auch Körper; und deine Seele ist nicht bloß
> Verstand, sie ist auch Herz, nicht bloß Erkenntniskraft, sondern auch Empfin-
> dungsvermögen."

Wir finden hier ein Plädoyer für eine *„ganzheitliche Pädagogik"*, die neuere wissenschaftliche Einsichten einer Überbewertung der ratio im Gefolge von

Descartes vorwegnimmt. *„Descartes Irrtum"* – so der Titel der Untersuchung des Neurologen Antonio Damasio, bestand ja in einer bis heute andauernden Überschätzung der Vernunft. Doch wie Damasio und jüngst auch (Eaglemann 2012) zeigen können, lernen wir nicht nur *„mit dem Kopf"*, sondern stets mit allen Sinnen. Übliche Trennungen von Körper und Geist, Vernunft und Gefühl verfehlen die wirklichen Verhältnisse, denn Gefühle und unbewusste Prozesse bestimmen in sehr viel höherem Maß unser Denken und Handeln, als wir es bislang meinten. Dass Lehrkonzepte, die sich an didaktisierten, einseitig kognitive und meist fremdbestimmten Vermittlungsstrategien orientieren, wenig effektiv sind, kaum zur Persönlichkeitsentwicklung beitragen und zudem der Entwicklung von Lernfreude abträglich sind, wusste schon Campe, der vor fast 200 Jahren weitsichtig urteilte: *„Die Glückseligkeit wird verringert, in dem Maße, in dem die Bildung vereinseitigt wird."*

Die Überbewertung von kognitivem Wissen, das ich-fern ist und nur selten zu grundlegenden Verhaltensänderungen beiträgt, stieß eine bis heute fortwirkende Tradition an, die Schule auf den Charakter einer Unterrichts- und Belehrungsanstalt reduziert und persönlich bedeutsamem Lernen sowie dem Einbezug aller Sinne, Fähigkeiten und Begabungen zu wenig Aufmerksamkeit zollt. Ich-fernes, rein kognitiv vermitteltes Wissen, das wenig Bezug zu unserer Person und unseren Bedürfnissen aufweist, wird schnell vergessen. Laut Gerhard Roth betrifft dies bis zu 80% des auf ich-ferne Weise vermittelten Schulwissens, über das wir schon wenige Jahre nach Beendigung der Schule nur in den Bereichen verfügen, die uns besonders interessiert bzw. berührt haben. Diese inzwischen wissenschaftlich belegte Einsicht dürfte allerdings für die meisten von uns nicht neu sein. Wenn Sie die nachfolgende Übung durchführen, die ich oft an den Beginn meiner Vorträge stelle, werden Sie eine Erfahrung machen, die den Thesen vieler Schulforscher zuwiderläuft:

1. Wo liegt meine Begabung?
   Wenn Sie an Ihre Grundschulzeit denken, gab es da etwas, wo es Sie hinzog, was Sie aus eigenem Antrieb gern machten?

2. Wie wurde ich gefördert?
   Wurden Sie in dieser Hinsicht in der Schule gefördert? Gab es einen Lehrer/ eine Lehrerin, der/die Ihre Neigung erkannte und sie darin besonders unterstützte?

3. Welche Schule hätte ich gebraucht?
   Wie müsste eine Schule aussehen, die es Ihnen ermöglicht hätte, ihre besondere Begabung bzw. Neigung optimal zu entwickeln?

Die Auswertung dieser kleinen Reflexionsübung, die ich in den letzten Jahren in Gruppen von 20 bis ca. 1000 Personen, auf Fortbildungsveranstaltungen, in Schul- und Organisationsentwicklungswerkstätten, auf Tagungen und Kongressen durchgeführt habe, ergibt ein erschreckendes Bild: In der Regel sagen ca. 2/3 der Teilnehmer/-innen, dass sie weder erkannt noch gefördert wurden. Manchmal ist der Prozentsatz sogar noch höher. Oft berichten Teilnehmer/-innen von frustrierenden Erfahrungen und erkennen, dass sie von ihrem Weg abgekommen sind und ihre frühe Begabung verschüttet wurde. Viel zu wenige wurden erkannt oder gar individuell gefördert, dabei wissen sie, was sie gebraucht hätten. Während unzählige Wissenschaftler die Frage erforschen, wie eine *„gute Schule"* und *„guter Unterricht"* aussehen sollten, können die Teilnehmer/-innen meines kleinen Experiments diese Frage in verblüffender Übereinstimmung beantworten.

Immer wieder zeigt sich: Das Nachdenken über den eigenen Bildungsweg und das Erkennen des eigenen Elements geben offenbar Hinweise, wie eine Schule oder Bildungseinrichtung hätte aussehen müssen, die uns alle besser darin unterstützt hätte, unser Potenzial zu entfalten. Es sind Faktoren wie Wertschätzung, Anerkennung und auf die eigenen Neigungen und Fähigkeiten zugespitzte Herausforderungen – Faktoren, die Rainer Domisch als Kern der finnischen Schule beschreibt. Es handelt sich um einige wenige, einfache pädagogische Prinzipien, die in erdrückender Eindeutigkeit von unterschiedlichsten Personengruppen benannt wurden und die ich als unterschätztes *„pädagogischen Tiefen- bzw. Erfahrungswissen"* bezeichne.

Aufgrund der jahrzehntelangen Arbeit mit einer Vielzahl von Schulen, bin ich zu der Auffassung gelangt, dass wir alle über ein unterschätztes und bislang weitgehend ungenutztes intuitives Wissen über gelingende Lehr- und Lernsituationen verfügen. Wenn wir Räume schaffen, in denen Lehrer, Eltern, Schüler und alle an Schule beteiligten Personen die Gelegenheit erhalten, dieses Wissen auszutauschen, dann erhöht sich die Chance, dass Lernfreude und bisweilen sogar die Erfahrung von Glück in die Schule zurückkehren.

Positive Pädagogik heißt dieser Ansatz, weil er von einem positiven Lehrer-, Schüler- und Elternbild ausgeht und alle an Schule beteiligten Personen als Experten für Lehren und Lernen betrachtet. Durch den Einbezug aller verwirklichen wir gleichzeitig eine spezifische Form *„inklusiver Schulentwicklung"*, weil unterschiedlichen Sichten und Erfahrungen, ernst genommen und die Beteiligten befähigt werden, ihren spezifischen Beitrag zur Entwicklung einer optimierten Lernkultur zu leisten. Mehr noch: Durch den kreativen Austausch und die Begegnung entsteht oft ein gemeinsam geteiltes Verständnis, das Grundlage einer inklusiven Kultur sein kann. Als hilfreich für den Aufbau einer inklusiven Kultur hat sich das von uns entwickelte Verfahren der *„Wertschätzenden Schulentwicklung"* erwiesen, mit dem es möglich ist im Rahmen eines Pädagogischen Tages einen ersten Schritt zur Freisetzung der *„Weisheit der Vielen"* und zur Bildung eines Kreativen Feldes zu gehen.

5. Wertschätzende Schul-/Organisationsentwicklung

Mit der *„Wertschätzenden Schulentwicklung"* haben wir einen Weg gefunden, wie man das unterschätzte Erfahrungswissen von Lehrern, Eltern und Schülern freisetzen und unter komplementärer Verknüpfung der drei Wissensformen in wirksame Orientierungshilfen und Handlungsstrategien übersetzen kann. Um handlungsfähig zu werden, reicht explizites Wissen, auf dessen Vermittlung wir in Schulen und Hochschulen den Hauptakzent setzen, nicht aus. Es muss verknüpft werden mit implizitem Wissen (machen, tun) und Gefühlswissen bzw. pictorial knowledge (sehen, erkennen, empfinden). Laut (Pöppel 2006) steuern ca. 800 innere Bilder weitgehend unbewusst unser Handeln, weswegen (Hüther 2004) in seiner gleichnamigen Studie von der *„Macht der inneren Bilder"* spricht. Dabei handelt es sich um emotional tiefberührende Erfahrungen, die wir im Verlaufe unserer Biographie gemacht haben und die darüber entscheiden, ob uns etwas interessiert oder kalt lässt. Wenn wir also durch Schulentwicklungsmaßnahmen einen Mentalitätswandel in Richtung auf eine Positive Pädagogik erreichen wollen, dann müssen wir in unseren Verfahren die Ebene der mentalen Modelle, der *„personal belief systems"*, der inneren Bilder berücksichtigen, weil diese darüber entscheiden, inwiefern explizites Fachwissen auch in entsprechende Handlungen der Einzelnen und des Kollegiums übersetzt wird. Diese Einsicht, von der Überschätzung der ratio, die in neueren Studien von (Brooks 2012 und Eagleman 2012) überzeugend belegt wird, ist ein Grund dafür, dass wir in unserem Verfahren der Wertschätzenden Schulentwicklung mit symbolischen Gestalten, Entspannungsverfahren und Fantasiereisen arbeiten. Wie sieht das konkret aus?

Phase 1: Wertschätzender Austausch

An einem Pädagogischen Tag treffen sich das Kollegium bzw. die Organisationsmitglieder – oft auch zusammen mit Schüler- und Elternvertretern, anderen Dienstkräften etc. und durchlaufen einen dreiphasigen Prozess. In *Phase 1* werden alle Beteiligten aufgefordert, über eine Situation nachzudenken, in der Schule, Unterricht oder das jeweilige Angebot der Organisation so waren, wie sie es sich wünschen. Auf einem Arbeitsblatt, das drei Kästchen enthält, sollen sie zunächst im linken oberen Kästchen mit bunten Ölkreiden ein Symbol skizzieren, das den emotionalen Gehalt dieser Erfolgssituation veranschaulicht, in das danebenstehende Kästchen ein die Situation charakterisierendes Wort, einen Satz oder eine Parole schreiben, und schließlich in das

darunter stehende Kästchen, die Kernpunkte notieren, die diese erfolgreich
gestaltete Arbeits- und/oder Unterrichtssituation auszeichnen. Auf diese
Weise erhalten wir in nur fünfzehn Minuten – je nach Teilnehmergröße –
zwischen 20 und 150 eindrucksvolle Erfolgsgeschichten, aus der Sicht von
Lehrern, Eltern und Schülern. Anschließend findet der „Marktplatz" statt. Alle Teilnehmer/-innen begegnen sich mit ihren Gestaltungen im Raum und betrachten die Produkte. Der
Raum ist jetzt erfüllt von einer bunten Vielfalt farbiger Symbole, die arche-
typische Grundbedürfnisse ausdrücken. Die Stimmung ist gelöst und erwar-
tungsvoll. Dann bilden sich nach ähnlichen oder ansprechenden Symbolen
Gruppen. Diese Gruppen haben drei Aufgaben:

– jeder stellt seine eigene Erfolgsgeschichte vor
– die Gruppe wählt eine Geschichte für die Präsentation im Plenum aus
– die Gruppe einigt sich auf drei gemeinsam geteilte Erfolgsprinzipien, die
  sie auf grüne Metaplankarten schreibt

Im Plenum hören wir im Anschluss an die Gruppenarbeit dann 6-10 „Erfolgsgeschichten". Dabei handelt es sich oft um berührende pädagogische
Schlüsselsituationen, die eindrucksvoll zeigen, wie Lernen und Lehren ge-
lungen ist. Anschließend werden die Erfolgsprinzipien der Gruppen geclus-
tert und alle erkennen nicht nur erstaunlich viele Gemeinsamkeiten, sondern
auch, dass es auf die Beachtung einiger weniger Prinzipien ankommt, die in
verblüffender Eindeutigkeit, von allen Beteiligten geteilt werden – unabhängig übrigens vom Schultyp. Es sind Prinzipien wie Wertschätzung, Vertrauen,
Kooperation, individuelle Förderung, Lernfreude, Teamarbeit, Kreativität,
Offenheit etc. Prinzipien wie sie übrigens auch im Index für Inklusion von
(Boban / Hinz 2003) auftauchen.
Da hinter diesen allgemeinen Prinzipien optimaler Lehr-/Lernsituationen
konkrete Geschichten stehen, verbleiben sie nicht auf der kognitiven Ebene,
sondern besitzen eine hohe emotionale Ladung, die auch in der Art der Vorträge deutlich wird. Oft handelt es sich um berührende Geschichten, in denen
es Lehrkräften gelang, ihre Schüler für Aufgaben zu begeistern oder Lernblo-
ckaden bei „schwierigen" Schülern zu überwinden. Ebenso freudig berührt
berichten Schüler und Eltern von gelungenen Lehrsituationen, in denen es
Lehrern gelang, ihre Schüler mitzunehmen. Auf diese Weise wird schon im
Verlauf des Pädagogischen Tages eine Kultur gegenseitiger Wertschätzung
etabliert.
Darauf zielt der Ansatz der Positiven Pädagogik: Wir verzichten auf eine
Analyse der Defizite, die oft nur zur Ausbildung von Abwehrroutinen beiträgt und unterstützen die Schulgemeinde stattdessen darin, zu untersuchen,
was sie gut macht. Dementsprechend ist die Stimmung entspannt und locker,

denn jeder konnte über Gelungenes berichten und es herrscht eine große Offenheit für den Austausch der Erfahrungen. Am Ende dieser Phase haben wir erfahren, wie viel ausgezeichnete Arbeit das Kollegium leistet. Allen ist aber klar, dass es sich hier um „*Highlights*" handelt. Die Frage ist also: Wie bekommen wir mehr von dem, was uns bereits gelingt, in unsere Alltagspraxis?

Phase 2: Unsere Vision einer inklusiven Schule
In der nun folgenden *Phase II* begeben wir uns deshalb auf eine Zeitreise und stellen uns vor im Jahr 2017 hätten wir unsere Schule bzw. Organisation so umgestaltet, dass unsere Erfolgsprinzipien flächendeckend umgesetzt sind. Zunächst skizziert jeder individuell seine Vision bzw. sein Zukunftsbild, um es anschließend auf dem „*Marktplatz*" vorzustellen. Diese Visionen bzw. Wunschbilder, die auch wieder mit einem aussagekräftigen Symbol versehen werden, verbinden alle drei Wissensformen: Im Symbol scheinen grundlegende emotionale Bedürfnisse auf *(„Gefühlswissen");* darunter werden in expliziter Form die Kernelemente der persönlichen Vision in Spiegelstrichen beschrieben *(„explizites Wissen").* Anschließend an die Begegnung auf dem Marktplatz bilden sich „*Visionengruppen*", die sich über ihre Zukunftsbilder austauschen, ein gemeinsames Zukunftsbild entwerfen und dieses in einer kreativen Form (Modell, Sketch, Aktion etc.) dem Plenum präsentieren *(„implizites Wissen").* Jetzt ist die Zukunftswerkstatt an ihrem Höhepunkt angelangt. Alle Teilnehmer sind in hohem Maße engagiert, gestalten selbst kreativ und sind gespannt auf die Darstellungen der anderen Gruppen. Es ist mir unmöglich hier in Worten darzustellen, welche beeindruckenden und berührenden Gestaltungen innerhalb kurzer Zeit von den Organisationsmitgliedern entwickelt werden und welche Begeisterung entsteht. Skeptiker könnten nun einwenden, dass die Euphorie, die in der zweiten Phase entsteht, eine folgenlose Spielerei bleibt, ist sie doch abgehoben von den realen Bedingungen. Genau diese Losgelöstheit von den einengenden Routinen des Alltags macht jedoch die Wirksamkeit des Verfahrens aus: In dem wir uns in dieser experimentellen Phase vom linearen Denken lösen, das nach dem Mehrdesselben-Prinzip funktioniert und uns stattdessen in einen offenen Raum begeben, in dem alles möglich ist, stoßen wir zu transformativem Denken vor. Aus der Perspektive unserer Wünsche wird deutlich, dass wir Schule und Unterricht, wenn wir unseren inneren Bildern folgen, ganz anders gestalten würden. Diese zeitlich begrenzte Befreiung aus den Routinen des Alltags setzt Gestaltungslust frei. „*Begeisterung ist Dünger fürs Gehirn*", sagt Hüther und zeigt wie aufgrund solcher kreativen Durchbrüche, die mit dem Empfinden von Freude und Begeisterung einhergehen, auch neue neu-

ronale Verschaltungen entstehen. Und diese können als Schubkräfte den nun anstehenden Umsetzungsprozess befördern.

Phase 3: Am Montagmorgen fängt es an
An den Austausch über gelingende Situationen und Erfolgsprinzipien (Phase I) sowie die Entwicklung attraktiver Zukunftsbilder (Phase II) schließt sich *Phase III*, die Realisierungsphase an. In einem ersten Schritt rekapituliert jeder das Erlebte, um dann das Realisierungsziel oder Realisierungsprojekt zu benennen, für das er/sie Energie und Leidenschaft empfindet. Die Umsetzungsgruppen bilden sich dann entsprechend gemeinsam geteilter Interessen nach dem Open Space Prinzip, d.h. jeder arbeitet nur an den Themen, für die er/sie sich mit voller Kraft engagieren möchte.

Entscheidend ist hier der Perspektivenwechsel: Statt nach dem Mehr-desselben-Prinzip von der Vergangenheit in die Zukunft zu schauen, gehen wir von der erwünschten Zukunft (z.B. 2017) in Teilschritten zurück: Wie sieht unser Fernziel aus? Was möchten wir bis 2015 erreicht haben? Was bis 2013? Welchen Schritt machen wir Montag nächste Woche? Hierzu haben wir Realisierungsposter im Format Din A0 entwickelt, die Platz für ein attraktives Logo, den Titel bzw. Slogan des jeweiligen Projektes, den Maßnahmenplan und die Adresse der Verantwortlichen enthalten. Auch in der Gestaltung der Ergebnisposter verknüpfen wir die drei Wissensformen (Symbol, Projektbeschreibung, Aktionsplan, Benennung verantwortlicher Personen) und erreichen damit in gelingenden Werkstätten emotionales Engagement, gemeinschaftliche Erkenntnis und die Mobilisierung von Umsetzungsenergie.

Dokumentation
Die wertschätzende Zukunftswerkstatt endet mit einer Ausstellung der Umsetzungsposter, abschließenden Vereinbarungen sowie einer mit Musik unterlegten Beamershow über die Höhepunkte der gemeinsamen Arbeit. Der gesamte Prozess wird fotografisch dokumentiert, was zwei Zwecken dient: Der Dokumentation und der Wertschätzung. Denn wenn die Kollegen sehen, mit wie viel Engagement und Kreativität sie gearbeitet haben, kommt häufig eine freudige Stimmung auf, die als Energieschub für den anschließenden Umsetzungsprozess wirkt.

Und wie nachhaltig ist dieser Prozess?
Das Verfahren der Wertschätzende Schul- bzw. Organisationsentwicklung ist mittlerweile an einer Vielzahl von Schulen, Bildungseinrichtungen und sonstigen Organisationen mit unterschiedlichen Zielrichtungen erprobt: Von der Leitbild- über die Teamentwicklung bis hin zur Gesundheitsförderung haben

wir aufgaben- und zielgruppenspezifische Modifikationen erarbeitet und z.T. auch evaluiert. So findet mehrmals im Jahr an der Dortmunder Akademie für pädagogische Führung (DAPF) mit Unterstützung der Unfallkasse NRW und in Zusammenarbeit mit H.G. Rolff eine Zukunftswerkstatt zur Gesundheitsförderung statt, haben wir für die KARG-Stiftung mit 15 Impulsschulen in Wertschätzungsworkshops Konzepte der Begabtenförderung entwickelt und in Studienseminaren zur veränderten Lehr-/Lernkultur beigetragen. Ebenso fruchtbar ist das Verfahren bei der Entwicklung inklusiven Unterrichts und der Zusammenlegung von Schulen. Wir können durchweg eine hohe Teilnehmerzufriedenheit nachweisen.

Unsere Erfahrungen zeigen: Wertschätzungs- und Zukunftswerkstätten, die das Wissen der Beteiligten freisetzen, treffen auf eine starke Resonanz und geben wirksame Impulse zur partizipativen Schul- und Organisationsentwicklung. Die Nachhaltigkeit hängt naturgemäß vom Engagement der Mitarbeiter und der Leitungen ab. Dieses vorausgesetzt sind in kurzer Zeit erstaunliche Entwicklungen möglich. Aber auch in Kollegien, die nicht so umsetzungsstark sind, bewirken die Werkstätten die Freisetzung verschütteter pädagogischer Visionen sowie die Erfahrung von Lernfreude und Gestaltungslust, so dass zumindest das Arbeitsklima davon profitiert. Wir stehen erst am Anfang der Entwicklung von Verfahren, die das Gefühlswissen und die verschütteten Begabungen sowie Leidenschaften aller an Schule Beteiligten nutzen. Während im Gefolge der PISA-Debatte der Schwerpunkt vor allem auf eine eher technokratisch orientierte Qualitätsentwicklung gelegt wurde, setzen wir den Akzent stärker auf die Bearbeitung mentaler Modelle und motivationaler Prozesse. Die Positive Pädagogik (Burow 2011) sieht Wertschätzung und die Nutzung der *„Weisheit der Vielen"* als Schlüsselfaktoren für die Entwicklung *„guter"* bzw. *„inklusiver"* Schulen.

Was geschehen kann, wenn man sich in radikaler Weise vom traditionellen Modell der Schule verabschiedet und Schüler/-innen die Gelegenheit gibt, Lernen und Lehren neu zu organisieren zeigte unlängst die visionäre Gründerin der Evangelischen Schule Berlin Mitte. Unter dem programmatischen Titel *„EduAction"* (2012) legt sie ein Feuerwerk kreativer Ideen für partizipative Schulentwicklung vor. Unsere Werkstätten und die Beispiele engagierter Schulreformer (www.archiv-der-zukunft.de) belegen: In unseren Kollegien, Mitarbeitern, Schulen und sonstigen Organisationen steckt sehr viel mehr an kreativem Potenzial als es auf Schwachstellen fixierte Untersuchungen und eine negative Presse erwarten lassen. Schulen, die auf Wertschätzung und die Nutzung der Weisheit der Vielen setzen, können zu Kreativen Feldern werden. Wir sollten dieses Potenzial nutzen!

Literaturverzeichnis

Boban, Ines / Hinz, Andreas (2009): Der Index für Inklusion. Lernen und Teilhabe in der Schule der Vielfalt entwickeln. (mit BOBAN, I.) Sozial Extra. H. 9/10, 12-16

Boban, Ines / Hinz, Andreas (2003): Index für Inklusion. Halle: Martin-Luther-Universität. Download im Netz: www.eenet.org.uk/resources/docs/Index%20German.pdf

Brooks, David (2012): Das soziale Tier. München: DVA

Burow, Olaf-Axel (2011): Positive Pädagogik. Sieben Wege zu Lernfreude und Schulglück. Weinheim: Beltz

Burow, Olaf-Axel/Hoyer, Timo (2011): Schule muss nicht bitter schmecken. Glück als unterschätzte Dimension der Ganztagsschulentwicklung. In: Appel S. & Rother U. (Hrsg.) Jahrbuch Ganztagsschule. Schwalbach/Ts.: Wochenschau Verlag, S. 48-60

Burow, Olaf-Axel/Schratz, Michael (2009): Die Weisheit der Vielen nutzen: Verfahren der Großgruppenmoderation als Instrumente effektiver Schulentwicklung. In: Burow, Olaf-Axel/ Schratz, Michael (Hg.): Arbeit mit großen Gruppen. Journal für Schulentwicklung. Innsbruck: Studienverlag. S. 4-15

Burow, Olaf-Axel (2009): Wertschätzende Schulentwicklung: Wie Lehrer/-innen, Schüler/-innen und Eltern ihr verborgenes Wissen entdecken und es zur gemeinsamen Schulentwicklung nutzen können. In: Burow, Olaf-Axel / Schratz, Michael (Hg.): Arbeit mit großen Gruppen. Journal für Schulentwicklung. Innsbruck: Studienverlag. S. 48-55

Burow, Olaf-Axel (2008): Bildwissen als Quelle wirksamer Personal- und Organisationsentwicklung. Wie die Organisation zum Kreativen Feld wird. In: Gruppendynamik und Organisationsentwicklung, Nr. 4, S. 391-408

Burow, Olaf-Axel/Neumann-Schönwetter, Marina (Hrsg.) (1998): Zukunftswerkstatt in Schule und Unterricht. Hamburg: Bergmann & Helbig

Damasio, Antonio (2010): Selbst ist der Mensch. München: Siedler

Domisch, Rainer/Klein, Anne (2012): Niemand wird zurückgelassen. Eine Schule für alle. München: Hanser

Dräger, Jörg (2011): Dichter, Denker, Schulversager. Gute Schulen sind machbar – Wege aus der Bildungskrise. München: DVA

Hattie, John (2008): Visible Learning. A synthesis of over 800 meta-analyses relating to achievement. London & New York: Routledge

Hüther, Gerald (2010): Was wir sind und was wir sein könnten. Frankfurt: S. Fischer.

Hüther, Gerald (2004): Die Macht der inneren Bilder. Göttingen: Vandenhoek & Ruprecht

Pöppel, Ernst (2006): Der Rahmen. Ein Blick des Gehirns auf unser Ich. München: Hanser

Rolff, Hans-Günther (2007): Studien zu einer Theorie der Schulentwicklung. Weinheim: Beltz

Roth, Gerhard (2011): Bildung braucht Persönlichkeit. Wie Lernen gelingt. Stuttgart: Klett-Cotta

Rasfeld, Margret / Spiegel, Peter (2012): EduAction. Wir machen Schule. Hamburg: Murmann

Schaarschmidt, Uwe (2005): Halbtagsjobber? Psychische Gesundheit im Lehrerberuf – Analyse eines veränderungsbedürftigen Zustandes. Weinheim/Basel: Beltz

Sedlacek, Tomas (2012): Die Ökonomie von Gut und Böse. München: Hanser

Spitzer, Manfred (2002): Lernen. Gehirnforschung und die Schule des Lebens. Berlin: Spektrum

Surowiecki, James (2005): Die Weisheit der Vielen – Warum Gruppen klüger sind als Einzelne und wie wir das kollektive Wissen für unser wirtschaftliches, soziales und politisches Handeln nutzen können. München: C. Bertelsmann

Prof. Dr. Olaf-Axel Burow ist Professor für Allgemeine Pädagogik an der Universität Kassel. Er beschäftigt sich seit vielen Jahren mit innovativen Lehr-/Lernkonzepten, mit Verfahren der Prozessorientierten Zukunftsmoderation sowie der Kreativitätsförderung. Hintergrund ist die von ihm entwickelte Theorie des Kreativen Feldes sowie die *„Positive Pädagogik"*, die er in seinem neuen Buch in theoretischer und praxisbezogener Perspektive darstellt: (Burow 2011). Positive Pädagogik. Sieben Wege zu Lernfreude und Schulglück. Weinheim: Beltz.

Infos & downloads: www.olaf-axel-burow.de

Minou Banafsche

Kinder und Jugendliche mit Behinderung zwischen SGB VIII und SGB XII – im Lichte der UN-Behindertenrechtskonvention[1]

Zusammenfassung
Der Beitrag behandelt die Probleme, die dadurch entstehen, dass das Sozialrecht Kinder und Jugendliche mit Behinderungen je nach Behinderungsart unterschiedlichen Sozialleistungssystemen zuordnet. Kinder und Jugendliche mit seelischer Behinderung erhalten Eingliederungshilfe nach dem Recht der Kinder- und Jugendhilfe (Achtes Buch Sozialgesetzbuch – SGB VIII), Kinder und Jugendliche mit körperlicher und/oder geistiger Behinderungen erhalten Eingliederungshilfe nach dem Recht der Sozialhilfe (Zwölftes Buch Sozialgesetzbuch – SGB XII). Die UN-Behindertenrechtskonvention wird in die Ausführungen einbezogen.

1. Einleitung

Seit dem 26. März 2009 ist das Übereinkommen der Vereinten Nationen über die Rechte von Menschen mit Behinderungen – UN-Behindertenrechtskonvention (UN-BRK)[2] – auch in Deutschland geltendes Recht.[3] Sie wurde als einfaches Bundesgesetz verabschiedet[4] und geht somit im Rang dem

---

[1] Bei dem vorliegenden Beitrag handelt es sich um die gekürzte und leicht abgeänderte, aktualisierte Fassung eines unter gleichnamigem Titel in der ZKJ 2011, S. 116 ff., erschienenen Beitrags.

[2] UN GA RES/61/106.

[3] Überführung in deutsches Bundesrecht durch das „Gesetz zu dem Übereinkommen der Vereinten Nationen vom 13. Dezember 2006 über die Rechte von Menschen mit Behinderungen sowie zu dem Fakultativprotokoll vom 13. Dezember 2006 zum Übereinkommen der Vereinten Nationen über die Rechte von Menschen mit Behinderungen" vom 21.12.2008, BGBl. II 2008, S. 1419.

[4] BVerfGE 74, 358 (370); 111, 307 (317); exemplarisch: *Kempen*, in: von Mangoldt/Klein/ Starck (Hrsg.), GG, Bd. 2, Art. 59 Rdnr. 92.

Grundgesetz nach[5], dient aber als Auslegungshilfe für Grundgesetz und einfaches Recht[6].

Nach Art. 1 Unter-Abs. 1 UN-BRK ist es Zweck dieses Übereinkommens,

> „den vollen und gleichberechtigten Genuss aller Menschenrechte und Grundfreiheiten durch alle Menschen mit Behinderungen zu fördern, zu schützen und zu gewährleisten und die Achtung der ihnen innewohnenden Würde zu fördern."

Mit Blick auf Kinder mit Behinderungen heißt es in Art. 7 Abs. 1 UN-BRK,

> „die Vertragsstaaten treffen alle erforderlichen Maßnahmen, um zu gewährleisten, dass Kinder mit Behinderungen gleichberechtigt mit anderen Kindern alle Menschenrechte und Grundfreiheiten genießen können."[7]

Bei allen Maßnahmen, die Kinder mit Behinderungen betreffen, ist gem. Art. 7 Abs. 2 UN-BRK *„das Wohl des Kindes ein Gesichtspunkt, der vorrangig zu berücksichtigen ist."*

Art. 7 UN-BRK nimmt somit keine Differenzierung zwischen unterschiedlichen Behinderungsarten oder diesbezügliche Beschränkungen vor. Er schließt alle jungen Menschen mit Behinderungen nach Maßgabe des Art. 1 Unter-Abs. 2 UN-BRK ein, also jene,

> „die langfristige körperliche, seelische, geistige oder Sinnesbeeinträchtigungen haben, welche sie in Wechselwirkung mit verschiedenen Barrieren an der vollen, wirksamen und gleichberechtigten Teilhabe an der Gesellschaft hindern können."

Auch hier wird deutlich, dass der Terminus der *„Menschen mit Behinderungen"* und folglich auch der *„Kinder mit Behinderungen"* alle Behinderungsarten umfasst, mithin eine unterschiedliche Behandlung nicht intendiert ist.

Dem entgegen unterscheidet nun das nationale Recht bei der Gewährung von Eingliederungshilfe zwischen Kindern und Jugendlichen mit seelischer (§ 35a SGB VIII) und solchen mit körperlicher und/oder geistiger Behinderung (§§ 53 ff. SGB XII).

Nach einer kurzen Erörterung des Behinderungsbegriffs (dazu unter 2.), soll im Folgenden insbesondere den Fragen nachgegangen werden, ob und gegebenenfalls welche Probleme in der praktischen Abgrenzung entstehen (dazu unter 3.), was diese Unterscheidung leistungsrechtlich und hinsichtlich der Zuständigkeiten bedeutet (dazu unter 4.) und welche Konsequenzen sich

---

[5]   BVerfGE 74, 358 (370); 111, 307 (318).

[6]   Vgl.: BVerfGE 74, 358 (370); 111, 307 (317); 128, 326 (366 ff.); spezifisch zur UN-BRK: BVerfGE 128, 282 (306).

[7]   Als Kind im Sinne der UN-BRK ist unter Heranziehung des Art. 1 UN-Kinderrechtskonvention zu bezeichnen, wer das 18. Lebensjahr noch nicht vollendet hat, „soweit die Volljährigkeit nach dem auf das Kind anzuwendenden Recht nicht früher eintritt." Gem. § 2 BGB ist das nach deutschem Rech nicht der Fall.

daraus mit Blick auf die UN-BRK letztlich für den nationalen Gesetzgeber ergeben (dazu unter 5.).

2. Der Begriff der „Behinderung"

Unter „Behinderung" fallen nach Art. 1 Unter-Abs. 2 UN-BRK langfristige körperliche, seelische, geistige oder Sinnesbeeinträchtigungen, welche die Betroffenen in Wechselwirkung mit verschiedenen Barrieren an der vollen, wirksamen und gleichberechtigten Teilhabe an der Gesellschaft hindern können.[8] Dass es sich hierbei um einen offenen Behinderungsbegriff handelt[9], ergibt sich auch in Ansehung der Präambel zur UN-BRK, wo unter Buchstabe *e* die Erkenntnis formuliert ist,

„dass das Verständnis von Behinderung sich ständig weiterentwickelt und dass Behinderung aus der Wechselwirkung zwischen Menschen mit Beeinträchtigungen und einstellungs- und umweltbedingten Barrieren entsteht, die sie an der vollen, wirksamen und gleichberechtigten Teilhabe an der Gesellschaft hindern."

Unbeschadet der Frage der Kompatibilität von Art. 1 Abs. 2 UN-BRK mit § 2 Abs. 1 Satz 1 SGB IX[10], der für das deutsche Sozialrecht insgesamt Geltung beansprucht[11], definiert letzterer Behinderung als mit hoher Wahrscheinlichkeit länger als sechs Monate dauernde Abweichung der körperlichen Funktion, geistigen Fähigkeit oder seelischen Gesundheit von dem für das Lebensalter typischen Zustand. Dem Behinderungsbegriff des § 2 Abs. 1 Satz 1 SGB IX liegt die Internationale Klassifikation der Funktionsfähigkeit, Behinderung und Gesundheit (ICF[12]) zugrunde.[13]
Der Behinderungsbegriff des § 35a Abs. 1 Satz 1 SGB VIII betreffend Kinder und Jugendliche mit seelischer Behinderung ist an den des § 2 Abs. 1

---

[8]   Von einem Paradigmenwechsel der Behindertenpolitik auf internationaler Ebene durch die Ablösung des medizinischen Modells von Behinderung durch das menschenrechtliche Modell spricht in Ansehung des Art. 1 UN-BRK: *Degener*, VN 2010, S. 57 (57, 63); siehe auch: *Degener*, RdJB 2009, S. 200 (200 ff.); ferner: *Dillmann*, ZfF 2010, S. 97 (99).
[9]   So etwa: *Dillmann*, ZfF 2010, S. 97 (99).
[10]   Dazu: *Banafsche*, SGb 2012, S. 373 (374 ff.).
[11]   Vgl.: *Welti*, NJW 2001, S. 2210 (2211).
[12]   International Classification of Functioning, Disability and Health.
[13]   Vgl.: BT-Drucks. 14/5074, S. 98, wonach der Behinderungsbegriff des § 2 Abs. 1 Satz 1 SGB IX „die im Rahmen der Weltgesundheitsorganisation (WHO) stattfindende internationale Diskussion um eine Weiterentwicklung der Internationalen Klassifikation (ICIDH-1) zur ‚Internationalen Klassifikation der Funktionsfähigkeit und Behinderung' (ICIDH-2) zugrunde[legt], die nicht mehr die Orientierung an wirklichen oder vermeintlichen Defiziten, sondern das Ziel der Teilhabe an den verschiedenen Lebensbereichen (Partizipation) in den Vordergrund gerückt hat"; unter Bezugnahme darauf auch: *Meysen*, in: Münder/Meysen/Trenczek (Hrsg.), Frankfurter Kommentar zum SGB VIII, § 35a Rdnr. 18.

Satz 1 SGB IX angelehnt[14], während die für Kinder und Jugendliche mit körperlicher und/oder geistiger Behinderung einschlägige Anspruchsgrundlage des § 53 Abs. 1 Satz 1 SGB XII unmittelbar auf § 2 Abs. 1 Satz 1 SGB IX rekurriert. Das SGB XII sieht hier allerdings weitere personenbezogene Leistungsvoraussetzungen vor.[15].[16]

3. Eingliederungshilfe für Kinder und Jugendliche mit Behinderung – ein duales System

Im nationalen Kontext wird zwischen Kindern und Jugendlichen mit seelischer Behinderung auf der einen und solchen mit körperlicher und/oder geistiger Behinderung auf der anderen Seite unterschieden, so dass von einer *„dualen Eingliederungshilfe"* gesprochen werden kann. Dies führt zu einem Auseinanderfallen der jeweils einschlägigen Leistungsgesetze.[17]
Für Kinder und Jugendliche mit seelischer Behinderung ist § 35a Abs. 1 Satz 1 SGB VIII die relevante Anspruchsgrundlage. Danach haben Kinder oder Jugendliche Anspruch auf Eingliederungshilfe,

„wenn ihre seelische Gesundheit mit hoher Wahrscheinlichkeit länger als sechs Monate von dem für ihr Lebensalter typischen Zustand abweicht" (Nr. 1) und

„daher ihre Teilhabe am Leben in der Gesellschaft beeinträchtigt ist oder eine solche Beeinträchtigung zu erwarten ist" (Nr. 2).

Im Gegenschluss aus der Beschränkung des Leistungstatbestandes des § 35a SGB VIII auf Kinder und Jugendliche mit seelischer Behinderung folgt, dass Kinder und Jugendliche mit körperlicher oder geistiger Behinderung keinen Anspruch auf Eingliederungshilfe nach dem SGB VIII haben. Sie erhalten vielmehr Leistungen der Eingliederungshilfe nach Maßgabe der §§ 53 ff. SGB XII.
Vor dem Hintergrund der Zuordnung von Kindern und Jugendlichen mit Behinderungen je nach Art der Behinderung zu zwei unterschiedlichen Sozialleistungssystemen entstehen Abgrenzungsprobleme sowohl im Falle der

---

[14] Vgl. auch: *Meysen*, in: Münder/Meysen/Trenczek (Hrsg.), Frankfurter Kommentar zum SGB VIII, § 35a Rdnr. 16.

[15] Siehe unter 4.1.

[16] Dafür, dass eine von § 2 Abs. 1 Satz 1 SGB IX abweichende Begriffsbestimmung von Behinderung durch § 53 Abs. 1 Satz 1 SGB IX nicht statuiert wird: *Welti*, in: Lachwitz/Schellhorn/Welti (Hrsg.), HK-SGB IX, § 2 Rdnr. 10; *Stevens-Bartol*, in: Feldes/Kohte/Stevens-Bartol (Hrsg.), SGB IX, § 2 Rdnr. 5; *Knittel*, SGB IX, § 2 Rdnr. 9; *Joussen*, in: LPK-SGB IX, § 2 Rdnr. 15; von einem einheitlichen Behinderungsbegriff des § 2 Abs. 1 Satz 1 SGB IX gehen ebenfalls aus: *Wahrendorf*, in: Grube/Wahrendorf (Hrsg.), SGB XII, § 53 Rdnr. 11; *Bieritz-Harder*, in: LPK-SGB XII, § 53 Rdnrn. 3 ff., 11.

[17] Zu dieser Problematik auch: 13. Kinder- und Jugendbericht, BT-Drucks. 16/12860, S. 13 ff.

Mehrfachbehinderung (dazu unter I.) als auch im Falle der Schwierigkeit einer klaren Zuordnung einer Beeinträchtigung zu einer Behinderungsart, insbesondere im Grenzbereich von geistiger und seelischer Behinderung (dazu unter II.).

3.1 Mehrfachbehinderung

Typischerweise bei Kindern und Jugendlichen liegen häufig Mehrfachbehinderungen vor oder entstehen im Laufe der Entwicklung, wenn es etwa infolge einer körperlichen oder geistigen Behinderung zu psychischen Beeinträchtigungen kommt, die das Ausmaß einer seelischen Behinderung erreichen oder sich im Laufe der Zeit zu einer solchen auswachsen[18]. Dann kommt es zu einer getrennten Zuständigkeit einerseits der Jugendhilfeträger für die seelische Behinderung, andererseits der Sozialhilfeträger für die körperliche und/oder geistige Behinderung. Dies ist so lange kein Problem, wie die in Rede stehenden Leistungen der Eingliederungshilfe nicht miteinander konkurrieren, wenn sie also der Deckung unterschiedlicher Bedarfe dienen.[19] Geht es indes um eine mit einer Jugendhilfeleistung konkurrierende Sozialhilfeleistung[20], liegt mithin eine doppelte Leistungspflicht von Jugend- und Sozialhilfeträger vor[21], ist die Kollisionsnorm des § 10 Abs. 4 SGB VIII einschlägig. Gem. § 10 Abs. 4 Satz 1 SGB VIII gehen dann im Grundsatz die Leistungen nach dem SGB VIII den Leistungen nach dem SGB XII vor. Einschränkend heißt es aber in Satz 2, dass Leistungen der Eingliederungshilfe nach dem SGB XII für junge Menschen, die körperlich oder geistig behindert oder von einer solchen Behinderung bedroht sind, Leistungen nach dem SGB VIII vorgehen. Dass dies nicht für Leistungen der Eingliederungshilfe für seelisch behinderte Kinder und Jugendliche gilt, ergibt sich bereits aus der speziell dafür bereitgehaltenen Vorschrift des § 35a SGB VIII, so dass es eines Umkehrschlusses aus § 10 Abs. 4 Satz 2 SGB VIII[22] wohl nicht be-

---

[18] Dazu: BT-Drucks. 16/12860, S. 14; *Lempp*, Die seelische Behinderung bei Kindern und Jugendlichen als Aufgabe der Jugendhilfe, S. 23 f.; *Meysen*, in: Münder/Meysen/Trenczek (Hrsg.), Frankfurter Kommentar zum SGB VIII, § 35a Rdnr. 31; *Wiesner*, ZfJ 1996, S. 278 (280 f.); *Baving/Späth*, Sozialmagazin 2005, S. 30 (33); *Dillmann/Dannat*, ZfF 2009, S. 25 (26); *Fegert*, JAmt/ZKJ Sonderheft 2010, S. 13 (13).

[19] Vgl.: *Münder*, ZfJ 2001, S. 121 (122); *Meysen*, in: Münder/Meysen/Trenczek (Hrsg.), Frankfurter Kommentar zum SGB VIII, § 10 Rdnr. 46; OVG Lüneburg FEVS 48 (1998), S. 281 (283 ff.); VG Gelsenkirchen JAmt 2007, S. 491 (493); implizit auch: VG Saarlouis EuG 2006, S. 421, (421, Leitsatz), wonach bei der Beurteilung, ob ein Hilfebedürftiger Ansprüche nach dem Jugend- oder Sozialhilferecht (Eingliederung) geltend machen kann, der aus fachlicher (fachärztlicher) Sicht bestehende Hilfebedarf entscheidend ist.

[20] BVerwGE 109, 325 (329).

[21] So unter Bezugnahme auf das BVerwG: BSGE 103, 39 (43, Rdnr. 17).

[22] Vgl.: *Dillman/Dannat*, ZfF 2009, S. 25 (26).

darf.[23] Nach Maßgabe des Bundesverwaltungsgerichts (BVerwG) hängt demgemäß die Abgrenzung zwischen § 10 Abs. 4 Satz 1 und 2 SGB VIII allein von der Art der mit einer Jugendhilfeleistung konkurrierenden Sozialhilfeleistung ab. Sei diese eine Maßnahme der in Satz 2 bezeichneten Art, gelte nach Satz 2 der Vorrang der Sozialhilfe, sei diese eine andere Sozialhilfeleistung, gelte nach Satz 1 der Vorrang der Jugendhilfe. Deshalb sei es, so das BVerwG weiter, *„nicht gerechtfertigt, bei vermeintlichen Abgrenzungsschwierigkeiten im Fall einer sog. Mehrfachbehinderung auf die Regelung des Satzes 1 als Grundsatzregelung zurückzugreifen."*[24] Die Regelung eines Vor- oder Nachrangs zwischen Leistungen der Jugendhilfe und der Sozialhilfe nach § 10 Abs. 4 SGB VIII setzt nach Maßgabe des BVerwG notwendig voraus,

> „daß sowohl ein Anspruch auf Jugendhilfe als auch ein Anspruch auf Sozialhilfe besteht und beide Leistungen gleich, gleichartig, einander entsprechend, kongruent, einander überschneidend oder deckungsgleich sind. Dafür stellt das Gesetz nicht auf einen Schwerpunkt in Bezug auf eine der beiden Hilfeleistungen ab, sondern allein auf die Art der miteinander konkurrierenden Leistungen. Konkurrieren Jugendhilfeleistungen mit der in Satz 2 genannten Maßnahme der Eingliederungshilfe (z. B. Heimerziehung nach Kinder- und Jugendhilferecht mit Eingliederungshilfe wegen geistiger Behinderung in einem Heim nach Sozialhilferecht), so ist nach Satz 2 die Sozialhilfe vorrangig, konkurrieren Jugendhilfeleistungen mit anderen (als den in Satz 2 genannten) Sozialhilfeleistungen, so ist nach Satz 1 die Jugendhilfe vorrangig [...]."[25]

Dass vor den Gerichten trotz der zitierten Entscheidung noch immer um den Schwerpunkt der Behinderung gestritten wird[26], zeugt von einer nach wie vor hohen Relevanz von Zuständigkeitskonflikten bei Mehrfachbehinderungen in der Praxis.

3.2 Grenzbereich zwischen zwei Behinderungsarten

Vor dem Hintergrund der gemachten Ausführungen besteht im Falle einer allein seelischen oder geistigen Behinderung kein Problem der Abgrenzung zwischen den Leistungssystemen und ist folglich der Anwendungsbereich des § 10 Abs. 4 SGB VIII nicht eröffnet. Es kann aber zu faktischen Abgrenzungsproblemen kommen, wenn schon nicht klar ist, welche Art der Behinderung vorliegt, ob es sich mithin um eine seelische oder geistige Behinderung handelt.[27] Ein Beispiel hierfür ist der Autismus.[28]

---

[23] So auch: BVerwGE 109, 325 (330).
[24] BVerwGE 109, 325 (329).
[25] BVerwGE 109, 325 (329 f.).
[26] Siehe m. w. N.: *Meysen*, JAmt/ZKJ Sonderheft 2010, S. 21 (21).
[27] Beispielhaft: *Stähr*, in: Hauck/Noftz (Hrsg.), SGB VIII, § 35a Rdnr. 4.

Unklarheiten bestehen zudem im Falle der sogenannten *„Intelligenzminderung".* Nach Kapitel V *„Psychische und Verhaltensstörungen"* (F00-F99) der 10. Revision der Internationalen statistischen Klassifikation der Krankheiten und verwandter Gesundheitsprobleme (ICD-10[29]), die, wie sich aus § 35a Abs. 1a Satz 2 SGB VIII ergibt, der Feststellung einer seelischen Behinderung i. S. d. § 35a Abs. 1 Satz 1 SGB VIII zugrunde liegt[30], ist die Intelligenzminderung der Gruppe F70-F79 zugeordnet, was die Vermutung einer seelischen Behinderung nahe legt.[31] Speziell für psychische Störungen des Kindes- und Jugendalters nach der ICD-10 wurde ein Klassifikationsschema entwickelt, das sechs Achsen umfasst.[32] Das Intelligenzniveau bildet die dritte Achse.[33] Gemessen am Intelligenzquotienten (IQ) werden acht Kategorien gebildet. Ab Kategorie 5 (F70) „leichte Intelligenzminderung – IQ zwischen 50 und 69 (Debilität)"[34] bis Kategorie 8 (F73) *„schwerste Intelligenzminderung – IQ unter 20 (Idiotie)"[35]* wird nun aber von einer geistigen Behinderung ausgegangen.[36] Ein Anspruch auf Eingliederungshilfe nach dem bei geistiger Behinderung einschlägigen SGB XII ist jedoch erst bei Vorliegen einer i. S. d. § 53 Abs. 1 Satz 1 SGB XII wesentlichen Behinderung

---

[28] Siehe: *Remschmidt/Frese,* SGb 2006, S. 410 ff.; vgl. auch: *Schwengers,* Eingliederungshilfen für seelisch behinderte Kinder und Jugendliche, S. 147 ff.; *Dillman/Dannat,* ZfF 2009, S. 25 (26); *Fegert,* in: Wiesner (Hrsg.), SGB VIII, § 35 Rdnr. 76; BT-Drucks. 16/12860, S. 13.

[29] International Statistical Classification of Diseases and Related Health Problems, 10th Revision.

[30] Dazu, dass § 3 EinglH-VO im Regelungskontext des § 35a SGB VIII nicht gilt: *Meysen,* in: Münder/Meysen/Trenczek (Hrsg.), Frankfurter Kommentar zum SGB VIII, § 35a Rdnr. 18; *Wiesner,* in: Wiesner (Hrsg.), SGB VIII, § 35a Rdnr. 13; wohl auch: *W. Schellhorn,* in: Schellhorn/Schellhorn/Hohm, SGB XII, § 3 EinglH-VO Rdnr. 10, der darauf hinweist, dass die Aufzählung in § 3 nur im Zusammenhang mit § 53 SGB XII gesehen werden könne; anders hingegen: *Harnach,* in Jans/Happe/Saurbier/Maas (Hrsg.), Kinder- und Jugendhilferecht, § 35a Rdnrn. 13, 18 ff.

[31] Siehe allerdings: *Meysen,* in: Münder/Meysen/Trenczek (Hrsg.), Frankfurter Kommentar zum SGB VIII, § 35a Rdnr. 19, der zu recht darauf hinweist, dass in Kapitel V (F) der ICD-10 nicht von Abweichungen von der seelischen Gesundheit, sondern von psychischen Störungen die Rede ist.

[32] Siehe: *Remschmidt/Schmidt/Poustka* (Hrsg.), Multiaxiales Klassifikationsschema für psychische Störungen des Kindes- und Jugendalters nach ICD-10 der WHO, S. 9 ff.

[33] *Remschmidt/Schmidt/Poustka* (Hrsg.), Multiaxiales Klassifikationsschema für psychische Störungen des Kindes- und Jugendalters nach ICD-10 der WHO, S. 303 ff.

[34] *Remschmidt/Schmidt/Poustka* (Hrsg.), Multiaxiales Klassifikationsschema für psychische Störungen des Kindes- und Jugendalters nach ICD-10 der WHO, S. 306 f.

[35] *Remschmidt/Schmidt/Poustka* (Hrsg.), Multiaxiales Klassifikationsschema für psychische Störungen des Kindes- und Jugendalters nach ICD-10 der WHO, S. 308 f.

[36] Vgl.: *Dillman/Dannat,* ZfF 2009, S. 25 (27 f.); *Meysen,* in: Münder/Meysen/Trenczek (Hrsg.), Frankfurter Kommentar zum SGB VIII, § 35a Rdnr. 24; BayVGH JAmt 2007, S. 433 (434 f.); VG Saarlouis JAmt 2007, S. 435 (436); grundlegend auch: SG Aachen JAmt 2007, S. 441 (442 f.).

gegeben[37], die zuverlässig ab der Kategorie 6 (F71) *„mittelgradige Intelligenzminderung – IQ zwischen 35 und 49 (Imbezillität)"*[38] anerkannt wird.[39] Leichte Intelligenzminderungen werden demnach leistungsrechtlich nicht mit Gewissheit erfasst. Virulent wird dies im Zusammenhang mit der Zuordnung von Lernschwächen. Wird eine geistige Behinderung teilweise ab einem IQ von 70 ausgeschlossen[40], bewerten andere die geistigen Kräfte nicht als einheitliche Größe, weil sie sich aus einer Vielzahl von Komponenten zusammensetzen, so dass im Einzelfall auch eine Lernschwäche als geistige Behinderung erachtet werden muss.[41] Von besonderer Relevanz sind in diesem Zusammenhang Teilleistungsschwächen wie Legasthenie[42] und Dyskalkulie[43] sowie das Aufmerksamkeitsdefizitsyndrom[44].[45] In Ansehung dessen kann der Kritik von *Dillmann/Dannat* an der zitierten Entscheidung des BVerwG vom 23. September 1999 gewiss zugestimmt werden, wenn sie ausführen, dass diese in mit Blick auf die Zuordnung zu einer Behinderungsart strittigen Fällen mit den sich daraus ergebenden weiteren Problemen, etwa bei leichter Intelligenzminderung ohne Anerkennung einer wesentlichen Einschränkung i. S. d. § 53 Abs. 1 Satz 1 SGB XII, nicht weiterhilft.[46]

---

[37] Zum Wesentlichkeitskriterium noch unter 4.1.2.

[38] *Remschmidt/Schmidt/Poustka* (Hrsg.), Multiaxiales Klassifikationsschema für psychische Störungen des Kindes- und Jugendalters nach ICD-10 der WHO, S. 307 f.

[39] Siehe: *Meysen*, in: Münder/Meysen/Trenczek (Hrsg.), Frankfurter Kommentar zum SGB VIII, § 35a Rdnr. 24; vgl. auch: SG Marburg JAmt 2007, S. 265 (266).

[40] So: *Meysen*, in: Münder/Meysen/Trenczek (Hrsg.), Frankfurter Kommentar zum SGB VIII, § 35a Rdnr. 24; *Dillman/Dannat*, ZfF 2009, S. 25 (27 f.); implizit wohl auch: BayVGH JAmt 2007, S. 433 (434).

[41] Exemplarisch: VG Oldenburg JAmt 2007, S. 262 (263).

[42] Dazu: *W. Schellhorn*, in: Schellhorn/Schellhorn/Hohm, SGB XII, § 2 EinglH-VO Rdnr. 4; BVerwG FEVS 46 (1996), S. 360 (362 ff.).

[43] Dazu: VG Düsseldorf NWVBl. 2001, S. 362 (363 ff.), wo es um ein weiteres Problem im Zusammenhang mit einer diagnostizierten Dyskalkulie ging, nämlich eine drohende seelische Behinderung als deren Folge.

[44] Dazu, ebenfalls mit dem Fokus auf der seelischen Behinderung als mögliche Folge: *Lempp*, Die seelische Behinderung bei Kindern und Jugendlichen als Aufgabe der Jugendhilfe, S. 53 f.

[45] Zum Ganzen: *Wahrendorf*, in: Grube/Wahrendorf, SGB XII, § 53 Rdnr. 24; *Wiesner*, in: Wiesner (Hrsg.), SGB VIII, § 35a Rdnrn. 14, 71 ff.; vgl. auch: *Wiesner*, ZfJ 1996, S. 278 (278).

[46] Siehe: *Dillman/Dannat*, ZfF 2009, S. 25 (28).

4. Leistungsrechtliche und zuständigkeitsbezogene Folgen der „dualen Eingliederungshilfe" für Kinder und Jugendliche

Nachfolgend sollen die jeweiligen Leistungsvoraussetzungen nach dem SGB VIII und dem SGB XII (dazu unter I.) sowie die Zuständigkeiten (dazu unter II.) einer genaueren Betrachtung unterzogen werden.

4.1 Die Leistungsvoraussetzungen

Die Voraussetzungen für die Leistungen zur Teilhabe richten sich gem. § 7 Satz 2 SGB IX nach den für den jeweiligen Rehabilitationsträger geltenden Leistungsgesetzen, vorliegend also je nach Art der Behinderung nach dem SGB VIII oder dem SGB XII. Klarstellend ist dies noch einmal explizit in § 53 Abs. 4 Satz 2 SGB XII geregelt, implizit auch in § 35a Abs. 3 SGB VIII, der ausdrücklich auf die Norm des § 53 Abs. 4 Satz 1 SGB XII, nicht aber auf dessen Satz 2 verweist. Daraus ergeben sich die nachfolgenden Unterschiede zwischen der Eingliederungshilfe für Kinder und Jugendliche mit seelischer Behinderung nach dem SGB VIII und der Eingliederungshilfe für Kinder und Jugendliche mit körperlicher und/oder geistiger Behinderung nach dem SGB XII.

4.1.1 Das Bedürftigkeitskriterium des § 19 Abs. 3 SGB XII

Gem. § 19 Abs. 3 SGB XII wird Eingliederungshilfe für Menschen mit Behinderungen nach dem Sechsten Kapitel dieses Buches geleistet,

> *„soweit den Leistungsberechtigten, ihren nicht getrennt lebenden Ehegatten oder Lebenspartnern und, wenn sie minderjährig und unverheiratet sind, auch ihren Eltern oder einem Elternteil die Aufbringung der Mittel aus dem Einkommen und Vermögen nach den Vorschriften des Elften Kapitels dieses Buches nicht zuzumuten ist."*

Die Einsatzpflicht der Eltern endet grundsätzlich mit der Vollendung des 18. Lebensjahres des betroffenen Kindes.[47] In dem hier relevanten Fall der Eingliederungshilfe für Kinder und Jugendliche mit körperlicher und/oder geistiger Behinderung dürfte also ihren Eltern oder einem Elternteil die Aufbringung der Mittel aus dem Einkommen und Vermögen nach Maßgabe der §§ 82 ff. SGB XII nicht zuzumuten sein.[48] Andernfalls besteht kein Anspruch auf Leistungen nach §§ 53 ff. SGB XII. Eltern i. S. d. § 19 Abs. 3 SGB XII

---

[47] Vgl. auch: *Schoch*, in: LPK-SGB XII, § 27 Rdnr. 26; LSG Niedersachsen-Bremen, Urt. v. 25.02.2010 – L 8 SO 5/08 – Rdnr. 14 (zitiert nach juris).

[48] Auf die Einschränkung der Anrechnung von Einkommen und Vermögen bei Menschen mit Behinderungen nach Maßgabe der §§ 92 f. SGB XII wird an dieser Stelle hingewiesen.

sind die leiblichen Eltern und Adoptiveltern, nicht hingegen Pflege- oder Stiefeltern.[49]

4.1.2 Das Wesentlichkeitskriterium des § 53 Abs. 1 Satz 1 Halbsatz 1 SGB XII

Leistungsberechtigt gem. § 53 Abs. 1 Satz 1 Halbsatz 1 SGB XII sind nur solche Personen, die durch eine Behinderung i. S. v. § 2 Abs. 1 Satz 1 SGB IX „wesentlich" in ihrer Fähigkeit, an der Gesellschaft teilzuhaben, eingeschränkt oder von einer solchen „wesentlichen" Behinderung i. S. d. § 53 Abs. 2 SGB XII bedroht sind. Was unter einer „wesentlichen Behinderung" zu verstehen ist, ergibt sich aus den §§ 1 bis 3 EinglH-VO.[50] Die EinglH-VO beansprucht keine Geltung für § 35a SGB VIII.[51]

4.1.3 Das Erfolgskriterium des § 53 Abs. 1 Satz 1 Halbsatz 2 SGB XII

Ein Anspruch auf Eingliederungshilfe nach § 53 Abs. 1 Satz 1 Halbsatz 2 SGB XII besteht nur, „wenn und solange nach der Besonderheit des Einzelfalles, insbesondere nach Art oder Schwere der Behinderung, Aussicht besteht, dass die Aufgabe der Eingliederungshilfe erfüllt werden kann." Das Merkmal „solange" bewirkt, dass die beschriebene Aussicht auf Erfüllung der Aufgabe der Eingliederungshilfe nicht schon nach einmaliger Prüfung verworfen werden darf.[52] Zwar kann ein hohes Alter des Betroffenen Indiz für die voraussichtliche Erfolglosigkeit von Maßnahmen sein, eine starre Altersgrenze für die Gewährung von Maßnahmen der Eingliederungshilfe lässt sich daraus indes nicht herleiten, zudem schließt ein nicht unerheblicher Pflegebedarf die Erfolgsbezogenheit einer Maßnahme nicht aus.[53] Ein Anspruch auf Eingliederungshilfe kann demnach erst dann ausgeschlossen werden, wenn keine Anzeichen für einen Erfolg der Maßnahme bestehen.[54] Das Erfolgskriterium setzt nicht voraus, dass die Eingliederung des Betroffenen in die Gesellschaft in einem Maße erreicht werden kann, dass er völlig selbstbestimmt und weitgehend unabhängig sein Leben gestalten könnte.[55] Vielmehr

[49] Vgl.: *Grube*, in: Grube/Wahrendorf (Hrsg.), SGB XII, § 19 Rdnr. 30; *Schoch*, in: LPK-SGB XII, § 27 Rdnr. 26.
[50] Vgl.: *Wahrendorf*, in: Grube/Wahrendorf (Hrsg.), SGB XII, § 53 Rdnr. 16 ff. Zu recht wird hier moniert, dass § 53 Abs. 1 Satz 1 SGB XII lediglich auf die wesentliche Beeinträchtigung der „Fähigkeit" zur Teilhabe abstellt, ohne die tatsächliche Teilhabebeeinträchtigung einzubeziehen. So: *Bieritz-Harder*, in: LPK-SGB XII, § 53 Rdnr. 10.
[51] Siehe unter 3.2 (Fn. 30).
[52] So: *Wahrendorf*, in: Grube/Wahrendorf (Hrsg.), SGB XII, § 53 Rdnr. 29.
[53] So: VG Meiningen RdLH 1999, S. 63 (64).
[54] Vgl.: *Wahrendorf*, in: Grube/Wahrendorf (Hrsg.), SGB XII, § 53 Rdnr. 29.
[55] So: LSG Sachsen-Anhalt FEVS 57 (2006), S. 553 (554 f.).

besteht ein Anspruch auf Eingliederungshilfe auch dann, wenn es infolge Wegfalls der Leistungen zu einer Verschlechterung des Status quo käme.[56]

4.1.4 Fazit

Das Bedürftigkeitskriterium des § 19 Abs. 3 SGB XII, das Wesentlich-keitskriterium des § 53 Abs. 1 Satz 1 Halbsatz 1 SGB XII sowie das Erfolgs-kriterium des § 53 Abs. 1 Satz 1 Halbsatz 2 SGB XII bewirken einen er-schwerten Leistungszugang von Kindern und Jugendlichen mit körperlichen und/oder geistigen Behinderungen gegenüber Kindern und Jugendlichen mit seelischen Behinderungen.

4.2 Die Zuständigkeiten

Für die Praxis nicht unerheblich ist schließlich die Frage der Zuständigkeit, um den Betroffenen, aber auch den Leistungsträgern ein gewisses Maß an Rechts- und Planungssicherheit zu gewährleisten. Gem. § 7 Satz 2 SGB IX richtet sich die Zuständigkeit für die Leistungen zur Teilhabe nach den für den jeweiligen Rehabilitationsträger geltenden Leistungsgesetzen.

4.2.1 Die Zuständigkeit für Leistungen nach dem SGB VIII

Zuständig für die Eingliederungshilfe nach dem SGB VIII sind die örtlichen Träger der Jugendhilfe (§ 85 Abs. 1 SGB VIII). Den überörtlichen Trägern kommt gemäß § 85 Abs. 2 SGB VIII allein eine die Zusammenarbeit zwi-schen den örtlichen Trägern und den anerkannten Trägern der freien Jugend-hilfe fördernde (Nr. 2) und die örtlichen Träger beratende Funktion (Nr. 5) zu. Die Träger der öffentlichen Jugendhilfe werden gemäß § 69 Abs. 1 SGB VIII durch Landesrecht bestimmt.

4.2.2 Die Zuständigkeit für Leistungen nach dem SGB XII

In der Sozialhilfe sind gemäß § 97 Abs. 1 SGB XII ebenfalls die örtlichen Träger – gemäß § 3 Abs. 2 Satz 1 SGB XII sind dies vorbehaltlich anderslau-tender landesrechtlicher Bestimmun-gen die Kreise und kreisfreien Städte – sachlich zuständig, soweit nicht die überörtlichen Träger sachlich zuständig sind. Hier bestimmt aber Landesrecht nicht nur, wer überörtlicher Träger der Sozialhilfe ist (§ 3 Abs. 3 SGB XII), sondern außerdem die sachliche Zustän-digkeit des überörtlichen Trägers (§ 97 Abs. 2 Satz 1 SGB XII). Dies hat im Rahmen der Eingliederungshilfe nach dem SGB XII innerhalb einiger Länder – namentlich Hessen, Niedersachsen, Nordrhein-Westfalen, Rheinland-Pfalz und Sachsen – eine geteilte Zuständigkeit für ambulante und stationäre Leis-tungen hervorgebracht, die dazu führt, dass Kinder und Jugendliche mit kör-

---

[56] Siehe: *Bieritz-Harder*, in: LPK-SGB XII, § 53 Rdnr. 20.

perlichen und/oder geistigen Behinderungen sich dort bei einem Bedarf an ambulanten und stationären Leistungen an unterschiedliche Leistungsträger halten müssen.

4.2.3 Fazit

Insbesondere im Falle der Mehrfachbehinderung bei Kindern und Jugendlichen sind die Zuständigkeitsdivergenzen zwischen dem Träger der öffentlichen Jugendhilfe und dem Sozialhilfeträger auf der einen wie im Falle einer in einigen Ländern je nach Leistung gespaltenen Zuständigkeit zwischen den Sozialhilfeträgern untereinander auf der anderen Seite durchaus geeignet, massive Unsicherheiten bei den Betroffenen hervorzurufen.[57] Zwar trägt § 14 SGB IX, der im Rahmen des § 10 SGB VIII Anwendung findet[58], dem genannten Bedürfnis der Leistungsberechtigten insoweit Rechnung, als im Falle der Beantragung von Leistungen zur Teilhabe der Rehabilitationsträger innerhalb von zwei Wochen nach Eingang des Antrages feststellt, ob er nach dem für ihn geltenden Leistungsgesetz für die Leistung zuständig ist (§ 14 Abs. 1 Satz 1 Halbsatz 1 SGB IX). Gemäß der Begründung zu dem Gesetzentwurf des SGB IX trägt die Vorschrift

„dem Bedürfnis Rechnung, im Interesse behinderter und von Behinderung bedrohter Menschen durch rasche Klärung von Zuständigkeiten Nachteilen des gegliederten Systems entgegenzuwirken. Sie enthält für Leistungen zur Teilhabe behinderter Menschen eine für die Rehabilitationsträger abschließende Regelung, die den allgemeinen Regelungen zur vorläufigen Zuständigkeit oder Leistungserbringung im Ersten Buch und den Leistungsgesetzen der Rehabilitationsträger vorgeht und alle Fälle der Feststellung der Leistungszuständigkeit erfasst [...]. Ihr Ziel ist es, durch auf Beschleunigung gerichtetes Zuständigkeitsklärungsverfahren die möglichst schnelle Leistungserbringung zu sichern. Die zeitgerechte, zügige Erbringung von Leistungen zur Teilhabe liegt im Interesse der Leistungsberechtigten, aber auch der zuständigen Rehabilitationsträger."[59]

§ 14 SGB IX ist damit eines der Instrumente zur Sicherstellung der Koordination der Leistungen und der Kooperation der Leistungsträger.[60] Allerdings darf nicht übersehen werden, dass § 14 SGB IX letztlich nur eine Lösung für Zuständigkeitsstreitigkeiten bietet, die im Falle von Kindern und

---

[57] Dahingehend auch: *Dillmann/Dannat*, ZfF 2009, S. 25 (32).

[58] Vgl.: *Dillmann/Dannat*, ZfF 2009, S. 25 (32); *Meysen*, in: Münder/Meysen/Trenczek (Hrsg.), Frankfurter Kommentar zum SGB VIII, § 35a Rdnr. 86; *Schwengers*, Eingliederungshilfen für seelisch behinderte Kinder und Jugendliche, S. 186 ff.; grundlegend zu Sinn und Zweck des § 14 SGB IX: BSGE 98, 267 (269 ff., Rdnrn. 10 ff.).

[59] BT-Drucks. 14/5074, S. 102.

[60] Vgl.: BT-Drucks. 14/5074, S. 95.

Jugendlichen mit Behinderungen gar nicht entstünden, würde man sie geschlossen einem Leistungssystem zuordnen.[61]

5. Die „duale Eingliederungshilfe" für Kinder und Jugendliche im Lichte der UN-BRK

Gem. Art. 7 Abs. 1 UN-BRK treffen die Vertragsstaaten alle erforderlichen Maßnahmen,

> „um zu gewährleisten, dass Kinder mit Behinderungen gleichberechtigt mit anderen Kindern alle Menschenrechte und Grundfreiheiten genießen können."

Nach Art. 7 Abs. 2 UN-BRK ist ferner das Wohl des Kindes ein Gesichtspunkt, der vorrangig zu berücksichtigen ist. Art. 7 UN-BRK basiert auf Art. 2 Abs. 1 und 3 Abs. 1 UN-Kinderrechtskonvention[62].[63]

Dass die unterschiedliche rechtliche Einordnung und Behandlung von Kindern und Jugendlichen mit körperlichen und/oder geistigen Behinderungen einerseits und seelischen Behinderungen andererseits dem Wohl der Betroffenen gerade nicht zu dienen geeignet ist, belegen die vorstehenden vergleichenden Ausführungen zu den rechtlichen Divergenzen und praktischen Abgrenzungsschwierigkeiten.[64]

Eine gesetzliche „Segregation"[65] ist daher, im Lichte der UN-BRK betrachtet, bestenfalls zweckwidrig.[66]

6. Schluss

Da die derzeit gesetzlich implementierte „duale Eingliederungshilfe" sowohl zu Friktionen im Leistungsrecht als auch bei den Zuständigkeiten führt und mit den Maßgaben der UN-BRK offenbar nicht kompatibel ist[67], kann nur dringend an den Gesetzgeber appelliert werden, den Dualismus aufzugeben

---

[61] In diesem Sinne auch: Meysen, JAmt/ZKJ Sonderheft 2010, S. 21 (21).

[62] Die Umsetzung in nationales Recht erfolgte durch das Gesetz zu dem Übereinkommen vom 20. November 1989 über die Rechte des Kindes vom 17. Februar 1992, BGBl. II 1992, S. 121.

[63] Vgl.: BR-Drucks. 760/08, S. 50; von einem „Versuch, die Kinderrechtskonvention in ihrer Gesamtheit für behinderte Kinder anwendbar zu erklären" spricht mit Blick auf Art. 7 UN-BRK: Degener, RdJB 2009, S. 200 (206); siehe auch: Degener, VN 2010, S. 57 (58).

[64] Von „rechtlicher Exklusion" spricht in diesem Zusammenhang: Meysen, JAmt/ZKJ Sonderheft 2010, S. 21 (21).

[65] So treffend: Meysen, JAmt/ZKJ Sonderheft 2010, S. 21 (21).

[66] Ob die unterschiedliche Behandlung von Kindern und Jugendlichen mit seelischen und solchen mit körperlichen und/oder geistigen Behinderungen darüber hinaus eine Verletzung des Gleichheitssatzes des Art. 3 GG darstellt, bedürfte einer gesonderten Prüfung.

[67] Siehe unter 5.

und die Eingliederungshilfe für Kinder und Jugendliche mit Behinderungen einheitlich im klar auf deren besondere Bedürfnisse zugeschnittenen Recht der Kinder- und Jugendhilfe, dem SGB VIII, zu regeln.[68] Denn was sich dem deutschen Volksmund gemäß als wahr erwiesen hat, sollte sich auch der Gesetzgeber vor Augen halten: *„Zu viele Köche verderben den Brei.“* Mit Blick auf die UN-BRK heißt es dementsprechend auch im 13. Kinder- und Jugendbericht:

> „Die Einnahme einer inklusiven Perspektive verlangt ein Leistungsangebot für behinderte Kinder und Jugendliche, das sich primär an der Lebenslage ‚Kindheit und Jugend' orientiert und erst sekundär nach der Behinderung oder anderen Benachteiligungen und Belastungen in dieser Lebenslage differenziert. Dies ist nach Auffassung der Bundesregierung der Maßstab, an dem die Leistungen für junge Menschen mit Behinderung zu messen sind."[69]

Literaturverzeichnis

Banafsche, Minou (2012): Die UN-Behindertenrechtskonvention und das deutsche Sozialrecht – eine Vereinbarkeitsanalyse anhand ausgewählter Beispiele (Teil I), SGb 2012, S. 373-379

Baving, Lioba/Späth, Karl (2005): Seelische Behinderung – wer hilft? – Aufgabenverteilung und Kooperation zwischen Jugendhilfe und Jugendpsychiatrie bei der Feststellung einer seelischen Behinderung nach Paragraph 35a KJHG, Sozialmagazin 5/2005, S. 30-36

Bieritz-Harder, Renate/Conradis, Wolfgang/Thie, Stephan (Hrsg.) (2012): LPK-SGB XII, 9. Aufl., Baden-Baden

Dau, Dirk/Düwell, Franz Josef/Joussen, Jacob (Hrsg.) (2011): LPK-SGB IX, 3. Aufl., Baden-Baden

Degener, Theresia (2009): Die UN-Behindertenrechtskonvention als Inklusionsmotor, RdJB 2009, S. 200-219

---

[68] Für eine solche „große Lösung" auch: *Schwengers*, Eingliederungshilfen für seelisch behinderte Kinder und Jugendliche, S. 348 ff.; *Meysen*, in: Münder/Meysen/Trenczek (Hrsg.), Frankfurter Kommentar zum SGB VIII, § 10 Rdnr. 44, § 35a Rdnr. 8; *Fegert*, JAmt/ZKJ Sonderheft 2010, S. 13 (13 ff.); *Meysen*, JAmt/ZKJ Sonderheft 2010, S. 21 (21 f.); BT-Drucks. 16/12860, S. 14 f., wo es allerdings einschränkend heißt, „die Alleinzuständigkeit der Kinder- und Jugendhilfe könnte aus Sicht der Bundesregierung [...] nur dann als Lösungsoption in Betracht kommen, wenn die damit verbundenen finanziellen, personellen und strukturellen Fragen gelöst werden können."; Beschlussprotokoll der 86. ASMK 2009, S. 12, wonach die Ministerinnen und Minister, Senatorinnen und Senatoren für Arbeit und Soziales der Länder vor dem Hintergrund der UN-BRK in der Zusammenführung der Eingliederungshilfe für Kinder- und Jugendliche mit Behinderung unter dem Dach der Kinder- und Jugendhilfe einen denkbaren Ansatz sehen; eine klare Empfehlung für die „große Lösung" aussprechend: Beschlussprotokoll der 88. ASMK 2011, S. 34 ff.; grundlegend: *Wiesner*, ZfJ 2001, S. 281 (285 f.); ferner: Nationaler Aktionsplan der Bundesregierung zur Umsetzung der UN-BRK 2011, S. 60 f.; zweifelnd wohl: *Gerlach/Hinrichs*, ZKJ 2012, S. 130 (135).

[69] BT-Drucks. 16/12860, S. 12.

Degener, Theresia (2010): Die UN-Behindertenrechtskonvention – Grundlage für eine neue inklusive Menschenrechtstheorie, VN 2010, S. 57-63

Dillmann, Franz (2010): Globalisierung des Sozialhilferechts inklusive? – Zu den Auswirkungen des Übereinkommens der Vereinten Nationen über die Rechte von Menschen mit Behinderungen im SGB XII, ZfF 2010, S. 97-106

Dillmann, Franz/Dannat, Knut-Egbert (2009): „Forever young" – Ewig junge Abgrenzungsprobleme zwischen Leistungen für junge behinderte Menschen nach dem SGB VIII und dem SGB XII, ZfF 2009, S. 25-33

Fegert, Jörg (2010): Kinder und Jugendliche mit Behinderung – Über § 35a SGB VIII zur „großen Lösung"?, JAmt/ZKJ Sonderheft 2010, S. 13-15

Feldes, Werner/Kohte, Wolfhard/Stevens-Bartol, Eckart (Hrsg.) (2009): SGB IX, Frankfurt am Main

Gerlach, Florian/Hinrichs, Knut (2012): Inklusion und die „Große Lösung" für die Jugend- und Behindertenhilfe (Teil 2), ZKJ 2012, S. 130-135

Grube, Christian/Wahrendorf, Volker (Hrsg.) (2010): SGB XII, 3. Aufl., München

Hauck, Karl/Noftz, Wolfgang (Hrsg.) (2012): SGB VIII, 1. Band, 52. Lieferung, Stand: September 2012, Berlin

Jans, Karl-Wilhelm/Happe, Günter/Saurbier, Helmut/Maas, Udo (Hrsg.) (2012): Kinder- und Jugendhilferecht, 2. Band, 3. Aufl., 48. Lieferung, Stand: April2012, Stuttgart 2012

Knittel, Bernhard (2011): SGB IX, 5. Aufl., Köln

Lachwitz, Klaus/Schellhorn, Walter/Welti, Felix (Hrsg.) (2010): HK-SGB IX, 3. Aufl., Köln

Lempp, Reinhart (2006): Die seelische Behinderung bei Kindern und Jugendlichen als Aufgabe der Jugendhilfe, 5. Aufl., Stuttgart

von Mangoldt, Hermann/Klein, Friedrich/Starck, Christian (Hrsg.) (2010): GG, Bd. 2, 6. Aufl., München

Meysen, Thomas (2010): Kinder- und Jugendhilfe an allen Schnittstellen: zentrale Anlaufstelle, Ausfallbürge, Netze-knüpfer, JAmt/ZKJ Sonderheft 2010, S. 21-24

Münder, Johannes (2001): Vorrang und Nachrang zwischen Leistungen der Jugendhilfe und der Sozialhilfe – § 10 Abs. 2 SGB VIII, ZfJ 2001, S. 121-125

Münder, Johannes/Meysen, Thomas/Trenczek, Thomas (Hrsg.) (2013): Frankfurter Kommentar zum SGB VIII, 7. Aufl., Baden-Baden

Remschmidt, Helmut/Frese, Christian (2006): Aktuelle Entwicklungen bei der sozialrechtlichen Zuordnung autistischer Störungen – Zu den Folgen des Urteils des OVG Nordrhein-Westfalen vom 20.2.2002 (Az: 12 A 5322/00), SGb 2006, S. 410-414

Remschmidt, Helmut/Schmidt, Martin/Poustka, Fritz (Hrsg.) (2006): Multiaxiales Klassifikationsschema für psychische Störungen des Kindes- und Jugendalters nach ICD-10 der WHO, 5. Aufl., Bern

Schellhorn, Walter/Schellhorn, Helmut/Hohm, Karl-Heinz (Hrsg.) (2010): SGB XII, 18. Aufl., Köln

Schwengers, Clarita, (2007): Eingliederungshilfen für seelisch behinderte Kinder und Jugendliche nach § 35a SGB VIII im Verhältnis zu konkurrierenden Leistungen nach dem (Sozial-) Leistungsrecht, Stuttgart

Welti, Felix (2001): Das neue SGB IX – Recht der Rehabilitation und Teilhabe behinderter Menschen, NJW 2001, S. 2210-2215

Wiesner, Reinhard (1996): Eingliederungshilfe für seelisch behinderte junge Menschen als Aufgabe der Jugendhilfe, ZfJ 1996, S. 278-282

Wiesner, Reinhard (2001): Die Bedeutung des Neunten Buches Sozialgesetzbuch – Rehabilitation und Teilhabe behinderter Menschen – für die Kinder- und Jugendhilfe, ZfJ 2001, S. 281-287

Wiesner, Reinhard (Hrsg.) (2011); SGB VIII, 4. Aufl., München

Dr. Minou Banafsche ist Wissenschaftliche Mitarbeiterin am Max-Planck-Institut für Sozialrecht und Sozialpolitik in München. Dort ist sie Mitglied einer interdisziplinär ausgerichteten Fachgruppe mit dem Forschungsschwerpunkt der Teilhabe von Menschen mit Behinderungen. Seit dem Wintersemester 2010/2011 nimmt sie eine Vertretungsprofessur für das Fachgebiet „Recht sozialer Dienstleistungen und Einrichtungen" an der Universität Kassel wahr.

Bayerisches Staatsministerium für
Unterricht und Kultus

1. August 2011
IV.6 – S 8040.5.1 – 4a.107922

Inklusion durch eine Vielfalt schulischer Angebote
Zur Umsetzung der
UN-Behindertenrechtskonvention in Bayern

hinsichtlich des Gesetzentwurfs
zur Änderung des Bayerischen Gesetzes
über das Erziehungs- und Unterrichtswesen –
Umsetzung der UN-Behindertenrechtskonvention
im bayerischen Schulwesen (Inklusion)
[Drucksache 16/8100 vom 28.03.2011]

**Der beiliegende Gesetzentwurf wurde
vom Bayerischen Landtag einstimmig beschlossen;
die Gesetzesänderungen sind zum 1. August 2011 in Kraft getreten.**

Inhalt

1. Pädagogische Leitlinien der Umsetzung von Inklusion in Bayern

„Inklusiver Unterricht ist Aufgabe aller Schulen." (Art. 2 Abs. 2 Satz 1 BayEUG).

Mit der UN-Behindertenrechtskonvention (UN-BRK) und dem vorliegenden Gesetzentwurf des Bayerischen Erziehungs- und Unterrichtsgesetzes (BayEUG) ist Inklusion die verbindliche Aufgabe aller Schulen und Schularten sowie aller Bildungseinrichtungen. Die Umsetzung von Inklusion im bayerischen Bildungswesen entwickelt sich schrittweise in einem gesamtgesellschaftlichen Dialog. Eltern, Schülerinnen und Schüler, Lehrkräfte, Schulen, Schulträger, Verbände und Behindertenvertretungen sind bei der Konzeption und der Umsetzung inklusiver Bildung einbezogen.

Inklusion und kooperatives Lernen
durch eine Vielfalt schulischer Angebote
In Bayern wurde mit der Reform des BayEUG im Jahr 2003 der Zugang zur allgemeinen Schule für die meisten Schülerinnen und Schüler mit sonderpädagogischem Förderbedarf rechtlich ermöglicht. Dabei wurden bereits verschiedene Formen des gemeinsamen Unterrichts von Kindern und Jugendlichen mit und ohne sonderpädagogischen Förderbedarf entwickelt. Der am 28. März 2011 vorgelegte Entwurf zur Änderung des Bayerischen Gesetzes über das Erziehungs- und Unterrichtswesen zum Thema Umsetzung der UN-Behindertenrechtskonvention im bayerischen Schulwesen (Inklusion) gliedert sich inhaltlich wie folgt: Teil 1: Die Fortführung und Weiterentwicklung der bewährten Formen kooperativen Lernens werden in Art. 30a BayEUG des vorliegenden Gesetzentwurfs ausgeführt. Teil 2: Die inklusive Schule eröffnet durch Art. 30b BayEUG neue Rahmenbedingungen zur flexibleren Ausgestaltung inklusiver Schullandschaften bis hin zur Schule mit dem Schulprofil „Inklusion" (ggf. mit Klassen mit festem Lehrertandem nach Art. 30b Abs. 5 BayEUG). Neu ist der grundsätzlich gleichberechtigte Zugang zu allen Schulen aller Schularten vor Ort. Die Voraussetzungen der jeweiligen Schulart müssen erfüllt sein (differenziertes Schulwesen). Davon kann nur abgesehen werden, wenn die Entwicklung des Kindes gefährdet ist, die Rechte von Mitgliedern der Schulgemeinschaft erheblich beeinträchtigt werden oder der Schulaufwandsträger wegen erheblicher Mehraufwendungen nicht zustimmt. Die bisherige Voraussetzung der aktiven Teilnahme entfällt. Neu ist auch, dass sich Schulen mit Zustimmung der zuständigen Schulaufsichtsbehörde und dem Schulaufwandsträger das Schulprofil „Inklusion" geben können.

Die Entwicklung inklusiver Schulen
im Verbund kooperativer Lernformen

1. Kooperationsklassen
2. Partnerklassen (ehemals Außenklasse)
3. Offene Klassen der Förderschule
4. Inklusion einzelner Schülerinnen und Schüler
5. Schulen mit dem Schulprofil „Inklusion"

Vorrangiges Ziel der Schulentwicklung aller Schulen ist die inklusive Schule. Dies bedeutet eine besondere Beachtung der erweiterten Heterogenität und Würdigung der Vielfalt aller Schülerinnen und Schüler. Eine inklusive Schule ermöglicht die bestmögliche Förderung von einzelnen Schülerinnen und Schülern mit sonderpädagogischem Förderbedarf in der Sprengelschule, realisiert gemeinsames Lernen in Gruppen- und Klassenstrukturen und hat darüber hinaus die gesamte Schule als Lern- und Lebensraum für alle Kinder und Jugendlichen mit und ohne sonderpädagogischen Förderbedarf im Blick.

Es ist Aufgabe der qualitätsvollen Schulentwicklung, Schülerinnen und Schüler mit unterschiedlichen Begabungen, Lernvoraussetzungen und mit verschiedener Sozialisation in der Organisation und Gestaltung von Lernprozessen zu unterstützen. Mit der Akzeptanz von Heterogenität geht die Forderung nach einem Unterricht einher, der sich durch ein hohes Maß an individualisierenden Lernmöglichkeiten auszeichnet. Die inklusive Schule entspricht damit dem Leitprinzip des bayerischen Bildungswesens: Begabungsgerechte individuelle Förderung aller Schülerinnen und Schüler.

Somit kann die inklusive Schule in besonderer Weise eine Antwort auf die UN-Behindertenrechtskonvention geben.

Viele Schulen haben sich bereits im Sinne einer inklusiven Entwicklung auf den Weg gemacht. Die bisherigen Formen (siehe Art. 30a BayEUG) und insbesondere die Schule mit dem Schulprofil „Inklusion" (siehe Art. 30b BayEUG) können eine prozesshafte Umsetzung hin zu einer inklusiven Schullandschaft grundlegen.

1. 1 Kooperationsklassen (Art. 30a Abs.7 Nr. 1 BayEUG)
In den langjährig bewährten Kooperationsklassen der Grund-, Mittelschulen sowie der Berufsschulen werden Schülerinnen und Schüler mit unterschiedlichen Förderschwerpunkten in Unterricht und Erziehung nachhaltig gefördert. Dies gilt im Grundsatz für alle Förderschwerpunkte. Die bisherige Praxis zeigt jedoch, dass vor allem die Förderschwerpunkte Sprache, Lernen sowie emotionale und soziale Entwicklung gut eingebunden werden können. Eine spezifische pädagogische Ausrichtung von Kooperationsklassen für die Förderschwerpunkte Hören und Sehen gilt es weiter zu entwickeln. Dabei erfolgt

eine stundenweise Unterstützung durch die Mobilen Sonderpädagogischen Dienste (MSD). Merkmal der Kooperationsklasse ist der durchgängig gemeinsame Unterricht in allen Fächern. Dies erfordert eine qualitative und quantitative Anpassung der Unterrichts- und Förderangebote an die individuellen Bildungs- und Erziehungsbedarfe der Schülerinnen und Schüler („Lernzieldifferenz").

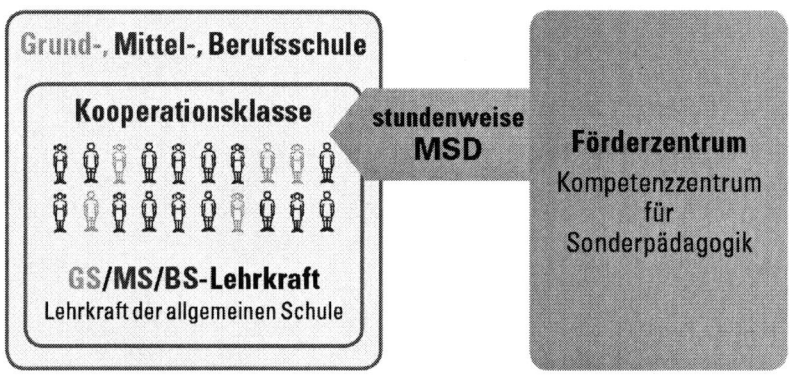

Abb. 1: Kooperationsklasse

Diese flächendeckende Form kooperativen Lernens wird weiterhin einen hohen Stellenwert für das gemeinsame Lernen von Schülerinnen und Schülern mit und ohne Förderbedarf einnehmen.

Im Zuge der Umsetzung der UN-Behindertenrechtskonvention wird es in allen Jahrgangsstufen Schülerinnen und Schüler geben, die besonderer Förderung bedürfen. Deshalb bleibt es eine wichtige Herausforderung, den MSD fachlich zu qualifizieren, auszubauen und die bedarfsorientierten Strukturen für den Einsatz des MSD immer wieder neu zu reflektieren.

1.2 Partnerklassen (ehemals Außenklassen) (Art. 30a Abs.7 Nr. 2 BayEUG)

Das Angebot der bisherigen „Außenklassen" bekommt im aktuellen Gesetzentwurf als „Partnerklasse" eine besondere Prägung durch die Betonung des partnerschaftlichen Miteinanders in Unterricht und Schulleben.

Partnerklassen der Förderschule oder der allgemeinen Schule kooperieren eng mit einer Klasse der jeweils anderen Schulart. Formen des gemeinsamen, regelmäßig lernzieldifferenten Unterrichts sind darin enthalten. Gleiches gilt für Partnerklassen verschiedener Förderschulformen.

Auch in weiterführenden Schulen wie Gymnasien und Realschulen sowie in Berufsschulen ist diese Konzeption eine Chance, sich der Herausforderung kooperativen Lernens in heterogenen Lerngruppen zu stellen. Partnerklassen von Seiten der Förderschulen werden überwiegend für Schülerinnen und Schüler mit sonderpädagogischem Förderbedarf im Förderschwerpunkt geistige Entwicklung (und Mehrfachbehinderung) gebildet.

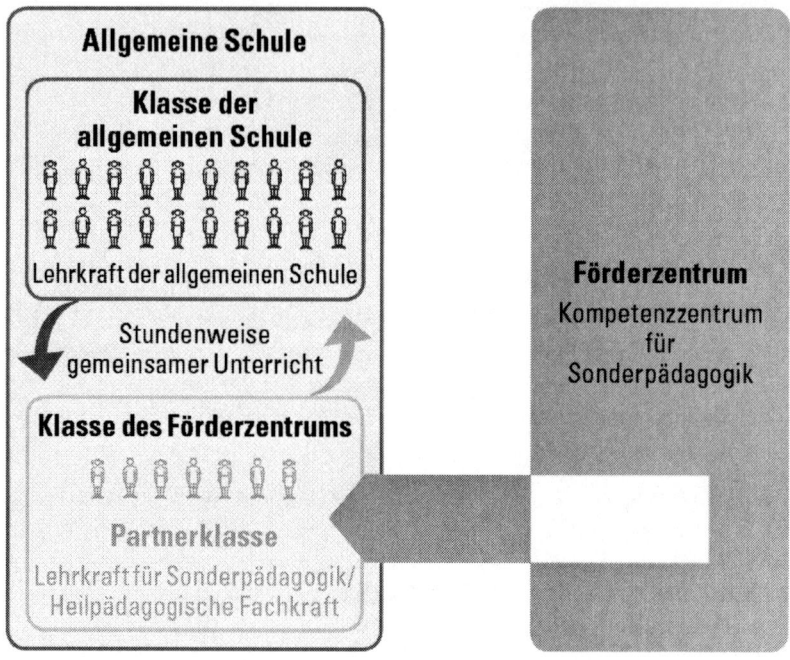

Abb. 2: Partnerklassen

Gemäß des pädagogischen Grundsatzes, soviel gemeinsamer Unterricht wie möglich, soviel individuelle Förderung wie nötig, entsteht in diesen Begegnungen eine Atmosphäre der gegenseitigen Anerkennung und Wertschätzung.

1.3 Offene Klassen der Förderschule (Art. 30a Abs.7 Nr. 3 BayEUG)

In offenen Klassen der Förderschule, in denen auf der Grundlage der Lehrpläne der allgemeinen Schule unterrichtet wird, können auch Schülerinnen und Schüler ohne sonderpädagogischen Förderbedarf aufgenommen werden. Voraussetzung ist, dass kein Mehrbedarf hinsichtlich des erforderlichen Personals und der benötigten Räume entsteht. Im Rahmen der zur Verfügung stehenden Mittel können die Schulaufsichtsbehörden bei Förderzentren für die Förderschwerpunkte Sehen, Hören oder körperliche und motorische Entwicklung Schülerinnen und Schüler ohne Förderbedarf bis zu 20 v.h. der vom Staatsministerium festgelegten Schülerhöchstzahl je Klasse bei der Klassenbildung berücksichtigen.

Abb. 3: Offene Klassen der Förderschule

1.4 Inklusion einzelner Schülerinnen und Schüler (Art. 30b Abs. 2 BayEUG)

Einzelne Schülerinnen und Schüler mit sonderpädagogischem Förderbedarf, die die allgemeine Schule, insbesondere die Sprengelschule, besuchen, werden unter Beachtung ihres individuellen Förderbedarfs unterrichtet. Sie werden durch die Mobilen Sonderpädagogischen Dienste (MSD) und ggf. außerschulische sonstige Unterstützungssysteme begleitet. Darüber hinaus öffnet sich die gesamte Schulfamilie für die Thematik „Inklusion".

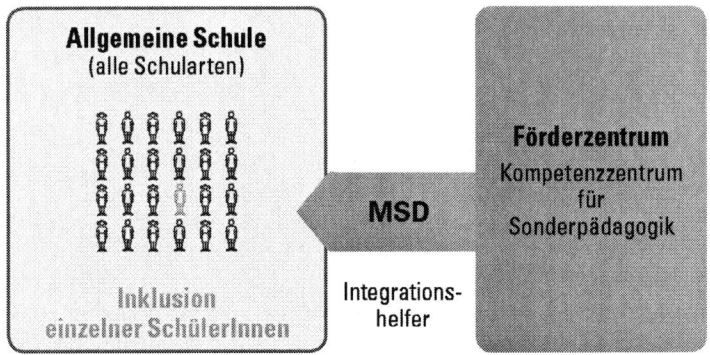

Abb. 4: Inklusion einzelner Schülerinnen und Schüler, ggf. mit Integrationshelfer (in Verantwortung der Bayerischen Bezirke)

1.5 Schulen mit dem Schulprofil „Inklusion"
(Art. 30b Abs. 3 bis 5 BayEUG)

Neben den genannten kooperativen Lernformen und der Inklusion einzelner Schülerinnen und Schüler sieht der Gesetzentwurf in Form der Schule mit dem Schulprofil „Inklusion" eine neue Ausrichtung vor: die Entwicklung einer ganzen Schule als System mit dem Ziel Inklusion. Eine Schule mit dem Schulprofil „Inklusion" setzt auf der Grundlage eines gemeinsamen Bildungs- und Erziehungskonzepts in Unterricht und Schulleben individuelle Förderung für alle Schülerinnen und Schüler um. Unterrichtsformen und Schulleben, sowie Lernen und Erziehung sind auf die Vielfalt der Schülerinnen und Schüler mit und ohne sonderpädagogischen Förderbedarf auszurichten. Den Bedürfnissen der Kinder und Jugendlichen mit sonderpädagogischem Förderbedarf wird in besonderem Maße Rechnung getragen.

In Schulen mit dem Schulprofil „Inklusion" wird Lehrpersonal der Förderschule in das Kollegium der allgemeinen Schule eingebunden und unterliegt den Weisungen der Schulleiterin oder des Schulleiters der allgemeinen Schule. Die Lehrkräfte der allgemeinen Schule gestalten in Abstimmung mit dem Lehrpersonal für Sonderpädagogik und gegebenenfalls weiteren Fachkräften die Formen des gemeinsamen Lernens.

Die Lehrkräfte für Sonderpädagogik beraten die Lehrkräfte, die Schülerinnen und Schüler sowie die Erziehungsberechtigten und diagnostizieren den sonderpädagogischen Förderbedarf (Förderdiagnostischer Bericht). Diese fachliche Entscheidung ist Grundlage für den Einsatz von zwei Lehrkräften in einer Klasse (siehe Art. 30b Abs. 5 BayEUG). Ein Förderdiagnostischer Bericht wird darüber hinaus gemäß der Intentionen der inklusiven Schule zur Grundlage der diagnosegeleiteten Förderung und des individuellen Förderplans. Er wird von der Lehrkraft für Sonderpädagogik an der Profilschule erstellt und beschreibt den sonderpädagogischen Förderbedarf. Die Schülerinnen und Schüler, Eltern und ggf. außerschulische Fachkräfte werden angemessen einbezogen; die datenschutzrechtlichen Bestimmungen sind dabei zu beachten. Inklusive Bildung und Erziehung hat Schülerinnen und Schüler mit und ohne sonderpädagogischen Förderbedarf besonders im Blick. Zugleich müssen die Entwicklungsbereiche des Schülers / der Schülerin umschrieben werden, bei denen pädagogischer Handlungsbedarf im Hinblick auf ihre Beeinträchtigungen oder Behinderungen besteht.

Das Lehrpersonal für Sonderpädagogik fördert Schülerinnen und Schüler mit sonderpädagogischem Förderbedarf aller Förderschwerpunkte und unterrichtet in Klassen mit Schülerinnen und Schülern ohne und mit sonderpädagogischem Förderbedarf. Der fachliche Austausch zwischen allgemeiner Schule und Förderschule ist zu gewährleisten.

Schulen können mit Zustimmung der zuständigen Schulaufsichtsbehörde und der beteiligten Schulaufwandsträger das Schulprofil „Inklusion" entwickeln. Das Schulprofil „Inklusion" wird nur im Einvernehmen mit dem Schulforum und/oder Elternbeirat eingerichtet und beruht daher auf dem breiten Konsens der Schulfamilie.

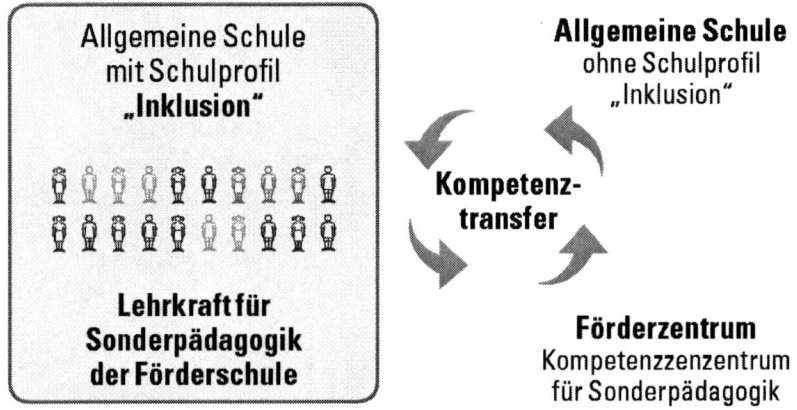

Abb. 5:   Die Schule mit dem Schulprofil „Inklusion"
(Transdisziplinarität: wechselseitiger Kompetenztransfer zwischen den Profilschulen, sonstigen allgemeinen Schulen und den Förderzentren)

Bei der anfänglichen Umsetzung von Schulen mit dem Schulprofil „Inklusion" kann dort, wo eine Klasse mit einem festen Lehrertandem (Art. 30b Abs. 5 BayEUG) aufgrund der Schülerzahlen nicht angeboten werden kann, auch für Schülerinnen und Schüler mit sehr hohem sonderpädagogischen Förderbedarf eine verantwortbare Bündelung verschiedener Förderschwerpunkte erfolgen; dies geschieht an der Profilschule jedoch nicht mit mobilen, sondern mit fest an der Schule befindlichen Lehrkräften für Sonderpädagogik.

**Besonderheit: Klassen mit festem Lehrertandem
(Art. 30b Abs. 5 BayEUG)**
Diese Klassen mit festem Lehrertandem können nur an Schulen mit dem
Schulprofil „Inklusion" gebildet werden.

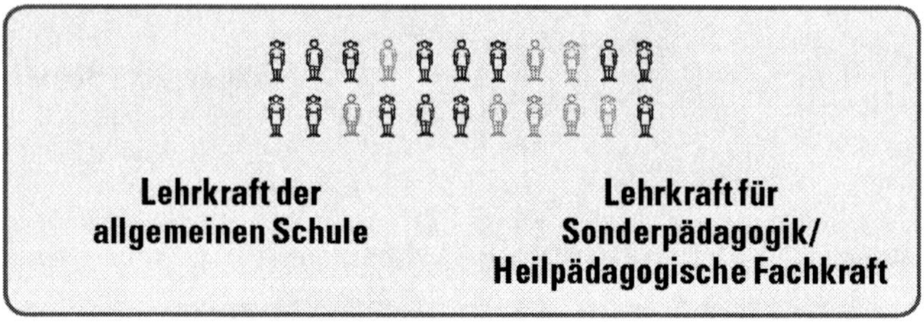

Abb. 6:   Klasse mit festem Lehrertandem an der Schule mit dem Schulprofil „Inklusion"

Für Schülerinnen und Schüler mit sehr hohem sonderpädagogischen Förderbedarf können in Schulen mit dem anerkannten Schulprofil „Inklusion" Klassen gebildet werden, in denen sie im gemeinsamen Unterricht durch eine
Lehrkraft der allgemeinen Schule und eine Lehrkraft für Sonderpädagogik
unterrichtet werden. Das Lehrertandem in Klassen nach Art. 30b Abs. 5 Bay-
EUG kann vor allem für Schülerinnen und Schüler im Förderschwerpunkt
geistige Entwicklung bzw. bei sehr hohem sonderpädagogischen Förderbedarf im Förderschwerpunkt Lernen oder ggf. auch in einem anderen Förderschwerpunkt begründet werden. Das heißt, dass der Förderdiagnostische
Bericht grundlegt, dass bei der gemeinsamen Unterrichtung und Förderung
die zusätzliche Kompetenz einer sonderpädagogischen / heilpädagogischen
Fachkraft unumgänglich ist. Diese eindeutige Festlegung muss im Rahmen
der Förderdiagnostik durch die Lehrkraft für Sonderpädagogik unter Einbeziehung der Erkenntnisse der sonstigen Lehrkräfte und ggf. weiterer Fachkräfte erfolgen.
Miteinander und voneinander lernen ist eine besondere Herausforderung auf
dem Weg zur inklusiven Schule. Die inklusive Schule möchte im Bildungsbereich eine gesellschaftliche Vision verwirklichen, die es allen Kindern und
Jugendlichen ermöglicht, über die schulische Bildung hinaus gesellschaftliche und soziale Teilhabe zu erlangen. Dies kann nur im Dialog der Partner
und in der größtmöglichen Wertschätzung aller Beteiligter konsequent umgesetzt werden.

2. Schulprofil „Inklusion": Leitfaden zur Profilentwicklung (durch die Schulen) und Erläuterungen zur Beurteilung

Schulentwicklungsprozesse von Schulen mit dem
Schulprofil »Inklusion«
(nach Art. 30b Abs. 3 bis 5 BayEUG)

auf der Grundlage der Arbeit des Wissenschaftlichen Beirats „Inklusion" beim Bayerischen Landtag, Prof. Dr. Erhard Fischer - Prof. Dr. Ulrich Heimlich - Prof. Dr. Joachim Kahlert - Prof. Dr. Reinhard Lelgemann: „Gesprächsleitfaden zur Dokumentation inklusiver Schulprojekte (Diskussionsgrundlage)"; München / Würzburg, Januar 2011

Vorbemerkung
Mit dem Entwurf zur Neufassung des BayEUG der interfraktionellen Arbeitsgruppe des Bayerischen Landtages vom 28.03.2011 wird inklusiver Unterricht als Aufgabe aller Schulen beschrieben. In besonderer Weise widmen sich dabei die allgemeinen Schulen mit dem Schulprofil Inklusion der Erziehung und Bildung von Kindern und Jugendlichen mit sonderpädagogischem Förderbedarf. Es stellt sich die Aufgabe, die Schulleitungen und Kollegien vor Ort auf diesem Weg zu begleiten und zu unterstützen.
Folgende Leitfragen können besonders auch den Schulen eine Orientierung geben, die sich mit Inklusion intensiv auseinandersetzen oder die sich zur Profilschule „Inklusion" weiterentwickeln wollen. Diese stecken einen Rahmen ab, in welchem die Schulen ihr Profil in eigener Verantwortung konzeptionell ausgestalten und weiterentwickeln können.

Profilbildung als Auftrag an Schulen in erweiterter Selbstverantwortung

2.1. Systematische Schulentwicklung als grundlegende Notwendigkeit
Der Auftrag einer Profilbildung setzt ein Verständnis von Schule voraus, welches der einzelnen Schule ein hohes Maß an Selbstverantwortung für eine systematische Weiterentwicklung zuerkennt. Schulleitungen und Kollegien fällt dabei die Aufgabe zu, notwendigen Handlungsbedarf zu ermitteln und zu beschreiben. Im Zusammenwirken mit der ganzen Schulfamilie gilt es darauf aufbauend Schritte zur Unterrichts-, Organisations- und Personalentwicklung zielgerichtet zu initiieren und zu begleiten. In diesem Sinne wird Schulentwicklung als Prozess im Rahmen des Qualitätsmanagements verstanden, dem sich die Schule als lernende Organisation fortlaufend und aktiv

stellt. Damit erfüllt sie den Anspruch, die Umsetzung des Erziehungs- und Bildungsauftrags den sich stetig veränderten Bedingungen und Anforderungen jeweils neu anzupassen. Wesentliche Kennzeichen einer systematischen Schulentwicklung sind dabei die Einbindung aller Beteiligten bei der Evaluation und Zielklärung sowie die Transparenz und stete Kommunikation der Abläufe und Entscheidungen. Voraussetzung hierfür ist eine umfassende Information und Kenntnis der Rahmenbedingungen und Ressourcen.

Die Diskussion unterschiedlicher Werthaltungen und die Einigung auf grundlegende gemeinsame Werte innerhalb der Schulgemeinschaft (Wertekonsens) ist eine zentrale Aufgabe im Rahmen der Schulentwicklung.

2.2   Schulentwicklung „Inklusion

Schulen mit dem Schulprofil Inklusion sind bereit, in ihrem Schulentwicklungsprozess Schwerpunkte zu setzen:

- Schaffung eines gemeinsamen Wertesystems, das auf der Basis einer bewussten Auseinandersetzung mit Diversität Heterogenität als Chance begreift

- Entwickeln einer Unterrichtsqualität, die individuelles Lernen für alle Schüler ermöglicht und kooperatives Lernen als ein Lernen voneinander versteht

- Erarbeitung und Darstellung klarer Rahmenbedingungen für Individualisierung und Kooperation

- Umsetzung der heil- und sonderpädagogischen Unterstützung in einer Form, die allen Schülern und Lerngruppen zur Verfügung steht

- Aufbau einer intensiven Teamkooperation, die Lehrkräfte, Mitarbeiter und externe Partner unterschiedlicher Professionen einbezieht

- Gestaltung von Schule als Lebens- und Erfahrungsraum

- Sicherung der Kooperation mit sonder- und heilpädagogischen Diensten und Einrichtungen

Dieser Auftrag einer inklusiven Schulentwicklung lässt sich darstellen an einem komplexen Mehrebenenmodell:

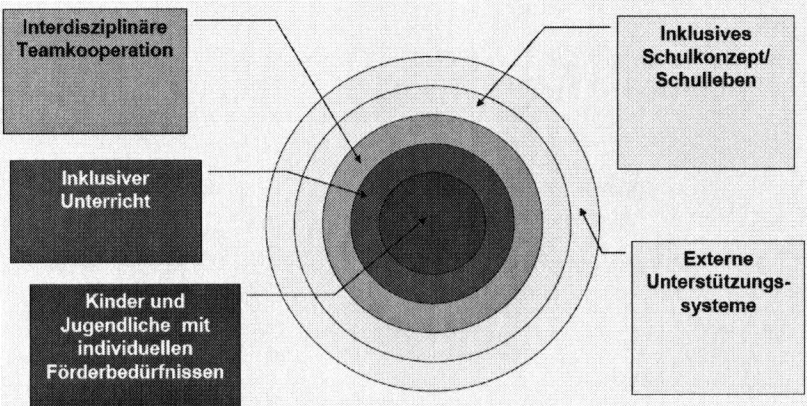

Abb. 7:   Mehrebenenmodell inklusiver Schulentwicklung, Prof. Dr. Ulrich Heimlich, LMU München 2011

2.3 Leitfragen

1. Zum Schulkonzept

1.1	Setzt sich die Schulfamilie aktiv mit dem Thema „Inklusion" auseinander?
1.2	Unterstützt die Schulleitung die inklusive Schulentwicklung?
1.3	Hat die Schule die Inklusion in ihrem Schulkonzept verankert?
1.4	Sind Eltern über das Schulprofil Inklusion informiert und tragen sie dieses bewusst mit?
1.5	Ist der Schulträger über das Schulprofil Inklusion informiert und trägt er dieses bewusst mit?
1.6	Ist die Schulaufsicht in die Realisierung des inklusiven Schulkonzepts eingebunden?

2. Zu individuellen Förderbedürfnissen

2.1	Werden unterschiedliche sonderpädagogische Förderschwerpunkte einbezogen?
2.2	Liegen zu allen Schülerinnen und Schülern mit sonderpädagogischem Förderbedarf Erkenntnisse zum individuellen sonderpädagogischen Förderbedarf vor? (Förderdiagnostischer Bericht oder Sonderpädagogisches Gutachten)
2.3	Wurde für die Schülerinnen und Schüler mit besonderem Förderbedarf ein individueller Förderplan erstellt?
2.4	Werden Methoden zur Überprüfung der Lernausgangslage und der Lernentwicklung eingesetzt?
2.5	Wird den Schülerinnen und Schülern individuelles Lernen ermöglicht?

3. Zum inklusiven Unterricht

3.1	Werden die Schülerinnen und Schüler überwiegend gemeinsam unterrichtet?
3.2	Enthält der Unterricht zieldifferente Lernangebote?
3.3	Gibt es individualisierende Unterrichtselemente wie Freiarbeit und Wochenplanunterricht?
3.4	Werden unterschiedliche methodische Zugänge zu den Unterrichtsthemen angeboten?
3.5	Werden die unterschiedlichen Lernergebnisse zusammengeführt?

4. Zur interdisziplinären Zusammenarbeit

4.1	Ist sonderpädagogisches Personal fester Bestandteil des Teams / des Kollegiums?
4.2	Findet Teamteaching statt?
4.3	Übernehmen alle Lehrkräfte für alle Schülerinnen und Schüler Verantwortung?
4.4	Finden regelmäßige Teambesprechungen statt?
4.5	Wird Unterricht gemeinsam geplant und ausgewertet?

5. Zum Schulleben

5.1	Gibt es in der Schule Veranstaltungen, die der Begegnung aller Schülerinnen und Schüler in ihrer Vielfalt dienen?
5.2	Existieren an der Schule Patenschaftsprojekte, die die gegenseitige Unterstützung der Schülerinnen und Schüler untereinander ermöglichen?
5.3	Gestaltet die gesamte Schulfamilie das Schulleben aktiv mit?

6. Zu den externen Unterstützungssystemen

6.1	Pflegt die Schule die Zusammenarbeit mit Fachkräften im therapeutischen, medizinischen und psychologischen Bereich bzw. mit vorschulischen Diensten und Einrichtungen?
6.2	Gibt es an der Schule oder in ihrem Umfeld Unterstützung z.b. durch Jugendsozialarbeit an Schulen, Hausaufgabenbetreuung, Hort, Tagesstätten ..?
6.3	Unterstützen die Partner der Schule aktiv den Grundgedanken der inklusiven Bildung und Erziehung?
6.4	Nützt die Schule Beratungs- und Unterstützungssysteme der Sonderpädagogik?
6.5	Greift die Schule auf fachliche Beratung und Begleitung bei der inklusiven Schulentwicklung zurück?
6.6	Organisiert die Schule geeignete schulhausinterne Fortbildungen und/oder greift sie auf entsprechende externe Angebote zurück?

Literaturverzeichnis

Bayerisches Gesetz über das Erziehungs- und Unterrichtswesen (BayEUG) in der Fassung der Bekanntmachung vom 31. Mai 2000, Fundstelle: GVBl 2000, S. 414 Gesamtausgabe. Stand: letzte berücksichtigte Änderung: Inhaltsübersicht und mehrfach geänd. (G v. 20.7.2011, 313) (in Kraft seit 01.08.2011). Online abrufbar unter folgendem Link: http://www.gesetze-bayern.de/jportal/portal/page/bsbayprod.psml?doc.id=jlr-EUGBY2000rah men&showdoccase=1&paramfromHL=true#focuspoint

Bayerisches Staatsministerium für Unterricht und Kultus (1. August 2011 IV.6 – S 8040.5.1 – 4a.107922) (sogenannte Ausführungsbestimmungen): Inklusion durch eine Vielfalt schulischer Angebote. Zur Umsetzung der UN-Behindertenrechtskonvention in Bayern hinsichtlich des Gesetzentwurfs zur Änderung des Bayerischen Gesetzes über das Erziehungs- und Unterrichtswesen – Umsetzung der UN-Behindertenrechtskonvention im bayerischen Schulwesen (Inklusion) [Drucksache 16/8100 vom 28.03.2011] [PDF] http://www.km.bayern.de/download/3191_konzeptpapier_zur_umsetzung_des_gesetzentwurfs _inklusion_13_2.pdf

Ines Boban / Robert Kruschel / Anja Wetzel

Doing Inclusion – radikal und ,*expansiv*'!

Zusammenfassung

„Die herkömmlichen Stadtteilvereine werden schnell feststellen,
dass die Probleme des Lebens sich nicht einzeln in Zellophan einwickeln lassen,
und weil sie sich nicht mit den Wurzeln der Probleme auseinandersetzen können
und wollen,
ziehen sie sich in die Sphäre trivialer, oberflächlicher Verbesserungsvorschläge
zurück"
(Saul D. Alinsky).

Die Nutzung des Begriffs *Inklusion* macht nur Sinn, wenn damit eine an die
Wurzeln gehende Haltung verbunden ist – in diesem Sinne gilt es radikal zu
denken und zu handeln: Ein notwendiges Ende einer Sicht, die Inklusion
allenfalls als Reform und Verbesserung sonderpädagogischer Förderung an
,*verlagerten*' Lernorten beschreibt, ist angezeigt, wenn die Rede von
Inklusion einen innovativen Sinn verfolgt. Es geht um die Enttrivialisierung
der gegenwärtigen Debatte und um die Entwicklung einer konsequent
akategorial, zentripetal (s. u.) angelegten, also radikal inklusiven Gesellschaft
und deren Art, u.a. Schule zu machen. Was dies bedeuten könnte und welche
Orientierungshilfen sich hierfür bieten, will dieser Text ausloten.

1. Inklusion als expansives Lernen

„Das meiste Lernen ist nicht das Ergebnis von Unterweisung.
Es ist vielmehr das Ergebnis unbehinderter Teilnahme in sinnvoller Umgebung."
(Ivan Illich)

Die kritische Analyse bisher dominierender ,*Spielregeln*' der Unterweisung
basiert auf der Theorie des Kritischen Psychologen Klaus Holzkamp, der
,*Lernbehinderungen*' durch ,*Lehren*' (1991) verursacht sieht. Standards,
vorgegebene Curricula und Vergleichsarbeiten u. ä. führen dazu, dass so auch
wohlmeinende Formen individueller Förderung zu kompensatorischer Nach-
hilfe gerinnen. Bleibt es bei einer chronischen Fehlforderung von unterrichteten, aber dennoch oder gerade deshalb wenig lernenden Menschen – da

unabhängig von ihren eigenen Interessen und Fragen und unverknüpft mit ihren Fähigkeiten Anforderungen formuliert werden –, wird dieses bei vielen beteiligten Individuen Langeweile, Frustration, Ängste und Stress erzeugen. Dies hängt wesentlich davon ab, wie aktiv oder passiv und zum anderen wie vorgegeben oder selbst gewählt gelernt werden kann (vgl. Abb. 1 sowie Boban & Hinz 2012):

Lernbedingungen und ihre tendenziellen Folgen

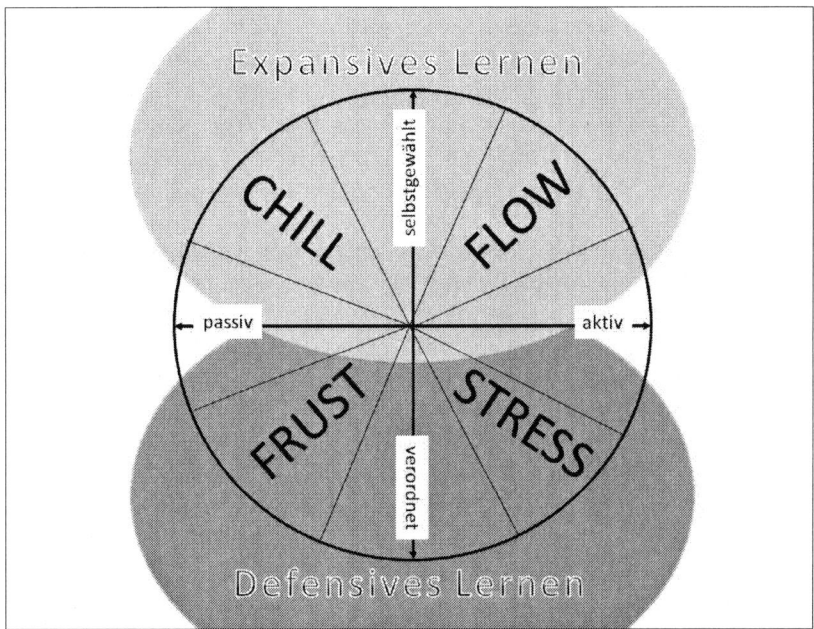

Abb. 1: Lernbedingungen und ihre tendenziellen Folgen (Boban/Hinz 2012, 71)

Besteht Aktivität vorwiegend aus dem Erfüllen verordneter Aufgaben, entsteht Stress, dominiert hingegen passives Stillsitzen und Zuhören, entsteht Frust. Häufig kommt es zu beidem gleichzeitig, weil Lehrende in einem im Wesentlichen durch sie gesteuerten Unterricht in die schwierige Motor-Brems-Dynamik geraten, bei der sie einige anschieben und andere verlangsamen müssen. Der hohe Grad an Stress für die Lehrenden entsteht letztlich dadurch, dass sie alle Lernende in einem Modus *„defensiv begründeten Lernens"* (Holzkamp 1992, 9) halten müssen, der von curricularer Fremdbestimmung geprägt ist. Der heimliche Lehrplan lehrt alle, dass ihre Fragen und Interessen, aber auch ihre individuellen Fähigkeiten und Stärken nicht zum Tragen kommen, sondern es vielmehr darauf ankommt, die Lehrenden mit ihren Aufgabenstellungen zufriedenzustellen. Nach Holzkamp zielt dieses außengesteuerte Lernen lediglich auf die Abwehr von möglichen Bestrafungen; primär gehe es *„um die Abrechenbarkeit des Lernerfolgs bei den jeweiligen Kontrollinstanzen"* (ebd. 1995, 193). Was hierbei gelernt wird, kann fragmentarisches Sachwissen sein, vor allem aber wird gelernt, wie die je nächste Selektionshürde gemäß der *‚Standardisierungs-Agenda'* ohne Crash zu nehmen ist.

Den Lernenden ist das Verweilen im Stand-by-Modus habituell anzusehen, da ihre Körper mit der Ausschüttung von Cortisol (bei Frust) und Adrenalin (bei Stress) reagieren. Lehrende leiden nicht minder: Das hohe Burnout-Risiko und andere zum vorzeitigen Berufsausstieg führende psycho-somatische Phänomene bei Pädagog/-innen werfen ein Licht darauf, wie sehr sie diese absurde Dynamik und das Aufbringen der Zentrifugalkräfte anstrengt.

Bei selbstbestimmtem Lernen kommt es dagegen zu einem Fließen von Serotonin (im Flow-Modus), Endorphin und Oxytocin (beim gemeinsamen Tun oder Chillen mit anderen). So wird auch für Laien ersichtlich, welcher Bereich Potenziale der Kränkung und welcher an sich zu Gesundheit beiträgt. Gelingt bei großem Aktivitätsgrad im *„Flow-Kanal"* (Burow 2011, 64) ein intensives Eintauchen in die Auseinandersetzung mit einer Sache, fühlen sich Eintauchende erfrischt und tauchen sichtlich inspiriert und froh erschöpft wieder auf. Was sie danach zum *‚Runterkommen'*, zur Erholung und vor allem zur Verarbeitung des gerade erschöpfend *‚Geschöpften'* brauchen, ist nun geringe Aktivität: Tendenzen zum *‚Chillen'*. Solch entspanntes *‚Abhängen'*, während dessen nach Aussagen der Hirnforschung Erarbeitetes weiter verarbeitet werden kann – und aus beidem besteht Lernen notwendigerweise – wird bislang in Bildungseinrichtungen wenig wertgeschätzt.

Inklusive Pädagogik eröffnet also Möglichkeitsräume *„expansiv begründeten Lernens"* (Holzkamp 1995,191). In ihnen, wenn alle Lernenden an selbst gewählten Themen mit einem selbst definierten Kontinuum von Passiv- und Aktiv-Sein lernen, stellt sich die Notwendigkeit nicht mehr, dass einzelne innerhalb eines kollektiven Rahmens besonders – geschweige denn *‚gesondert'* – *‚gefördert'* werden müssten (vgl. Boban/Hinz 2012).

Erst im Feld expansiven Lernens entstehen Chancen dafür, dass Lernende sich als aktive, selbstwirksame Individuen innerhalb einer kreativen Gruppe erleben. *‚Flow-Qualität'* des Arbeitens bedarf der Inspiration des gemeinsamen Denkens und einer dialogischen Qualität von Beziehung. Was an Tun innerhalb defensiv bestimmter Situationen sichtbar wird, bezeichnet Holzkamp als reaktives *‚Verhalten'*; erst im Kontext expansiven Lernens wird eigenes, aus sich heraus begründetes Handeln ermöglicht. Die zentrale Herausforderung für inklusive Pädagogik ist ganz einfach zu formulieren und nicht ganz so leicht zu realisieren: Anteile defensiv begründeten Lernens (und Lebens) abzubauen, da sie Barrieren für Lernen und Partizipation bedeuten, und expansiv begründete Anteile auszuweiten. Damit weist sie über die bisherigen Kompromisse in integrativen Situationen in all ihren tendenziell assimilativen Unterstützungsleistungen für besondere Schüler/-innen hinaus.

2. ‚Doing Inclusion' – Einiges ist zu ver-rücken im Feld

„Was wir brauchen, sind ein paar verrückte Leute;
seht euch an, wohin uns die normalen gebracht haben"
(George Bernhard Shaw).

Inklusion anzustreben innerhalb der vorhandenen, auf Selektion basierenden Strukturen wird immer erfordern, pragmatisch nach Lösungen zu suchen und Balanceakte miteinander zu vollführen. Exakt dieses Dilemma von visionärem und pragmatischem Handeln bringen Lipsky/Gartner auf den Punkt:

„The successful inclusive classroom not only equips students to change the world, but also to successfully maneuver in the one that exists. For example, we work with students to help them, past the test' at the same time that we help them analyze, critique, and understand that harmful impact of a test-driven curriculum" (1999, 88).

Der Index für Inklusion (vgl. Boban/Hinz 2003) unterstützt Schulgemeinden, die Vielfalt und Verschiedenheit der Menschen mit „radikalem Respekt" (vgl. Boban/Hinz 2004) willkommen zu heißen und ihr anerkennend durch eine angemessene Praxis Rechnung zu tragen. Er befördert gleichzeitig die Arbeit an einem inklusiven Leitziel und kontinuierliche Schulentwicklung. Alle schulinternen Akteure tun dies gemeinsam in der ihnen je entsprechenden Arbeitsweise, Basisdemokratie zu leben, denn die

„Evaluation von Schulen muss eine Evaluation in den Schulen sein, und sie muss sich gegen das hysterische Theater behaupten, das Großorganisationen wie die OECD veranstaltet haben und weiter veranstalten werden" (Bauer 2007, 122).

Ein probates Mittel für die Anregung reflexiver Prozesse scheint bei Akteuren im Feld der Pädagogik das Gegenüberstellen zu sein. In Anlehnung an Marsha Forest (2000), Valerie Bradley (1998), Lauri Pepe Bousquet (zit. in Sapon-Shevin 1999) sowie eigenen Versuchen, durch Kontrastierung orientierende „Sehhilfen' zu schaffen (vgl. Boban 2000, 2011), hier aber besonders aufbauend auf Margret Rasfeld und Peter Spiegel (2012, 27ff.), soll der Versuch gewagt werden, das Ausmaß der Radikalität bei der Verwirklichung einer allen gerecht werdenden Schule scharf zu konturieren – auf dass deutlich wird, was es zu ver-rücken gilt, will man es wirklich tun. Rasfeld/Spiegel versehen in ihrer Gegenüberstellung *„die alte Schule"* und *„die neue Schule"* (ebd., 27) heuristisch mit je zuschreibenden Eigenschaften. Im Folgenden wird versucht, diesen Fundus – verbunden mit obigen Quellen – den Dimensionen des Index entsprechend stärker zu systematisieren.

Die Pole dieses Kontinuums schulischer Entwicklungen können zudem mit den Adjektiven ‚*zentrifugal*' und ‚*zentripetal*' versehen werden: *Zentrifugal* beschreibt Wirkmechanismen des Auseinanderdriftens und Auseinander-dividiert-Werdens, weg von einem gemeinsamen zentralen Startpunkt, hin zu einzelnen Verstrebungen und Ausfransungen an der jeweiligen Peripherie, z.B. bei Eingruppierungen in verschiedene Leistungsniveaus in Kursen oder gar Schultypen und so bei der Konstruktion von ‚*Randgruppen*' wie ‚*Förderschüler*' oder ‚*Hochbegabte*'. *Zentripetal* hingegen bezeichnet Wirkmechanismen, die zusammenführen und vereinigend sind, hin zu einer gemeinsamen Mitte verdichtend und Gemeinsamkeit stiftend.

Integrationsklassen waren ein Versuch, inmitten der zentrifugalen Kräfte bisheriger selektiver Schulorganisation Inseln der *Zentripetalität* zu schaffen – durchaus ein ‚*gewagt*' zu nennender Balanceakt, für mehr Bildungsgerechtigkeit zu sorgen. Es erstaunt daher auch nicht, dass solche Ausgleichsversuche nicht überall mit Enthusiasmus unternommen wurden – und dort, wo sie entstanden, nicht immer gedeihlich zum Wohlergehen aller Beteiligten gelangen.

Hier nun der radikale Grobschnitt zweier unterschiedlicher, bewusst heuristisch ins Extrem gebrachter ‚*Schullogiken*', untergliedert in Aspekte der Schulkulturen, der Schulstrukturen und der Schulpraktiken. Sie können bei allem Kontrast gleichzeitig im Hinblick auf die eigene Praxis im Sinne des ‚*eher hier*', ‚*manchmal dort*' gelesen werden.

Aspekte von Schulkulturen	
Traditionsvermittlungsanstalt	Zukunftswerkstatt
Kinder unterrichten (‚*fördern & fordern*')	Kinder ggf. aufrichten (begleiten & anregen)
LehrerInnen als ‚*CurriculumerfüllerInnen*'	LehrerInnen als BegleiterInnen und Resonanzraum für Potenziale
richtige und falsche Antworten	viele mögliche Antworten

lineares Denken in Rastern, Stufen, Clustern, Kohorten und Kategorien/ Abstraktionen	vernetztes Denken, zirkulär, akategorial, integral
hierarchische Beziehungen	gleichwürdige Beziehungen
,Allein-Be-Lehrer'	,Alle-Voneinander-Lerner'
Heterogenität als zu reduzierende Last	Heterogenität als anregender Schatz
selektiver Geist – Defizitnachweiser	inklusiver Geist – Schatzsucher
Kopf & Rationalität	Kopf, Herz und Hand bzw. Integration von Intuition, Emotion & analytischer Reflexion als integrales, ganzheitliches Denken
Angstkultur – Vermeidungsstrategien	Vertrauens-, Ermutigungs-, Mutkultur
Kontrolle, den Status Quo für ,alternativlos' erklären	Gelassenheit, sich Alternativen interessiert zuwenden
LehreInnen-Vermittlung als Einzelexpertise	transgenerationales Lernen mit diversen Expertisen
Wissen	Ethos (spezif. bewusste Grundhaltung), Sinn
Ja-Sagen	Einmischungs- & Gestaltungskompetenz
Pflichterfüllung	selbstwirksames (kreativ) Sein
kognitiver Intelligenzbegriff	Wertschätzung multipler Intelligenzen
vorgegebene Wege beschreiten	Fähigkeit & Lust zu Perspektivenwechsel
Risikovermeidungsstrategien	Unternehmungsgeist, Experimentierlust
operationalisiertes Tun: müssen & sollen	,open space': initiieren, wählen & wollen

„Stand-by-Modus'	*„Flow-Modus'*
Burn-out, Leere	Burn for *„Fülle'*
unten abgeschnitten, oben gedeckelt	sich der nährenden Wurzeln & tragenden Seiten bewusst, abgefedert frei Flügel entfalten
behavioristisch belohnen / bestrafen: Awards bzw. Token-Systeme, konditionieren durch Lob, beschämen durch Tadel und durch erwachsene Autoritäten auferlegte Strafe bzw. verliehene Privilegien	Konstruktivistische Reflexion und Resonanz; bei Regelbruch sanktionieren durch gemeinsam verhandelte, am Gemeinwohlinteresse orientierte selbstentwickelte Ausgleich suchende *„Wiedergutmachung'*
Wettbewerb, Konkurrenz, hierarchisch staffelnder interpersonaler Vergleich	gemeinsam *„gewinnen'* als individuelles Wachsen, innehaltende Feiern der Fortschritte im intrapersonalen Vergleich
jemanden *(„optimal')* fördern und fordern, *„da abholen, wo er/sie/es steht'*	sich in Auseinandersetzung miteinander reiben und aneinander in Resonanz wachsen
eine Rolle spielen, Dienstpflicht leisten, Autorität mittels Macht durchsetzen, geleisteter Gehorsam als Indikator	authentisch sein – *„volle Präsenz'* als ganzer Mensch, kollektive Stärke als Potential *„neuer Macht'* & *„neuer Autorität'* der Nähe
Zwei-Gruppen-Theorie: *„wir – „die Eigentlichen/Richtigen"* *„sie – „die Anderen/ die auch ... sind"* bzw. *„ich vs. du/ihr'*	eine ununterteilbare, heterogene Lerngruppe *„ich und du/ihr sind uns ergänzend ein wir'*
klare Etikettierungen *(„I-Kinder', „Förderkinder')* und entsprechende Sprache	de- bzw. akategoriales, vorurteilsbewusstes Denken und eine entsprechende Sprache
stufenförmiges Streben oder (Be-Folgen) – da sonst Gefahr des Ausschlusses durch sitzen bleiben Lassen oder Abschulung	Zirkuläres Weiten des Wissens- und Aktionshorizonts, Phasen der Stagnation & der Regression respektvoll begleiten

Errichten & Bedienen von Barrieren	Abbau von Barrieren und Synergiesuche
Skepsis erzeugende Misstrauensverhältnisse	Zuversicht erzeugende Unterstützungen
defensives Lernen und Leben	expansives Lernen und Leben
zentrifugaler Exklusionsdruck	zentripetales Inklusionsstreben
Hierarchien als natürlich gegeben	Heterarchien als natürlich vorhanden

Aspekte von Schulstrukturen	
Klassenzimmer	Ateliers / Werkstätten / Future Labs / ‚*raus*'
altersgleiche ‚*Kohorte*' / Peerkulturüberhöhung	altersgemischte Gruppierungen / Transgenerationalität
Platzierungs- & Statusdiagnostik	dialogische Weiterentwicklungsdiagnostik
Zeugnisse und Noten	Portfolio und Zertifikate
Prüfungen und ‚*Ausschlusshürdenlauf*'	Präsentationen und Feste
Fehler als Notenverschlechterer, ‚*entweder/oder*' bzw. ‚*richtig/falsch*' denken	‚*Scheitern*' als Innovationschance, ‚*und*' bzw. ‚*diverse Möglichkeiten*' denken
Reisen stört den festgelegten Gesamtplan	Reisen bildet
getaktete Stundenpläne	individuelle Logbücher, Raum für Spontanes
Einzelkämpfer in Konkurrenz	Zusammenarbeit / kooperative Teams
Leistungsdefinition liegt (oft intransparent) bei mächtigerer (externer) Instanz	Leistung wird intern gemessen daran, wie ‚*gern*' es getan wird (‚*gut*' ist absolut relativ)

Anpassung der Menschen und Abläufe an Standards mittels Vergleichsarbeiten	Anpassung der Leistungsstandserhebungen an die Entwicklungsverläufe der Menschen
Zentralabitur & NC	universale Bildungsstätte: Open Universities
Nachhilfe als institutionelles Auffangsystem	Ressourcen für die Unterstützung in der Schule
Wie ,*gerecht'* selektieren? Gauß'sche Normalverteilung & Allokationsfunktion	Wie angemessen integrieren? Räume und Wege eröffnen, die Möglichkeiten zeigen
Beziehungsverhinderungsstrukturen	wechselnde Wir-Formate stärken Individuen
Reformen mittels Ganztagsschulentwicklung	Schule als offener Lebensort in ,*Education Cities'* / ,*Learning Cities'*

Aspekte von Schulpraktiken	
,*die alte zentrifugale Schule'*	,*die neue zentripetale Schule'*
Unterricht, Belehrung im Klassenraum	lernen, Erkundung im Umfeld
motivieren	begeistern, inspirieren, überzeugen (lassen)
rezipieren	konstruieren
Instruktion	Selbstorganisation
Als-ob-Lernen im Klassenzimmer	Erfahrungslernen im Leben
Antworten auf fremde Fragen finden	Antworten auf eigene Fragen suchen
SchülerInnen als Objekte fremdbestimmter, normierter Lehrprozesse	SchülerInnen als Subjekte selbstbestimmter, individueller Aneignungsprozesse

Arbeitsblätter & Schulbücher als Arbeitsmittel	die reale Welt als ‚Arbeitsmittel' inkl. www und ‚echten Büchern' & Begegnungen
lehrplanzentrierter Gleichschritt	lernzentrierte Vielfalt
Fächerfakten wiedergeben	Komplexe Zusammenhänge erforschen
abgespeichertes Wissen, 'Bulimie-Lernen'	reflexives Lernen & Transfer
bewerten, kritisieren	Resonanz geben, konstruktives Feed-Back
zweckorientiertes, strategisches Tun	bedürfnisgeleitetes, abgestimmtes Tun
Stoff abarbeiten, Arbeitsblätter ausfüllen, Karteien bearbeiten, Lernraster erfüllen	Wandel und Komplexität (unter)suchen, verstehen und (mit)gestalten
machen – so tun als ob	intentional aktiv sein – ggf. chillen
kanalisierende Didaktik, reduktionistisch	‚mäanderndes Flussbett': offener Lernraum
auf Zeiteffizienz setzende verkürzte Dynamik forciert oberflächliche Befassung	exemplarische Tiefgänge, Versuche und Irrtümer, Flows und Leerläufe brauchen Zeit
Befolgung gesetzter Regeln	Aushandlung & Neuschöpfung der Regeln
Vorgaben folgen und eingeschränkte Wahl- und Mitwirkungsmöglichkeiten wahrnehmen	Angebote mitgestalten, eigens kreieren, stets bewusst nach eigenen Neigungen wählen

Letztlich geht die Gegenüberstellung auf die zentrale Frage menschlicher Entwicklung zurück (vgl. Gruen 1991, Bauer 2006): Muss der Mensch als wildes Tier erst sozialisiert werden, weil er im ‚struggle for survival' immer zur Konkurrenz und Gewalt neigt? Oder kommen Menschen bereits mit Empathie ausgestattet zur Welt und ist die Zerstörung der Bedürfnisbewusstheit und Kooperationsbereitschaft ein komplizierter Prozess, der als

Erziehung bezeichnet wird? Hier gibt es kein *,eher'* mehr, denn beiden Agenden gleichzeitig zu folgen ist unmöglich. Wenn Pädagog/-innen zugleich der Standarisierungs-Agenda und der Inklusions-Agenda dienen sollen (vgl. Plate 2012), werden sie in ein Dilemma gestoßen, das sie selbst nur partiell – nicht auflösen – sondern abmildern können.

Sollen *,die Spielregeln'* für alle Beteiligten grundlegend und den Anforderungen der Zeit gemäß (u.a. zur Umsetzung der BRK) verändert werden, anstatt einzelne, die bisher nicht mitspielen durften, in die für alle schwierigen und oft existenziell heiklen *,Spiele'* einzupassen, bedarf es entschiedener entscheidender Umkehrungen bisheriger Verhältnisse. So fordern Bettina Malter, Ali Hotait und über 30 Autor/-innen des Buches *„ Was bildet ihr uns ein?"* (2012) im Untertitel *„die Bildungsrevolution".* Die Gründe für Exklusivität und Selektivität von Schulen, eingebunden in entsprechende Systeme, zu erkennen und anstatt weiterhin deren Konsequenzen als singuläre Erscheinungen *,einzeln in Zellophan zu wickeln',* grundlegende Veränderungen anzustreben, erscheint eine immense Herausforderung.

3.   Fazit

„Mr. Gandhi, what do you think of Western civilization?" -
"I think this would be a good idea."

Die Zivilisierung des Westens wäre eine gute Idee, antwortete Mahatma Gandhi, der wegen seiner Politik des gewaltfreien Widerstands gegen die Kolonialherrschaft weltbekannte indische Menschenrechtler und Pazifist, auf die Frage eines Journalisten (zit. in Bauer 2007, 125). Es geht um nicht mehr und nicht weniger als die Realisierung von Menschenrechten – und hier insbesondere das Recht auf unbehinderte Entfaltung von individuellen gemeinsamen Lernmöglichkeiten in sozialer Gemeinsamkeit. Inklusive Bildung ist mit der UNESCO (2001) und Ainscow (2009)

„als internationale Reformbewegung die größte Herausforderung, die den Bildungssystemen weltweit bevorsteht" (zit. in Berg Fidel 2012, 5).

Dabei geht es – und damit schließt sich der Kreis – nicht

„in erster Linie darum, die Tore unserer Regelschulen etwa auch für RollstuhlfahrerInnen oder sogenannte Lernbehinderte zu öffnen" (ebd.), sondern es geht „um eine Revolution in den Köpfen, … nicht um kosmetische Korrekturen in Architektur oder Bezeichnung der Schule. Es geht um die Etablierung einer anderen Kultur und einer anderen Wertehaltung" (ebd.).

Aber: *,Schools change slower than churches'!* Als 1989 die Mauer fiel, änderte sich in den ostdeutschen Schulen sehr viel sehr schnell – in Teilen fundamental. Wie auch immer dies zu bewerten ist – zumindest beweist es, dass auch radikale Veränderungen sehr zügig vollzogen werden können, wenn die politische Konstellation entsprechend orientiert und gewillt ist. Heute gibt die Agenda der Menschenrechte die klare Orientierung für inklusiv gestaltete Lern- und andere Lebenswelten. Jetzt ist nicht mehr das Ob, sondern das Wie der Umsetzung zu klären. Andere ,*große Themen'* wurden bereits in diesem Sinne angepackt, sei es die Abschaffung der allgemeinen Wehrpflicht, oder die Entscheidung zum Ausstieg aus der Atomenergie. Der Weg des Bildungssystems im 21. Jahrhundert wird nach Yaacov Hecht dem Verständnis der „*multidimensionalen Person*" (2012, 61) Rechnung tragen und pluralistisches, expansives Lernen ermöglichen, so dass die volle Entfaltung der Lernenden als Menschenrecht zu mehr Bildungsgerechtigkeit führen wird (vgl. Reich 2012). ,*To do or not to do?* ' – das ist nun nicht mehr die Frage, denn: ,*Doing inclusion'* only works radical – otherwise it won't be inclusion!

Literaturverzeichnis

Alinsky, Saul D. (^{2}1999) Anleitung zum Mächtigsein. Ausgewählte Schriften. Göttingen: Lamuv

Bauer, Joachim (2006): Prinzip Menschlichkeit. Warum wir von Natur aus kooperieren. Hamburg: Hoffmann & Campe

Bauer, Joachim (2007): Lob der Schule. Sieben Perspektiven für Schüler, Lehrer und Eltern. Hamburg: Hoffmann & Campe

Berg Fidel (2012): Eine Schule für alle. Das Konzept. Münster: Selbstverlag

Boban, Ines (2000): It's not Inclusion ... – Der Traum von einer Schule für alle Kinder. In: Hans, Maren/Ginnold, Antje (Hrsg.): Integration von Menschen mit Behinderung – Entwicklungen in Europa. Neuwied/Berlin: Luchterhand, 238-247

Boban, Ines (2011): Das Leben ist vielfältig – die Schule wird es auch: Schritte zum pluralistischen Lernen in einer ,Schule für alle'. In: Mittendrin e. V. (Hrsg.): Eine Schule für alle. Inklusion umsetzen in der Sekundarstufe. Mühlheim: Verlag an der Ruhr, 13-20

Boban, Ines/Hinz, Andreas (Hrsg.) (2003): Index für Inklusion. Lernen und Teilhabe in Schulen der Vielfalt entwickeln. Halle (Saale): Martin-Luther-Universität

Boban, Ines/Hinz, Andreas (Hrsg.) (2004): Gemeinsamer Unterricht im Dialog. Weinheim/Basel/Berlin: Beltz

Boban, Ines & Hinz, Andreas (2012): Individuelle Förderung in der Grundschule? Spannungsfelder und Perspektiven im Kontext inklusiver Pädagogik und demokratischer Bildung. In: Solzbacher, Claudia/Müller-Using, Susanne/Doll, Inga: Ressourcen stärken! Individuelle Förderung als Herausforderung für die Grundschule. Köln: Carl Link, 68-82

Bradley, Valerie (1998): The New Service Paradigm (1994). In: Inclusion, Nachrichten von Inclusion International, Mai 1998, Nr. 20

Burow, Olaf-Axel (2011): Positive Pädagogik. Sieben Wege zu Lernfreude und Schulglück. Weinheim/Basel: Beltz

Forest, Marsha (2000): Inclusion is not Exclusion. In: Inclusion News, 10

Gruen, Arno (1991): Falsche Götter. Über Liebe, Haß und die Schwierigkeit des Friedens. München: Deutscher Taschenbuch Verlag

Hecht, Yaacov (2012): Education City / Bildungsstadt – ein lernendes soziales Netzwerk. Der Weg des Bildungssystems im 21. Jahrhundert. In: RAA Brandenburg (Hrsg.): Demokratische Schulentwicklung begleiten. Potsdam. 59-67

Holzkamp, Klaus (1991): Lehren als Lernbehinderung? Forum Kritische Psychologie 27, 5-22. Auch im Internet: http://www.kritische-psychologie.de/texte/kh1991a.html

Holzkamp, Klaus (1992): Die Fiktion administrativer Planbarkeit schulischer Lernprozesse. Im Internet: http://www2.ibw.uni-heidelberg.de/~gerstner/holzkampLernfiktion.pdf

Holzkamp, Klaus (1995): Lernen. Subjektwissenschaftliche Grundlegung. Frankfurt/Main: Campus

Lipsky, Dorothy K./Gartner, Alan (1999): Inclusive Education. A Requirement of a Democratic Society. In: Daniels, Harry/Garner, Philip/Jones, Crispin (Eds.): World Yearbook of Education. London: Kogan Page, 12-23

Malter, Bettina/Hotait, Ali (Hrsg.) (2012): Was bildet ihr uns ein? Eine Generation fordert die Bildungsrevolution. Berlin: Vergangenheitsverlag

Plate, Elisabeth (2012): Staff support for inclusion. An international study. Unpublished Thesis for the Degree of Doctor of Philosophy. Canterbury: Canterbury Christ Church University

Rasfeld, Margret/Spiegel, Peter (2012): EduAction. Wir machen Schule. Hamburg: Murmann

Sapon-Shevin, Mara (1999): Because we can change the world. A practical Guide to Building Cooperative, Inclusive Classroom Communities. Boston: Allyn & Bacon

Ines Boban, wissenschaftliche Mitarbeiterin im Arbeitsbereich Allgemeine Rehabilitations- und Integrationspädagogik, Institut für Rehabilitationspädagogik an der Martin-Luther-Universität Halle-Wittenberg; Homepage: http://inklusionspaedgogik.de; E-Mail: ines.boban@paedagogik.uni-halle.de

Robert Kruschel, wissenschaftlicher Mitarbeiter am Institut für Rehabilitationspädagogik, Arbeitsbereich Allgemeine Rehabilitations- und Integrationspädagogik an der Martin-Luther-Universität Halle-Wittenberg; E-Mail: robert.kruschel@paedagogik.uni-halle.de

Anja Wetzel, Referentin beim Bundesverband evangelische Behindertenhilfe Berlin; E-Mail: wetzel.anja@gmail.com

Mario Schreiner

Teilhabe und Anerkennung – Maßstäbe für Werkstattbeschäftigung

Zusammenfassung
In diesem Artikel wird gezeigt, dass die Entstehung von Teilhabe und Anerkennung in enger Verbindung zur Beteiligung an Arbeit stehen. Deshalb ist es notwendig, die Auswirkungen der Beschäftigung in Werkstätten für behinderte Menschen zu untersuchen.

1. Einleitung

Das Recht auf Teilhabe an der Gesellschaft gilt für alle Menschen, ungeachtet von Differenzen, in allen gesellschaftlichen Bezugssystemen. Zur Verwirklichung umfassender Teilhabe werden den Bereichen *Arbeit, intersubjektive Beziehungen, Recht und Kultur* besondere Bedeutung zugemessen (vgl. Kronauer 2010; Bartelheimer 2005). Entscheidend für die Verwirklichung ist aus Sicht des Individuums nicht nur das Ausmaß, sondern insbesondere die Qualität der Teilhabe, so dass es notwendig wird, ihr eine normative Dimension zuzuordnen. Für diese Normierung bietet sich Axel Honneths Anerkennungstheorie an, weil diese eine ethisch-moralische Perspektive auf Teilhabe eröffnet.

In diesem Beitrag wird der konzeptionelle Zusammenhang von Teilhabe und Anerkennung dargestellt und die Notwendigkeit entsprechender empirischer Forschung zur subjektiven Wahrnehmung von Werkstattbeschäftigten aufgezeigt.

2. Das Konzept Teilhabe

In aktuellen Kontexten der Sozialforschung, der Sozialpolitik und des Sozialrechts zur Lebenssituation und Lebenslage von Menschen mit Behinderungen wird häufig von Inklusion bzw. Exklusion gesprochen, um Aussagen zur Qualität gesellschaftlicher Zugehörigkeit zu treffen. Problematisch ist, dass das Begriffspaar Inklusion/Exklusion häufig unbestimmt und das Begriffsverständnis vage bleibt (vgl. hierzu auch kritisch Bartelheimer 2005; Wan-

sing 2012). Darüber hinaus beschreibt Inklusion nicht faktisch eine erstre-
benswerte Lebensqualität oder einen hohen Grad sozialer Teilhabe, denn man
kann auch auf subjektiv *„unerwünschte"* Weise in gesellschaftliche Funkti-
onssysteme inkludiert sein, beispielsweise bei Erwerbsbeteiligung in einem
prekären Arbeitsverhältnis. Somit ist unter Inklusion nicht zwangsläufig ein
Zustand zu subsumieren, der unreflektiert als positiv bezeichnet werden kann
und unter allen Umständen anzustreben ist.

Zur empirischen Beschreibung und Bewertung der Lebenssituation von Menschen bietet es sich an, von Teilhabe zu sprechen, da diese mit weniger Ver-
ständnis- und Abgrenzungsschwierigkeiten behaftet ist als der Begriff Inklusion (vgl. auch Bartelheimer 2005).

Aus Perspektive der empirischen Sozialforschung bietet Teilhabe ein Konzept, das für die Erfassung der Situation von Menschen mit Behinderungen
geeignet ist. Es ist anschlussfähig an andere Bereiche der Sozialforschung,
wie z.B. Alters-, Armuts- und Ungleichheitsforschung, Migrationsforschung
und eröffnet so die Möglichkeit, in unterschiedlichen Forschungskontexten
eine *„gemeinsame Sprache"* zu sprechen. Abgesehen von den genannten
Forschungs- und Handlungsfeldern ist explizit die Anschlussfähigkeit des
Begriffs der Teilhabe an die Internationale Klassifikation der Funktionsfähigkeit, Behinderung und Gesundheit (ICF) zu nennen, die von *participation*,
also Teilhabe in einem umfänglichen Sinne spricht (vgl. WHO 2001).

Die UN-Behindertenrechtskonvention (vgl. Vereinte Nationen 2006) als
staatenübergreifendes, völkerrechtliches Regelwerk, gebraucht ebenfalls den
Begriff der *participation* bzw. Teilhabe und fordert diese gleichberechtigt für
Menschen mit Behinderungen.

Im deutschen Sozialrecht[1] ist das Recht auf gesellschaftliche Teilhabe verankert und somit als rechtlicher Begriff etabliert, wenn auch unbestimmt. Teilhabe an der Gesellschaft stellt somit einen Rechtsanspruch dar, der Ausdruck
im sozialpolitischen Handeln findet.

Der Begriff Teilhabe ist demnach in Sozialforschung, Sozialrecht und Sozialpolitik interdisziplinär gebräuchlich und ist geeignet, die Lebenswirklich-
keit von Menschen (mit Beeinträchtigungen) zu beschreiben.

3. Teilhabeformen

In seinen Überlegungen zu einer Reform der Sozialberichterstattung plädiert
Peter Bartelheimer (2005) für die Messung von Teilhabe als Indikator gesellschaftlicher Zugehörigkeit. Er kombiniert Teilhabeformen und deren zugehö-
rige Wohlfahrtsproduzenten sowie korrespondierende Lebenslagen für einen

---

[1]   In Bezug auf Menschen mit Behinderungen ist im Besonderen das SGB IX zu nennen.

modernen Entwurf der Sozialberichterstattung. Sein Ansatz basiert auf dem Konzept sozialer Exklusion von Kronauer (2010), das er für die empirische Verwendung präzisiert. Für eine gelingende gesellschaftliche Zugehörigkeit sind demnach vier Teilhabeformen elementar, die es zu messen gilt: 1. gesellschaftliche Arbeit[2], 2. soziale Nahbeziehungen, 3. bürgerliche, politische, soziale Rechte und 4. Kultur. Diese Teilhabeformen korrespondieren sowohl mit Wohlfahrtsproduzenten (vgl. Tab. 1) als auch mit den Lebenslagedimensionen Einkommen, Wohnen, Gesundheit, soziale Netzwerke, Bildung und Partizipation (vgl. Bartelheimer 2005).

Teilhabeformen und korrespondierende Wohlfahrtsproduzenten

Teilhabeform	Wohlfahrtsproduzenten
gesellschaftliche Arbeit	Markt, Staat, private Haushalte
soziale Beziehungen	private Haushalte, intermediäre Organisationen
bürgerliche, politische, soziale Rechte	Staat, intermediäre Organisationen
Kultur	Staat, Haushalte, intermediäre Organisationen

Tab. 1: Teilhabeformen und korrespondierende Wohlfahrtsproduzenten (eigene Darstellung nach Bartelheimer 2005)

4. Grundlagen der sozialphilosophischen Anerkennungstheorie von Axel Honneth

Honneth (1994) legt mit der Anerkennungstheorie eine kritische Gesellschaftstheorie vor. Er beschreibt drei Formen der Anerkennung, die notwendig sind, damit ein Mensch Selbstvertrauen, Selbstachtung und Selbstwert ausbilden kann, um sich als vollwertiges Subjekt und von der Gesellschaft akzeptiert wahrzunehmen.

Die Anerkennungstheorie nimmt Bezug auf die Lebensbereiche Primärbeziehungen, Rechtsverhältnisse und Solidarität/Leistung[3] (vgl. Tab. 2). Sie zielt

---

[2] Unter gesellschaftlicher Arbeit ist Erwerbsarbeit und Eigenarbeit zu verstehen, wobei die Erwerbsarbeit eine stärkere Gewichtung hat (vgl. Bartelheimer 2005).

[3] In Solidarität/Leistung ist im wesentlichen Sinn Arbeit bzw. Erwerbsarbeit zu verorten.

auf einen gemeinsamen Werthorizont, der gesellschaftlicher Minimalkonsens für ein gutes Leben ist.

4.1 Primärbeziehungen

Die erste Anerkennungsdimension ist jene der Primärbeziehungen. Als solche gelten soziale Nahbeziehungen wie familiäre Beziehungen, Liebesbeziehungen, Lebensgemeinschaften und enge Freundschaften. Es handelt sich dabei um Beziehungen wechselseitiger Fürsorge, die im weitesten Sinne als affektive Beziehungen zu bezeichnen sind. Durch die Anerkennung, die einer Person in dieser Dimension zukommt, entsteht Selbstvertrauen als Basis für die Ausbildung von persönlicher Integrität. Anerkennung in Primärbeziehungen ist vor diesem Hintergrund als die elementarste Form von Anerkennung zu betrachten (vgl. Honneth 1994). Missachtung in dieser Anerkennungsdimension kann eine Person beispielsweise durch psychische und physische Gewalt, Vernachlässigung oder Ähnlichem erfahren (vgl. ebd.).

4.2 Recht

Die zweite Anerkennungsdimension ist die des Rechts. Die Anerkennung einer Person in dieser Dimension stellt die Grundlage dafür dar, dass die Person als zurechnungsfähig erklärt wird und somit *„berechtigt"* wird, am gesellschaftlichen Leben umfänglich teilzuhaben. Die volle Anerkennung einer Person als Subjekt in allen Rechtsdimensionen umfasst politische, bürgerliche und soziale Rechte (vgl. Honneth 1994). Durch erfahrene rechtliche Anerkennung entsteht Selbstachtung. Die Verwahrung und Ausschließung von allgemein anerkannten Rechten oder eine rechtliche Ungleichbehandlung, stellt Missachtung in dieser Anerkennungsdimension dar (vgl. ebd.).

4.3 Solidarität

Die dritte Anerkennungsdimension ist die der Solidarität bzw. der Leistung. Anerkennung der Leistung entsteht durch gesellschaftliche Wertschätzung des individuellen Beitrags, den ein Mensch in die Solidar-/Wertgemeinschaft einbringt. In diesem Zusammenhang weist Honneth (1994) darauf hin, dass nicht jeder qualitativ und quantitativ den gleichen Beitrag leisten kann und muss. Entscheidend ist der allgemein akzeptierte Mehrwert des jeweiligen Beitrags für die Gesellschaft. Es gibt im Zusammenhang von Leistung keinen generalisierten Maßstab zur Bemessung. Erst im solidarischen (Leistungs-)Austausch entsteht ein gemeinsamer Werthorizont, der den kleinsten gemeinsamen Nenner bildet und eine gemeinsame kulturelle Identität konstituiert. In dieser gemeinsamen kulturellen Identität entsteht Solidarität (vgl. ebd.). Erfahrene Anerkennung in der Dimension Leistung ist für die Entstehung von Selbstwert notwendig. Missachtung in dieser Dimension manifestiert sich in

Entwürdigung und Beleidigung. Sie führt beim Missachteten zur Verletzung der Integrität und damit zum Verlust der gesellschaftlichen Zugehörigkeit (vgl. ebd.).

5. Interdependente Verbindung von Anerkennung und Teilhabe

Die dargestellten Perspektiven der Teilhabeformen und der Anerkennungstheorie lassen bereits eine inhaltliche Schnittmenge beziehungsweise eine wechselseitige Verflechtung beider Ansätze erkennen. Im Folgenden stellt sich die Frage, inwieweit beide Theorieperspektiven sinnvoll miteinander verknüpft werden können.

Honneth (2003) sieht in der Anerkennung die notwendige Basis zur Ressourcenverteilung innerhalb einer Gesellschaft[4]. Dies weist auf einen Zusammenhang von Teilhabe und Anerkennung hin, insofern als auch die Teilhabe in einer engen Verbindung zur Ressourcenverteilung steht. Der Besitz von Ressourcen ermöglicht Teilhabe, wie auch die Teilhabe das Erwirtschaften von Ressourcen bewirken kann. Eine gelingende Teilhabe, bei der Ressourcen erwirtschaftet werden können, ist wiederum eine Grundlage zur Entstehung von Anerkennung. Aus diesen Überlegungen zum Verhältnis von Teilhabe und Anerkennung lässt sich folgern, dass sich beide Theoriekonzepte sinnvoll ergänzen.

Auch der Philosoph Christopher Zurn gibt einen Hinweis die Anerkennungstheorie mit einer mehrdimensionalen Theorie sozialer Verhältnisse zu kombinieren:

> „Möglicherweise lässt sich eine hinreichend umfassende, intern differenzierte normative Theorie der Anerkennung mit einer hinreichend präzisen, differenzierten und multivalenten Theorie sozialer Ordnung kombinieren." (Zurn 2005, 459f.).

Als Konsequenz dieser Überlegungen zur Verknüpfung von Teilhabeformen mit Anerkennungsdimensionen komme ich zu folgender tabellarischen Darstellung (vgl. Tab. 2).

---

[4]   Vgl. hierzu die Kontroverse zwischen Nancy Fraser und Axel Honneth.

Teilhabeformen und Anerkennungsdimensionen

Teilhabeformen	Anerkennungsdimensionen
soziale Nahbeziehungen	Primärbeziehungen (Liebe, Freundschaft usw.)
bürgerliche, politische, soziale Rechte	Rechtsverhältnisse (Rechte)
gesellschaftliche Arbeit (Erwerbsarbeit, Eigenarbeit)	Wertgemeinschaft (Solidarität, Leistung)
Kultur	Primärbeziehungen; Rechtsverhältnisse; Wertgemeinschaft (je anteilig)[5]

Tab. 2: Teilhabeformen und Anerkennungsdimensionen
(eigene Darstellung nach Bartelheimer 2005 und Honneth 1994)

Die in der Tabelle dargestellten Teilhabeformen stellen eine empirische Analyseebene bereit, mit der die objektive und subjektive Perspektive von Individuen analysiert werden kann. Die aufgeführten Dimensionen der Anerkennung liefern ergänzend hierzu eine normative Perspektive für die kritische Analyse von Gesellschaft und bieten einen Maßstab für gutes Leben, wodurch die Qualität der Teilhabe sichtbar wird.

Das wechselseitige Verhältnis erklärt, warum Teilhabe nur bei gelingender Anerkennung erreicht werden kann und umgekehrt Anerkennung notwendigerweise auf Teilhabe basiert.

Die Entstehung von Teilhabe und Anerkennung ist in einer modernen Arbeitsgesellschaft maßgeblich an die Beteiligung an Erwerbsarbeit gebunden.

---

[5] Honneth nennt den Bereich der Kultur nicht explizit als eigenständige Dimension von Anerkennung, denkt diesen jedoch in seinen drei Anerkennungsdimensionen implizit mit. Beispielsweise ist der wechselseitige Umgang in Primärbeziehungen durch ein gewachsenes kulturelles Verständnis geprägt. Das Recht und die Pflicht eine Schule zu besuchen sind kulturelle Auswirkungen des Rechtssystems und die Bemessung von individueller Leistung des Einzelnen im Bereich der Solidarität sind Ausdruck eines Werthorizontes, der sich wandelnd und anpassend (iterativ) durch gemeinsam geteilte Werte - Kultur - konstituiert.

6. Erwerbsarbeit und Beschäftigung in Werkstätten für behinderte Menschen (WfbM)

Die Teilhabe an Erwerbsarbeit wird ungebrochen von weiten Teilen der Bevölkerung in Deutschland angestrebt (vgl. Noelle-Neumann/Petersen 2001; Schneekloth 2002; Kronauer 2010) und stellt einen Schlüssel zur Gesellschaft dar (vgl. u.a. ebd.; Bartelheimer 2005; Promberger 2008).[6] Teilhabe an Erwerbsarbeit kann soziale Zugehörigkeit, Identitätsbildung, Tagesstruktur, Lebenssinn, Unabhängigkeit, Selbstbestimmung, Persönlichkeitsrechte und Eigentum ermöglichen (vgl. Jahoda 1983; Lelgemann 2005; Promberger 2008). Sie ist ein Ausgangspunkt für den Zugang zu verschiedenen gesellschaftlichen Systemen, wie Sozialbeziehungen, Recht, Kultur etc. Die erfolgreiche Erwerbsbeteiligung auf dem allgemeinen Arbeitsmarkt übt dementsprechend maßgeblichen Einfluss auf die Lebenslage und den materiellen Status aus. Die Beteiligung an Erwerbsarbeit befördert die Teilhabe und Einbeziehung in die (Arbeits-)Gesellschaft und ermöglicht die Erfahrung von Anerkennung (vgl. Honneth 1994). Gelingende gesellschaftliche Teilhabe und soziale Anerkennung hängen demnach wesentlich von gelingender Erwerbsbeteiligung ab.

Die Lebenssituation von Menschen mit Behinderung ist häufig durch einen erschwerten Zugang zum Arbeitsmarkt geprägt. Sie sind häufiger und in höherem Maß von Arbeitslosigkeit betroffen (vgl. Pfaff et al. 2006; Bundesagentur für Arbeit 2012b) und geraten öfter nach dem Bezug von Arbeitslosengeld in den Leistungsbereich des SGB II (vgl. Bundesagentur für Arbeit 2012b). Generell lässt sich feststellen, dass der aktuell positive Trend in der Entwicklung der Arbeitslosenzahlen nicht in gleichem Maß auf schwerbehinderte Arbeitnehmer/-innen zutrifft (vgl. ebd.; BIH 2011).

Die Arbeitsmarktsituation von Menschen mit Behinderungen ist als problematisch zu bezeichnen. Es lässt sich vermuten, dass es in der Konsequenz zu Anerkennungs- und Teilhabedefiziten bei den betroffenen Personen kommt. Die Teilhabe an Arbeit ist für Menschen mit Behinderung unter anderem im SGB IX und der UN-Behindertenrechtskonvention als Rechtsanspruch verankert. Die institutionelle Ausgestaltung dieses Rechtsanspruchs findet für den Personenkreis der Menschen mit geistiger, psychischer und Mehrfachbeeinträchtigung häufig in Werkstätten für behinderte Menschen (WfbM) statt.[7]

---

[6] In der UN-Behindertenrechtskonvention (vgl. Vereinte Nationen 2006) und in der deutschen Sozialgesetzgebung wird der Lebensbereich Arbeit und die Teilhabe an dieser explizit thematisiert, was ein weiteres Indiz für die herausragende Bedeutung dieser darstellt.

[7] Die sozialrechtlichen Vorgaben gehen so weit, dass es für einen gewissen Personenkreis einen rechtlichen Anspruch auf Leistungen zur Teilhabe am Arbeitsleben in WfbM, durch die Gewährung von Mitteln der Eingliederungshilfe gibt (vgl. SGB IX; SGB XII; WVO).

WfbM können grundsätzlich einige Anforderungen erfüllen, die notwendig sind, um gesellschaftliche Anerkennung zu erhalten und soziale Teilhabe zu erfahren. Sie sind in der Lage, ihren Beschäftigten positive Effekte wie eine Tagesstruktur, Sozialkontakte, (teilweise) Sozialversicherung[8] etc. zu ermöglichen. Andere Effekte von Erwerbsarbeit, wie beispielsweise ein existenzsicherndes Arbeitseinkommen, mit dem der Lebensunterhalt bestritten werden kann und welches von (Sozial-)Leistungen unabhängig macht und somit Selbstbestimmung und Unabhängigkeit fördert, bietet die Beschäftigung in einer WfbM jedoch nicht[9].

Trotz Bemühungen der WfbM, sich dem allgemeinen Arbeitsmarkt – beispielsweise durch Außenarbeitsplätze – zu nähern, weisen sie strukturelle Distanz zum allgemeinen Arbeitsmarkt auf (vgl. Detmar et al. 2008). Laufen WfbM durch diese Distanz tendenziell Gefahr, ihre Beschäftigten aus der Gesellschaft auszugrenzen?

Die Problematik der Ferne zum allgemeinen Arbeitsmarkt spiegelt sich auch in den geringen Übergangszahlen von den WfbM in sozialversicherungspflichtige Beschäftigung auf dem allgemeinen Arbeitsmarkt wider. In 2006 lag die Übergangsquote bei 0,17% (vgl. Detmar et al. 2008). Die Belegungszahlen der WfbM sind gleichzeitig trotz anders lautender Prognosen (vgl. Con-Sens 2003) ungebrochen steigend (vgl. Detmar et al. 2008; BAG WfbM 2011; Con-Sens 2010 etc.). Durch diese Entwicklungen sind WfbM in den letzten Jahren zunehmend in Kritik geraten, allerdings wird die Diskussion um das Für und Wider der Beschäftigung in WfbM bislang (weitgehend) ideologisch und ohne empirische Basis geführt.

Die zentrale Frage vor diesem Hintergrund ist, welche Effekte die Beschäftigung in WfbM faktisch auf die Entstehung von gesellschaftlicher Anerkennung und sozialer Teilhabe hat. Hierbei sind neben der objektiven Bestimmung von Anerkennung und Teilhabe besonders die subjektiven Auswirkungen der Werkstattbeschäftigung auf diese zu betrachten, da selbige bislang unzureichend erforscht sind. Es gilt deshalb zu untersuchen, wie und in welchem Maß die Beschäftigten in WfbM gesellschaftliche Anerkennung und Teilhabe durch ihre Tätigkeit wahrnehmen.

Die subjektive Perspektive ist von besonderer Relevanz, denn die Qualität bzw. die Wahrnehmung der Qualität von Teilhabe und Anerkennung ist indi-

---

[8] Für WfbM-Beschäftigte werden durchschnittliche Beiträge zur Sozialversicherung abgeführt. Zur Arbeitslosenversicherung werden keine Beiträge gezahlt, was wiederum den Sonderstatus eines arbeitnehmerähnlichen Beschäftigungsverhältnisses gegenüber der WfbM sowie - damit verbunden - den Rechtsanspruch auf Beschäftigung in WfbM unterstreicht.

[9] Anzumerken ist in diesem Zusammenhang, dass in 2011 etwa 30% der Bezieher von ALG II erwerbstätig waren, ihre erwirtschafteten Einkünfte jedoch nicht zur Existenzsicherung ausreichten (vgl. Bundesagentur für Arbeit 2012a).

viduell. Objektiv ist es möglich, einen Grundbedarf, der sich beispielsweise am Bevölkerungsdurchschnitt orientiert, festzulegen und als Maßstab für gesellschaftliche Beteiligung bzw. Chancen für diese zu nutzen. Die subjektive Perspektive findet bei einer solchen Vorgehensweise jedoch keine ausreichende Berücksichtigung. Die Messung sozialer Ausgrenzung bzw. sozialer Zugehörigkeit sollte in verstärktem Maß über die Wahrnehmung und die Erfahrung der Betroffenen selbst erfolgen (vgl. Böhnke 2006). Nur sie können als Expert/-innen in eigener Sache fungieren und ihre individuelle Perspektive explizieren. Hier besteht ein Bedarf an empirischer Forschung, welche die Wahrnehmung der Individuen fokussiert. Besonders bei Beschäftigten der WfbM ist die subjektive Perspektive bislang jedoch nicht oder nur unzureichend untersucht.

7. Fazit

Empirische Studien zur Lebenssituation von Menschen mit Behinderung sollten die subjektive Wahrnehmung und das Verständnis von individueller Teilhabe und Anerkennung der Werkstattbeschäftigten in den Fokus nehmen. In diesem Zusammenhang ist es von besonderem Interesse, durch partizipative Forschung nach dem Motto *„nichts über uns – ohne uns "*, zur erfassen, ob und wie Menschen mit Behinderung Anerkennung und Teilhabe durch die Beschäftigung in WfbM erfahren. Diese spezifischen Wahrnehmungen gilt es in Relation zur objektiv beschreib- und feststellbaren Lebenssituation und des normativen Maßstabs der Anerkennungstheorie zu betrachten.
Ein operationalisiertes und an sozialwissenschaftliche Diskurse anschlussfähiges Teilhabekonzept – wie es in diesem Artikel beschrieben wird – scheint hierfür geeignet.

Literaturverzeichnis

Bartelheimer, Peter (2005): Teilhabe, Gefährdung, Ausgrenzung. In: Berichterstattung zur sozioökonomischen Entwicklung in Deutschland. 1. Aufl. Wiesbaden: VS Verlag für Sozialwissenschaften, S. 85-123

Böhnke, Petra (2006): Marginalisierung und Verunsicherung. Ein empirischer Beitrag zur Exklusionsdebatte. In: Bude, Heinz / Willisch, Andreas (Hg.): Das Problem der Exklusion. Ausgegrenzte, Entbehrliche, Überflüssige. 1. Aufl. Hamburg: Hamburger Edition, S. 97-120

Bundesagentur für Arbeit (2012a): Analytikreport der Statistik. Analyse der Grundsicherung für Arbeitsuchende. Juli 2012. Hg. v. Statistik der Bundesagentur für Arbeit
Online unter: http://statistik.arbeitsagentur.de/Statischer-Content/Statistische-Analysen/Ana
lytikreports/Zentrale-Analytikreports/Monatliche-Analytikreports/Generische-Publikationen/
Analyse-Grundsicherung-Arbeitsuchende/Analyse-Grundsicherung-Arbeitsuchende-201207.
pdf, am 20.08.2012

Bundesagentur für Arbeit (2012b): Der Arbeitsmarkt in Deutschland. Der Arbeitsmarkt für schwerbehinderte Menschen. Hg. v. Bundesagentur für Arbeit. Nürnberg. Online unter: http://statistik.arbeitsagentur.de/Statischer-Content/Arbeitsmarktberichte/Berich te-Broschueren/Arbeitsmarkt/Generische-Publikationen/Die-Arbeitsmarktsituation-schwerbeh inderter-Menschen-2011.pdf, zuletzt aktualisiert im Juni 2012, am 26.08.2012

Bundesarbeitsgemeinschaft der Integrationsämter und Hauptfürsorgestellen (BIH) (2011): Jahresbericht 2010/2011. Hilfen für schwerbehinderte Menschen im Beruf. Hg. v. Bundesarbeitsgemeinschaft der Integrationsämter und Hauptfürsorgestellen. Online unter: www.integrationsaemter.de/files/11/JB_BIH10_screen_1.pdf, am 20.08.2012

Bundesarbeitsgemeinschaft Werkstätten für behinderte Menschen (2012): Anzahl der wesentlichen Behinderungsarten in den Mitgliedswerkstätten zum 01.01.2011. Online unter: http://www.bagwfbm.de/category/34, am 29.06.2012

Con-Sens (2003): Bestands- und Bedarfserhebung Werkstätten für behinderte Menschen im Auftrag des Bundesministeriums für Arbeit und Sozialordnung. Hamburg. Online unter: http://www.consens-info.de/upload/files/CMSEditor/BerichtWfBEndfassung.pdf, am 23.06.2012

Con-Sens (2010): Kennzahlenvergleich der überörtlichen Träger der Sozialhilfe 2009. Erstellt für: Bundesarbeitsgemeinschaft der überörtlichen Träger der Sozialhilfe. Hamburg

Detmar, Winfried et al. (2008): Entwicklung der Zugangszahlen zu Werkstätten für behinderte Menschen. im Auftrag des Bundesministeriums für Arbeit und Soziales. Berlin. Online unter: http://www.bmas.de/SharedDocs/Downloads/DE/PDF-Publikationen/forschun gsbericht-f383.pdf?__blob=publicationFile, zuletzt aktualisiert am 06.10.2008, am 26.06.12

Honneth, Axel (1994): Kampf um Anerkennung. Zur moralischen Grammatik sozialer Konflikte. 1. Aufl. Frankfurt am Main: Suhrkamp-Taschenbuch-Verlag

Honneth, Axel (2003): Umverteilung als Anerkennung. Eine Erwiderung auf Nancy Fraser. In: Fraser, Nancy / Honneth, Axel (Hg.): Umverteilung oder Anerkennung? Eine politisch-philosophische Kontroverse. Orig.-Ausg. Frankfurt a.M.: Suhrkamp, S. 129-224

Jahoda, Marie (1983): Wie viel Arbeit braucht der Mensch? Arbeit und Arbeitslosigkeit im. 20. Jahrhundert. Weinheim / Basel: Beltz

Kronauer, Martin (2010): Exklusion. Die Gefährdung des Sozialen im hoch entwickelten Kapitalismus. 2., aktualisierte und erw. Frankfurt, M, New York, NY: Campus-Verlag

Lelgemann, Reinhard (2009): Leben ohne Erwerbsarbeit – zur Situation von Menschen mit Beeinträchtigungen in einer Arbeitsgesellschaft. In: Stein, Roland / Orthmann Bless, Dagmar (Hg.): Integration in Arbeit und Beruf bei Behinderungen und Benachteiligungen. 1. Auflage, 5 Bände. Schneider-Verlag Hohengehren, S. 214-236

Noelle-Neumann, Elisabeth / Petersen, Thomas (2001): Zeitenwende. Der Wertewandel 30 Jahre später. In: Aus Politik und Zeitgeschichte. Beilage zur Wochenzeitschrift Das Parlament (B 29), S. 15-22

Promberger, Markus (2008): Arbeit, Arbeitslosigkeit und soziale Integration. In: Aus Politik und Zeitgeschichte. Beilage zur Wochenzeitschrift Das Parlament (B. 40-41), S. 7-15

Pfaff, Heiko et al. (2006): Lebenslagen behinderter Menschen. Ergebnisse des Mikrozensus 2005. In: Wirtschaft und Statistik, 2006, S. 1267-1277

Schneekloth, Ulrich (2002): Demokratie, ja - Politik, nein? Einstellungen Jugendlicher zur Politik. In: Deutsche Shell (Hg.): Jugend 2002. Orig.-Ausg. Frankfurt am Main: Fischer-Taschenbuch-Verlag

Vereinte Nationen (2006): Übereinkommen der Vereinten Nationen über die Rechte von Menschen mit Behinderungen. Zwischen Deutschland, Liechtenstein, Österreich und der Schweiz abgestimmte Übersetzung der Convention on the Rights of Persons with Disabilities von 2006

Wansing, Gudrun (2012): Der Inklusionsbegriff in der Behindertenrechtskonvention. In: Welke, Antje (Hg.): UN-Behindertenrechtskonvention mit rechtlichen Erläuterungen. Berlin: Eigenverl. des Deutschen Vereins für Öffentliche und Private Fürsorge, S. 93-103

WHO (2001): ICF. Internationale Klassifikation der Funktionsfähigkeit, Behinderung und Gesundheit.

Zurn, Christopher F. (2005): Anerkennung, Umverteilung und Demokratie. Dilemmata in Honneths Kritischer Theorie der Gesellschaft. In: Deutsche Zeitschrift für Philosophie 53 (3), S. 435-460.

Mario Schreiner, Wissenschaftlicher Mitarbeiter an der Universität Kassel, Fachbereich Humanwissenschaften, Institut für Sozialwesen, Fachgebiet Behinderung und Inklusion, mario.schreiner@uni-kassel.de

Marion Sigot

Voraussetzungen und Auswirkungen der Teilhabe von Frauen mit Lernschwierigkeiten an einem partizipatorischen Forschungsprojekt

Zusammenfassung

In meinem Text geht es um Forschung, bei der mich Frauen mit Lernschwierigkeiten begleiten. Es geht um die Frage der Selbstbestimmung. Die Frauen sagen mir, was ihnen dabei wichtig ist. Sie beraten mich auch dabei, wie ich etwas zu Selbstbestimmung herausfinden kann. Das ist wichtig, damit ihre Meinung gehört wird.

In meinem Beitrag gebe ich einen aktuellen Einblick in mein Habilitationsprojekt, in dem Selbstbestimmung aus der Sichtweise von Frauen mit Lernschwierigkeiten erforscht wird. Dabei verfolge ich den partizipatorischen Forschungsansatz, bei dem davon ausgegangen wird, dass nicht mehr *über* Frauen mit Behinderung geforscht wird, sondern dass sie zu Subjekten der Forschung werden, d.h. nicht nur befragt, sondern auch in die Konzeption, die Durchführung und die Auswertung von Forschungsprojekten einbezogen werden. Dies erfolgt unter Einbezug einer sogenannten Referenzgruppe, die sich aus Frauen mit Lernschwierigkeiten zusammensetzt, die Ihre Expertise in den Forschungsprozess einbringen. Ob bzw. inwiefern durch diese Art der Forschung Partizipation / Teilhabe tatsächlich erfolgt oder begünstigt wird, welche Voraussetzungen notwendig und welche Auswirkungen sichtbar werden, steht im Fokus der Ausführungen.

Forschungen, die über die Lebensbedingungen von Menschen mit Behinderungen Aussagen machten, waren bis gegen Ende des letzten Jahrhunderts zum überwiegenden Teil gekennzeichnet von einem unausgewogenen Machtverhältnis zwischen Forschenden und Beforschten (Flieger 2007, 21). Eine Abkehr von diesen Forschungspraktiken geht einher mit der Entwicklung der Selbstbestimmt-Leben-Bewegungen, die massiv die Selbstbestimmung und Selbstvertretung von Menschen mit Behinderungen in allen Lebensbereichen einforder(te)n. Ein zentrales Moment all dieser Initiativen ist die Selbstvertretung, die dadurch gekennzeichnet ist, dass Menschen mit

Behinderungen selbst Verantwortung und Kontrolle über ihr Leben innehaben, ihre *„Probleme selbst definieren, Lösungen selbst ausarbeiten und nie die Initiative an andere abtreten"* (vgl. Kočnik 2005, 102). Diese Forderungen bedeuten übertragen auf wissenschaftliche Forschungen, dass die betroffenen Menschen als Expertinnen und Experten in eigener Sache gesehen werden wollen, von Objekten zu Subjekten der Forschung werden und eine zentrale Rolle in Forschungsprozessen einnehmen wollen, ganz nach dem Motto *„Nichts über uns ohne uns!"* (vgl. Flieger 2007, 21).

Mit einiger zeitlicher Verzögerung werden dementsprechende Forschungsansätze, die sich in den USA mit den *„Disability studies"* und der *„Partizipatorischen Forschung"* etabliert haben (Flieger 2007, 21) nun auch im deutschsprachigen Raum diskutiert und in einigen wenigen Projekten umzusetzen versucht. Ein demensprechender, weitreichender Perspektivenwechsel hat jedoch noch nicht stattgefunden (vgl. Hermes 2006, 25).

Massiv gestärkt werden die Forderungen nach der Umsetzung solcher Forschungsprojekte durch die UN-Konvention für Menschen mit Behinderungen. In Art. 3 werden als allgemeine Grundsätze u.a. die volle Teilhabe an der Gesellschaft, die Einbeziehung von Menschen mit Behinderungen in die Gesellschaft, die Achtung der Würde, Nichtdiskriminierung, Chancengleichheit und Zugänglichkeit postuliert. Hiermit werden meines Erachtens nach auch Standards für die Forschung gesetzt. Forschungsprojekte sollten im Interesse von Menschen mit Behinderungen, in der Durchführung transparent sein sowie darüber hinaus nach Abschluss den Betroffenen zur Verfügung gestellt werden.

Trotz dieses Rückhaltes durch die UN-Konvention kämpfen inklusive Forschungsansätze mit Legitimationsproblemen, da sie mit Emanzipation und Teilhabe Zielsetzungen verfolgen, die im Wissenschaftssystem üblicherweise keine (wesentliche) Rolle spielen. Gerade Menschen mit Lernschwierigkeiten sind

> „nach wie vor von den Zugangsbedingungen und Kommunikationsvoraussetzungen der Forschungsproduktion innerhalb der 'sozialen Systeme' Universität und Wissenschaft ausgeschlossen" (König u.a. 2010, 181).

Hier spielt das Moment der Sprache eine wesentliche Rolle. Bereits Bourdieu und Passeron (1971, 133) gehen von Sprache als *„[...] der wirksamsten aller Distanzierungstechniken"* aus. Ausschließungsprozesse erfolgen gerade in der Wissenschaft auch durch Verwendung eines etablierten sprachlichen Codes, der diejenigen, die nicht darüber verfügen, benachteiligt. Umzusetzen ist daher die barrierefreie Gestaltung von Materialien im Forschungsprozess, die Übersetzung von Texten in leichte Sprache, im Idealfall verdeutlicht durch Bildmaterial.

Für die Umsetzung partizipatorischer Forschung in meinem Habilitationsprojekt habe ich mich dazu entschlossen, auf die Idee der Einrichtung und Arbeit mit einer sogenannten Referenzgruppe zurückzugreifen, die sich „*[...] konkret auf das jeweilige Projekt bezogen aus RepräsentantInnen jener Personengruppen, die von der jeweiligen Forschungsfrage betroffen sind*" (Flieger 2007, 22) zusammensetzt, in diesem Fall also aus Frauen mit Lernschwierigkeiten, „*welche in ihrer Sozialisation die Erfahrung des Behindert-Werdens gemacht*" (Flieger 2007, 22) haben. Ihre wichtigste Funktion besteht in der Begleitung und Mitgestaltung des Forschungsprozesses aus ihrer eigenen Perspektive, sie haben also Mitspracherecht hinsichtlich der Inhalte und der Methoden.

Im Folgenden möchte ich skizzieren, inwiefern durch ein solches Forschungsdesign, also insbesondere durch die Arbeit mit der Referenzgruppe, der Aspekt der Teilhabe konkret umgesetzt bzw. gefördert werden kann.
Das Konstituierungsverfahren, das die Grundvoraussetzung für die Teilhabe der angesprochenen Personen ist, beinhaltet bereits verschiedene Herausforderungen, die u.a. dadurch begründet sind, dass es die Rahmenbedingungen oft erschweren, mit Menschen mit Lernschwierigkeiten persönlich Kontakt aufzunehmen. Dies insbesondere dann, wenn sie in größeren Institutionen leben und zumindest eine erste Kontaktherstellung kaum ohne Involvierung der Leitungs- / Betreuungsebene möglich ist. Um den Ansprüchen partizipatorischer Forschung ganzheitlich gerecht zu werden, ist es meiner Meinung nach unumgänglich, den direkten Kontakt herzustellen. Dies ist vor allem in der Konstituierungsphase von großer Bedeutung, um bereits hier den Aspekt der Partizipation und auch den Prozess einer selbstbestimmten, gut fundierten Entscheidungsfindung hinsichtlich der Teilnahme an der Referenzgruppe zu ermöglichen. Auch im weiteren Verlauf der Arbeit dürfen wichtige Informationen nie an den Mitgliedern der Referenzgruppe vorbeigehen oder sie zu spät erreichen. Damit wird im Übrigen §21 der UN-Konvention für Menschen mit Behinderung Rechnung getragen, in welchem eingefordert wird, dass Informationen Menschen mit Behinderungen „*rechtzeitig*" und „*in zugänglichen Formaten*" zur Verfügung gestellt werden muss. Telefonische Kontaktaufnahme eignet sich kaum, zumal durch den fehlenden persönlichen Kontakt u.a. Informationsverzerrung oder -verlust zu befürchten wären. Im Konstituierungs-verfahren überhaupt auf den persönlichen Kontakt mit potentiellen Mitgliedern der Referenzgruppe zugunsten der Abklärung einer Beteiligung über die Leitungsebene einer Institution zu verzichten, würde die Ansprüche partizipatorischer Forschung schon in dieser wichtigen Phase entgegenlaufen und sich meiner Einschätzung nach sehr negativ auf den Verlauf der Arbeit in der Gruppe auswirken. Der Aspekt der persönlichen

und direkten Ansprache wurde explizit in der Referenzgruppe auch als sehr positiv und als Unterscheidungsmerkmal zu üblichen Abläufen bei Entscheidungs- bzw. Informationsprozessen hervorgehoben. Ist die Konstituierungsphase abgeschlossen, sollen in regelmäßigen Treffen die Forschungsaktivitäten gemeinsam geplant und reflektiert werden. Die Umsetzung der einzelnen Forschungsschritte kann unterschiedlich starken Einbezug der Referenzgruppe beinhalten, grundsätzlich sollte es jedoch prinzipielle Offenheit hinsichtlich der konkreten Art der Beteiligung geben (vgl. Flieger 2006, 39f.). Auch hier wird das Moment der Partizipation deutlich, welches die Ermöglichung solcher Freiräume meines Erachtens auch implizit nahelegt.

Besonders wichtig ist es, Ort und Zeitpunkt der Treffen gemeinsam mit der Gruppe abzustimmen und laufend Transparenz herzustellen. Dabei müssen die Treffen nicht unbedingt regelmäßig stattfinden, sondern können auch mit größeren Abständen – je nach Projektverlauf, aber immer unter Einbeziehung der Mitglieder, geplant werden.

In alle bisherigen konzeptionellen Überlegungen, inhaltliche und methodische Fragen sowie in die Auswertung von durchgeführten Interviews und weiterer Forschungsaktivitäten wurden die Frauen aus der Referenzgruppe mit einbezogen, d.h. erste Erfahrungen, Ergebnisse, Herausforderungen usw. wurden mit ihnen besprochen, ihre Rückmeldungen dazu in die weiteren Forschungsaktivitäten einbezogen. Nach Abschluss der Erhebungen, in die Erkenntnisse aus der Reflexionssitzung mit der Referenzgruppe mit einbezogen werden, erfolgt dann die Phase der abschließenden Auswertung der Ergebnisse, wieder unter Beteiligung der Referenzgruppe. Die entsprechenden Abläufe für das angesprochene Projekt wurden mit den Frauen aus der Referenzgruppe jeweils abgestimmt.

Bei den regelmäßigen Treffen mit der Referenzgruppe müssen informelle Prozesse berücksichtigt werden (vgl. Flieger 2007, 39). Empfehlenswert ist es aus meinen Erfahrungen heraus, den entsprechenden Rahmen für Austausch bereits zu Beginn jeder Sitzung zu ermöglichen, da die Mitglieder der Gruppe zwischen den Referenzgruppentreffen aufgrund ihrer Lebens- und Wohnverhältnisse oft keine Möglichkeit haben, Kontakt miteinander zu halten. Diese Räume ermöglichen Austausch über persönliche Erfahrungen, Veränderungen, Wahrnehmungen und Sensibilisierungsprozesse, die aus der Beteiligung am Projekt im Rahmen der Referenzgruppe entstehen können und mir besonders wertvoll und bedeutsam erscheinen. So brachte eine Frau aus der Referenzgruppe bei einer Sitzung einen Zeitungartikel über Fremdbestimmung von Menschen mit Behinderungen mit, der ihr nach dem letzten Treffen der Referenzgruppe aufgefallen war und der zu einer zunächst informellen Diskussion über eigene Erfahrungen mit Fremdbestimmung führte, die dann in die konkrete Arbeit zum Thema überleitete. Im informellen Rahmen erfolgt auch gegenseitige Stärkung, Anerkennung und Unterstützung durch die Referenzgruppenmitglieder selbst, etwa bei den Bemühungen zur Erwirkung erwünschter Veränderungen in der Institution, in der eine der Frauen lebt oder in den Bestrebungen zur geplanten Veränderung der Wohnsituation einer Frau, die diese einerseits anstrebt, womit sie andererseits auch Befürchtungen verbindet. Hier wird für mich das Moment des Empowerments sichtbar, das in den angeführten Rahmenbedingungen meiner Einschätzung nach durch die Frauen selbst erfolgt, wofür die informellen Räume im Forschungsprozess aber die Rahmenbedingungen bilden können.

Interessant ist, dass sich bei allen Frauen im Laufe des Beteiligungsprozesses am Forschungsprozess an den Lebensbedingungen etwas getan hat: im Bereich Arbeit (Verlängerung von Stellen, Arbeitserprobung für Frauen aus Behinderteninstitutionen), im Bereich Wohnen (Wechsel einer Frau aus Vollzeitbetreuung in eine WG). Insgesamt scheint es so zu sein, dass durch die Teilhabe am Forschungsprozess, in dem Fragen der Selbstbestimmung thematisiert wurden, die Frauen auf ihre eigenen Lebensbedingungen sensibilisiert werden und dies in ihrem Alltag auch zunehmend zum Ausdruck bringen. Es scheint so zu sein, dass sie sich durch den Austausch in der Referenzgruppe und durch ihre Wahrnehmung als Expertinnen im Forschungsprozess in ihrem Selbstwert gestärkt fühlen. Dies beginnt z.B. dabei, dass sie nach aktuellen Tageszeitungen fragen und sich nicht mit jenen vom vorhergegangenen Tag begnügen wollen und führt bis zu ganz konkreten Wünschen hinsichtlich einer selbstbestimmteren Lebensgestaltung. Hier würde ich den Begriff der *„vitalen Teilhabe"* den Monika Kastner geprägt hat und (2011, 304ff.) als Effekt für Teilnehmende an Basisbildungsangeboten u.a. mit *„Stabilisierung und Stärkung, die sich in der Entwicklung von innerer Sicherheit zeigt"* (Kastner 2011, 305) definiert auch für die Mitglieder der Referenzgruppe in einem partizipatorischen Forschungsprojekt sehen.

Zu den informellen Prozessen zähle ich auch Kontakte, die außerhalb der Referenzgruppe fallweise stattfinden, also etwa ein Telefonat, ein E-Mail oder aber auch eine Geburtstagskarte. Diese wurden / werden von mir als Projektleiterin auch aktiv eingesetzt, zunächst im Sinne der Stabilisierung einer eingeleiteten Verbindung zu den Frauen aus der Referenzgruppe, zunehmend aber auch als ganz persönliches Anliegen, weil die Kontakte innerhalb der Referenzgruppe auch mein soziales Leben – nicht nur meine Arbeit als Forscherin – bereichern.

Dass entsprechende Prozesse natürlich auch erweiterter zeitlicher, aber auch finanzieller Ressourcen bedürfen, liegt auf der Hand. Hier kann ich wieder Flieger zustimmen, die darauf hinweist, dass es für Wissenschaftler/-innen notwendig ist, Sensibilität für die Notwendigkeit der Veränderung bzw. der

Verlangsamung zeitlicher Abläufe in partizipatorischen Forschungsprojekten zu entwickeln (vgl. Flieger 2007, 33). Dies stellt aber meiner Erfahrung nach eine wesentliche Bereicherung der Forschung dar, da durch die entsprechende Entschleunigung die Forschenden selbst möglicherweise Aspekte wahrnehmen und mit einbeziehen können, die üblicherweise wenig berücksichtigt werden. Eingeplant werden müssen u.a. Fahrtkosten für die Mitglieder der Referenzgruppe zu gemeinsamen Treffen, im Einzelfall auch persönliche Assistenz. In diesem Zusammenhang ist auch zu bedenken, ob für den Ort der Treffen Kosten anfallen, ob also Räumlichkeiten finanziert werden müssen. Zu überlegen ist in diesem Zusammenhang, ob unterstützende, wohlwollende Organisationen in Frage kommen, die entsprechende, natürlich barrierefreie Räumlichkeiten zur Verfügung stellen könnten wie etwa eine Selbstbestimmt-Leben-Initiative. Zu überlegen ist, ob auch Mitglieder der Referenzgruppe selbst sich bereits in die Planung der gemeinsamen Treffen einbringen wollen / können. So wurde im Fall des beschriebenen Projektes eine ideale Räumlichkeit von einer Frau aus der Referenzgruppe organisiert. Aus meiner Perspektive sollte der Ort, an dem die Referenzgruppen-Sitzungen stattfinden, keinesfalls eine Institution sein sollte, aus der ein Referenzgruppenmitglied kommt. Dies einerseits, um dadurch eine Möglichkeit zu schaffen, aus den üblichen institutionellen Strukturen und damit einhergehender Kontrolle herauszukommen und um andererseits durch einen neutralen Ort neue Begegnungsmöglichkeiten zu schaffen, die möglicherweise auch inspirierend und befreiend wirken können. Versteht man Isolation in Jantzens Sinn als *„dialektischen Gegenpol zu Partizipation"* (Prosetzky 2009, 88), so wäre durch die Treffen an einem Ort, der nicht die eigene Institution darstellt, zumindest zeitweise der Aspekt der Partizipation gewährleistet.

Hinsichtlich der Kostenkalkulation für die Arbeit mit einer Referenzgruppe ist auch eine Abgeltung der Arbeit für die Mitglieder der Referenzgruppe zu berücksichtigen. Dabei geht es meines Erachtens nicht nur darum, im Projekt selbst Anerkennung und Wertschätzung zu demonstrieren sowie Verbindlichkeit herzustellen (vgl. Flieger 2007, 38f.), sondern einer Personengruppe, die üblicherweise in Werkstätten für Menschen mit Behinderungen Arbeit für ein Taschengeld leisten muss, im Projektzusammenhang nicht wieder solchen Bedingungen auszusetzen.

Bezogen auf die Kommunikation in partizipatorischen Projekten ist es – wie bereits kurz angeführt – unumgänglich, aber herausfordernd für Wissenschaftler/-innen, Inhalte in einfacher, verständlicher, sogenannter *„leichter"* Sprache zu vermitteln. Allen Mitarbeiter/-innen ohne akademischen Hintergrund muss die von ihnen benötigte Zeit gegeben werden, sich in Inhalt, Thema und Sprache zu orientieren (vgl. Flieger 2007, 34). Hilfreich sind dafür Erfahrungen in der Verwendung leichter Sprache. Auf entsprechende

Empfehlungen bzw. Handreichungen von *people-first-Initiativen*, wie etwa einem Wörterbuch für leichte Sprache sollte zurückgegriffen werden. Für mich selbst stellten u.a. bereits absolvierte Workshops / Arbeitskreise und eine gemeinsam mit Menschen mit Lernschwierigkeiten durchgeführte Lehrveranstaltung sowie die Verfassung eigener Texte in leichte Sprache für diese früheren Arbeitszusammenhänge wertvolle Erfahrungen dar, an die ich anknüpfen konnte.

Als Zwischenresümee möchte ich aufgrund meiner bisherigen Erfahrungen festhalten, dass die Umsetzung partizipativer Forschung viele Herausforderungen beinhaltet, die im Beitrag angerissen wurden. An den Detailfragen, die in diesem Beitrag mit der Organisation einer Referenzgruppe beschrieben wurden, wird deutlich, dass ein entsprechendes Forschungsprojekt spezieller Überlegungen und darauf abgestimmter Planung bedarf. Besondere Rahmenbedingungen und Barrieren müssen berücksichtigt, Lösungsansätze angedacht, Unterstützung organisiert werden.

Die Chancen, die diese Art der Forschung bietet, sind aber sehr groß. Sie reichen von der Ermöglichung der Partizipation und des Empowerments von Menschen mit Behinderung an der sie betreffenden Forschung bis zu einer gewinnbringenden Erweiterung des traditionellen, wissenschaftlichen Rollenverständnisses. *„Vitale Teilhabe"* (Kastner 2012) am sozialen Umfeld kann in einem gut strukturierten Rahmen angebahnt und unterstützt werden.

Zuletzt möchte ich noch anführen, dass Partizipation in meinem Forschungsprojekt für mich keine Einbahnstraße darstellt sondern einen wechselseitigen Prozess. Einerseits wird Partizipation an einem Forschungsprozess für die Frauen aus der Referenzgruppe ermöglicht. Andererseits erlauben sie es mir, an ihren Lebenserfahrungen und Vorstellungen teilzuhaben und ermöglichen mir nicht nur auf der Forschungsebene wichtige, authentische Erfahrungen mit berücksichtigen zu können, sondern bereichernde und über den Forschungsprozess hinausgehende Begegnungen für mein Leben.

Literaturverzeichnis

Bourdieu, Pierre/Passeron, Jean-Claude (1971): Die Illusion der Chancengleichheit. Stuttgart: Klett

Flieger, Petra: Der partizipatorische Ansatz des Forschungsprojektes *Das Bildnis eines behinderten Mannes* (2007): Hintergrund – Konzept – Ergebnisse – Empfehlungen. In: Flieger, Petra/ Schönwiese, Volker (Hrsg.): Das Bildnis eines behinderten Mannes. Bildkultur der Behinderung vom 16. Bis ins 21. Jahrhundert. Neu Ulm: AG Spak, 19-42

Kastner Monika (2011): Vitale Teilhabe. Bildungsbenachteiligte Erwachsene und das Potential von Basisbildung. Wien: Löcker

Kočnik, Ernst (2005): Krüppel aus dem Sack. Das Beratungs-, Mobilitäts- und Kompetenzzentrum an der Universität Klagenfurt. In: Kaiser, Herbert/Kočnik, Ernst/Sigot, Marion (Hrsg.): Vom Objekt zum Subjekt. Inklusive Pädagogik und Selbstbestimmung. Klagenfurt: Hermagoras, 99-108

König, Oliver u.a. (2010): Inklusive Forschung und Empowerment. In: Stein, Anne-Dore u.a. (Hrsg.): Integration und Inklusion auf dem Weg ins Gemeinwesen. Möglichkeitsräume und Perspektiven. Bad Heilbrunn: Klinkhardt, 176-190

Prosetzky, Ingolf (2009): Isolation und Partizipation. In: Dederich, Markus/Jantzen, Wolfgang (Hrsg.): Behinderung und Anerkennung. Stuttgart: Kohlhammer, 87-95

Dr. Marion Sigot, Universität Klagenfurt, Abteilung für Sozial- und Integrationspädagogik.

Matthias Windisch
(unter Mitarbeit von Viviane Schachler)

Soziale Teilhabe von Erwachsenen mit kognitiven Beeinträchtigungen –
Untersuchungsergebnisse zu persönlichen Netzwerken beim Wohnen mit ambulanter Unterstützung und in Herkunftsfamilien

Zusammenfassung
Soziale Teilhabe ist eine grundlegende Dimension der Inklusion in die Gesellschaft. Mit ihr kommen die Beziehungen von einzelnen Personen zu gesellschaftlichen Strukturen und operational soziale Beziehungen als ein relevanter Lebensbereich in den Blick. Hierbei nehmen persönliche Netzwerke eine bedeutsame Rolle für die Verwirklichung und Bewertung sozialer Teilhabe ein. Vor diesem Hintergrund geht es im vorliegenden Beitrag um den Ansatz und erste Ergebnisse einer empirischen Untersuchung der persönlichen Netzwerke von Menschen mit kognitiver Beeinträchtigung im eigenen, ambulant unterstützten Haushalt im Vergleich zum Wohnen in der Herkunftsfamilie. Im Kern der Ergebnisse erhärtet sich, dass die soziale Teilhabe gemessen an der Netzwerkgröße und -zusammensetzung in beiden Wohnformaten eher eingeschränkt ist. So ist etwa die durchschnittliche Netzwerkgröße mit 10 bis 11 Personen in beiden Wohnformaten deutlich kleiner als bei Menschen ohne Behinderung. Indessen verdeutlicht sie zugleich, dass im Allgemeinen keine soziale Isolation mit dem Übergang vom Wohnen in der Herkunftsfamilie zu einer ambulant gestützten Wohnform einhergeht.

1. Einleitung

Der Diskurs in der Sonder- und Heilpädagogik sowie Sozialen Arbeit zur Inklusion von Menschen mit Behinderung in der Gesellschaft wird durch die seit 2008 in Deutschland geltende UN-Behindertenrechtskonvention (BRK) normativ gestärkt. Inklusion beinhaltet ihr zufolge nach Artikel 3 allgemein, dass eine „*volle und wirksame Teilhabe*" (participation) grundlegend stattfindet (UN 2006). Eine wichtige Konkretisierung erfolgt im Artikel 19 der

BRK, der Möglichkeiten umfassender Teilhabe und eine soziale Einbindung im Gemeinwesen neben einem selbstbestimmten Leben sowie einer Unterstützung zur Umsetzung vorsieht. In dieser Perspektive rückt die individuelle Form der Beteiligung (Art und Intensität) an den gesellschaftlichen Lebensbereichen in den Blick, worin sich ein Qualitätsmerkmal der Einbeziehung in das Gemeinwesen spiegelt. Dabei nehmen die sozialen Beziehungen von Individuen eine hervorragende Stellung ein, sind sie doch für die menschliche Entwicklung, Zugehörigkeit und Alltagsbewältigung unverzichtbar und tragend. Zu den sozialen Beziehungen zählen persönliche Netzwerke als Kerndimension, die Hinweise auf soziale Teilhabe von Menschen mit Behinderung liefern. Ihnen kommt gleichzeitig im Diskurs zu Empowerment und der Gemeinwesen-/Sozialraumorientierung in der Sozialen Arbeit bei Behinderung eine erhebliche Aufmerksamkeit zu. Im Zuge des Strebens nach inklusiven Lebens- und Wohnformen mit ambulanter Unterstützung im Erwachsenenalter gehen vielerorts Befürchtungen einher, dass insbesondere Menschen mit kognitiven Beeinträchtigungen trotz einer gemeinweseningrierten Wohnform von sozialer Isolation bedroht bzw. betroffen sind (Loeken/Windisch 2009; Seifert 2010). Allerdings ist wissenschaftlich fundiertes Wissen über persönliche Netzwerke von Menschen mit Behinderung indes bis heute defizitär.

Daher richtet sich dieser Beitrag auf die Auseinandersetzung mit theoretischen Voraussetzungen und auf Ergebnisse einer empirischen Untersuchung zu persönlichen Netzwerken von Erwachsenen mit kognitiven Beeinträchtigungen. Vor allem geht es um die Frage nach ihrer sozialen Teilhabe gemessen an den persönlichen Netzwerkbeziehungen beim Wohnen mit ambulanter Unterstützung und in Herkunftsfamilien (mit Eltern/Angehörigen).

2. Soziale Teilhabe und persönliche Netzwerkbeziehungen

Der Teilhabe am gesellschaftlichen Leben kommt eine grundlegende Dimension und Bedeutung in der Umsetzung und dem Prozess der Inklusion von Menschen mit Behinderung zu. Mit Teilhabe und Inklusion lassen sich in Anlehnung an Wansing (2012) unterschiedliche Blickrichtungen verbinden. Während Inklusion den Blick von den Strukturen in der Gesellschaft auf den einzelnen Menschen richtet, ist Teilhabe umgekehrt als Perspektive zu fassen, die von Individuen ausgeht und ihre Beziehungen zu gesellschaftlichen Strukturen thematisiert. Demzufolge stellt sich Inklusion als Veränderung und barrierefreie Gestaltung gesellschaftlicher Strukturen dar, in deren Rahmen sich eher passiv scheinende Prozesse und strukturelle Öffnungen von Möglichkeitsräumen vollziehen. Eine Einbeziehung von Individuen in gesellschaftliche Prozesse und Strukturen findet eher passiv statt. Indessen lässt sich mit Teilhabe ein aktives, dynamisches und subjektbezogenes Konzept assoziieren, demzufolge Individuen lebenslaufabhängig in unterschiedlichen Lebensbereichen zugehörig sind, dort interagieren sowie mehr oder weniger eingebunden sein können. Insofern kann Teilhabe als Gegenentwurf und Aufhebung von Ausgrenzung einen Bezugspunkt und Bewertungsmaßstab für gesellschaftliche Bedingungen und Prozesse aus der Sicht von Individuen oder sozialen Gruppen bieten (ebd.; Barthelheimer 2005). Operational ist Teilhabe nach Bartelheimer (2005) in verschiedene Teilhabeformen zu differenzieren: Von der Teilhabe an der Erwerbsarbeit, an bürgerlichen und politischen sowie sozialen Rechten, an Bildung und Kultur ist die soziale Teilhabe in Form sozialer Nahbeziehungen einschließlich informeller Arbeit zu unterscheiden. Soziale Teilhabe ist unter Bezugnahme auf Rohrmann (2009, 19) nicht normativ zu verstehen, sondern als beschreibender *„Begriff für die sozialen Beziehungen in unserer Gesellschaft"*. Als Teilhabeform verkörpert sie nach Barthelheimer (2005) eine Dimension von Verwirklichungschancen (capabilities) der Menschen in der Gesellschaft. Somit sind soziale Beziehungen als ein Lebensbereich zu sehen, in dem sich eine Form individueller Teilhabe verwirklichen kann und deren Verwirklichung sich in ihnen? spiegelt (Myers u.a. 1998; WHO 2010; Hanslmeier-Prockl 2009, Kniel/Windisch 2005). Dabei kommt sozialen bzw. egozentrierten (persönlichen) Netzwerken als Teilhabeergebnis ein wichtiger Stellenwert zu (ebd.; Kronauer 2010), der für die soziale Einbindung (Integration) und Unterstützung von Menschen mit Behinderung seit längerem Reflexionsgegenstand ist (z.B. Kniel/ Windisch 2005; Theunissen 2006; Schablon 2008; Erhard/Grüber 2011). Ihnen werden Ressourcen mit folgenden Kernfunktionen zugeschrieben: kognitive Unterstützung (Informationsvermittlung etwa bei Fragen, Problemen, Problembewältigung usw.), emotionale Unterstützung (Stärkung des Selbstwertgefühls, Akzeptanz von Gefühlen usw.), instrumentelle bzw. praktische Hilfen (Hilfen im Haushalt, finanzielle Hilfen usw.), Beitrag zur sozialen Zugehörigkeit und Identität (Vermittlung von Normen, sozialem Zusammenhalt und Gefühlen sozialer Einbindung usw.).

Gleichzeitig vermitteln Netzwerke als persönliche Beziehungsgeflechte zwischen mikro- und makrosozialen Strukturen. Mit ihnen geht eine Differenzierung in drei verschiedene Formen einher: Einmal thematisiert die Form primärer (informeller) Netzwerke soziale Verknüpfungen mit Familie, Verwandtschaft, Nachbarn, Freunden, Arbeitskollegen, Vereins- oder Organisationsmitgliedern. Darüber hinaus rücken die Form sekundärer (formaler) Netzwerke organisierte Beziehungsstrukturen im privatwirtschaftlichen und öffentlichen Bereich (Arbeitsbereich, Betriebe, Behörden u.ä.m.) und die Form tertiärer (intermediärer) Netzwerke Einrichtungen und Dienste mit vermittelnden und beratenden Aufgaben (Dienste der Sozialen Arbeit,

Selbsthilfeorganisationen usw.) in den Blickpunkt. Wodurch sich die sozialen Netzwerke von Individuen quantitativ und teils auch qualitativ auszeichnen, dokumentiert sich durch ihre strukturellen, morphologischen und interaktionellen Merkmale wie etwa Umfang der Netzwerkbeziehungen, soziale Zusammensetzung (z.B. Gruppenzugehörigkeit wie Familie, Nachbarn, Freunde usw.; Geschlecht und Alter; Heterogenität versus Homogenität), Inhalt und Intensität sozialer Kontakte (Kniel/Windisch 2005; Wolf 2010; Avenarius 2010).

3. Persönliche Netzwerke von Menschen mit kognitiven Beeinträchtigungen im Spiegel bisheriger Untersuchungen

Während soziale Netzwerke und ihre Bedingungszusammenhänge allgemein seit den 1970er Jahren auch im deutschsprachigen Raum verstärkt Aufmerksamkeit in der empirischen Forschung fanden (z.B. Ziegler 2010), stießen persönliche Netzwerkbeziehungen von Menschen mit Behinderung erst mit Beginn der 1980er Jahre deutlich später auf empirisches Erkenntnisinteresse. Vor dem Hintergrund der Diskussion um die Integration und Lebensqualität bei Behinderung, insbesondere um die Frage nach sozialen Ressourcen für eine verbesserte Lebensqualität gibt es seither eine Reihe empirischer Untersuchungen zu sozialen Netzwerken von Menschen mit unterschiedlichen Behinderungsarten. Ihre Ergebnisse, die meist auf eher kleinen regionalen Stichproben und variierenden Erhebungsverfahren basieren, liefern erste Hinweise auf Lebensbedingungen von Erwachsenen mit unterschiedlichen Beeinträchtigungen unter verschiedenen thematischen Gesichtspunkten (Kniel/Windisch 2005). Im Kern zeigt sich über alle differierenden methodischen Ansätze und Behinderungsarten hinweg, dass die persönlichen Netzwerke von Menschen mit und ohne Beeinträchtigungen voneinander teils erheblich abweichen. Danach ist scheinbar insbesondere charakteristisch: die Netzwerkgröße bei Menschen mit Beeinträchtigungen fällt mit etwa durchschnittlich 10 bis 20 Kontaktpersonen deutlich geringer aus als bei Menschen ohne Behinderung, Angehörige (Familienmitglieder und Verwandte) dominieren im persönlichen Netzwerk bei Menschen mit Beeinträchtigungen, die Zahl ihrer Freunde und Vertrauenspersonen ist eher klein, professionelle Helfer sind in ihrem Netzwerk stärker vertreten und die Netzwerkzusammensetzung weist hinsichtlich der Repräsentanz von Kontaktpersonen mit Beeinträchtigungen in der Tendenz ein hohe Homogenität auf. Vor allem die persönlichen Netzwerke von Menschen mit kognitiven Beeinträchtigungen schneiden nach dem bisherigen Erkenntnisstand im Ganzen am ungünstigsten ab, so dass gemessen daran eine eingeschränkte soziale Teilhabe nahe gelegt wird (ebd.; Forrester-Jones u.a. 2006). Nachteilig auf die Netzwerkgröße wirken sich hierbei ein höherer Hilfebedarf bzw. geringe Kompetenzen zur Alltagsbewältigung aus, womit auch eine starke Repräsentanz von Kontaktpersonen mit Beeinträchtigungen im Netzwerk einhergeht. Davon sind vor allen Dingen Bewohner in stationären Wohneinrichtungen betroffen (Kniel/Windisch 2005). Eine dominante Rolle von Wohngruppenmitgliedern in den persönlichen Netzwerken von Bewohnern mit kognitiven Beeinträchtigungen in verschiedenen stationären Wohnformen unterstreichen Untersuchungsergebnisse von Dworschak (2004). Währenddessen weisen Ergebnisse einer eigenen Untersuchung zu Beginn der 1990er Jahre anhand einer kleinen Stichprobe von Menschen mit kognitiven und psychischen Beeinträchtigungen auf etwas differenziertere und heterogenere Netzwerkbeziehungen beim Wohnen mit ambulanter Unterstützung im Vergleich zu Wohnheimbewohnern hin: Angehörige und Nachbarn sind häufiger anzutreffen, Professionelle weniger. Zudem ist die Reziprozität der Beziehungen höher und die Zahl guter Freunde größer. Entgegen bestehender Vermutungen hat sich den Ergebnissen zufolge die Netzwerkgröße als unbeeinflusst von den stationären und ambulant gestützten Wohnformen erwiesen (Windisch u.a. 1991). Ebenso unabhängig scheint sie von familiären und außerfamiliären Wohnformen im Ergebnis einer Untersuchung einer kleinen Stichprobe von Menschen mit psychischen Beeinträchtigungen in Finnland zu sein (Raitasuo/Taiminen/ Salokangas 1998).

4. Persönliche Netzwerke von Erwachsenen mit kognitiven Beeinträchtigungen beim Wohnen mit ambulanter Unterstützung und in Herkunftsfamilien

Inwieweit die soziale Teilhabe von Erwachsenen mit kognitiven Beeinträchtigungen gemessen an ihren persönlichen Netzwerkbeziehungen nach außerfamiliären, ambulant gestützten Wohnformen und familiärer Wohnform bei Eltern bzw. Angehörigen einzuschätzen ist, vermögen erste Ergebnisse einer Untersuchung einer Stichprobe von 99 Personen in der hessischen Region Kassel auf der Basis von standardisierten Interviews Auskunft zu geben. Die Stichprobe, die über Werkstätten für Menschen mit so genannter geistiger Behinderung gewonnen wurde, umfasst einen Anteil von 46% aus der familiären Wohnform (Wohnen bei Eltern/Angehörigen) und 54% aus Ambulant Betreuten Wohnformen. Im Unterschied zu stationären Wohneinrichtungen (BMG 2004, 127 f.) beinhaltet das Ambulant Betreute Wohnen ein Leben im Privathaushalt bzw. in einer eigenen angemieteten Wohnung, umfassende Selbstbestimmungsmöglichkeiten und Selbstverantwortung für die eigene Lebensführung. Es kann im Einzel- oder Paarhaushalt oder in einer Wohngemeinschaft stattfinden (z.B. Hanslmeier-Prockl 2009, Loeken/Windisch

2009). Der Umfang der Befragten aus der familiären Wohnform ist gegenüber statistischen Angaben des LWV Hessen an die Forschungsgruppe im Oktober 2011 (bezogen auf Dezember 2010) für die Region Kassel unterrepräsentiert. Ihnen zufolge leben rund 52% der Beschäftigten in Werkstätten für Menschen mit geistiger Behinderung in Herkunftsfamilien. Damit korrespondieren Angaben einer Werkstatt aus der Erhebungsregion zu den Wohnformen ihrer Beschäftigten mit kognitiven Beeinträchtigungen sowie andere ältere Daten, wonach auch im Bundesgebiet über die Hälfte der Erwachsenen mit kognitiven Einschränkungen in Herkunftsfamilien wohnen (Theunissen 2006; Loeken/Windisch 2009). Indessen sind die Befragten aus den Ambulant Betreuten Wohnformen überrepräsentiert, wenn ein Anteil von 21,2% in der Region Kassel nach den vorhergehenden Angaben des LWV Hessen zugrunde gelegt wird.

Nach Teilauswertungsergebnissen der Befragung, die methodisch auf einem vergleichbaren und anschaulich angepassten Erhebungsinstrument einer eigenen anderen Untersuchung zur Bedeutung von People First Gruppen (Kniel/Windisch 2005) basiert, stellt sich die soziale Teilhabe von Erwachsenen mit kognitiven Beeinträchtigungen gemessen an der Netzwerkgröße und Repräsentanz von sozialen Bezugsgruppen in ihren persönlichen Netzwerken im Vergleich zu Erwachsenen ohne Behinderung (ebd.) insgesamt als eher eingeschränkt dar.

Es erhärten sich vorangegangene Untersuchungsergebnisse (ebd.; auch Forrester-Jones u.a. 2006), wonach die durchschnittliche Netzwerkgröße von Menschen mit kognitiven Beeinträchtigungen bei 10 bis 11 Personen (Standardabweichung 4,9) liegt und somit deutlich unter der durchschnittlich genannten Zahl von etwa 18 Netzwerkmitgliedern bei Menschen ohne Behinderung rangiert (ebd.). Dabei bewegt sich der Umfang der Netzwerkmitglieder bei den Befragten zwischen 2 und 22 Personen, wenn von einem „Ausreißer" mit 42 angeführten Netzwerkmitgliedern abgesehen wird. Mit durchschnittlich 2,46 Personen dominieren indes familiäre Beziehungen, gefolgt von freundschaftlichen Beziehungen mit 2,35 Personen und Kontakten zu Arbeitskollegen mit 2,29 im Durchschnitt. Quantitativ stellen damit Eltern/ Angehörige, Freunde und Arbeitskollegen die wichtigsten Beziehungen und zusammen über 90% des gesamten persönlichen Netzwerkes. Partner/-innen, Vereinsmitglieder, Nachbarn, Internetkontakte, unbezahlte Helfer und andere Personengruppen spielen unter den Netzwerkkontakten eine eher geringe Rolle.

Währenddessen sind Befürchtungen und Sichtweisen, persönliche Netzwerkbeziehungen von Erwachsenen mit kognitiven Beeinträchtigungen in ambulant betreuten Wohnformen seien vergleichsweise zu jenen in der familiären Wohnform kleiner bzw. defizitär, im Ergebnis der Befragtenangaben zunächst nicht haltbar. Statistisch unterscheidet sich die Netzwerkgröße nach der familiären Wohnform (durchschnittlich 10,77 Personen) und dem Ambulant Betreuten Wohnen (durchschnittlich 10,38 Personen) nicht bedeutsam (Irrtumswahrscheinlichkeit p = 0,70). Dieser Befund entspricht älteren Untersuchungsergebnissen bei einer gemischten Stichprobe von Personen mit psychischen und kognitiven Beeinträchtigungen sowie einer reinen Stichprobe von Personen mit psychischen Beeinträchtigungen, die keine Unterschiede der Netzwerkgrößen nach den verschiedenen Wohnformen festgestellt haben (Windisch u.a. 1991; Raitasuo/Taiminen/Salokangas 1998).

Selbst das im Durchschnitt rund 10 Jahre höhere Alter der Befragten mit ambulant gestützten Lebensformen im Vergleich zu den Befragten mit familiärer Wohnform hat offenbar kein kleineres Netzwerk zur Folge, obwohl sich im Allgemeinen die sozialen Netzwerke mit zunehmendem Alter verkleinern (Baas 2008). Charakteristisch ist für die Befragten im Ambulant Betreuten Wohnen neben dem höheren Alter außerdem, dass sie eher in einem Einpersonenhaushalt im städtischen Raum mit (selbst eingeschätztem) eher niedrigem Hilfebedarf leben und ein höheres Entgelt durch die Werkstatt beziehen. Ihre persönlichen Netzwerke differieren indessen statistisch relevant von denen der Befragten mit familiärer Wohnform zum einen in Bezug auf die Zusammensetzung nach sozialen Bezugsgruppen. Sie weisen familiäre Kontakte (durchschnittlich 2 Personen) in deutlich geringerem Umfang auf (p = 0,001) als jene aus familiärer Wohnform (durchschnittlich 3 Personen). Hier deutet sich an, dass mit ambulant gestützten Wohnformen auch ein Stück weit familiäre Ablösungsprozesse erfolgen. Zum anderen sind im Netzwerk der Befragten mit ambulant gestützten Wohnformen professionelle Beziehungen (durchschnittlich 1,6 Personen) stärker als bei denjenigen mit familiärer Wohnform (durchschnittlich 0,8 Personen) repräsentiert (p = 0,001), was in Anbetracht der professionell organisierten Unterstützungsform des Ambulant Betreuten Wohnens aber nicht überrascht. Wenngleich freundschaftliche Beziehungen der Befragten sich nach Wohnformen nicht statistisch signifikant unterscheiden (p = 0,39), lässt sich doch eine Tendenz erkennen, wonach die Befragten im Ambulant Betreuten Wohnen durchschnittlich über eine etwas größere Anzahl von Freunden zu ihrem persönlichen Netzwerk (durchschnittlich 2,7 Personen) vergleichsweise zu jenen mit familiärer Wohnform (durchschnittlich 2,1 Personen) zählen. Abweichend davon beinhaltet jedoch das persönliche Netzwerk der Befragten mit familiärer Wohnform scheinbar mehr Vertrautheit oder Intimität als jenes der Befragten im Ambulant Betreuten Wohnen gemessen an der durchschnittlichen Nennung von richtig guten Freunden. So geben die Befragten mit familiärer Wohnform statistisch signifikant häufiger an, über eine größere Anzahl richtig guter Freunde (durchschnittlich 4,2 Personen) zu verfügen als diejenigen mit ambulant gestützten Lebensformen (durchschnittlich 2,5 Personen). Hingegen variiert der Homogenitätsgrad der persönlichen Netzwerke hinsichtlich des Umfangs von Netzwerkmitgliedern mit Behinderung nicht nennenswert nach den untersuchten Wohnformen, generell weist etwa jedes dritte Netzwerkmitglied in den Netzwerkbeziehungen eine Beeinträchtigung und damit diesbezüglich eine relativ hohe Homogenität auf (bei familiärer Wohnform durchschnittlich 3 Personen, bei Wohnformen mit ambulanter Unterstützung durchschnittlich 2,9 Personen).

Vor diesem Hintergrund erscheint die soziale Teilhabe im Rahmen von ambulant gestützten Lebensformen gegenüber familiären Wohnformen zusammenfassend keineswegs als eingeschränkter. Ablösungstendenzen von der Herkunftsfamilie gehen einher mit einem stärkeren Ausmaß an professionellen Beziehungen, tendenziell durch etwas mehr freundschaftliche Beziehungen begleitet. Grundsätzlich zeichnet sich ab, dass der Ausbau und die Förderung persönlicher Netzwerkbeziehungen zur verbesserten sozialen Teilhabe nicht nur bei Wohnformen mit ambulanter Unterstützung beitragen können, sondern auch beim Wohnen in der Herkunftsfamilie.

Literaturverzeichnis

Avenarius, Christine B. (2010): Starke und Schwache Beziehungen. In: Stegbauer, Chiristian/ Häußling, Roger (Hrsg.): Handbuch Netzwerkforschung. Wiesbaden, 100-111

Baas, Stephan (2008): Soziale Netzwerke verschiedener Lebensformen im Längsschnitt – Kontinuität oder Wandel? In: Bien, Walter/Marbach, Jan H. (Hrsg.): Familiale Beziehungen, Familienalltag und soziale Netzwerke. Wiesbaden, 147-184

Bartelheimer, Peter (2005): Teilhabe, Gefährdung, Ausgrenzung. In: Berichterstattung zur sozioökonomischen Entwicklung in Deutschland. Wiesbaden, 85-123

BMG (Bundesministerium für Gesundheit) (2004): Bericht der Bundesregierung über die Lage behinderter Menschen und die Entwicklung ihrer Teilhabe. Internet: http://www.bmas.de/SharedDocs/Downloads/DE/bericht-der-bundesregierung-ueber-die-lage -der-behinderten-menschen-und-die-entwicklung-ihrer-teilhabe.pdf?__blob=publicationFile. Datum: 9.7.2012

Dworschak, Wolfgang (2004): Lebensqualität von Menschen mit geistiger Behinderung. Bad Heilbrunn

Erhard, Klaudia/Grüber, Katrin (2011): Teilhabe von Menschen mit geistiger Behinderung in der Kommune. Freiburg i.Br.

Forrester-Jones, Rachel/Carpenter, John/Coolen-Schrijner, Pauline/Cambridge, Paul/Tate, Alison/Beecham, Jennifer/Hallam, Angela/Knapp, Martin/Wooff, David (2006): The social networks of people with intellectual disability living in the community 12 years after resettlement from long-stay hospitals. In: Journal of Applied Research in Intellectual Disabilities, 19(4), Vol. 20, 285-295

Hanslmeier-Prockl, Gertrud (2009): Teilhabe von Menschen mit geistiger Behinderung. Empirische Studie zu Bedingungen der Teilhabe im Ambulant betreuten Wohnen in Bayern. Bad Heilbrunn

Kniel, Adrian/Windisch, Matthias (2005): People First. Selbsthilfegruppen von und für Menschen mit geistiger Behinderung. München

Kronauer, Martin (2010): Exklusion. Die Gefährdung des Sozialen im hoch entwickelten Kapitalismus. 2. Aufl. Frankfurt/M./New York

Loeken, Hiltrud/Windisch, Matthias (2009): Unterstützerkreise (Circles of Support) als Netzwerkstrategie im ambulant unterstützten Wohnen für Menschen mit Behinderung zur Förderung ihrer Teilhabe. In: Börner, Simone/Glink, Andrea/Jäpelt, Birgit/Sanders, Dietke/Sasse, Ada (Hrsg.): Integration im vierten Jahrzehnt. Bad Heilbrunn, 96-104

Myers, Fiona/Ager, Alastair/Kerr, Patricia/Myles, Susan (1998): Outside looking in? Studies of the community integration of people with learning disabilities. In: Disability & Society, 3, Vol. 13, 389-413

Raitasuo, Seija/Taiminen, Tero/Salokangas, Raimo K. R. (1998): Social networks experienced by persons with mental disability treated in short-term psychiatric inpatient care. In: The British Journal of Developmental Disabilities, 87, Vol. 44, 102-111

Rohrmann, Albrecht (2009): Teilhabe planen. In: Teilhabe 1, 48. Jg., 18-24

Schablon, Kai-Uwe (2008): Community care. Professionell unterstütze Gemeinweseneinbindung erwachsener geistig behinderter Menschen: Analyse, Definition und theoretische Verortung struktureller und handlungsbezogener Determinanten. Marburg/L.

Seifert, Monika (2010): Kundenstudie – Bedarf an Dienstleistungen zur Unterstützung des Wohnens von Menschen mit Behinderung. Berlin

Theunissen, Georg (2006): Zeitgemäße Wohnformen – Soziale Netze – Bürgerschaftliches Engagement. In: Theunissen, Georg/Schirbort, Kerstin (Hrsg.): Inklusion von Menschen mit geistiger Behinderung. Stuttgart, 59-96

UN (United Nations) (2006): Final report of the Ad Hoc Committee on a Comprehensive and Integral International Convention on the Protection and Promotion of the Rights and Dignity of Persons with Disabilities
Internet: http://www.un.org/esa/socdev/enable/rights/ahcfinalrepe.htm.Datum: 9.7.2012

Wansing, Gudrun (2012): Der Inklusionsbegriff in der Behindertenrechtskonvention. In: Welke, Antje (Hrsg.): UN-Behindertenrechtskonvention mit rechtlichen Erläuterungen. Berlin, 93-103

WHO (2010): International Statistical Classification of Diseases and Related Health Problems 10th Revision (ICD-10). Internet: http://apps.who.int/classifications/icd10/browse/2010/en. Datum: 9.7.2012

Windisch, Matthias/Hamel, Thomas/Mitzlaff, Stefan/Schalm-Blume, Uwe (1991): Wohnformen und soziale Netzwerke von Erwachsenen mit geistiger und psychischer Behinderung. In: neue praxis, 2, 21. Jg., 138-150

Wolf, Christof (2010): Egozentrierte Netzwerke. In: Stegbauer, Christian/Häußling, Roger (Hrsg.): Handbuch Netzwerkforschung. Wiesbaden, 471-483

Ziegler, Rolf (2010): Deutschsprachige Netzwerkforschung. In: Stegbauer, Christian/Häußling, Roger (Hrsg.): Handbuch Netzwerkforschung. Wiesbaden, 39-49

Matthias Windisch, Dr. phil., Dipl. Sozialwirt, ist Wissenschaftlicher Angestellter im Fachgebiet Behinderung und Inklusion am Institut für Sozialwesen Fachbereich 1 Humanwissenschaften an der Universität Kassel, Arnold-Bode-Str. 10, 34109 Kassel, Email: windisch@uni-kassel.de

Viviane Schachler, Master of Art (M.A.) Soziale Arbeit, Wissenschaftliche Hilfskraft im Fachgebiet Behinderung und Inklusion am Institut für Sozialwesen im Fachbereich 1 Humanwissenschaften an der Universität Kassel, Arnold-Bode-Straße 10, 34109 Kassel, Email: viviane.schachler@gmx.de

114

Daniela Rölke

Integrierte Teilhabeplanung

Zusammenfassung
Menschen mit Behinderung haben ein Recht auf Hilfe und Teilhabe. Das Sozialamt bezahlt das. Die Hilfen sollen geplant werden. Das macht man mit dem Integrierten Teilhabe-Plan (ITP). Es gibt Hilfen beim Wohnen, Hilfen beim Arbeiten, Hilfen beim Zusammensein mit Anderen. Für alle Menschen mit Behinderungen. Damit sie überall mitmachen können. Das soll nach der Behinderten-Rechts-Konvention gleichberechtigt und selbstbestimmt geschehen. Menschen mit Behinderung sollen selbst bestimmen, wo sie wohnen. Menschen mit Behinderung sollen selbst bestimmen, wie sie arbeiten. Die Hilfe soll passend für die Person sein und nicht nur so, wie es für die Helfer passt. Der Mensch mit Behinderung plant mit dem Integrierten Teilhabe-Plan seine Ziele. Aus den Zielen für das nächste Jahr ergeben sich dann die Hilfen. Danach wird ein Projekt vorgestellt. Das war in Güstrow – nahe der Ostsee. Dort ist der Integrierte Teilhabe-Plan im Jahr 2011 erprobt worden – aber nur für die Menschen, die nicht in einem Heim leben.

Der ITP (Integrierte Teilhabeplan), ein Instrument zur Teilhabeplanung in der Eingliederungshilfe, ermöglicht eine gemeinsame Erarbeitung und Planung individuell erforderlicher Unterstützung, die ein Mensch mit Behinderung benötigt, um seine Teilhabeziele erreichen zu können (vgl. Gromann 2012). Das Instrument ist für alle Menschen mit und ohne Beeinträchtigungen anwendbar. Menschen mit und ohne Beeinträchtigungen sollen mitentscheiden, wie und in welcher Form sie an für sie wichtigen Bereichen teilhaben möchten. Alle Unterstützungsleistungen eines Menschen mit Behinderung werden mit dem ITP personenzentriert, zielorientiert und ICF-bezogen unter Berücksichtigung des Sozialraums *(„Community Care")* geplant (vgl. hierzu die Empfehlungen des Deutschen Vereins 2009, 10 ff.). Wenn diese Planung sich mit einer personenzentrierten Finanzierung verbindet, bedeutet das die Auflösung der starren Angebotssäulen der Institutionen bei der Leistungserbringung (vgl. Gromann 2010). Insbesondere in den Bereichen *Wohnen* und *Arbeit* soll es keine festen Angebote mehr geben, sondern flexible und individuelle personenzentrierte Hilfen. Die Unterstützungsleistungen ergeben sich aus

den festgesetzten Zielen unter Berücksichtigung von vorhandenen Fähigkeiten und Beeinträchtigungen. Die Steuerung im Einzelfall erfolgt über die
Auswertung der Prozesse (Erreichen abgestimmter Ziele, Berücksichtigung
der Voraussetzungen zur Zielerreichung, klare Arbeitsteilung und zeitbezo-
gene Finanzierung). Damit Teilhabeplanung auf regionaler Ebene gelingen
kann, ist eine Abstimmung und Koordinierung aller Beteiligten (Leistungsträger, Leistungsanbieter, Nutzer/-innen und ihre Vertreter) unabdingbar.

„Hilfeplanung erfolgt mit dem Ziel, Qualität überprüfbar zu machen und zu sichern, Transparenz und Vergleichbarkeit herzustellen und durch gelungene Kooperation effektiv und zielgerichtet Leistungen einzusetzen" (Deutscher Verein 2009,
8).

Der ITP berücksichtigt die Vorrangigkeit nicht-professioneller Hilfen und
legt den Fokus auf die Identifizierung und Förderung von sozialraumbezogenen Unterstützungsmöglichkeiten.
Entsprechend der UN-BRK soll allen Menschen eine volle gleichberechtigte
und selbstbestimmte Teilhabe an der Gesellschaft ermöglicht werden. In die
Integrierte Teilhabplanung werden daher Menschen mit Behinderung, ihre
Angehörigen und ihre rechtlichen Vertreter aktiv einbezogen. Es handelt sich
um einen fortlaufenden Prozess. Dabei geht es nicht vornehmlich um die
Dokumentation der erbrachten Leistungen, sondern um die individuelle Planung von Teilhabe im konkreten Lebensalltag unter Berücksichtigung der
individuellen Lebenssituation. Damit der Prozess der Teilhabeplanung in der
Praxis umgesetzt werden kann, ist jedoch ein Umdenken sowohl in den Insti-
tutionen, Wohlfahrtsverbänden und Vereinen notwendig als auch bei den
Mitarbeiter/-innen und den Nutzer/-innen selbst vonnöten – weg von der
Fürsorgeorientierung, hin zu Mitbestimmung und Förderung von Selbstwirksamkeit. Professionelle Mitarbeiter/-innen, Leistungserbringer und auch
Menschen mit Behinderung selbst stehen vor neuen Herausforderungen
An professionelle Mitarbeiter/-innen werden dabei folgende Anforderungen
gestellt: Ihre Grundhaltung erfordert eine Neuorientierung hin zu den Prinzipien der Selbstbestimmung und Autonomie von Nutzer/-innen. Deren Le-
bensziele und Problemlagen müssen in konkrete *Hilfe-Ziele* und individuelle
Unterstützungsleistungen übersetzt werden. Institutionelle Milieus, Gruppen-
regeln und professionelle Konzepte sind grundlegend auf den Prüfstand zu
stellen (vgl. Steinhart 2008). Die Ausrichtung der Arbeit auf die Unterstützung der persönlichen Zukunftsplanung von Menschen mit Beeinträchtigung
spricht z.B. §19 der BRK an. Nicht alle Nutzer/-innen haben Vorstellungen,
wie ihre persönliche Zukunft aussehen könnte. Daher kann es besonders für
Menschen mit stärkeren Beeinträchtigungen sinnvoll sein, diese mit Freunden und Mitarbeiter/-innen gemeinsam zu planen, um überhaupt Ziele formulieren zu können. Weiterhin ist die Bereitschaft, über die Logik bislang von-

einander abgegrenzter Leistungsbestandteile und die Grenzen trägerübergreifender Koordination der Hilfen hinaus zu denken und zu handeln, erforderlich.
Von den Leistungserbringern ist folglich die Entwicklung einer barrierefreien sozialen Dienstleistungsstruktur zu erwarten. Die Leistungserbringung orientiert sich an den Zielen der Nutzer/-innen. Transparenz des Planungsprozesses und Wirkungskontrolle über die Zielerreichung sind notwendig. Die Finanzierung erfolgt personenzentriert entsprechend dem individuellen Bedarf. Eine flexible Leistungsgestaltung ermöglicht somit auch fließende Übergänge zwischen stationären und ambulanten Leistungen. Ambulante Behandlungsmöglichkeiten werden verstärkt berücksichtigt. Nutzer/-innen werden am Verfahren und bei der Erarbeitung des ITP aktiv und im Dialog beteiligt. Sie sind aufgefordert, individuelle Wünsche und Ziele zu formulieren und bei der Wahl der gewünschten Unterstützung mitzubestimmen. Außerdem ist die Teilnahme an Teilhabekonferenzen ebenso eine Anforderung an die Nutzer/ -innen wie die Organisation in Selbsthilfe und Verbänden.
Bisherige Erprobungsregionen des ITP sind: Wiesbaden, Wetteraukreis, Landkreis Fulda und Werra-Meißner in Hessen, Thüringen (sieben Städte und Landkreise), Ludwigsburg, Hamburg, Rostock und Güstrow. Die Finanzierungsumstellungen sind bisher nur in Hessen und Ludwigsburg erprobt (vgl. zur Erprobung in Hessen: Kunze 2009 und Gromann 2010). Dabei war die budgetneutrale Umstellung ein erfolgreicher Ausgangspunkt.

Das Erprobungsprojekt in Güstrow
Ein Praxistest zur Anwendung des Instrumentes ITP fand 2011 im Kreis Güstrow in Mecklenburg-Vorpommern statt. Träger des *Betreuten Wohnens* für Menschen mit psychischen Erkrankungen und geistiger Behinderung führten das Instrument in ihre Alltagspraxis ein und nutzten den ITP zur Wiederbewilligung und für Neuanträge. Die wissenschaftliche Evaluation bestand aus drei Teilen: Einer schriftlichen Befragung der anwendenden Mitarbeiter/-innen, einer schriftlichen Befragung von Nutzer/-innen und einer qualitativen Gruppendiskussion mit den Anwendern.

Evaluationsergebnisse
Die schriftlichen Befragungen machen deutlich, auf Seite der Nutzer/-innen gibt es eine höhere Akzeptanz des ITP als auf der Anwenderseite. Den Mitarbeiter/-innen fällt es leicht, Umweltfaktoren und Ressourcen zu benennen, das geplante Vorgehen in Stichworten zu beschreiben und die Klient/-innen kontinuierlich an der Erstellung der ITPs zu beteiligen. Die Festlegung von Zielen wird von den Anwender/-innen als schwierig empfunden. Dies wurde mit der Ansicht begründet, dass Klient/-innen eigentlich keine übergreifen-

den Ziele formulieren könnten. Den „geübten" Mitarbeiter/-innen aus dem Arbeitskontext der psychiatrischen Hilfen scheint das leichter zu fallen als den Kolleg/-innen aus dem Bereich des *Betreuten Wohnens* für sogenannte geistig behinderte Menschen. Ziele gemeinsam mit den Klient/-innen zu formulieren, wird von den Anwender/-innen insgesamt als sinnvoll eingeschätzt, ebenso auf diese Weise den Einfluss von Klient/-innen auf die Teilhabeplanung und die Selbstbestimmung durch die gemeinsame Erstellung des ITP zu stärken.

Die Nutzer/-innen aus dem Bereich *Betreuten Wohnens* für geistig behinderte Menschen und aus dem Bereich *Betreuten Wohnens* für psychisch kranke Menschen finden insgesamt die gemeinsame Teilhabeplanung gut und sind mit ihrer Teilhabeplanung zufrieden. Mit fast allen Klient/-innen wurde über die persönliche Zukunft gesprochen und sie konnten mitentscheiden, wie sie betreut werden wollen. Von fast allen Nutzer/-innen werden Ziele im ITP festgelegt.

Die Ergebnisse der Gruppendiskussion verweisen auf die kritische Einschätzung der Mitarbeiter/-innen. Ängste um Refinanzierung und Kürzung der Gelder beschäftigen die Anwender/-innen sehr und auch eine Zeiteinschätzung fällt aufgrund geäußerter großer Unsicherheitsfaktoren schwer. Diese massiven Ängste überlagern die positiven Ergebnisse beim gemeinsamen Erarbeiten von ITPs. Es stellte sich in der Gruppendiskussion heraus, dass die Träger des *Betreuten Wohnens* aus Sorge um die Finanzierung und die Akzeptanz beim Sozialhilfeträger weiterhin das herkömmliche Verfahren zur Beantragung von Eingliederungshilfen parallel durchführten und den ITP letztlich nicht beim Sozialamt einreichten. Dieser doppelte Aufwand und die nicht immer ausreichende Büroausstattung haben die Erprobung deutlich belastet. Es ist grundsätzlich als problematisch anzusehen, dass die gemeinsame Sprache mit dem Sozialhilfeträger nicht mit erprobt wurde.

Mitarbeiter/-innen aus dem Bereich der Hilfen für Menschen mit geistiger Behinderung waren enttäuscht über die umfangreiche Vermittlungsarbeit, die erforderlich war, um den „verdichteten und komplexen Bogen" mit den Klient/-innen gemeinsam erstellen zu können. Ein ITP in einer einfacheren Sprache, so dass Nutzer/-innen ihn auch ohne Unterstützung verstehen hätten können, wäre als hilfreich empfunden worden.

Die verstärkte Personenzentrierung in der Planung wird eher von Nutzer/ -innen und von Mitarbeiter/-innen aus dem Bereich der psychiatrischen Hilfen wertgeschätzt. Alle Anwender/-innen sind sich aber einig, dass ein einheitliches Verfahren gut und erleichternd wäre.

Das Projekt erlangte eine hohe Aufmerksamkeit in Mecklenburg-Vorpommern und war Anstoß für weitere Erprobungsregionen.

Literaturverzeichnis

Deutscher Verein für öffentliche und private Fürsorge e.v. (2009): Empfehlungen des Deutschen Vereins zur Bedarfsermittlung und Hilfeplanung in der Eingliederungshilfe für Menschen mit Behinderungen. URL: http://www.deutscher-verein.de/05-empfehlungen/empfehlungen_archiv/2009/pdf/DV %2006-09.pdf, Download vom 12.07.2012, 1-2

Gromann, Petra (Hg.) (2012): Mit professioneller Teilhabeplanung zu einer individuellen ambulanten Versorgung. Fuldaer Schriften zur Gemeindepsychiatrie 2. (1. Auflage). Bonn: Psychiatrie Verlag

Gromann, Petra (2010): Individuelle und integrierte Teilhabeplanung in Hessen. Eine Unterstützung von selbstbestimmter Teilhabe und regionaler Entwicklung auch für Menschen mit Lernschwierigkeiten. In: Teilhabe. 2/2010, Jg. 49, 76-81

Kunze, Heinrich u.a. (2009): Der Reiz des Unentdeckten. Neue Wege zu personenzentrierten Teilhabeleistungen. (2.Auflage). Bonn: Psychiatrie Verlag

Steinhart, Ingmar (2008): Praxis trifft Inklusion. In: Verhaltenstherapie und Psychosoziale Praxis, 40. Jg. (1), 29-34

Daniela Rölke, M.A., Dipl. Sozialarbeiterin/Dipl. Sozialpädagogin ist Wissenschaftliche Mitarbeiterin im Fachbereich Sozialwesen an der Hochschule Fulda, Daniela.Roelke@sw.hs-fulda.de

Andreas Hinz / Robert Kruschel

InPrax –
ein weiterer Schritt zur Inklusion
in Schleswig-Holstein?

Zusammenfassung
Schleswig-Holstein ist im Norden von Deutschland. Es ist schon seit vielen Jahren dabei, Integration und Inklusion umzusetzen. In diesem Text wird das Projekt *InPrax – Inklusion in der Praxis* in Schleswig-Holstein vorgestellt. Dort wurden Lehrer/-innen zu Begleiter/innen für inklusive Schulentwicklung ausgebildet. Sie helfen ab Sommer 2012 den Schulen dabei, wie sie alle Kindern und Jugendliche willkommen heißen können.

Artikel
Nachdem in jüngster Vergangenheit die Bedeutung der UN-Konvention über die Rechte von Menschen mit Behinderung (vgl. UN 2008), der von ihr ausgehende Handlungsdruck (vgl. Poscher, Langer & Rux 2008, Riedel 2010) und die eher abwehrenden als begrüßenden Reaktionen der Bundesländer (vgl. DIMR 2011) in umfangreichem Maße thematisiert wurden, stellt sich nunmehr die Frage nach konkreten und insbesondere nachhaltigen Strategien ihrer Umsetzung. In diesem Beitrag wird der Blick auf ein interessantes Projekt aus Schleswig-Holstein geworfen, das als Vorbild auch für andere Regionen Deutschlands dienen könnte.

1. Schleswig-Holstein – ein Blick auf den Kontext

Die integrative (und später inklusive) Geschichte des Bundeslandes zwischen Nord- und Ostsee reicht weit über die Ratifizierung von völkerrechtlichen Abkommen hinaus. Bereits Anfang der 1980er Jahre entstanden durch Elterninitiativen die ersten Integrationsklassen an Grundschulen, denen schnell Integrationsklassen an Haupt- und Gesamtschulen folgten. Mit der Gründung eines Förderzentrums für sehgeschädigte Kinder und Jugendliche ohne eigene Schüler/-innen wurde 1983 ein deutschlandweit neues Konzept eingeführt, das landesweit alle sehbehinderten Schüler/-innen an den allgemeinen Schulen unterstützt. Bereits Anfang der 1990er fand sich im Schulgesetz Schles-

wig-Holsteins der Passus, dass Schüler/-innen mit Behinderung im gemeinsamen Unterricht beschult werden sollten – wenn auch bis heute unter Res-
sourcenvorbehalt. Statt auf zwei Parallelsysteme, wie es heute in vielen Bundesländern vorzufinden ist, setze der Gesetzgeber schon zu dieser Zeit auf *ein*
System, in dem alle Kinder und Jugendliche gemeinsam aufwachsen und die
Sonderpädagog/-inn/en als wichtiger Bestandteil des Systems die allgemeinen Schulen unterstützen. Seit 1990 wird die integrative Entwicklung des
Landes von der *Beratungsstelle Integration in der Schule* – kurz BIS – begleitet, deren Aufgabe es ist, zu beraten, zu unterstützen sowie Fortbildung
anzubieten. Später wurde aus dieser Einrichtung die *Beratungsstelle inklusive
Schule*.

Als eine Konsequenz der Ratifizierung der UN-Konvention 2008 rief die
damalige Bildungsministerin Schleswig-Holsteins, Ute Erdsiek-Rave, das
folgende Jahr zum *Jahr der Inklusiven Bildung* aus – *„eine Kampagne mit
Öffentlichkeitsarbeit, Debatten und Gesprächen, Tagungen [und] Schulwett-
bewerben“* (Erdsieck-Rave 2010).

Seit der Schulgesetzänderung 2011 hat inklusive Beschulung Vorrang (§4
Abs. 11 SH SchulG) – in der Regel wird der Elternwahl entsprochen. Aktuell
weist das nördlichste Bundesland die bundesweit geringste Separationsquote
von 3,5% (Dorrance 2010) auf, die sich aus einer vergleichsweise niedrigen
Etikettierungsquote von 5,4% und einer hohen Integrationsquote von 53,8%
ergibt (vgl. Schleswig-Holsteinischer Landtag 2011, S. 7, 14). Sonderschulen
haben sich zu Förderzentren weiterentwickelt – in einer ganzen Reihe von
Fällen ohne eigene Schüler/-innen –, der sonderpädagogische Förderbedarf
Lernen wird vor Ende der Eingangsphase der Grundschule nicht mehr festgestellt und fast 100 Prozent der Schüler/-innen mit Sehschädigung und 75
Prozent derer mit Hörschädigung nehmen am Gemeinsamen Unterricht teil.
Auch wenn es noch deutlichen Handlungsbedarf, z.B. im Bereich des Förderschwerpunkts geistige Entwicklung, gibt, hat Schleswig-Holstein eine beein-
druckende Entwicklung hinter sich: Von der höchsten Sonderschulbesuchs-
quote in den 1980er Jahren zu der niedrigsten in der Gegenwart (vgl. Zirk-
mann/Pluhar 2011). So ist es heute einer der Vorreiter Deutschlands, was die
Entwicklung Inklusiver Bildung anbelangt. Dass dies seinen Bewohner/
-innen nicht immer gegenwärtig ist, zeigt die Aussage einer Schulrätin, der
erst während einer bundesweiten Veranstaltung bewusst wird, dass *„sie doch
gedanklich sehr viel weiter als andere Bundesländer sind“* (aus einem Interview für die Evaluation von *InPrax*).

Ein weiterer Schritt zur Etablierung von Inklusion in der Fläche wurde in den
Jahren 2008 – 2010 im Kreis Schleswig-Flensburg und in der Stadt Flensburg
gegangen, initiiert durch die dortigen Schulrät/-innen. Mit externer Unterstützung entstanden dort Formen einer regionalen inklusiven Entwicklungs-

unterstützung. Mit der Koordination durch eine zentrale Steuergruppe wurden hier inklusive Schulentwicklungsaktivitäten auf der Grundlage des Index für Inklusion begonnen (vgl. Hinz/Jesumann 2010). Dieses Projekt stieß durch die ausbleibende Unterstützung des Ministeriums nach dem Regierungswechsel zwar an seine Grenzen, lieferte aber wertvolle Erfahrungen in Bezug auf die Unterstützung lokaler und regionaler Initiativen durch zwei Schulämter, in deren Folge sich eine starke Eigendynamik entwickelte. Sie sind damit Vorläufer für das Projekt, das im Folgenden vorgestellt wird und das den Schwerpunkt von der regionalen auf die Ebene des ganzen Bundeslandes verlagert.

2. Das Projekt *InPrax*

An die vielen Schritte der Integrations- und später der Inklusionsentwicklung schließt das Projekt *InPrax – Inklusion in der Praxis* an. Im August 2011 noch vom FDP-Kultusminister Klug in Auftrag gegeben, leitet dieses gemeinsam mit dem *IQSH* (Institut für Qualitätsentwicklung an Schulen Schleswig-Holstein) getragene Projekt eine landesweite Offensive für die Umsetzung der Konvention durch inklusive Schulentwicklung ein. Das primäre Ziel, ein landesweites Unterstützungssystem für die Weiterentwicklung inklusiver Pädagogik sowie die Weiterentwicklung schulischer Strukturen und Handlungsweisen für Inklusion zur Verfügung zu stellen, soll durch die fachkundige Qualifizierung einer interessierten Gruppe von Lehrer/-innen als Moderator/-innen erreicht werden. Zu diesem Zweck wurden 39 Lehrer/-innen aller Schularten aus dem ganzen Bundesland, Schulentwicklungsberater/-innen und Berater aus dem *IQSH* und Mitarbeiter/-innen der BIS über einen Zeitraum von sechs Monaten in acht Modulen durch erfahrene Trainer/-innen der Montag Stiftung Jugend und Gesellschaft zu Prozessbegleiter/-innen für inklusive Schulentwicklungsprozesse qualifiziert. Die wissenschaftliche Begleitung des Projektes haben die beiden Autoren inne.

In einer ersten Befragung zu Beginn der Qualifizierung durch die Autoren zeigte sich, dass ein hoher Anteil der Gruppe aus Frauen besteht (84%) und über einen großen praktischen Erfahrungsschatz verfügt (81% der Teilnehmer/-innen mit mehr als elf Jahren Berufserfahrung). Viele Beteiligte sind seit langer Zeit im Gemeinsamen Unterricht tätig. Weiterhin ist rund ein Drittel Mitglied einer Schulleitung oder einer Steuergruppe, was deutlich zeigt, dass sich zentrale Akteure in diesem Projekt engagieren.

Kennzeichnend für die Gruppe ist darüber hinaus ein vorwiegend breites Verständnis von Inklusion, dass sich nicht nur auf sonderpädagogischen Förderbedarf, sondern – wie im internationalen Diskurs üblich – sich vielmehr auf alle Dimensionen von Heterogenität bezieht. Ein/e Teilnehmer/in umschreibt dies mit folgenden Worten und verdeutlicht damit den in der Gruppe vorherrschenden Spirit: Inklusion ist

„eine wunderbare Grundlage, Menschen zu betrachten",

und ein/e andere/r führt weiter aus: Inklusion bedeutet,

„nach den Bedürfnissen und Möglichkeiten aller Schülerinnen und Schüler zu schauen und entsprechend zu handeln, so dass sich alle individuelle entwickeln (lernen) können."

Diese Beispiele veranschaulichen das in der Gruppe der Prozessbegleiter/ -innen vorherrschende Denken. Dies wird auch in der Motivation zur Teilnahme deutlich: Ein kleiner Teil wurde von externen Akteuren dazu angehalten am Projekt teilzunehmen, viele zukünftige Moderator/-innen haben sich eigeninitiativ für diese ausgeschriebene Funktion beworben. Die „Überzeugung, mit InPrax einen nächsten Schritt mitgehen zu können", die „Lust auf Neues" und ähnliche Motive macht diese Gruppe zu einer besonders motivierten – die zukünftigen Moderator/-innen wollen mit einem bereits großen Erfahrungshintergrund nächste inklusive Entwicklungsschritte entscheidend mitgestalten.

Die inhaltliche Ausrichtung der Qualifizierung selbst baut stark auf die breiten Erfahrungen auf, die die *Montag Stiftung Jugend und Gesellschaft* in den vergangenen Jahren in der Begleitung von Schulen und in der Ausbildung von Moderator/-innen sammelte. Die Teilnehmer/-innen setzten sich mit ihrer eigenen Rolle als zukünftige Prozessbegleiter/-innen auseinander, lernten, wie inklusive Organisationsentwicklung angelegt werden kann, wie der Index für Inklusion (vgl. Boban/Hinz 2003) genutzt werden kann, welche Rollen die einzelnen Mitglieder einer Schule haben und wie mit deren Vielfalt sowie mit möglichen Konflikten und Widerständen gearbeitet werden kann. Neben diesen prozessorientierten Inhalten wurden auch die eigene inklusive Haltung und die Etablierung von inklusiven Werten thematisiert (vgl. hierzu ausführlicher Brokamp 2012).

Mit dem Beginn des Schuljahrs 2012/13 werden die qualifizierten Moderator/-innen im Tandem in Schulen aktiv, die sich für eine Teilnahme am Projekt bewerben. Dabei liegt die Zuständigkeit für einen Landkreis bzw. eine kreisfreie Stadt in der Regel bei jeweils einem Tandem, zu dem ein(e) Lehrer(in) aus der allgemeinen Schule und eine(r) aus einem Förderzentrum gehört. Die Prozessbegleiter/-innen erhalten wöchentlich drei Abminderungsstunden und begleiten und unterstützen in diesem zeitlichen Umfang interessierte Schulen bei ihren Aktivitäten auf dem Weg zu einer inklusiveren Pädagogik. Am Beginn des Begleitprozesses steht eine gemeinsame systematische Bestandsanalyse durch die Schule und die Prozessbegleiter/-innen. In gemeinsamen Gesprächen mit Schulleitung und ggf. weiteren Mitgliedern der

Schule werden konkrete Ziele diskutiert und schriftlich fixiert. So ist für alle Beteiligten deutlich, in welchen Umfang und mit welcher Zielsetzung gearbeitet werden soll. Nach einer detaillierten Maßnahmenplanung, in der konkret aufgeführt ist, wie die Ziele verwirklicht werden sollen, folgt die konkrete Umsetzung der Vorhaben. Die Prozessbegleiter/-innen stehen sowohl bei der Planung als auch Durchführung eines Gesamtprozesses oder ggf. einzelner Schritte hin zu einer inklusiveren Einrichtung zur Verfügung. Vom Projekt selbst ist im Vorweg nicht genau definiert, wie die Begleitung auszusehen hat, so dass die Schulen und ihre Prozessbegleiter/-innen Spielraum zur Gestaltung der Beziehung und des Arbeitsbündnisses haben. Die Möglichkeiten der Moderationstandems reichen von grundlegender Information der Schulen über Fragen inklusiver Schulentwicklungsprozesse und über die Moderation einzelner Planungssitzungen bis hin zur längerfristigen Prozessbegleitung. In jedem Fall soll am Ende des Begleitungsprozesses (oder auch nach bestimmten Etappen) eine Evaluation klären, welche Ziele erreicht wurden oder woran die Schule gescheitert ist.

Als geplantes Ende des Projekts *InPrax* gilt bereits Juni 2013, wobei gegenwärtig auch eine Verlängerung diskutiert wird; nach der Landtagswahl im Mai 2012 erscheinen die Möglichkeiten dafür günstiger. Auf jeden Fall werden die Moderationstandems als Prozessbegleiter/-innen auf längere Sicht interessierten Schulen und ihren Kooperationspartner/-innen zur Verfügung stehen.

3. Perspektive *Educational Governance*

Neben der generellen wissenschaftlichen Bobachtung und Begleitung des Projekts ist für das Evaluationsteam ein weiterer Aspekt von entscheidender Bedeutung. Da sich Schulentwicklung mit der Perspektive auf Inklusion in einem Spannungsfeld zwischen größeren bildungspolitischen Vorgaben und davon anscheinend losgelösten Entwicklungen auf der Ebene der Einzelschule, hervorgerufen durch das Fehlen klarer Vorgaben, befindet (vgl. Moser 2011), erscheint es hilfreich, das Projekt *InPrax* in seinem Umfeld auch aus der Perspektive von *Educational Governance* zu betrachten (vgl. Hinz/ Kruschel 2012). Diese Analyse-Perspektive, die nicht der Versuch der Etablierung einer neuen Theorie darstellt, sondern vielmehr eine spezielle Sicht auf die Realität ist, stellt dem traditionellen Verständnis von staatlich gelenkten Steuerungsprozessen die Erkenntnis gegenüber, dass die hoheitliche Rolle des Staates der eines Mitspielers zwischen Vielen weicht. Statt allein im Zentrum der Gesellschaft zu stehen, gewinnen zunehmend die Akteure der Zivilgesellschaft wie auch der Wirtschaft (bzw. des Marktes) an Einfluss, während die Grenzen zwischen ihnen verschwimmen. Die Analyse von Steuerungsprozessen unter der Perspektive der Governance erlaubt somit, das handelnde Zusammenwirken von Akteuren in Mehrebenensystem zu beobachten (vgl. Kussau & Brüsemeister 2007, S. 16 sowie Altrichter & Maag Merki 2010).

Neben dem Fokus auf die einzelnen Akteure in einem System wird auch die Art der Steuerungsmechanismen in der Governance-Forschung untersucht. Bereits seit den 1970er / 80er Jahren wird deutlich, dass politisch beschlossene Programme deutliche Differenzen zwischen Steuerungszielen und -ergebnissen aufweisen. So ist aufgrund diverser Faktoren (Umdeutungen, Informationsverlust etc.) mit Abweichungen von der gewünschten Wirkung oder gar mit Gegenbewegungen zu rechnen (vgl. Kussau/Brüsemeister 2007, S. 19). Statt solche traditionellen Steuerungsversuche zu analysieren, die in ihrer Beobachtung von *„top-down"-* oder *„bottom-up"*-Dynamiken auf hierarchische Prozesse fokussiert sind, erweitert der Governance-Ansatz die Perspektive (vgl. Altrichter u.a. 2007, S. 11). Er verweist auf das

„reduktionistische Moment eines linear-direktiven Verständnisses von Steuerung und fokussiert die Frage der Handlungskoordination und Entwicklung des Gesamtsystems" (Altrichter u.a. 2005, S. 7).

Zusammenfassend gesagt, stellt Governance eine analytische Perspektive dar, die der Beschreibung und Bewertung der Realität dient. Sie sorgt

„angesichts scheinbar undurchschaubarer und überkomplex gewordener Strukturen und Verfahren [für Überblick im Bezug das] kollektive Handeln in Staat, Wirtschaft und Gesellschaft" (Benz & Dose 2010, S. 32).

Den besonderen pädagogischen Fokus, der unter den Begriff *„Educational Governance"* oder auch *„School-Governance"* firmiert, konkretisieren Kussau und Brüsemeister (2007, S. 25) am Beispiel des Schulsystems in folgender Fragestellung:

„Wie können ‚Spezialisten' wie LehrerInnen, die Schulleitung, die Schulverwaltung, neue Schulinspektion, externe BeraterInnen, SchülerInnen, Eltern und die Bildungspolitik innerhalb ihrer jeweils spezifischen Sichtweise auf die Schule ein ‚kollektives Gut' wie die schulische Bildung auch nur einigermaßen zielgerichtet herstellen?"

Im ersten Versuch einer Adaptierung der Educational Governance-Perspektive auf das Projekt *InPrax* (vgl. Hinz/Kruschel 2012) mit all seinen Akteur/inn/en und Akteurskonstellationen wird die Komplexität dieses inklusiven Implementationsprojekts deutlich. Es bildet sich die Erkenntnis, dass bei einem scheinbar allumfassenden hierarchischen Rahmen eine Vielzahl an institutionellen wie basalen Koordinationsformen sowie Interdependenzen existieren, die es, trotz oder gerade dank ihrer Komplexität, durchaus wert sind, einer genaueren Betrachtung unterzogen zu werden. Spannend wird es sein, den zentralen Fragen nachzugehen, wie viele Ebenen ein Anstoß auf Landesebene durchläuft, welche Modifikationen durch Akteure auf den verschiedenen Ebenen entsprechend ihrer Handlungslogiken vorgenommen werden und wie weit schlussendlich durch das Projekt Veränderungen an den teilnehmenden Schulen und möglicherweise im Bewusstsein der Beteiligten zustande kommen.

4. Ausblick

InPrax versteht sich als Ressource, um Inklusion breitflächiger im gesamten Bundesland zu verankern. Die Rahmenbedingungen für die Arbeit der Moderator/-innen, deren qualifizierte Ausbildung durch die *Montag Stiftung Jugend und Gesellschaft* sowie die Unterstützung durch das *IQSH* schaffen sinnvolle Vorrausetzungen für einen nachhaltigen Erfolg des Projekts. Zum aktuellen Zeitpunkt (Juli 2012) ist zwar die Ausbildungsphase des Projekts beendet, die Moderator/-innen sind jedoch noch nicht in ihrer praktischen Tätigkeit an den Schulen aktiv. Es bleibt daher abzuwarten, wie das Angebot von den Schulen angenommen wird, ob die Arbeit der Moderationstandems die gewünschten inklusiven Entwicklungen unterstützen können und ob das Projekt einen spürbaren Effekt auf die Verankerung von Inklusion als verbindende Wertebasis im gesamten Bundesland haben wird. Auch ist gegenwärtig nicht abzusehen, welchen Einfluss die neu gewählte Landesregierung aus *SPD*, dem *Bündnis 90/Die Grünen* und dem *Südschleswigschen Wählerverband (SSW)* auf den Fortgang bzw. eine mögliche Verlängerung des Projekts haben wird. Die Passagen aus dem Koalitionsvertrag, in dem die neue Regierung ankündigt, *„Inklusion fördern"* zu wollen, ein bildungspolitischer

„Schwerpunkt […] die Stärkung des Gemeinsamen Lernens sein"

wird und

„Schulen, die sich auf diesen Weg gemacht haben, […] besondere Unterstützung erhalten" (Bündnis für den Norden 2012, S. 16)

sollen, lassen interessante weitere Entwicklungsschritte erwarten.

Literaturverzeichnis

Altrichter, Herbert/Maag Merki, Katharina (2010): Steuerung der Entwicklung des Schulwesens. In: Altrichter, Herbert/Maag Merki, Katharina (Hrsg.): Handbuch Neue Steuerung im Schulsystem. Wiesbaden: VS, S. 15-39

Altrichter, Herbert/Brüsemeister, Thomas/Heinrich, Martin (Hrsg.) (2005): Merkmale und Fragen einer Governance-Reform am Beispiel des österreichischen Schulwesens. In: Österreichische Zeitschrift für Soziologie 30 (4), S. 6-28

Altrichter, Herbert/Brüsemeister, Thomas/Wissinger, Jochen (Hrsg.) (2007): Educational Governance – Handlungskoordination und Steuerung im Bildungssystem. Wiesbaden: VS

Benz, Arthur/Dose, Nicolai (Hrsg.) ([2]2010): Governance – Regieren in komplexen Regelsystemen. Wiesbaden: VS

Bündnis für den Norden – Neue Horizonte für Schleswig-Holstein, Koalitionsvertrag 2012 bis 2017 zwischen SPD, Bündnis 90/Die Grünen und SSW (2012) Im Internet: http://www.sh.gruene.de/cms/default/dokbin/411/411582.koalitionsvertrag_spd_buendnis90 die_grue.pdf

DIMR (Deutsches Institut für Menschenrechte) (2011): Stellungnahme der Monitoring-Stelle: Eck- punkte zur Verwirklichung eines inklusiven Bildungssystems (Primarstufe und Sekundarstufen I und II). Berlin: DIMR. Im Internet: http://www.institut-fuer-menschenrech te.de/fileadmin/user_upload/PDF-Dateien/Stellungnahmen/stellungnahme_der_monitoring_st elle_eckpunkte_z_verwirklichung_eines_inklusiven_bildungssystems_31_03_2011.pdf

Dorrance, Carmen (2010): Barrierefrei vom Kindergarten in die Schule? Eine Untersuchung zur Kontinuität von Integration aus der Sicht betroffener Eltern. Bad Heilbrunn: Klinkhardt

Erdsiek-Rave, Ute: Ein System unter Druck – Aufgaben für die Politik. In: Hinz, Andreas/ Körner, Ingrid/Niehoff, Ulrich (Hrsg.): Auf dem Weg zu Schule für alle – Barrieren überwinden – inklusive Pädagogik entwickeln, Marburg: Lebenshilfe, S. 311-318

Hinz, Andreas/Jesumann, Christine (2010): Eine Region macht sich verstärkt auf den inklusiven Weg – der Kreis Schleswig-Flensburg und die Stadt Flensburg. In: Hinz, Andreas / Körner, Ingrid/Niehoff, Ulrich (Hrsg.): Auf dem Weg zur Schule für alle. Barrieren überwinden – inklusive Pädagogik entwickeln. Marburg: Lebenshilfe, S. 228-238

Hinz, Andreas/Kruschel, Robert (2012): Educational Governance als ‚Diagnose-Instrument' für die Analyse eines Projekts zur Etablierung inklusiver Entwicklungen. In: Karge, Sabine/ Liebers, Katrin/Puhr, Kirsten: Diagnostik und Didaktik für heterogene Lerngruppen. Zeitschrift für Inklusion online. URL: http://www.inklusion-online.net/index.php/inklusion (In Vorbereitung)

Kussau, Jürgen/Brüsemeister, Thomas (2007): Educational Governance: Zur Analyse der Handlungskoordination im Mehrebenensystem der Schule. In: Altrichter, Herbert/Brüsemeister, Thomas/Wissinger, Jochen (Hrsg.): Educational Governance. Handlungskoordination und Steuerung im Bildungssystem (S. 15–54). Wiesbaden: VS

Moser, Vera (2011): Schulentwicklung und Inklusion: Steuerungspolitische Kontexte und Konzepte. In: Sonderpädagogische Förderung heute. 56, S. 361-377

Poscher, Ralf/Langer, Thomas/Rux, Johannes (2008): Gutachten zu den völkerrechtlichen und innerstaatlichen Verpflichtungen aus dem Recht auf Bildung nach Art. 24 des UN-Abkommens über die Rechte von Menschen mit Behinderungen und zur Vereinbarkeit des deutschen Schulrechts mit den Vorgaben des Übereinkommens. Im Internet: http://www.gew.de/Binaries/Binary48790/080919_BRK_Gutachten_finalKorr.pdf

Riedel, Eibe (2010): Gutachten zur Wirkung der internationalen Konvention über die Rechte von Menschen mit Behinderung und ihres Fakultativprotokolls auf das deutsche Schulsystem. Zusammenfassung der wichtigsten Ergebnisse. Im Internet: http://www.gemeinsam-leben-nrw. de/sites/default/files/Gutachten_Zusammenfassung_0.pdf

Schleswig-Holsteinischer Landtag (Hrsg.) (2011): Bericht zur landesweiten Umsetzung von Inklusion in der Schule. Drucksache 17/1568 vom 16. 6. 2011. Im Internet: http://www.landtag.ltsh.de/infothek/wahl17/drucks/1500/drucksache-17-1568.pdf

UN (2008). Gesetz zu dem Übereinkommen der Vereinten Nationen vom 13. Dezember 2006 über die Rechte von Menschen mit Behinderungen sowie zu dem Fakultativprotokoll vom 13. Dezember 2006 zum Übereinkommen der Vereinten Nationen über die Rechte von Menschen mit Behinderungen vom 21. Dezember 2008. Bundesgesetzblatt Jahrgang 2008 Teil II Nr. 35, 1419-1457. Auch im Internet: http://www.bgbl.de/Xaver/start.xav?startbk=Bundesanzeiger_BGBl&start=//*[@attr_id='bgbl 208s1419.pdf

Zirkmann, Eckhard/Pluhar, Christine (2011): Inklusive Bildung in Schleswig-Holstein. In: Bertelsmann Stiftung; Beauftragter der Bundesregierung für die Belange behinderter Menschen, Deutsche UNESCO-Kommission (Hrsg.): Gemeinsam lernen – Auf dem Weg zu einer inklusiven Schule. Gütersloh: Bertelsmann, S. 193-203

Andreas Hinz ist Professor für Allgemeine Rehabilitations- und Integrationspädagogik an der Martin-Luther-Universität Halle-Wittenberg (siehe Text zum anderen Beitrag).

Robert Kruschel ist wissenschaftlicher Mitarbeiter und Doktorand in der Allgemeine Rehabilitations- und Integrationspädagogik der Martin-Luther-Universität Halle-Wittenberg. Seine Arbeitsschwerpunkte sind Inklusive Pädagogik und Schulentwicklung, Educational Governance, Demokratische Bildung und Persönliche Zukunftsplanung.

Ines Boban / Ivo Grossrieder / Andreas Hinz

Zur Weiterentwicklung der deutschsprachigen Ausgabe des Index für Inklusion

Zusammenfassung

2014 erscheint eine neue Ausgabe des Index für Inklusion. Die AutorInnen legen die Entwicklungen und Erfahrungen der letzten zehn Jahre mit verschiedenen Indexen dar. Sie stellen die Weiterentwicklung in den aktuellen bildungspolitischen und schulischen Zusammenhang. Zudem nennen sie Erwartungen, denen die neue deutschsprachige Ausgabe genügen soll.

Dieser Text berichtet von den Planungen für die Weiterentwicklung des deutschsprachigen Index für Inklusion. Nachdem über knapp zehn Jahre vielfältige Erfahrungen mit der ersten Auflage des schulischen Index vorhanden sind (vgl. Boban/Hinz 2003), die dritte Auflage des englischen Index for Inclusion vorliegt (vgl. Booth/Ainscow 2011) und das Praxishandbuch des Kommunalen Index für Inklusion entwickelt worden ist (vgl. MSJG 2011), gilt es nun, die Weiterentwicklung des deutschsprachigen Index für Inklusion voranzubringen (vgl. Hinz 2012). Im folgenden Text wird in zwei Schritten vorgegangen: Zuerst werden die Stärken und Potenziale der bisherigen Indexe gewürdigt und die Impulse durch den neuen englischen Index aufgezeigt, danach wird die Planungsperspektive des neuen Index entwickelt.

1. Stärken und Potenziale der bisherigen Indexe für Inklusion

Bezogen auf den schulischen Index für Inklusion (vgl. Boban/Hinz 2003) ist mittlerweile eine erhebliche Verbreitung im deutschen Sprachraum vorhanden, ein breites Spektrum unterschiedlicher Methodenzugänge und Erfahrungen liegt hier vor – von Kitas bis zur Planung von Studiengängen an Hochschulen (vgl. den Überblick in Boban/Hinz 2011 sowie Braunsteiner/Germany 2009, Grossrieder/Achermann 2012, Thalheim/Jerg 2012). Dies belegt einerseits eine gute Praktikabilität des Index in Schulen und mit ihren KooperationspartnerInnen, verweist andererseits jedoch auch auf Aspekte, die einen Bedarf an Weiterentwicklung deutlich machen:

- Es findet sich eine Überrepräsentanz sonderpädagogischer Inhalte, während andere Aspekte von Heterogenität wenig vorkommen, etwa die Fragen weltanschaulicher Orientierungen oder demokratischer Bildung.

- Der Index ist kein selbsterklärendes Material, das in die Hand genommen und mit dem sofort die Arbeit begonnen wird. Es braucht eine Einführungssituation durch erfahrene Menschen, die Horizonte der Arbeit mit ihm aufzeigen.

- Hilfreich und tendenziell notwendig sind über den Index selbst hinaus weitere Materialien, die aufzeigen, wie mit dem Index konkret gearbeitet werden kann – sei es in Bezug auf die Moderation oder die Partizipation von Kindern (vgl. Boban, Hinz u.a. 2012a, 2012b).

Auch mit dem Index für Kindertageseinrichtungen (vgl. Booth/Ainscow/ Kingston 2006) liegen vielfältige Erfahrungen vor, die sinnvollerweise im Hinblick auf Impulse für die Weiterentwicklung eingebracht werden können. Die dritte Auflage des englischen Index für Schulen (vgl. Booth/Ainscow 2011) enthält nicht nur eine massive quantitative Erweiterung von Indikatoren und Fragen, sondern auch qualitativ wesentliche neue bzw. stärker akzentuierte Aspekte (vgl. Booth 2012a, 2012b):

- Die Auseinandersetzung mit inklusiven Werten erhält einen deutlich höheren Stellenwert. Die Liste potenziell bedeutsamer Werte und die Gefahr ihrer Umkehr in neoliberale, exklusive Werte ist ausdifferenziert und weiterentwickelt worden.

- Der Blick auf verwandte Konzeptionen, die mit dem inklusiven Anliegen kompatibel sind, ist geweitet worden – parallel zu Überlegungen im deutschsprachigen Raum (vgl. Boban/Hinz 2008). Damit wird stärker verdeutlicht, dass inklusive Pädagogik nicht eine solitäre Angelegenheit ist, sondern mit vielen anderen Konzepten vernetzt zu denken ist – in der englischen Ausgabe wird der Begriff *„alliances"* gebraucht, der verdeutlicht, dass es ein breites Spektrum von inhaltlichen und auch personellen Bündnispartner/-innen gibt, die sich nicht notwendigerweise unter dem Banner der Inklusion versammeln müssen – wichtig ist, die Gemeinsamkeiten auch in inhaltlichen und bildungspolitischen Kontroversen zu sehen und entsprechend zu agieren.

- Es gibt in der dritten Auflage einen neuen Bereich namens *„Curriculum for all",* mit dem erstmalig die Inhalte inklusiver Bildung in den Fokus genommen werden. Hiermit wird die Idee eines inklusiven Curriculums vorgelegt, das im Kontrast zum elitären, wissenschaftsorientierten Curriculum des 19. Jahrhunderts eine erfahrungsbezogene Alternative vorschlägt.

Mit dem Kommunalen Index für Inklusion liegt – beschlossen und angefangen auf einer der früheren Tagungen der IntegrationsforscherInnen – ein Material vor, das über das Bildungssystem hinausgeht:

- Auf der Basis der Adaption der Fragen aus dem schulischen Index und den ersten Erfahrungen in einer Reihe von Pilotkommunen ist ein Praxishandbuch entwickelt worden, das unterschiedliche Ebenen des kommunalen Lebens in den Blick nimmt: Die Ebene eigener Bedürfnisse als Individuum in der Gemeinde sowie die Ebene der Kontaktpflege mit anderen, die Ebene öffentlicher Organisationen in der Kommune sowie die Ebene der Vernetzung mit anderen und schließlich die Ebene der Kommune als Ganzes (vgl. MSJG 2011, 25f.).

- Hierfür wurde die Struktur der Systematik des Index vereinfacht, die Bereiche sind entfallen, statt Indikatoren geht es um Merkmale. Zentral ist auch hier die große Anzahl von insgesamt 478 Fragen (vgl. MSJG 2011, 36-123). Interessanterweise erwies sich die Struktur des neuen Bereichs „Curriculum for all" aus der dritten Auflage des englischen Index als tragfähige Systematik für dieses Spektrum von kommunalen Fragen.

- Wichtig war dem Entwicklungsteam, in der Gestaltung des Kommunalen Index deutlich zu machen, dass es nicht darum geht, linear einen Katalog von Fragen abzuarbeiten, sondern gemeinsam zirkulär über vielfältige Aspekte in der Kommune nachzudenken und nächste Schritte anzugehen.

2. Aktuelle Ansprüche und Bedarfe an einen neuen Index

Über die reine ‚Materiallage' hinaus stellen sich aktuelle Bedarfe und Herausforderungen, für die ein weiterentwickelter Index für Inklusion hilfreich sein dürfte und sollte.

Im Zuge der Umsetzung der UN-Behindertenrechtskonvention sind die Bundesländer, aber auch die Kommunen dazu aufgefordert, Aktionspläne für deren konkrete Umsetzung zu entwickeln; hierfür kann eine Kombination verschiedener Indexe hilfreich sein.

Fast bundesweit wird immer wieder massiver Bedarf an externen Prozessbegleiter/-innen geäußert, die Kommunen und Bildungseinrichtungen in ihren Entwicklungsbemühungen unterstützen sollen. Über kurz oder lang landen diese Anfragen immer wieder bei der *Montag Stiftung Jugend und Gesellschaft* in Bonn, die das elaborierteste Konzept für die Qualifizierung von Prozessbegleiter/-innen für inklusive Entwicklung von Bildungseinrichtungen entwickelt hat (vgl. Brokamp 2012). So erklärt sich auch, dass die *Montag Stiftung* auch die Qualifizierung der Prozessbegleiter/-innen für alle Kreise und kreisfreien Städte in Schleswig-Holstein im Rahmen des landesweiten

Projekts *InPrax* übernommen hat (vgl. Hinz/Kruschel 2012a und in diesem Band).

Aber auch in der schulbezogenen Bildungsdebatte, die darin besteht, dass Schulen einerseits die Behindertenrechtskonvention umsetzen und also der Inklusions-Agenda folgen und andererseits der Standardisierungs-Agenda mit ihren Vergleichsarbeiten, PISA-Terminen und Zentralabituren entsprechen sollen, kann ein weiterentwickelter Index eine wichtige Rolle spielen. In dieser kontroversen und spannungsgeladenen Situation, die Schulen in eine innere Zerreißprobe bringt (vgl. hierzu Plate 2012), kann der Index behilflich und klärend sein, wenn er sich eindeutig positioniert. Schulen und Kitas werden international eher als gemeinsames System gesehen. Die eher exotische, völlige Trennung von beiden Institutionen in Deutschland mit jeweils eigenen Indexen stellt eine Herausforderung dar, um einen gemeinsamen Index für Bildungseinrichtungen – von der Krippe bis zur Erwachsenenbildung – zu entwickeln.

3. Der Weg zum weiterentwickelten Index für Inklusion

Die Chance und Herausforderung einen Index für Bildungseinrichtungen weiterzuentwickeln besteht darin, die vielfältigen Erfahrungen mit den vorhandenen Indexen zu bündeln, die Bedarfe der aktuellen bildungspolitischen und schulischen Realitäten aufzunehmen und mit den zusätzlichen Impulsen des englischen Index zu verknüpfen. Als zeitliche Perspektive ist geplant, den neuen Index für Bildungseinrichtungen bei der Tagung der Integrationsforscherinnen 2014 vorzulegen. Der neue Index basiert

- in aller Konsequenz auf einem breiten Inklusionsverständnis (vgl. Hinz 2004, 2009) und greift alle Aspekte von Heterogenität systematisch auf,

- auf einem partizipativen Entwicklungsprozess, an dem in unterschiedlichen Rollen und in unterschiedlicher Intensität viele Personen konsensorientiert teilhaben können,

- nach wie vor auf dem Kern eines vielfältigen Buffets von Fragen, die in Bildungseinrichtungen die Reflexion über den aktuellen Stand und mögliche nächste Entwicklungsschritte anregen.

Über diese leitenden Prinzipien hinaus soll der neue Index qualitativ einerseits in Kontinuität an die ‚*Marke*' bisheriger Indexe anschließen, andererseits aber deutliche Veränderungen im Sinne der oben beschriebenen Herausforderungen enthalten. Er soll zahlreiche kurze praktische Beispiele zeigen, welche Schritte Einrichtungen mit welchen Methoden gegangen sind. Zudem soll er sprachlich anschlussfähig für die Beteiligten in Bildungseinrichtungen sein – dies bedeutet jedoch nicht den Anspruch einer ‚leichten Sprache' einzulösen; der Index setzt vielmehr darauf, dass seine Fragen und Anliegen für alle Beteiligten in der vorhandenen Heterogenität in Bildungseinrichtungen zugänglich gemacht werden. Ergänzend soll eine digitale Fassung erstellt werden, in und mit der am PC gearbeitet werden kann; dies als weiterer Hinweis auf die notwendige Zirkularität im Prozess. Und der neue Index soll schließlich bei einem prominenten Verlag erscheinen, da von Seiten der englischen Herausgeber nun ein flexiblerer Rahmen besteht.

4. Personell-strukturelle Voraussetzungen

Dieses Vorhaben wird angegangen von einer Projektgruppe, deren Mitglieder die unterschiedlichen Situationen in den deutschsprachigen Ländern und ihre spezifischen Zugänge und Erfahrungshintergründe einbringen:

- Ines Boban, Martin-Luther-Universität Halle-Wittenberg, als Entwicklerin des schulischen Index und Schulbegleiterin in Sachsen-Anhalt und in weiteren deutschen Bundesländern und anderswo,

- Maria-Luise Braunsteiner, Pädagogische Hochschule Niederösterreich, als wissenschaftliche Begleiterin des Projekts Wiener Neudorf, das von der Verzahnung von Kita, Hort und Schule ausgehend die Entwicklung als inklusive Kommune begonnen hat,

- Barbara Brokamp, Montag Stiftung Jugend und Gesellschaft Bonn, als Entwicklerin des Kommunalen Index und als Koordinatorin für die externe Begleitung von Bildungseinrichtungen in Nordrhein-Westfalen sowie für deren Qualifizierung,

- Ivo Grossrieder, Pädagogische Hochschule Zentralschweiz Luzern, als Organisationsentwickler und ehemaliger Studienleiter des berufsbegleitenden Masterstudiengangs „Integrative Förderung" für Regelklassenlehrkräfte und Schulleitungen,

- Andreas Hinz, Martin-Luther-Universität Halle-Wittenberg, als Entwickler des schulischen Index und wissenschaftlicher Begleiter mehrerer Projekte in deutschen Bundesländern sowie Impulsgeber für den Start der Arbeit mit dem Index in vielen Kontexten,

- Jo Jerg, Evangelische Hochschule Ludwigsburg, als wissenschaftlicher Begleiter mehrerer Projekte mit dem Index im Kita-Bereich und im Sozialraum und als Leiter von sozialraumbezogenen und geschlechtersensiblen Projekten.

Die Projektgruppe wiederum wird von einem Fachbeirat unterstützt, der aus einer Gruppe von Menschen besteht, die in unterschiedlichen Rollen an inklusiven Entwicklungsprozessen arbeiten, theoretisch und/oder praktisch tätig sind und die ein breites Spektrum von Zugängen und regionalen Kontexten abbilden. Der Fachbeirat hat die Funktion, Vorschläge der Projektgruppe zu diskutieren und Hinweise für die Weiterarbeit zu geben. In welcher Form es darüber hinaus Arbeitsgruppen und weitere Konstellationen geben wird, ist noch offen. Ebenso muss noch geklärt werden, in welcher Form diese Entwicklungsarbeit mit bildungspolitischen Kontexten – wie z.b. der Kultusminister- bzw. Erziehungsdirektoren-Konferenz oder der deutschen UNESCO-Kommission – vernetzt sein soll.

Seit einigen Semestern sind Studierende des Hallenser Masterstudiengangs Erziehungswissenschaft in diversen Arbeitsgruppen dabei, diese theoretischen und konzeptionellen Fragen zu bearbeiten. Zusätzlich wird ein breites Spektrum kritischer Leser/-innen sich mit den Texten und Konzepten des neuen Index auseinandersetzen und Rückmeldungen geben.

5. Inhaltliches Vorgehen und nächste Schritte

Zum einen gilt es, die bestehenden Erfahrungen aus der Arbeit mit den Indexen einzusammeln und zu systematisieren. Zum anderen wird der neue englische Index in einer vorläufigen Fassung übersetzt und anschließend adaptiert. Dabei gilt es, definierte Zielgruppen für die Arbeit mit dem Index im Blick zu behalten und seine Adaption für sie zugänglich und anschlussfähig zu gestalten. Den Impuls des neuen englischen Index einer verstärkten Auseinandersetzung mit inklusiven Werten gilt es kulturspezifisch zu adaptieren. Den Impuls des neuen englischen Index einer verstärkten Verknüpfung mit weiteren pädagogischen Konzeptionen – etwa der Menschenrechtsbildung, der vorurteilsbewussten Bildung oder anderen Anti-Bias-Ansätzen – gilt es im Hinblick auf den aktuellen Diskurs in den deutschsprachigen Ländern zu adaptieren. Ebenso gilt dies für den Vorschlag des neuen englischen Index zum Curriculum für alle. Den englischen Impulsen ist gemeinsam, dass mit ihnen eine Positionierung innerhalb aktueller Diskurse vonnöten ist – dies gilt auch über sie hinaus auch in Bezug auf theoretische Konstrukte wie Bildung in den verschiedenen Disziplinen, Kompetenzentwicklung und ihre Bedeutung für das Curriculum.

Mit dem Anspruch eines partizipativen Entwicklungsprozesses ergeht eine Einladung an Interessierte, Interesse zu bekunden und sich an diesem Projekt zu beteiligen. Nähere Informationen werden auf der Homepage http://www.inklusionspaedagogik.de veröffentlicht.

Literaturverzeichnis

Boban, Ines/Hinz, Andreas (Hrsg.) (2003): Index für Inklusion. Lernen und Teilhabe in der Schule der Vielfalt entwickeln. Halle: Martin-Luther-Universität (Auch im Internet: http://www.eenet.org.uk/resources/docs/Index%20German.pdf)

Boban, Ines/Hinz, Andreas (2008): Schlüsselelemente inklusiver Pädagogik. Orientierungen zur Beantwortung der Fragen des Index für Inklusion. In: Knauder, Hannelore/Feiner, Franz/Schaupp, Hubert (Hrsg.): Jede/r ist willkommen! Die inklusive Schule – theoretische Perspektiven und praktische Beispiele. Graz: Leykam, 53-65

Boban, Ines/Hinz, Andreas (2011a): „Index für Inklusion" – ein breites Feld von Möglichkeiten zur Umsetzung der UN-Konvention. In: Flieger, Petra/Schönwiese, Volker (Hrsg.): Menschenrechte – Integration – Inklusion. Aktuelle Perspektiven aus der Forschung. Bad Heilbrunn: Klinkhardt, 169-175

Boban, Ines/Hinz, Andreas/Gille, Nicola/Kirzeder, Andrea/Laufer, Katrin/Trescher, Edith (2012a): Schulentwicklung mit dem Index für Inklusion. In: Kultusministerium Sachsen-Anhalt (Hrsg.): Handbuch Selbstevaluation für Schulen in Sachsen-Anhalt. Magdeburg: Selbstverlag / im Internet (in Vorbereitung)

Boban, Ines/Hinz, Andreas/Gille, Nicola/Kirzeder, Andrea/Laufer, Katrin/Trescher, Edith (2012b): SchülerInnen verändern ihre Schule gemeinsam mit anderen und dem Index für Inklusion. In: Kultusministerium Sachsen-Anhalt (Hrsg.): Handbuch Selbstevaluation für Schulen in Sachsen-Anhalt. Magdeburg: Selbstverlag / im Internet (in Vorbereitung)

Booth, Tony (2012a): What really matters in education and childcare? Education and childcare as inclusive values in action. In: Seitz, Simone/Finnern, Nina-Kathrin/Korff, Natascha/Scheidt, Katja (Hrsg.): Inklusiv gleich gerecht? Inklusion und Bildungsgerechtigkeit. Bad Heilbrunn: Klinkhardt, 71-83

Booth, Tony (2012b): Der aktuelle „Index for Inclusion" in dritter Auflage. In: Reich, Kersten (Hrsg.): Inklusion und Bildungsgerechtigkeit. Standards und Regeln zur Umsetzung einer inklusiven Schule. Weinheim/Basel: Beltz, 180-204

Booth, Tony/Ainscow, Mel (Eds.) ([3]2011): Index for Inclusion. Developing Learning and Participation in Schools. Bristol: CSIE

Booth, Tony/Ainscow, Mel/Kingston, Denise (Hrsg.) (2006): Index für Inklusion (Tageseinrichtungen für Kinder). Lernen, Partizipation und Spiel in der inklusiven Kindertageseinrichtung entwickeln. Frankfurt am Main: GEW (auch im Internet: http://www.eenet.org.uk/index_inclusion/Index%20EY%20German2.pdf)

Braunsteiner, Maria-Luise/Germany, Stefan (2009): Wiener Neudorf – Baden und zurück? Einblicke in ein Schulentwicklungs- und Vernetzungsprojekt. In: Jerg, Jo/Merz-Atalik, Kerstin/Thümmler, Ramona/Tiemann Heike (Hrsg.): Perspektiven auf Entgrenzung – Erfahrungen und Entwicklungsprozesse im Kontext von Inklusion und Integration. Bad Heilbrunn: Klinkhardt, 149-156

Brokamp, Barbara (2012): Qualifizierte Begleitung inklusiver Schulentwicklung. In: Moser, Vera (Hrsg.): Die inklusive Schule – Standards für die Umsetzung. Stuttgart: Kohlhammer, S. 62-70

Grossrieder, Ivo/Achermann, Bruno (2012): Wie lernen Schulen Inklusion? In: Seitz, Simone/Finnern, Nina-Kathrin/Korff, Natascha/Scheidt, Katja (Hrsg.): Inklusiv gleich gerecht? Inklusion und Bildungsgerechtigkeit. Bad Heilbrunn: Klinkhardt, 162-167

Hinz, Andreas (2004): Vom sonderpädagogischen Verständnis der Integration zum integrationspädagogischen Verständnis der Inklusion!? In: Schnell, Irmtraud/Sander, Alfred (Hrsg.): Inklusive Pädagogik. Bad Heilbrunn: Klinkhardt, 41-74

Hinz, Andreas (2009): Inklusive Pädagogik in der Schule – veränderter Orientierungsrahmen für die schulische Sonderpädagogik!? Oder doch deren Ende?? Zeitschrift für Heilpädagogik 60, 171-179

Hinz, Andreas (2012): Die Adaption des „Index für Inklusion" in Deutschland. In: Reich, Kersten (Hrsg.): Inklusion und Bildungsgerechtigkeit. Standards und Regeln zur Umsetzung einer inklusiven Schule. Weinheim/Basel: Beltz, 171-180

Hinz, Andreas/Kruschel, Robert (2012a): Educational Governance als ‚Diagnose-Instrument' für die Analyse eines Projekts zur Etablierung inklusiver Entwicklungen In: Karge, Sabine/Liebers, Katrin/Puhr, Kirsten (Hrsg.): Diagnostik und Didaktik für heterogene Lerngruppen. Zeitschrift für Inklusion. Sondernummer 2012 (in Vorbereitung)

Hinz, Andreas/Kruschel, Robert (2012b): Bürgerzentrierte Planungsprozesse in Unterstützerkreisen. Praxisbuch Zukunftsfeste. Düsseldorf: Selbstbestimmt leben (in Vorbereitung)

Hinz, Andreas/Kruschel, Robert (2013): InPrax – zum Aufbau eines landesweiten Unterstützungssystems für inklusive Schulentwicklung in Schleswig-Holstein. (in diesem Band)

MSJG (Montag Stiftung Jugend und Gesellschaft) (Hrsg.) (2011): Inklusion vor Ort. Kommunaler Index für Inklusion – ein Praxishandbuch. Berlin: Deutscher Verein für öffentliche und private Fürsorge

Plate, Elisabeth (2012): Staff support for inclusion. An international study. Unpublished Thesis for the Degree of Doctor of Philosophy. Canterbury: Canterbury Christ Church University

Thalheim, Stephan/Jerg, Jo (2012): Vernetzung und Förderung der Inklusionsorientierung von Forschung, Lehre und Praxisentwicklung in Studiengängen der Frühpädagogik/frühkindlichen Bildung. In: Seitz, Simone/Finnern, Nina-Kathrin/Korff, Natascha/Scheidt, Katja (Hrsg.): Inklusiv gleich gerecht? Inklusion und Bildungsgerechtigkeit. Bad Heilbrunn: Klinkhardt, 148-153

Ines Boban, Wissenschaftliche Mitarbeiterin, Philosophische Fakultät III – Erziehungswissenschaften, Martin-Luther-Universität Halle-Wittenberg, Homepage: http://www.inklusionspaedagogik.de
E-Mail: ines.boban@paedagogik.uni-halle.de

Ivo Grossrieder, Dozent Abteilung Schulleitung und Schulentwicklung, Pädagogische Hochschule Zentralschweiz, Luzern, E-Mail: ivo.grossrieder@phz.ch

Andreas Hinz, Prof. Dr., Philosophische Fakultät III – Erziehungswissenschaften, Martin-Luther-Universität Halle-Wittenberg, Homepage: http://www.inklusionspaedagogik.de
E-Mail: andreas.hinz@paedagogik.uni-halle.de

Kirsten Puhr / Teresa Budach

Menschen mit Inklusionserfahrungen als Autor/-innen biographischer Erzählungen

Zusammenfassung
Dieser Beitrag diskutiert mögliche Umsetzungen von Inklusionsforderungen in Forschungen mit Lebensgeschichten. Es geht um Legitimationen biographischer Erzählungen, die sich gleichermaßen wissenschaftstheoretischen Positionierungen wie Teilhabeansprüchen in Forschungsprozessen verpflichten. Mit dem Selbstverständnis als partizipatorische Forschung stellt sich die Frage nach dem Respekt gegenüber den interviewten Frauen und Männern. Sie werden als Autor/-innen biographischer Erzählungen aufgerufen. Die diesen Beitrag leitenden theoretischen Positionierungen verlangen nach Beschreibungen und Analysen ohne Referenz auf eine hinter einem Text liegende Wirklichkeit. Dieser doppelte Einsatz stellt sich hier zur Diskussion.

Mit diesem Einsatz wird unter anderem in einem Forschungsprojekt experimentiert, in dem untersucht wird, wie sich Ansprüche inklusiver Schulbildung in der Genese von Erwachsenen widerspiegeln. Mittels episodischnarrativer Interviews wurden Schulabsolvent/-innen befragt. In diesen Interviews kommen vielschichtige Aspekte individueller Lebens- und Bildungserfahrungen zur Sprache. Hier ein Auszug:

„B.: Ja, ich bin ähm – am 15.11.1980 in D. (Stadt) geboren. Ich hab – ähm eine Schwester, die das Down-Syndrom hat, die Carla Thomas. Die ist ja Ihrer Kollegin bekannt. Die ist 16 Monate älter als ich. – Wir sind dann recht schnell hier nach ähm F. (Stadt) auch gezogen. – Und wir sind eigentlich wie Zwillinge aufgewachsen, – ähm weil meine Schwester halt auch motorisch und natürlich geistig so ein bisschen, ein bisschen retardiert war oder auch ist aufgrund ihres ähm Down-Syndroms. Ähm – Hat das eigentlich ganz gut gepasst und wir sind wirklich wie Zwillinge groß geworden. Und waren dann zusammen im integrativen Kindergarten, auch in ner integrativen Grundschule und dann natürlich auch in ner integrativen – ja, weiterführenden Schule. Und für mich war eigentlich/ oder für meine Eltern war eigentlich immer klar, dass wir zusammen gehören und dass wir auch zusammen in der Schule sind. Also da gab s nie diese, diese Unterschiede oder wär nie in Frage gekommen, dass wir jetzt auf unterschiedlichen Schulen gegangen wären..." (Auszug aus dem unveröffentlichten Interviewtranskript Birte Thomas, Budach/ Puhr 2011, Forschungsprojekt Nachschulische Inklusion, Zeile: 6-17).

„B.: [...] Aber ich kann mich schon daran erinnern, dass es dann mal so ne Zeit gab. Ähm da hat mir auf der einen Seite die Carla natürlich leidgetan. Ich wusste, dass sie behindert ist und wusste auch, dass sich gerade im Alter der Pubertät vielleicht auch schon viele ihrer Klassenkameraden etwas von ihr abgewandt haben. Und – ähm auf der anderen Seite hatte ich natürlich schon auch/ Das kam halt dann, das Bedürfnis auch mal mit meinen Freundinnen was zu machen und ich alleine und ohne meine Schwester. Des, des ist ganz normal. Und da kann ich mich schon ((Geräusch)) daran erinnern, dass das öfters der Fall war. Dass es mich manchmal ein bisschen – ähm gestört hat, ja? Aber – jetzt würde ich sogar/ Heute würde ich wieder sagen oder schon seit über zehn Jahren ist die Entwicklung genau ((betont bis +)) wieder gegenläufig ((+)). Ja also, das war schon nur ne kurze Zeit. Dann da – ähm ja in der Pubertät, da hab ich auch gedacht, ach nee und immer diese Rücksichtsnahme/ Rücksichtsnahme. Des/ Des/ Des hat mich schon zum Teil auch ein bisschen gestört, aber es war nie so, dass das daraufhin irgendwelche großen Konflikte dann zu Hause gab. – Das eigentlich nicht" (ebd., Zeile: 85-98).

„I.: Und wie sind Sie dann mit der Situation umgegangen damals?

B.: ... Ja, also es/ Ich kann ((Geräusch)) mich jetzt auch nicht daran erinnern, dass meine Eltern gesagt hätten, ja ihr müsst jetzt zusammen sein und du musst auf deine Schwester aufpassen. Des, das war nie der Fall. Es hat sich dann irgendwie immer so/ so gelöst und ich glaube aber, dass es auch darin liegt, dass ich halt dann gesagt hab, ja okay dann ist es halt so. Und hab halt in dem Moment versucht, okay, dass wir schon paar Momente dann gemeinsam mit meinen Freundinnen hatten. Und – ähm des/ In dem Alter hat sich das auch noch in Grenzen gehalten. Also da ist man mal nachmittags weggegangen oder so und dann, dann war das ähm Problem eigentlich gelöst. Also ich hab s jetzt nicht aus heutiger Sicht so, als so problematisch empfunden, des, dass ich da jetzt traumatisiert wäre oder so oder dass ich da heute noch dran denke oder dass es mich belastet. Das in keiner, in keinster Weise. Aber das waren so Situationen, das hat mich da in dem Moment schon oft gestört. Und dann auch immer so dieses Hin- und Hergerissen-Sein – ähm auf der anderen Seite, ja ich weiß, sie, sie ist alleine, mir tut sie leid, ((abwägend bis +)) weil ich, ich hab sie über alles lieb, auch damals schon. Und auf der anderen Seite aber auch, des das ich dann trotzdem doch mal was auch alleine machen möchte, - ja? Des das ist sehr schwer dann auch. Dieses Mitleid auf der einen Seite und ähm dann vielleicht ein schlechtes Gewissen hm zu haben, dass man dann egoistisch vielleicht ist ((+)). – Aber heute ist das gar nicht mehr so" (ebd., Zeile: 112-130).

Interviewtranskripte werden häufig als biographische Erzählungen gekennzeichnet, jedoch als solche meist in Archiven gelagert und einer breiten Leserschaft selten zugänglich gemacht. Sind sie veröffentlicht, dann überwiegend als Belege für wissenschaftliche Analysen oder als bearbeitete Geschichten, für welche die Bearbeitenden als Autor/-innen zeichnen. Wir ver-

treten die Auffassung, dass in bildungs- und sozialwissenschaftlichen Forschungen neben den Analysen die biographischen Erzählungen selbst einen
Ort haben können.

Transkripte als Verschriftlichungen mündlicher Lebenserzählungen stellen
eine Textsorte dar, die mit Verweis auf die Authentizität einer autobiographischen Erzählung eine Wirklichkeit hinter dem Text suggeriert. Hier stellt sich
jedoch ein Forschungsansatz zur Diskussion, der die Entstehung und Fixierung biographischer Erzählungen in sozialwissenschaftlichen Forschungsprozessen beschreiben will ohne dabei auf eine Wirklichkeit hinter dem Text zu
referieren. Wissenschaftstheoretisch verortet sich der Ansatz in einem Feld,
das sich mit dem Label *Poststrukturalismus'* markieren lässt. Mit einer solchen Positionierung können sich biographische Erzählungen ausschließlich
als Texte legitimieren. Aber die Frage nach möglichen Legitimationen analy-
setauglichen Datenmaterials ohne die Referenz auf individuelle Erfahrungen
der bzw. des Interviewten ruft Fragen nach Differenzen im Entstehungspro-
zess des Textes einer lebensgeschichtlichen Erzählung auf. Erst aus dieser
Position heraus, erscheinen Ansprüche, das Ereignis des Sprechens und die
gesprochene Sprache eines Interviews in einer Verschriftlichung möglichst
genau wiederzugeben problematisch. Dieser Einsatz leitet die Erkundungen
von Möglichkeiten der Konstruktion biographischer Erzählungen, die

a) für die Legitimation des Textes nicht auf authentische biographische Erfahrungen referieren und

b) autobiographische Erzählweisen nicht negieren.

Die Suche nach dieser Art von Texten kann zu erzähltheoretischen Ansätzen
führen, die nach dem Verhältnis von *Autor/-in* zum *Ich* des Textes fragen.
Willy Viehöver kennzeichnet *„Menschen als Geschichtenerzähler"* (Viehöver 2001, 178), die in sozialer Praxis narrative Schemata gebrauchen. Versteht man die Situation eines Interviews als eine solche soziale Praxis, lassen
sich Lebensgeschichten als biographische Erzählungen lesen, die Geschichten erzählen, die von jemandem erzählt werden (vgl. Genette 1998, 17). In
diesem Sinne können die interviewten Frauen und Männer als Autor/-innen
benannt werden, sowohl der autobiographischen Erzählungen, die in den Interviews zur Sprache kommen als auch der Texte der biographischen Erzählungen. Die Forscher/-innen, welche die Interviews durchführen, transkribie-
ren und transformieren verstehen sich als Co-Autor/-innen.
Wird biographisches Erzählen in der Form des narrativen Interviews *„als
Nachstellung der Diskursregel Biographie, Autobiographie"* aufgefasst
(Schuller 1994, 84), kann die skizzierte Forschungsposition nicht ignorieren,
dass Autobiographie und Biographie zumeist als literarische Genres gelten,
„die von der Referenz auf Wirklichkeit leben, von einer Referenz auf das

‚*wirkliche Leben'"* (Schuller 1994, 79). Dagegen verweist Johanna Bossinade auf Vorstellungen autobiographischen Schreibens in der Differenz von *Autor/-in* zum *Ich* des Textes, *„das sich im Rahmen des autobio-graphischen Schreibens zum Problem wird"* (Bossinade 2000, 144). Sie diskutiert unter anderem das Konzept der Autobiographie als Schrift bei Eva Meyer. Eva Meyer ruft die Grenzen des Genres Autobiographie auf, *„das kein wohldefinierter und festumrissener Gegenstand mehr sein kann"* (Meyer 1989, 9). Sie kennzeichnet das Verfahren des Schreibens als Wiederholung, die *„den Raum des Gelebten"* (ebd.) zur Sprache kommen lässt. Dieser Raum ist es,

> „der den Beschreiber als die Technik seiner Beschreibung ergreift und in dem Maße ein neues Leben gewinnt, wie diese Technik die Autobiographie der Schrift in Gang setzt" (ebd., 9f).

Mit dieser Positionierung stellt sich nicht die Frage nach der Authentizität erzählter biographischer Erfahrungen, vielmehr erscheint die zur Schrift gewordene autobiographische Erzählung als eine mögliche.

In Analogie zur Autobiographie als Textarbeit, die keine verlässlichen Erkenntnisse über ein Ich hinter dem Text liefert und anzeigt, *„dass und warum sie es [das Ich] nicht liefern kann"* (ebd., 149) können biographische Erzählungen als Texte gelten, als Systeme von Spuren ohne Rückkehr zu einem *„inner- oder außertextlichen Ursprung"* (ebd., 140). Im Anschluss an ein solches Konzept ließen sich Transkripte narrativer Interviews als Dokumente und deren Transformationen als Monumente (vgl. Foucault 1973, 149ff) möglicher biographischer Erzählungen lesen, die darauf verweisen, *„dass die betreffende Lebensgeschichte auch anders erzählt werden könnte, dass es nicht nur eine einzige, authentische Version davon gibt"* (Koller 1999, 182). Wird das Ich, das sich in einer Lebensgeschichte erzählt, in dieser Weise als sprachlich entworfenes Ich des Textes vorgestellt, stellen sich Fragen nach diesem biographischen *Ich*, das sich in der Erzählung zum Problem wird. Diesem differenten Ich soll die Aufmerksamkeit der biographischen Erzählungen gelten.

Der letzte Teil dieses Beitrages stellt den Entwurf der Methode zur Diskussion, die ein narratives Interview in den Text einer biographischen Erzählung transformiert. Es geht darum, Lebensgeschichten, die in narrativen Interviews entstanden sind, so zu transformieren, dass sie als biographische Erzählungen unter Berücksichtigung erzähltheoretischer Grundsätze lesbar werden. Dafür werden erzähltheoretisch begründete Umstrukturierungen der Erzählinhalte der Transkripte narrativer Interviews vorgenommen. Wolfgang Kayser besteht auf einer Unterscheidung von alltäglichen Erzählvorgängen und Erzählkunst und vermerkt: *„Es gibt überhaupt keinen Weg von dem einen in den anderen Bereich. Es gibt nur den Sprung"* (Kayser

2000, 128f). Als ein solcher Sprung könnte die Transformation der flüchtigen gesprochenen Sprache eines narrativen Interviews in eine biographische Erzählung aufgefasst werden.

Mit der Frage nach möglichen Zugängen zur Vielschichtigkeit, den wechselnden Perspektiven, den Differenzen, Widersprüchen, Sprüngen und Brüchen eines *Ich* in einer biographischen Erzählung (vgl. Seitz 2004, 82) kann man auf die Erzähltheorie Franz K. Stanzels stoßen (vgl. Stanzel 2002). Er unterscheidet nach der Art der Thematisierungen zwischen drei idealtypischen Erzählsituationen; der Ich-Form, der personalen Erzählsituation und der auktorialen Form (vgl. ebd., 113ff). In dem Versuch Typen von Erzählungen zu charakterisieren ist er davon ausgegangen, dass jede Erzählung von einer dominanten Erzählsituation bestimmt wird, aber gerade deren Wechsel die Eigenheit einer Geschichte ausmacht. Die idealtypische Unterscheidung von Erzählsituationen kann zunächst als Hilfskonstruktion für die Sequenzierung der Transkripte narrativer Interviews dienen.

Die Ich-Erzählsituation stellt die quasi-autobiographische Form dar. Sie ist durch das Aufrufen individueller Bedeutungen gekennzeichnet, die sich durch das Erzählen und Kommentieren von Gedanken und Erlebnissen aus der Perspektive des Ich des Textes realisieren (vgl. Stanzel 2002, 25ff).

> „Auf der anderen Seite, ja ich weiß, sie, sie ist alleine, mir tut sie leid, [...] weil ich, ich hab sie über alles lieb [...] Und auf der anderen Seite aber auch, des das ich dann trotzdem doch [...] was auch alleine machen möchte" (vgl. oben, im Ausschnitt aus der biographischen Erzählung unten ohne Einrückung).

Die auktoriale Erzählsituation dagegen ruft Außenperspektiven auf. Sie zeichnet sich durch distanziertes Berichten und Kommentierungen von Sachverhalten aus, die als allgemeingültige oder überindividuell bedeutsame vorgestellt werden (vgl. Stanzel 2002, 25ff).

> „Des das ist sehr schwer dann auch. Dieses Mitleid auf der einen Seite und [...] dann [...] ein schlechtes Gewissen [...] zu haben, dass man dann egoistisch [...] ist" (vgl. oben, im Ausschnitt der biographischen Erzählung unten eingerückt).

In der personalen Erzählsituation, die auch als Reflektormodus bezeichnet wird, werden zum einen die Lesenden direkt angesprochen. Zum anderen kommen Gedanken des Text-Ich zur Sprache, die als gegenwärtige – als in der Situation der Erzählung bedeutsame – vorgestellt werden können (vgl. Stanzel 2002, 25ff).

> „Ja [...] vielleicht [...] – Aber heute ist das gar nicht mehr so" (vgl. oben, unten als Kapitälchen formatiert).

Mit der idealtypischen Unterscheidung der Erzählsituationen kann sich zudem ein allererster Zugang zum Nicht-Identischen einer Lebensgeschichte öffnen. Dafür wurden die Passagen des Transkripts zunächst durchgängig nach Erzählsituationen unterschieden und danach erfolgte eine formale Aufspaltung des Textes in diskursive Aussagen. Im Anschluss wurden thematische Schwerpunkte der Lebensgeschichte gekennzeichnet und die Aussagen entsprechend umstrukturiert. Die Komposition der Geschichte erfolgt als Rekonstruktion der „Gesamtheit der erzählten Ereignisse" (Genette 1994, 199) in Anlehnung an Gérard Genettes neuen Diskurs der Erzählung. Das Produkt einer solchen Produktion ist ein Text, der sich als Monument einer biographischen Erzählung versteht. Als Beleg für diesen Anspruch soll der folgende Auszug aus der Erzählung Birte Thomas stehen (Thomas, unter Mitwirkung von Budach/ Puhr 2011, unveröffentlicht):

„Ich hab eine Schwester, die das Down-Syndrom hat, die Carla Thomas, die ist 16 Monate älter als ich. Und wir sind EIGENTLICH wie Zwillinge aufgewachsen,

weil meine Schwester HALT AUCH motorisch und NATÜRLICH geistig SO EIN BISSCHEN retardiert war oder auch ist, aufgrund ihres Down-Syndroms.

Wir waren dann zusammen im integrativen Kindergarten, auch in einer integrativen Grundschule und dann NATÜRLICH AUCH in einer integrativen JA, weiterführenden Schule. Und wir sind wirklich wie Zwillinge groß geworden. Und für mich war EIGENTLICH oder

für meine Eltern war EIGENTLICH immer klar, dass wir zusammen gehören und dass wir auch zusammen in der Schule sind. Also da gab s nie diese Unterschiede oder es wäre nie in Frage gekommen, dass wir auf unterschiedliche Schulen gegangen wären. [...]

ABER ICH KANN MICH SCHON DARAN ERINNERN, DASS ES DANN MAL SO NE ZEIT GAB. Da hat mir auf der einen Seite die Carla NATÜRLICH leidgetan. Ich wusste, dass sie behindert ist und wusste auch, dass sich gerade im Alter der Pubertät VIELLEICHT auch schon viele ihrer Klassenkameraden etwas von ihr abgewandt haben. Und auf der anderen Seite hatte ich NATÜRLICH schon auch das Bedürfnis auch mal mit meinen Freundinnen was zu machen und ich alleine und ohne meine Schwester.

Das ist ganz normal.

UND DA KANN ICH MICH SCHON DARAN ERINNERN, DASS DAS ÖFTERS DER FALL WAR, dass es mich MANCHMAL EIN BISSCHEN – gestört hat, JA? HEUTE WÜRDE ICH WIEDER SAGEN,

schon seit über zehn Jahren ist die Entwicklung genau wieder gegenläufig. JA ALSO, das war schon nur ne kurze Zeit.

Da in der Pubertät, da hab ich auch gedacht, ach nee und immer diese Rücksichtnahme. Das hat mich schon zum Teil auch ein BISSCHEN gestört, aber es war nie so, dass das daraufhin IRGENDWELCHE großen Konflikte dann zu Hause gab.

Das EIGENTLICH nicht. ICH KANN MICH JETZT AUCH NICHT DARAN ERINNERN, dass meine Eltern gesagt hätten, ja ihr müsst jetzt zusammen sein und du musst auf deine Schwester aufpassen. Das war nie der Fall. Es hat sich dann IRGENDWIE immer so gelöst.

UND ICH GLAUBE ABER, DASS ES AUCH DARAN LIEGT, dass ich HALT dann gesagt hab, ja okay, dann ist es HALT SO. Und hab HALT in dem Moment versucht, dass wir dann schon paar Momente gemeinsam mit meinen Freundinnen hatten.

Und in dem Alter hat sich das auch noch in Grenzen gehalten. Also da ist man MAL nachmittags weggegangen ODER SO und dann war das Problem EIGENTLICH gelöst.

Also ich hab s jetzt AUS HEUTIGER SICHT, nicht als so problematisch empfunden, dass ich da jetzt traumatisiert wäre ODER SO oder dass ich da heute noch dran denke oder dass es mich belastet. DAS IN KEINER, IN KEINSTER WEISE. Aber das waren so Situationen, das hat mich da in dem Moment schon oft gestört.

Und dann auch immer so dieses Hin- und Her-Gerissen-Sein.

Auf der anderen Seite, ja ich weiß, sie ist alleine, mir tut sie leid, weil, ich hab sie über alles lieb, AUCH DAMALS SCHON. Und auf der anderen Seite aber auch, dass ich dann trotzdem doch MAL auch was alleine machen möchte, JA.

Das ist sehr schwer dann auch. Dieses Mitleid auf der einen Seite und dann VIELLEICHT ein schlechtes Gewissen zu haben, dass man dann VIELLEICHT egoistisch ist. ABER HEUTE IST DAS GAR NICHT MEHR SO".

Roland Barthes These folgend: *„Die vielfältige Schrift kann [...] nur entwirrt, nicht entziffert werden"* (Barthes 2000, 191), stellt die vorliegende Komposition der Geschichte eine mögliche Entwirrung der erzählten Ereignisse dar, nicht ihre Identifikation als die authentische Version einer Lebensgeschichte. Aber Roland Barthes kann nicht nur als Zeuge für eine nichtidentifizierende Lektüre aufgerufen werden, auch für die Unmöglichkeit dieses Anspruchs. Mit ihm ist zu vermuten, dass keine Lektüre einer Identifizierung entkommt.

„Ein Text ist aus vielfältigen Schriften zusammengesetzt, die verschiedenen Kulturen entstammen und miteinander in Dialog treten, sich parodieren, einander in Frage stellen. Es gibt aber einen Ort, an dem diese Vielfalt zusammentrifft [...]. Die Einheit eines Textes liegt nicht in seinem Ursprung, sondern in seinem Zielpunkt, wobei dieser Zielpunkt nicht mehr länger als eine Person verstanden werden kann" (ebd., 192).

Als Zielpunkt der Forschungen, in denen dieser Beitrag angesiedelt ist, lassen sich Analysen diskursiver Aussagen angeben, zum Beispiel in Fragen nach differenten Konstruktionen von Inklusionschancen und Exklusionsrisiken mit und ohne zugeschriebene Behinderungen in biographischen Erzählungen.

Literaturverzeichnis

Barthes, Roland (2000): Der Tod des Autors. In: Jannidis, Fotis u.a. (Hrsg.), 185-193

Bossinade, Johanna (2000): Poststrukturalistische Literaturtheorie. Stuttgart: Metzler

Foucault, Michel (1973): Archäologie des Wissens. Frankfurt/M.: Suhrkamp

Genette, Gérard (1994): Die Erzählung. 2. Auflage. München: Fink

Jannidis, Fotis/ Lauer, Gerhard/ Martinez, Matias/ Winko, Simone (Hrsg.) (2000): Texte zur Theorie der Autorschaft. Stuttgart: Reclam

Kayser, Wolfgang (2000): Wer erzählt den Roman? In: Jannidis, Fotis u.a. (Hrsg.), 124-136

Koller, Hans-Christoph (1999): Bildung und Widerstreit. Zur Struktur biographischer Bildungsprozesse in der (Post-)Moderne. München: Fink Verlag

Meyer, Eva (1989): Die Autobiographie der Schrift. Frankfurt/M.: Stroemfeld/Roter Stern

Schuller, Marianne: Zur Wahrheit der Dichtung des narrativen Interviews. In: Koller, Hans-Christoph/Kokemohr, Rainer (Hrsg.) (1994): Lebensgeschichte als Text. Zur biographischen Artikulation problematischer Bildungsprozesse. Weinheim: Deutscher Studienverlag, 79-89

Seitz, Hartmut (2004): Lebendige Erinnerungen. Die Konstitution und Vermittlung lebensgeschichtlicher Erfahrungen in autobiographischen Erzählungen. Bielefeld: transcript

Stanzel, Franz K. (2002): Unterwegs. Erzähltheorie für Leser. Göttingen: Vandenhoeck & Rupprecht

Viehöver, Willy (2001): Diskurse als Narration. In: Keller, Reiner/Hirseland, Andreas/ Schneider, Werner/Viehöver, Willy (Hrsg.): Handbuch Sozialwissenschaftliche Diskursanalyse. Band 1: Theorien und Methoden. Opladen: Leske und Budrich, 177-206

Teresa Budach, Diplomsoziologin; wissenschaftliche Projektmitarbeiterin an der PH Heidelberg

Dr. Kirsten Puhr; Professorin für soziale und berufliche Integration an der PH Heidelberg

Reimer Kornmann

Praktische Beispiele
als wissenschaftliche Erkenntnisquelle

Zusammenfassung
Ein praktisches Beispiel aus dem Schulleben leitet den Text ein. Dann stelle ich wichtige Grundsätze pädagogischen Denkens dar, an denen ich mich orientiere. Diese Grundsätze sollen zugleich mein Verständnis von Inklusion verdeutlichen. Daraus ergeben sich dann Fragestellungen für die Forschung, die ich ebenfalls kurz beschreibe. Zum Schluss folgen Überlegungen zu der Frage, welchen Wert praktische Beispiele für die Forschung in der Pädagogik haben und was man daraus für die Inklusion lernen kann. Dazu greife ich das am Anfang beschriebene Beispiel auf.

1. Ein praktisches Beispiel zur Hinführung auf das Thema

Im Rahmen der schulpraktischen Ausbildung beobachtete ich einen Studenten bei einer Rechenstunde. Er stellte den Kindern Aufgaben, die im Kopf zu lösen waren und ging dabei durch die Bankreihen. Dabei achtete er auf die Kinder, die sich meldeten und ließ sich von ihnen die Lösung ins Ohr flüstern. Nachdem alle Kinder, die sich gemeldet hatten, auch berücksichtigt worden waren, ließ er zunächst die Aufgabe wiederholen und bat danach gezielt bestimmte Kinder, die Lösung zu sagen und zu wiederholen. Es waren immer richtige Lösungen, und sie wurden auch und gerade von leistungsschwachen Kindern eingebracht.
Vielleicht regt diese kurze Episoden zum Nachdenken darüber an, was sie mit dem Thema der Inklusion und dem Erkenntniswert von Beispielen zu tun haben könnte. Am Schluss meiner Darstellung komme ich auf sie zurück.

2. Positionsbestimmung

Mit meinen Ausführungen versuche ich, mich konsequent an pädagogischen Grundsätzen zu orientieren. Was bedeutet dies?
Sicherlich lässt sich schnell Konsens dahingehend erzielen, dass ein wichtiger, wenn nicht sogar der einzig legitime Aufgabenbereich von Pädagogik

darin besteht, menschliche Entwicklung zu unterstützen, sofern diese als die Erweiterung von Erlebens-, Denk- und Handlungsmöglichkeiten verstanden wird und das Attribut *„menschlich"* begrifflich angemessen gefasst wird. Ausführlich habe ich diese Zusammenhänge an anderer Stelle dargestellt (Kornmann 2010). Sie sollten ausreichen, um die wesentlichen Aufgaben einer pädagogisch orientierten Inklusionsforschung auf eine Kernfrage zu reduzieren:

Wie lässt sich der Möglichkeitsraum für pädagogisches Denken und Handeln so gestalten und erweitern, dass im je konkreten Aktionsfeld die Risiken des Ausschlusses von beteiligten und betroffenen Personen gemindert werden?

Die Klärung dieser komplexen Frage erfordert die Bearbeitung weiterer, differenzierterer Fragestellungen, beispielsweise:

- Was bedeutet Ausschluss bestimmter Personen im Bereich der Pädagogik?

- In welchen Situationen lassen sich Merkmale des Ausschlusses beobachten?

- Durch welche Bedingungen werden solche Situationen hervorgerufen, ausgelöst und aufrecht erhalten?

- Welche dieser Bedingungen sind durch pädagogisches Handeln in den gegebenen situativen Kontexten unmittelbar beeinflussbar?

- Welche dieser Bedingungen können nur durch widerständiges pädagogisches Handeln (*„Ungehorsam im Schuldienst"*, vgl. Stähling/Wenders 2011) in ihren Wirkungen abgeschwächt werden?

- Wie begründen die pädagogisch verantwortlichen Akteure ihr Handeln?

- Welche Wirkungen lassen sich dabei feststellen?

In Übereinstimmung mit den von Dammer (2011) herausgearbeiteten Argumenten wird hier der Begriff der *Exklusion* bevorzugt, weil dieser im Unterschied zu dem Begriff der *Inklusion* weniger geeignet ist, affirmative gesellschaftspolitische Funktionen zu erfüllen. Für die Bevorzugung von *Exklusion* spricht auch die begriffliche Nähe zu der von Jantzen (1980, S. 88ff) herausgearbeiteten Kategorie der Isolation. Diese Kategorie ist als die konkrete und damit als die pädagogisch relevante begriffliche Fassung von Behinderung zu verstehen (im Unterschied zur abstrakten, politökonomischen Fassung von Behinderung als *„Arbeitskraft minderer Güte"*): Behinderung als Isolation von den gesellschaftlich prinzipiell je möglichen Bedingungen, das individuelle Entwicklungspotenzial zu entfalten.

Sofern nun die Bearbeitung der oben aufgeführten Fragen als wichtige Aufgabe der Inklusionsforschung eingeschätzt wird, ist zu klären, wie, also mit welcher Methodik dabei vorzugehen ist, welche Erkenntnisse dabei gewonnen werden sollen, wem ein solcher Erkenntnisgewinn dienlich sein soll, und wie er den betroffenen Menschen zugänglich gemacht werden kann.

3. Methodologische Überlegungen

Aufgabe von Wissenschaft und Forschung – also auch die der Inklusionsforschung – ist es, Erkenntnisse mit hohem Wahrheitsgehalt zu gewinnen. Dabei besteht aus pädagogischer Sicht weitgehend Konsens dahingehend, dass die gewonnenen Erkenntnisse allgemeinen Wertvorstellungen menschlicher Daseinsgestaltung entsprechen, also allen Menschen zugute kommen sollten und daher auch grundsätzlich allen Menschen zugänglich sein müssen. Unter diesen Voraussetzungen können wissenschaftliche Erkenntnisse auch zur Erweiterung der Möglichkeiten pädagogischen Handelns beitragen und damit zugleich dem eingangs formulierten Aufgabenbereich von Pädagogik entsprechen. Es sollte sich dabei um Erkenntnisse handeln, die als innovativ gelten können, indem sie neue Perspektiven für pädagogisches Handeln und Denken eröffnen.

Solche wichtigen innovativen Erkenntnisse oder Einsichten verdanke ich insbesondere praktischen Beispielen. Diese habe ich durch teilnehmende Beobachtung, vor allem bei der schulpraktischen Ausbildung von Studierenden der Sonderpädagogik, bei Hospitationen, durch Lektüre oder Erzählungen oder aus Vorträgen von Kolleginnen und Kollegen gewonnen und sie dann wiederum in Lehrveranstaltungen, Vorträgen und fachlichen Veröffentlichungen weitergegeben. Auch habe ich Doktoranden unterstützt und ermutigt, praktische Beispiele aus dem eigenen Erfahrungsbereich für ihre wissenschaftliche Arbeit zu nutzen. Fragen der Methodik standen dabei nicht im Vordergrund.

Bei einer nachträglichen Reflexion der methodischen Grundlagen bin ich auf drei Gütekriterien wissenschaftlichen Arbeitens gestoßen, welche für die Sammlung, Dokumentation und Auswertung praktischer Beispiele kennzeichnend sind:

1. Die Ergebnisse sind ökologisch valide, da sie im pädagogischen Praxisfeld gewonnen und auch dort wieder genutzt werden. Sie tragen also zur Klärung praktischer Fragestellungen bei.

2. Der betriebene Forschungsaufwand folgt dem Prinzip der Arbeitsökonomie, da er relativ gering ist und nicht zu Lasten der eigentlichen pädagogischen Arbeit geht. So werden die Ergebnisse in einem engen funktionalen Zusammenhang mit der pädagogischen Tätigkeit gewonnen.

3. Aus den Ergebnissen lassen sich verallgemeinerbare Erkenntnisse gewinnen, die den Möglichkeitsraum pädagogischen Denkens und Handelns erweitern.

Die beiden ersten Kriterien sind trivial und bedürfen wohl keiner weiteren, vertiefenden Diskussion. Dem dritten Kriterium wird in der fachlichen Diskussion wenig Aufmerksamkeit geschenkt. Noch immer gilt wohl die Einschätzung von Buck (1967, 84), das Beispiel sei

„... keineswegs ein Gegenstand, den die Pädagogen bis heute ihres Scharfsinns für wert erachtet haben".

Der Erkenntniswert von Beispielen wird allenfalls im größeren thematischen Zusammenhang mit Fallstudien in der Pädagogik diskutiert (Fischer 1982, 1983), wo sie jedoch nur eine nachgeordnete Bedeutung haben. Diese Zurückhaltung kann damit zusammenhängen, dass die angestrebten Erkenntnisprozesse an wissenschaftstheoretische Voraussetzungen gebunden sind, die nicht der derzeit gängigen Forschungspraxis entsprechen. So finden wir im Bereich der Inklusionsforschung zwar immer wieder Hinweise auf praktische Beispiele, aber kaum Bemühungen, ihren wissenschaftlichen Wert systematisch zu reflektieren oder zu untersuchen. Hierzu möchte ich mit meinen Ausführungen einige Anregungen geben, da ich den Erkenntniswert von Beispielen hoch einschätze und nun versuchen möchte, diese Einschätzung zu begründen.

4. Wissenschaftstheoretische Einordnung

In den Humanwissenschaften, zu denen die Pädagogik zählt, werden unterschiedliche wissenschaftstheoretische Ansätze vertreten. Bei aller Differenziertheit lassen sich diese durchweg gut einer von jeweils zwei konträren Positionen zuordnen. Je nach gewählter Perspektive werden für diese Gegensatzpaare unterschiedliche Bezeichnungen gewählt. Die nachfolgende wissenschaftstheoretische Kennzeichnung von Beispielen erfolgt somit kontrastiv, entlang einer Liste von Gegensatzpaaren. Allerdings fließt in die Beschreibung ein Vorverständnis pädagogischer Forschung ein, das – wie oben schon angedeutet – keinen hohen Stellenwert im derzeitigen Forschungsbetrieb einnimmt.

1. Beispiele beziehen sich, wie oben schon ausgeführt, auf die uneingeschränkte, lebendige Realität. Auf irgendwelche künstlichen Eingriffe, wie sie die Versuchspläne experimenteller Studien vorsehen, wird verzichtet. Damit lassen sich Beispiele in Anlehnung an die Systematik von Guba / Lincoln (1981) dem „*Naturalistischen Forschungsparadigma*" (im Unterschied zum Scientifischen Forschungsparadigma) zuordnen.

2. Im Sinne dieser Unterscheidung steht die Verwendung von Beispielen dem Ansatz der Handlungsforschung nahe, der sich in wesentlichen Merkmalen von dem empirisch-analytischen Forschungsansatz abhebt (vgl. Kautter / Wiegand 1988).

3. Die aus Beispielen gewonnenen Daten werden im Sinne des idiografischen Ansatzes aus sich selbst heraus interpretiert und berücksichtigen grundsätzlich alle Gegebenheiten, die zu einem Verständnis des Menschen in seiner jeweiligen Situation beitragen. Demgegenüber werden im nomothetischen Ansatz einzelne Merkmale der Situation isoliert und als unabhängige Variablen exakt definiert, um ihren hypothetischen Einfluss – möglichst unter experimenteller Kontrolle von potenziellen Störvariablen – auf ebenfalls vorab exakt definierte Merkmale von Personen zu erfassen. Auf diese Weise sollen Gesetzesaussagen über menschliche Merkmale und ihre Bedingungen gewonnen werden. Der idiografische Ansatz zielt also auf ein ganzheitlich angelegtes Verstehen im Unterschied zum Erklären des nomothetischen Ansatzes (von Wright 1974). So gilt auch das Verstehen als wesentliche Grundlage der Geisteswissenschaften, während der nomothetische Ansatz und das Erklären den Naturwissenschaften zugeordnet werden. Der auf subjektiver Interpretation und sinnverstehender Auslegung beruhende Erkenntnisprozess in den Geisteswissenschaften wird als Hermeneutik bezeichnet, dem das experimentelle, objektive Vorgehen in den Naturwissenschaften gegenübersteht.

4. Um den Gehalt von Beispielen aus dem pädagogischen Feld verstehen zu können, müssen die Intentionen der Akteure bekannt sein oder zumindest plausibel rekonstruiert werden können. Es geht also darum, die *„guten Gründe"* der Subjekte für ihr jeweiliges Handeln in einer bestimmten Situation nachzuvollziehen, nicht aber, sich nur auf die Wirkungen von prinzipiell manipulierbaren Bedingungen zu beschränken, denen Menschen – quasi als *„Objekte"* – unterworfen werden. Für diese Gegenüberstellung hat Holzkamp (1983) die Begriffe Begründungs- und Bedingungsdiskurs (und weitere hieraus abgeleitete Lemmata) eingeführt. In anderen Zusammenhängen unterscheidet Holzkamp (1983) zwischen dem subjektwissenschaftlichen und dem kontrollwissenschaftlichen Verfahrensaspekt.

5. Zum Erkenntniswert von Beispielen

Unter Berücksichtigung der vorgenannten wissenschaftstheoretischen Aspekte hat Lutz (2003) in ihrer Dissertation den speziellen Erkenntnisgewinn durch Beispiele herausgearbeitet. Sie bezieht sich dabei auf Buck (1967, 1981).

In dem wissenschaftstheoretischen Ansatz, der auf das Erkennen von allgemeinen Gesetzmäßigkeiten ausgerichtet ist und dem Forschungsideal der Naturwissenschaften entspricht, haben Beispiele lediglich induktiven Wert. Dabei wird von vielen Besonderheiten, die das jeweilige Beispiel enthält, abgesehen, und es werden nur solche Aspekte beachtet, die als Bestätigung oder Widerlegung vorab definierter Hypothesen, aber auch als Veranschaulichung einer Regel, einer Gesetzesmäßigkeit oder einer Theorie dienen können. Damit wird das inhaltliche Potenzial von Beispielen erheblich reduziert, und so erstaunt es auch nicht, dass bei diesem als subsumtionstheoretisch bezeichneten Ansatz Informationen aus Beispielen als weniger ergiebig eingeschätzt werden als Daten aus Experimenten und systematischen Beobachtungen.

Im Sinne des geisteswissenschaftlichen Ansatzes sollen hingegen Beispiele das Verständnis menschlichen Handelns erweitern und dazu verhelfen, dass sich die Akteure ihrer unterschiedlichen Handlungsmöglichkeiten bewusst werden.

„Für die Erkenntnis der Praxis kann das Beispiel insofern einen wichtigen Stellenwert einnehmen, als es über sich selbst hinaus auf etwas Allgemeineres verweist, indem es einen >auf etwas bringt< "(Lutz 2003, 114).

Ein solcher Erkenntnisprozess beruht auf einem allgemeinen, intuitiven Vorverständnis von situationsbezogenen Handlungsmöglichkeiten, die den agierenden Personen zuvor gar nicht oder nur teilweise bewusst waren, ihnen nun aber in einem Akt der Einsicht verfügbar werden. Das Beispiel ist damit weit mehr als nur Vorbild oder Handlungsanleitung. Es ist

„. . . in seiner Spezifität und Anschaulichkeit vielmehr dazu geeignet, auf Allgemeineres hinzuweisen, das in jedem Einzelfall enthalten ist und über das Beispiel hinausweist. . . . In diesem Sinne lädt das Beispiel ein zur Verständigung mit sich selbst und über das eigene Vorverständnis und darüber hinaus zur Verständigung mit anderen über das im Beispiel enthaltene Allgemeine des betreffenden Sachverhalts. Diese Verständigung wiederum ermöglicht, das bisherige Vorverständnis zu überprüfen, zu ergänzen, zu verändern. Die Vergegenwärtigung des Allgemeinen erfolgt im Wissen darum, dass es das Allgemeine, wie es sich gedanklich fassen und formulieren lässt, >an sich< nicht gibt, sondern es sich in je konkreten Vollzügen und unter je eigenen Bedingungen verwirklicht bzw. erfüllt. In diesem Sinne ist der Einzelfall als Beispiel und das Beispiel als eine Hinführung zur Verständigung über das Allgemeine zu verstehen. Eine Verallgemeinerung des Einzelfalls findet folglich erst im wechselseitigen Austausch oder Diskurs über das im Beispiel enthaltene Allgemeine statt, anders gesagt als >Gang von Beispiel zu Beispiel<" (Lutz 2003, 117).

6. Zum Anregungsgehalt von Beispielen für inklusives Denken und Handeln

Beispiele sollen einen *„auf etwas bringen."* Worauf hat mich das beschriebene Beispiel gebracht?

Für die als schwächer geltenden Kinder mag es ein besonders wohltuendes Erlebnis gewesen sein, mit richtigen Lösungen identifiziert zu werden und hierfür Anerkennung zu erhalten – so wie für alle anderen auch. Durch die Wiederholungen der richtigen Lösungen im Zusammenhang mit der erneut vorgegebenen Aufgabenstellung ergaben sich auch Lerngelegenheiten für diejenigen Kinder, die die Aufgabe falsch oder gar nicht gelöst hatten, ohne dass sie dabei negativ vor der Klasse auffielen oder gar bloß gestellt wurden. Gleichwohl war es aber dem Lehrer möglich, solche Schwierigkeiten zu erkennen, um sich für das nächste Mal gezielte Hilfen und Erleichterungen zu überlegen. Keinesfalls war also die Unterrichtssituation für irgendwelche Kinder, die bestimmte Schwierigkeiten hatten, beängstigend. Ihre Schwierigkeiten wurden zwar von dem Lehrer erkannt, fielen aber ansonsten nicht auf.

Gehen wir mit der Analyse dieses Beispiels nun noch einen Schritt weiter, nämlich in den Bereich der Bildungspolitik und der Bildungstheorie. Immerhin hat der Student mit dem beschriebenen Unterrichtsausschnitt ein kleines, aber gut erkennbares Stück Widerstand geleistet gegen die Logik des ausleseorientierten Schulsystems.

So lange nämlich die Leistungen der Kinder mit Noten bewertet werden und so lange die Noten ausschlaggebend für das Weiterkommen und Zurückbleiben im System sind, so lange wird von allen Lehrkräften erwartet, dass sie die Noten nach gerechten Maßstäben und anhand transparenter Kriterien vergeben. So hätte es beispielsweise der Logik des Systems entsprochen, allen Kindern etwa gleich viele Aufgaben mit jeweils annähernd gleicher Schwierigkeit zu stellen und alle Kinder in etwa gleicher Häufigkeit ihre Lösungen sagen zu lassen. Im Sinne des Prinzips der Gerechtigkeit hätte so jedes Kind gleiche Chancen erhalten, und die Bekanntgabe der Lösung vor der ganzen Klasse hätte dem Prinzip der Transparenz entsprochen. Auf diese Weise wären erkennbare interindividuelle Leistungsunterschiede bezüglich der Leistungsstärke erzeugt worden. Entsprechende Beobachtungen Art hätte die Lehrperson registrieren und in ihre Urteilsbildung über die Note in Mathematik einfließen lassen können.

Auf diese Prinzipien der ausleseorientierten Gerechtigkeit und Transparenz hat nun aber der Student zugunsten eines pädagogischen Prinzips, das humanen Bildungsvorstellungen verpflichtet ist, verzichtet! Auch wenn das Beispiel nur ein winziges Geschehen innerhalb der gesamten Bildungslandschaft darstellt, so lässt es doch erkennen, dass Widerständigkeit des Denkens und Handelns im Bereich der Pädagogik nicht nur möglich ist, sondern auch mit guten pädagogischen Argumenten vertreten werden kann. Insofern stellt es die Logik der bildungspolitisch gewollten Aussonderung ein kleines Stück in Frage. Zugleich zeigt das Beispiel, dass sich der künftige Lehrer – zumindest in der geschilderten Situation – von den üblichen Erwartungen und Vorgaben der Ausleseorientierung befreit und insofern einen Ansatz von Widerständigkeit und Mündigkeit gezeigt hat. Das sind nun Persönlichkeitsmerkmale, die dem Gedanken der Bildung im Sinne von Heydorn (1970) durchaus nahe kommen. Vielleicht wird das heute kaum noch bekannte, aber sehr tragfähige und umfassende Werk von Heydorn mit dem Konzept der Inklusion wieder aktuell. Immerhin war Heydorn ein überzeugter Gegner jedweder Auslese, die das hierarchisch gegliederte Schulsystem in Deutschland begründet.

Literaturverzeichnis

Buck, Günther (1967): Lernen und Erfahrung. Zum Begriff der didaktischen Instruktion. Stuttgart: Kohlhammer

Buck, Günther (1981): Hermeneutik und Bildung. Elemente einer verstehenden Bildungslehre. München: Fink

Dammer, Karl-Heinz (2011): All inclusive? Oder: Dabei sein ist alles? Ein Versuch, die Konjunktur des Inklusionsbegriffs in der Pädagogik zu verstehen. Pädagogische Korrespondenz 43, 5-30

Fischer, Dietlind (1982) (Hrsg.): Fallstudien in der Pädagogik. Aufgaben, Methoden, Wirkungen. Konstanz-Litzelstetten: Faude

Fischer, Dietlind (1983) (Hrsg.): Lernen am Fall. Konstanz-Litzelstetten: Faude

Guba, Egon G. & Lincoln, Yvonna S. (1981): Effective Evaluation. Improving the Usefulness of Evaluation Results Through Responsive and Naturalistic Approaches. San Francisco: Jossey-Bass

Heydorn, Heinz-Joachim (1970): Über den Widerspruch von Bildung und Herrschaft. Bildungstheoretische Schriften 2. Frankfurt/M.: Europäische Verlagsanstalt

Holzkamp, Klaus (1983): Grundlegung der Psychologie. Frankfurt/M.: Campus

Jantzen, Wolfgang (1980): Menschliche Entwicklung, Allgemeine Therapie, Allgemeine Pädagogik – Studien zur Entwicklung einer allgemeinen materialistischen Pädagogik. Solms-Oberbiel: Jarick

Kautter, Hansjörg/Wiegand, Hans-Siegfried. (1988): Zur wissenschaftstheoretischen Grundlegung des Projekts. In: Kautter, Hansjörg u.a. (Hrsg.): Das Kind als Akteur seiner Entwicklung. Idee und Praxis der Selbstgestaltung in der Frühförderung entwicklungsverzögerter und entwicklungsgefährdeter Kinder. Heidelberg: Schindele, 56-77

Kornmann, Reimer (2010): Mathematik: für Alle von Anfang an! Bad Heilbrunn: Klinkhardt

Lutz, Christiane (2003): Eine Zusammenführung von Praxis und Theorie in der Pädagogik – konkretisiert anhand einer Fallstudie zur Förderung des Schriftsprachgebrauchs eines hörgeschädigten Mädchens unter besonderer Berücksichtigung allgemeiner Erziehungs- und Bildungsaufgaben. Heidelberg: Pädagogische Hochschule (unveröffentlichte Dissertation)

Stähling, Reinhard/Wenders, Barbara (Hrsg.) (2011): Ungehorsam im Schuldienst. Der praktische Weg zu einer Schule für alle. (2. Auflage). Hohengehren: Schneider

Von Wright, Georg Henrik (1974): Erklären und Verstehen. Königstein/Ts.: Athenäum

Dr. Reimer Kornmann, Prof. i. R., Lehrbeauftragter an der Pädagogischen Hochschule Heidelberg und der Goethe-Universität Frankfurt.

Tanja Sturm

FiSch – Forschung inklusive Schule: theoretische und methodologische Grundlagen eines videobasierten Unterrichtsforschungsprojekts

Zusammenfassung
In diesem Aufsatz wird das Projekt *FiSch* vorgestellt. *FiSch* ist die Abkürzung für *„Forschung inklusive Schule"*. Im Projekt wird untersucht, wie Differenzen zwischen Schülern/-innen im Unterricht von Lehrpersonen bearbeitet werden und wie hierdurch Lerngelegenheiten eröffnet und/oder verschlossen werden. Die Fragestellung wird mithilfe videografierten Unterrichts in einer Schule, die sich selbst als inklusiv bezeichnet nachgegangen. Das theoretische Verständnis und die methodologische Grundlage des Projekts werden in dem Aufsatz vorgestellt.

1. Problemaufriss

Die Gestaltung einer inklusiven Schule hat mit der Ratifizierung der UN-Konvention (2006; 2008) über die Rechte von Menschen mit Behinderungen eine rechtliche Grundlage erhalten. Zahlreiche Schulen und Lehrkräfte möchten die damit verbundenen Chancen und Möglichkeiten für veränderte Unterrichtsgestaltungen nutzen und stellen sich aktuell den damit einhergehenden Herausforderung. Während es wesentlich in den bildungspolitischen Bereich fällt, schulische Strukturen entsprechend zu modifizieren, die Inklusion, gedacht in einer Schule für alle, zu ermöglichen, sind die schulischen Akteure/-innen herausgefordert, die unterrichtliche Kultur und die didaktische Praxis dem Ziel der Inklusion zu gestalten.
Schulische Inklusion ist mit Ainscow (2008, 241) an dem Ziel orientiert, Marginalisierungen, Benachteiligung und Diskriminierungen abzubauen und Bildungs- und Lernmöglichkeiten für alle Kinder und Jugendlichen zu gestalten. Folglich orientiert sich (sonder-)pädagogisches Vorgehen nicht mehr vornehmlich über einen Adressatenbezug, sondern situationsspezifisch dort, wo Lern- und Bildungsprozesse behindert sind. Aus dieser Perspektive heraus werden Situationen betrachtet, in denen Exklusion und Marginalisierung von Lern- und Bildungsprozessen vorliegen, mit dem Ziel, sie zu überwinden

und/oder abzubauen. Benachteiligungen, die systematisch und wiederholt spezifische soziale Gruppen treffen, wie beispielsweise Geschlecht oder Ability, sind ebenfalls Gegenstand des dargelegten Verständnisses von Inklusion. In der deutschsprachigen Diskussion um Inklusion wurde, wie Seitz (2006) resümiert, bisher nur wenig bis kaum auf didaktische Fragen eingegangen. Dies ist erstaunlich, da Unterricht gleichsam den zentralen Handlungsraum von Lehrkräften und jenen Ort darstellt, an dem die selektierenden Praktiken des Schulsystems, die häufig als Inklusion verhindernd angeführt werden, letztlich legitimiert werden. Das leitende Erkenntnisinteresse des Projekts *FiSch* richtet sich auf jenen Bereich, indem die unterrichtlichen Praktiken von Lehrpersonen dahingehend betrachtet werden, wie in ihnen Differenzen aufgegriffen, bearbeitet und/oder hergestellt und dadurch Lerngelegenheiten für Schüler/-innen eröffnet oder verschlossen respektive behindert werden.

Vor dem Hintergrund dieses leitenden Interesses wird im Projekt auf ein theoretisches und methodologisches Rahmenkonzept zurückgegriffen, das die habituellen Praktiken der Differenzherstellung und -bearbeitung mithilfe der methodologischen Grundlagen der dokumentarischen Methode (Bohnsack 2009, 2010) untersucht. Beide Aspekte sollen nachfolgend vorgestellt und aufeinander in der projektbezogenen Spezifität dargestellt werden.

2. Differenzbearbeitung und Unterrichtsmilieu

Das Projekt baut auf einem wissenssoziologisch und sozial-konstruktivistisch fundierten Verständnis der Differenzen auf, das davon ausgeht, dass der menschliche Alltag in pluralen Gesellschaften unterschiedlich strukturiert und aufgebaut ist, insbesondere der Zugang zu gesellschaftlichen Gütern ist hierbei prägend. Dies führt zu unterschiedlichen Praxen der Lebensführung und zu verschiedenen Formen von Zugehörigkeit und Differenz. Menschen, deren Alltag durch homologe, also gleichartige Erfahrungen gekennzeichnet ist, entwickeln auf dieser Grundlage vergleichbare Praktiken. In diesen unterscheiden sie sich von Menschen, die in ihrem Alltag andere Erfahrungen machen. Die Milieuzugehörigkeit eröffnet folglich unterschiedliche Formen der Konjunktion, also der Zugehörigkeit, und der, damit unmittelbar verbundenen, Distinktion, der Abgrenzung gegenüber Milieus (Nohl 2010, 146 f.). Als System dauerhafter Dispositionen und Schemata stellen die gesammelten Erfahrungen Orientierungswissen für die Gestaltung aktueller und zukünftiger Praktiken dar. Diese werden in der (primären) Sozialisation erworben und im Verlauf des Lebens entlang milieuspezifischer Perspektive differenziert und/oder modifiziert. Milieuspezifische Erfahrungen sind üblicherweise nicht reflexiv zugänglich, obwohl sie einen wesentlichen Teil menschlicher Erfahrungen ausmachen (Mannheim 1980, 205 ff.).

Die Frage nach der didaktischen Gestaltung von Inklusion soll hier aufgegriffen werden, indem die Praktiken der Lehrpersonen im Unterrichtsmilieu (Wagner-Willi & Sturm 2012) in den Blick genommen werden. In Schule und Unterricht treffen Schüler/-innen und Lehrer/-innen, die in unterschiedlichen Kontexten sozialisiert sind, entlang des organisatorischen Ziels von Bildung und Erziehung und gleichsam in damit verbundenen unterschiedlichen sozialen Rollen, als Lehrer/-in und Schüler/-in, aufeinander. Die Schule als gesellschaftliche Organisation ist ihrerseits durch formale Regeln gekennzeichnet, die vonseiten der konkreten Akteure/-innen interpretiert werden und als solche Grundlage ihrer Praktiken und Handlungen sind. Die Interpretation können aus dem sozialen Milieu heraus erfolgen, dem die Personen angehören, es können sich auch informelle Regeln entwickeln, wie mit den formalen Regeln – die sich nicht in unmittelbare Handlungspraxis übersetzen lassen – umgegangen wird. Dies verweist auf das Entstehen von Organisationsmilieus, die spezifisch für die Organisation ist. Ein dritter Weg der Bearbeitung formaler Regeln besteht darin, sie zu unterlaufen (Nohl 2010, 195 ff.). Unterrichtsmilieus stellen einen Teil von Organisationsmilieus dar. Sie sind durch körperliche und sprachliche Praktiken gekennzeichnet, die wechselseitig aufeinander bezogen sind. Vonseiten der Lehrpersonen, die im Zentrum des hier beschriebenen Forschungsprojekts stehen, gehören neben der Dimension des sozialen Milieus, dem sie angehören, eine pädagogisch-professionelle wie auch eine im Rahmen der Organisation gegebene Rollenzugehörigkeit hier zu. Der Fokus richtet sich auf das Unterrichtsmilieu der Lehrpersonen, das im Kontext formaler Regeln der Schule mit ihren gesellschaftlichen Funktionen, den sozialen Rollen und unterschiedlicher Milieus, denen die Akteure/-innen angehören, hervorgebracht wird. In der Unterrichtspraxis sind unterschiedliche Milieus, institutionalisierte Regeln und Rollen, im Sinne kommunikativer, und reflexiver Wissensformen sowie Beziehungen miteinander verwoben. Hierzu zählen aufseiten der Lehrpersonen u.a. die schulische und die fachkulturelle Seite des Unterrichts, die Sozialform und die Professions- und Organisationserfahrungen (Wagner-Willi & Sturm 2012). Die im Forschungsprojekt fokussierten Praktiken der Lehrkräfte in der Bearbeitung von Differenz und damit einhergehender Eröffnung und/oder Behinderung unterrichtlicher Lerngelegenheiten für Schüler/-innen erweitern eigene, auf der Basis von Gruppendiskussionen generierte, Orientierungsrahmen, an denen Lehrkräfte ihre unterrichtlichen Praktiken in der Bearbeitung und Herstellung von Differenzen ausrichten und zeigen, dass eine von außen gesetzte Norm hierbei leitend ist (Sturm 2012). Die sollen mittels der Videografien weiterentwickelt werden, die es ermöglichen, Praktiken in Form kör-

perlichen und bewegungsbezogenen Umgangs in den Blick zu nehmen. Eine
Betrachtung mittels Video soll diese Möglichkeit ebenso öffnen, wie die der
systematischen Untersuchung in unterrichtlichen Sozialformen. Letzteres
stellt die leitende Suchstrategie des Projekts dar, in dem das Datenmaterial
dahingehend geprüft wird, wie Differenzen in unterschiedlichen Sozialformen bearbeitet und hergestellt und so Lerngelegenheiten eröffnet bzw. behindert werden.

3. Methodologischer Rahmen des Projekts

Das methodologische Rahmenkonzept der Untersuchung bildet die dokumentarische Methode, die auf einem wissenssoziologischen Verständnis fußt und
es ermöglicht, Praktiken zu rekonstruieren (Bohnsack 2010). Mithilfe der
rekonstruktiven Methodologie wird das handlungsleitende und praktische
Wissen der Lehrkräfte begrifflich fassbar. Dieses orientierende Wissen, an
dem die Praktiken der Lehrkräfte im Unterricht orientiert sind, greift das
leitende Erkenntnisinteresse des Projekts auf.

Die dokumentarische Methode eröffnet eine praxeologische Perspektive,
indem sie eine mittelnde Position zwischen einem objektivistischen Vorgehen, das nach dem „Was" fragenden und einem subjektivistischen, das am
„Warum" orientiert ist, einnimmt. Dies wird durch die Frage nach dem
„Wie" – der Herstellung sozialer Realität – der Praxis, realisiert. Die er-
kenntnislogische Differenz, die in den erstgenannten Ansätzen zwischen
objektiv und subjektiv angelegt ist, wird innerhalb der dokumentarischen
Methode zwischen handlungspraktischem und kommunikativ-generalisiertem
Wissen verortet. Letzteres wird auch als immanentes Wissen bezeichnet und
steht in Form von Begriffen zur Verfügung. Ersteres ist im Vergleich hierzu
i.d.R. nicht reflexiv zugänglich und entsteht durch Erfahrungen, die mit der
materialen und sozialen Welt gesammelt werden und einen erheblichen Anteil menschlichen Wissens ausmacht (Mannheim 1980, 205 ff.). Die Unterscheidung zwischen kommunikativer und konjunktiver Sinnebene durchzieht
den gesamten Forschungsprozess. Im Gegensatz zum kommunikativen, der
auf wörtlicher Ebene vorliegt, wird beim konjunktiven Sinngehalt der soziokulturelle Entstehungszusammenhang einbezogen, bzw. das, was sich habituell manifestiert hat. Für das rekonstruktive Vorgehen in der Datenauswertung
bedeutet dies, das jeweilige System an Orientierungen der Akteure/-innen
begrifflich herauszuarbeiten (Bohnsack 2010, 135 ff.).

Anders als bei reinen textlichen Auswertungen eröffnet die videografische
Betrachtung von Bild und Ton, d.h. Text, die in der Rekonstruktion aufeinander bezogen werden, die habituelle körperliche und sprachliche Praxis in
den Blick zu nehmen. Die bildlichen Anteile der Videos werden dabei
gleichwertig mit denen der Textes gesehen, d.h. das Vorgehen geht über ein

textergänzendes Verständnis hinaus. In der Auswertung werden beide zunächst unabhängig voneinander betrachtet und dann aufeinander bezogen (Bohnsack 2009, 196 ff.). Die Interpretation der Videos erfolgt wesentlich auf der Basis von Einzelbildern. Hierbei wird zwischen der vor-ikonografischen und der ikonografischen Ebene unterschieden. Neben diesen Interpretationen wird die Positionierung der Kamera, deren Montage und der dadurch erzeugte Bildausschnitt (Anordnung der Personen, Positionierungen im Raum) beschrieben wird, um das Vorwissen der abbildenden Personen gegenüber dem der abgebildeten Personen methodisch zu kontrollieren (Bohnsack 2009, 146 ff.). Die so gewonnenen Erkenntnisse werden mit den bildbezogenen Interpretationen verbunden, die aus einer formulierenden und reflektierenden Interpretation für den Text und einer Fotogrammanalyse bestehen. Durch Vergleiche einzelner interpretierter Sequenzen werden Fallbeschreibungen vorgenommen und Typen gebildet (Bohnsack 2010, 139 f.).

4. Datengrundlage und Perspektive des Projekts *FiSch*

Im Rahmen des Forschungsprojekts *FiSch* erhobene Datenmaterial wurde in zwei Klassen (1/2: Klasse: A; und 3/4: Klasse: B) einer jahrgangsübergreifenden, sich selbst als inklusiv bezeichnenden, privat geführten, Grundschule videografisch generiert. An drei Tagen einer Woche wurde mithilfe von zwei bzw. drei Kameras Unterricht aufgezeichnet. Die Videos wurden durch digitale, auf den Tischen der Schüler/-innen platzierte und an den Pädagogen/ -innen befestigte, Aufnahmegeräte ergänzt. Neben Grundschullehrkräften sind in den Klassen Sonderpädagoginnen und Erzieher/-innen bzw. Heilerzieher/-innen tätig sowie zeitweilig FSJler/-innen.

Zwei Kameras wurden fest im Klassenraum positioniert und während der Aufnahmen weitestgehend auf Zoom und Schwenks verzichtet. Leitend dabei war die Überlegung, den unterrichtlichen Ablauf durch die Aufnahmen so wenig wie möglich zu stören. Inhaltlich ist der Fokus auf die Lehrkräfte als zentrale Akteurinnen in der Bearbeitung und Herstellung von Differenzen gerichtet; entsprechend wurden die Kameras platziert. So ist ein Videomaterial im Umfang von gut 16 Stunden entstanden, wobei der Umfang von Klasse A etwas höher liegt als in Klasse B.

Der videografierte Unterricht der Schule ist grob in drei unterschiedliche Sozialformen gegliedert: Freiarbeit, Intensiv-[1] und Klassenphasen. Intensiv-

---

[1] Intensivphasen bezeichnen Phasen, in denen eine Lehrkraft mit einer kleinen Gruppe von Schüler/-innen, die sie benennt und vorgibt, intensiv an einer Thematik arbeitet. Sie finden meist außerhalb des Klassenraums statt, sind i.d.R. fachbezogen und dauern etwa 30 Minuten.

phasen finden im Gegensatz zur Freiarbeit und dem Klassenunterricht häufig außerhalb des Klassenraums statt, so dass der Standort der dritten Kamera wechselte.

Eine thematische Sichtung des Gesamtmaterials sowie erste Interpretationen zeigen, dass sich mit den drei sozialen Hauptformen des Unterrichts – der Freiarbeit, den Intensivphasen und dem Klassenunterricht – die Suchstrategie bestätigt hat, den aufgeworfenen Fragen nachzugehen. Durch weitere Auswertungen der Daten soll dies vervollständigt werden.

Literaturverzeichnis

Ainscow, Mel (2008): Teaching for diversity. The Next Big Challange. In F. Michael Connelly, Ming Fang He & JoAnn Phillion (Hrsg.), The Sage Handbook of Curriculum and Instruction (S. 240-258). Los Angeles, London, New Delhi, Singapore: SAGE Publications

Bohnsack, Ralf (2009): Qualitative Bild- und Videointerpretation. Die dokumentarische Methode. Opladen und Framington Hills: Budrich

Bohnsack, Ralf (2010): Rekonstruktive Sozialforschung. Einführung in qualitative Methoden (8., durchges. Aufl.). Opladen & Farmington Hills, MI: Verlag Barbara Budrich

Mannheim, Karl (1980). Strukturen des Denkens. Frankfurt/Main: suhrkamp taschenbuch wissenschaft

Nohl, Arnd-Michael (2010): Konzepte interkultureller Pädagogik. Eine systematische Einführung (2., erw. Aufl.). Bad Heilbrunn: Verlag Julius Klinkhardt

Seitz, Simone (2006). Inklusive Didaktik: Die Frage nach dem 'Kern der Sache'. Zeitschrift für Inklusion-online.net, (01/2006), 1-24. http://www.inklusion-online.net/index.php?menuid= 3&reporeid=16. [22.01.2009]

Sturm, Tanja (2012): Orientierungen unterrichtlicher Praktiken: lerntheoretische Vorstellungen und schulischer Kontext. In: Jürgen Budde (Hrsg.), Unscharfe Einsätze. (Re-) Produktion von Heterogenität im schulischen Feld (S. 276-295). Wiesbaden: VS Verlag für Sozialwissenschaften

UN (2006; 2008): Übereinkommen über die Rechte von Menschen mit Behinderungen. (dreisprachige Fassung im Bundesgesetzblatt Teil II Nr. 35 vom 31.12.2008). (Manuskriptdruck). http://www2.bgbl.de/Xaver/start.xav?startbk=Bundesanzeiger_BGBl&bk=Bundesanzeiger_B GBl&start=//*%5B@attr_id=%27bgbl208s1419.pdf%27%5D [27.03.2010].

Wagner-Willi, Monika & Sturm, Tanja (2012): Inklusion und Milieus in schulischen Organisationen. inklusion online, 3-4 (im Druck)

Tanja Sturm, Dr. phil., ist Professorin für Integrative Didaktik und Heterogenität an der Pädagogischen Hochschule der Fachhochschule Nordwestschweiz. Ihre Forschungsschwerpunkte sind Differenzkonstruktionen in unterrichtlichen Praktiken, Inklusion, integrative Didaktik, Bildungsgerechtigkeit, videografische Unterrichtsforschung und die dokumentarische Methode. Kontakt: tanja.sturm@fhnw.ch

Nina-Kathrin Finnern / Anja Thim

Zur Konstruktion und Reifizierung von ‚*Behinderung*' durch Forschung

Zusammenfassung

Mit der Zielsetzung ‚*sozialer Inklusion*' sind Forderungen nach tiefgreifenden Wandlungsprozessen verbunden, die bestehende Strukturen des Rechts-, Bildungs- und Gesellschaftssystems betreffen. Doch welche Veränderungen bringt das Inklusionstheorem für die qualitative Sozialforschung mit sich? Ein Grundproblem zeichnet sich in der prekären Situation ab, dass das Klassifizieren von Personen für die Analyse von bestimmten Problemlagen zwar unumgänglich ist, um gruppenbezogene Phänomene sichtbar zu machen, aber damit gleichzeitig

> „Gefahren des Normierens, Identifizierens, Konstruierens und Reifizierens sowie darüber hinausgehend des Diskriminierens, Etikettierens und Stigmatisierens sowie im Gegensatz dazu auch des Idealisierens und Glorifizierens einhergehen" (Prengel 2010, 23).

Wir werfen daher die Fragen auf, in welcher Form in der Inklusionsforschung mit „*Behinderung*" und anderen Differenzkonstruktionen operiert werden sollte. Welche Konsequenzen ergeben sich aus der Bildung bestimmter merkmalsbezogener Gruppierungen für den Forschungsprozess? Wir gehen argumentativ von einem Inklusionsverständnis aus, das binäre Unterscheidungen wie ‚*behindert – nicht behindert*' überwindet und Befähigung und Beeinträchtigung sowie andere Zuschreibungen von Heterogenität nicht als feststehendes Wesensmerkmal von Personen sondern als Ausdruck des zeitgebundenen kulturell geprägten Diskurses versteht. Dabei ist anzumerken, dass bereist die Annahme von soziokultureller Heterogenität – wie sie inklusionspädagogischen Konzepten innewohnt – eine erste Reifizierung beinhaltet. Sie verschleiert, dass im konkreten sozialen Feld Heterogenität nicht per se gegeben ist, sondern spezifische Unterscheidungspraxen jegliche Differenzen erst hervorbringen und mit Bedeutung versehen (vgl. Budde 2012).

1. Reifizierungsfallen im Forschungsprozess

Inklusionsforscher/innen werden auf den verschiedenen Ebenen des Forschungsprozesses, gerade weil sie zum Konstrukt „Behinderung" forschen, mit ,Fallen' konfrontiert, die genau dieses Konstrukt in seiner sozialen Wirkmächtigkeit verfestigen können.

Theoretische Verortung

Die Verwendung von Differenzkonstrukten innerhalb eines Forschungsprozesses steht nicht nur in Zusammenhang mit der theoretischen Verortung des Forschers/der Forscherin, sondern auch mit der Intention und dem Rahmen der Forschung. Für inklusionspädagogische Forschungen müssen oftmals unterschiedliche disziplinäre Traditionen und Verständnisweisen in Abgleich gebracht werden wie z.b. im Bereich frühkindlicher (inklusiver) Bildung. So verfolgte die entwicklungspsychologische Forschung lange Zeit eher die Frage nach Entwicklungsdifferenzen zu bestimmten Vergleichsgruppen. Demgegenüber besteht heute mittlerweile weitgehend Konsens über ein erhebliches Spektrum inter- und intrapersoneller Varianz in den Entwicklungswegen junger Kinder (vgl. Largo 2008a; 2008b) sowie den Einfluss kultureller sowie sozialisationsbedingter Komponenten auf diese Entwicklungswege (vgl. Keller 2007). Hingegen zielt die sonderpädagogische Forschung bis in die Gegenwart in Forschungsfragen eher auf Fördermöglichkeiten für von der gesetzten Norm ,abweichende' Kinder, damit erkannte Entwicklungsdefizite ausgeglichen werden können. Diese Perspektive schreibt in der Hauptlinie ,Behinderung' als ein klar abgrenzbares Merkmal einer bestimmten Gruppe von Personen zu. Disziplinübergreifend zeigt sich jedoch seit einigen Jahren in wissenschaftlichen und wissenschaftstheoretischen Diskursen, die u.a. auf das bio-psycho-soziale Modell von Behinderung der WHO (2001) rekurrieren, eine Loslösung von einer rein defizitorientierten Definition von Behinderung.

Formulierung der Forschungsfrage

> „Jede Ausgangsfrage konstituiert mit den ihr eigenen Kategorien perspektivisch ihren Forschungsgegenstand und ,reifiziert' ihn stets" (Prengel 2004, 94).

Dass heißt, trotz des Anspruches der inklusionstheoretischen Perspektive, ,Behinderung' als eine in sozialer Praxis interaktiv hergestellte Differenz zu verstehen, muss sie für analytische Betrachtungen zunächst hergestellt werden. Betrachtet man rückblickend die frühen Forschungsprojekte, die sich in der damaligen Lesart mit Fragen der Integration von Kindern mit Beeinträchtigungen bzw. gemeinsamen Lernen ,behinderter' und ,nicht behinderter' Kinder in Kindergarten und Schule befasste, so sind daran aus heutiger Sicht zwei Aspekte problematisch: Die Forschung bleibt mit einer solchen Frage-ausrichtung gedanklich einer Dichotomisierung – der der ‚*behinderten*' Men-schen auf der einen und der ‚*nicht behinderten*' Menschen auf der anderen Seite – verhaftet. Außerdem wurde zumeist, um die Wirksamkeit integrativer Erziehung ‚*messbar*' zu machen, auf normbasierte Leistungskriterien sowie auf Entwicklungsstandards gestützte Vergleiche zurückgegriffen. Somit ist zu klären, wie ein an dem Theorem der Inklusion ausgerichtetes Forschungsvor-haben nach sozialen Unterscheidungspraxen fragen und den Blick auf Risi-ken für Partizipation oder auf Interaktionsprozesse richten kann.

Umgang mit Differenzkonstrukten
In inklusionspädagogischen Praxisfeldern sind bestimmte Differenzen konsti-tutiv. Auch Forschung, die sich der Inklusionsperspektive bedient, kommt nicht umhin, mit Differenzkonstrukten, die relevant für den Forschungskon-text sind, zu operieren. Es ist allerdings problematisch, wenn bspw. mit der Forschung Prozesse sozialer Differenzbildungen und deren Auswirkungen aufgedeckt werden sollen und eine bestimmte Differenzkategorie als Aus-wahlkriterium für das Forschungsfeld herangezogen wird.[1] Die gewählte Kategorie erfährt eine Relevanzsetzung, ehe sie überhaupt erhoben wurde. Auf diese Weise werden die Differenzkategorien

> „nicht dekonstruiert, sondern in ihrer sozialen Relevanz aufgegriffen und gleich-sam bestärkt" (Diehm et al. 2010, 86).

Bezeichnungspraxis
In unserer Bezeichnungspraxis sind wir durch die gegebenen sprachlichen Möglichkeiten eingeschränkt. Bei der Verschriftlichung von Beobachtungen, aber auch im Auswertungsprozess müssen Forscher/innen mit Bezeichnun-gen operieren, um wahrgenommene Differenzen aufzeigen. Um am Diskurs teilnehmen zu können, bedienen sich Forschende der Sprache, die ihnen innerhalb des Diskurses zur Verfügung steht (vgl. ebd.). Zudem treffen For-scher/innen im Feld auf alltägliche Bezeichnungspraxen, die innerhalb des Forschungsfeldes relevant und mit spezifischer Bedeutung verknüpft sind: z.B. Menschen mit Beeinträchtigungen, Förderkinder. Eine Einengung durch sprachliche Mittel kann aber zu einer Verengung der Perspektive führen. Zudem besitzen Bezeichnungen jeweils spezifische Konnotationen, die leicht zu Stigmatisierungsprozessen führen können, indem die (sprachliche) Zuord-

---

[1]   Beispielsweise wird in einer laufenden ethnografischen Studie zur ‚Vielfalt aus Kinderper-spektive' von Nina-Kathrin Finnern ‚soziale Vielfalt' zum Kriterium der Auswahl des Feldes. Vielfalt musste an strukturellen Merkmalen der Kindertageseinrichtungen festgemacht wer-den: Es wurde ein integrativ arbeitender Kindergarten gewählt, in dem Kinder in verschie-nen Lebenslagen und mit unterschiedlichen kulturellen Hintergründen angemeldet sind.

nung einer Person zu einer bestimmten Kategorie diese Person auf dieses eine kategorienspezifische Merkmal beschränken kann. Es ist folglich ein sensibler Umgang mit Bezeichnungen erforderlich. Aus methodisch-pragmatischen Gründen kann es notwendig sein, Kategorien wie *Befähigung* oder *Behinderung* zu benutzen, um z.b. einerseits Transparenz zu wahren und andererseits das Datenmaterial der Analyse unter einer bestimmten, auf das Phänomen *Behinderung* bezogene, Fragestellung zugänglich zu machen. Daraus lässt sich ein *Etikettierungs-Auswertungs-Dilemma* (vgl. Seitz 2005) ableiten. Da dieses Dilemma nicht aufgehoben werden kann, ist es erforderlich, die Entscheidung, mit welchen Kategorien operiert wird, nachvollziehbar darzustellen. Greift (Inklusions-) Forschung in ihrer Kategorienbildung unhinterfragt auf Definitionen zurück, die an bestehende Strukturen wie z.b. gesellschaftliche oder bildungspolitische Strukturen anknüpfen, werden die darin enthaltenen Denkmuster im weiteren Forschungsprozess reifiziert.

Perspektivitätsgebundene Wahrnehmung
Eine Fokussierung auf bestimmte Kategorien zu Beginn des Forschungsprozesses verstärkt sowohl konzeptionell als auch in der konkreten Forschungsarbeit (z.b. in Beobachtungen) die Selektivität der Wahrnehmung.

> „Stets können wir nur von einem Standpunkt aus auf unseren Erkenntnisgegenstand blicken und von diesem Standpunkt sowie von der Weite des Blickwinkels, unserer motivationalen Prägung, unserem Erkenntnishorizont und unserem Bemühen um Horizonterweiterung hängt es ab, was wir sehen können und was wir nicht sehen können" (Prengel 1999, 40).

Die Festlegung einer bestimmten Differenzkategorie wird somit zu einem konstitutiven Moment für den Untersuchungsgegenstand und weniger zum Analysegegenstand an sich.[2]

Forscher/in und Beforschte
Schließlich ist auch die Beziehung der/s Forschenden zu den Personen im Forschungsfeld ein wesentlicher Aspekt, der bislang in der Inklusionsforschung weitestgehend unberücksichtigt geblieben ist. Es ist zu fragen, inwieweit der jeweilige Erfahrungskontext sowie der kulturelle, sozioökonomische und berufliche Hintergrund der/s Forschenden die Hervorbringung von Differenzkonstruktionen beeinflussen. Denn die/der Forschende bringt un-

---

[2]   In einer laufenden Studie zu *Interaktionen von Kindern bis zu drei Jahren in inklusiven Settings* von Anja Thim ermöglicht die bewusste Ablehnung einer Differenzierung bzw. Kategorisierung von Kindern, die Eingliederungshilfe erhalten oder solchen, die keine erhalten, zu Beginn des Forschungsprozesses die Fokussierung der Wahrnehmung auf Interaktionsprozesse zwischen allen Kindern.

weigerlich ihre/seine durch die eigene (Berufs-) Biografie geprägten Perspektiven in den Forschungsprozess ein.

2. Problemfelder der Reifizierung

Die Methodenkritikerin Magrit Eichler (1991) beschreibt mit den vier Begriffen Androcentricity, Overgeneralization, Gender Insensitivity und Double Standards primäre Formen von Sexismus in der Forschung. Eichlers Begriffe können unseres Erachtens auch Anregung geben, über spezifische Problemfelder der Reifizierung in der Inklusionsforschung nachzudenken und Forschungsprojekte reifizierungssensibel zu reflektieren.

Forschung, die in der Wahl ihres Feldes der Annahme folgt, es gäbe durchschnittliche ‚normale' Menschen und somit implizit auch Menschen, die ‚nicht normal' sind, kann als normzentrierte Forschung bezeichnet werden. Dies äußert sich z.B. daran, wenn nicht reflektiert wird, dass ausschließlich ‚normal entwickelte'[3] Personen oder Menschen, die der Mehrheitsgesellschaft angehören, als repräsentative Stichprobe herangezogen werden. Auf diese Weise wird maskiert, dass ein Forschungsansatz nicht die „gesamte" Heterogenität[4] innerhalb der Bevölkerung widerspiegelt. In Anlehnung an den Begriff „Androcentricity" (Eichler 1991, 5) kann diese Vorgehensweise in Forschung auch als Normzentrierung beschrieben werden. Forschungen zu Entwicklungs- und Bildungsprozessen von Kindern und Jugendlichen, die auf Entwicklungs- und Verhaltensnormen zurückgreifen, lassen häufig unreflektiert, dass diese als kulturell gebundene Konstruktion von Normalität und Abweichung zu verstehen (vgl. Kelle/Tervooren 2008) und daher in ihrer Legitimation als universeller Maßstab für Entwicklung kritisch zu hinterfragen sind.

Werden innerhalb eines Forschungsprozesses bestimmte Lebensweisen oder Problemlagen, die sich innerhalb des Feldes abzeichnen, nicht berücksichtigt, die Ergebnisse aber so dargestellt, als ob sie für alle Menschen, die dieser Gruppe zugeschrieben werden, gelten, findet in dieser Forschung eine Form der Übergeneralisierung (ebd.) statt. Dies ist bspw. der Fall, wenn in Ergebnissen einer Studie allgemein von ‚Kindern mit Beeinträchtigungen' die Rede

---

[3] Hier offenbart sich wiederum ein Reifizierungsdilemma: Für die Analyse des Problems der Normzentrierung müssen wir auf die Begriffe zurückgreifen, die uns sprachlich zur Verfügung stehen. Indem wir bestimmte Menschen, nämlich die, mit denen die Stichprobe erhoben wird, als ‚normal entwickelt' kennzeichnen, wird gleichzeitig transportiert, dass wir eine Vorstellung davon haben, welche ‚nicht normal entwickelten' Personen ausgelassen werden.

[4] Allerdings müsste, um erfassen zu können, ob die ‚gesamte Heterogenität' berücksichtigt wurde, zunächst Kategorien für Heterogenität festgelegt werden, womit diese als Differenzlinien wiederum Reifizierung erfahren.

ist, Daten aber nur von Kindern mit spezifischen Beeinträchtigungen erhoben wurden.

Eine Vielzahl der Inklusionsforschungen interessiert sich auch gegenwärtig – trotz der anderslautenden theoretischen Fassung des Begriffs – zumeist für das Konstrukt *‚Behinderung'* und damit verbundene Fragestellungen. Es besteht die Gefahr, dass bei einem verengten Blick auf *‚Behinderung'* weitere Differenzlinien als wirkmächtige Variablen im Forschungskontext nicht ausreichend berücksichtigt und somit nicht in die Auswertung einbezogen werden. Eine so zu verstehende *Intersektionalitäts-Unsensibilität*[5] liegt bspw. vor, wenn Dimensionen wie Alter und/oder Geschlecht unberücksichtigt bleiben oder wenn mit Diagnosen von *‚Behinderung'* korrelierende Problemlagen, wie materielle Armut und/oder soziale Risikolagen (vgl. Weiß 2004), nicht in ihren intersektionalen Verknüpfungen gesehen und folglich nicht in ihrer Relevanz aufgedeckt werden.

Die unterschiedliche Darstellung oder Interpretation von gleichem Verhalten und gleichen charakterlichen Merkmalen oder ähnlichen Situationen bei verschiedenen Personen unterliegt der Anwendung von *‚doppelten Standards'* (Eichler 1991, 7). Diese können auch im Verbund mit dem Konstrukt *‚Behinderung'* auftreten. Die Deutung, wie ein bestimmtes Verhalten interpretiert wird, kann beispielsweise von vorangegangenen Zuschreibungsprozessen abhängen.[6] So können Ergebnisse und Schlussfolgerungen eng mit der jeweiligen professionsgeleitete Brille des/der Beobachters/in verbunden sein.

3. Strategien zur Entschärfung des Dilemmas

Aus den hier dargestellten Problemzusammenhängen lassen sich aus unserer Sicht folgende Strategien ableiten, die zur Entschärfung der oben – letztendlich nicht vollständig – dargestellten Reifizierungsfallen im Forschungsprozess beitragen können:

- Inklusionsforschung sollte Gruppenzuordnungen, die in den Strukturen von institutionellen Forschungsfeldern vorherrschen und von Relevanz sind, wahrnehmen und kritisch hinterfragen. Der Blick für Vielfalt und Gemeinsamkeit im gesamten *‚Gewebe'* des sozialen Feldes würde sonst unangemessen eingeschränkt.

- Deshalb sollten für eine reifizierungssensible Forschung vorausgehende Kategorisierungen von Gruppen, soweit diese für den Interpretationsrah-

---

[5] In Anlehnung an den Begriff ‚Gender Insensitivity' (Eichler 1991, 6)

[6] Zum Beispiel wird das ‚Abgelenktsein' einer Schülerin mit ‚sonderpädagogischen Förderbedarf' wird anders interpretiert als das ‚Abgelenktsein' einer ‚hochbegabten' Schülerin oder aggressives Verhalten wird als Ausdruck von Behinderung (fehl-)gedeutet.

men erforderlich sind, transparent nachvollziehbar dargestellt und begründet werden.

- Inklusionspädagogische Forschung strebt an, einen übergreifenden Blick zu entwickeln, wird diesem Anspruch aber – bis auf einige Ausnahmen – nicht gerecht (vgl. Karakaşoğlu/Amirpur 2012; Leiprecht 2012). Intersektionale Perspektiven sind jedoch notwendig, um Problemlagen im sozialen Feld besser verstehen und deuten sowie Erkenntnisse für inklusive Handlungspraxen entwickeln zu können. Von besonderer Relevanz ist dies auch mit Blick auf die bekannten Zusammenhänge von institutioneller Diskriminierung und entsprechenden Kategorisierungspraxen (vgl. u. a. Gomolla/Radtke 2002; Powell/Wagner 2002).

- Im Auswertungsverfahren sollte eine mehrdimensionale Annäherung an die soziale Kategorie ‚Behinderung' erfolgen und diese als Konstruktion im Kontext mit relevanten Differenzlinien betrachtet werden, damit komplexe Wirkungsverhältnisse sichtbar werden können. Mehrperspektivische Zugänge ermöglichen einer inklusionstheoretisch ausgerichteten Forschung, auch die sozialen, gesellschaftlichen und strukturellen Prozesse in den Blick zu nehmen.

- Forschende sollten ihre eigenen Verstrickungen zum Forschungsfeld betrachten, indem sie ihre eigene Position, die Beziehungen zum Forschungsfeld und möglicherweise damit verbundene Machtgefüge aufdecken und reflektieren. Für den konkreten Umgang mit dieser Problematik sollten die eigenen Forschungsinteressen und Vorverständnisse dokumentiert werden. Auf diese Weise können Mechanismen des „Othering" erkannt werden (vgl. Fine 1994). Hierzu gehört auch, denen, über die wir schreiben wollen, zuzuhören und uns mit ihnen und ihren sozialen Problemlagen sowie mit den Umständen, die zum „Othering" führen, zu beschäftigen. Die damit einhergehende Veränderung des wissenschaftlichen Arbeitens lässt rigide Grenzen der Gruppenkategorien, mit denen wir operieren, aufweichen (vgl. ebd., 72). Dies ist auch als ein Plädoyer zu verstehen, die Perspektive von Betroffenen in den Fokus von Forschung zu rücken und dabei die Beziehungen zwischen Forscher/in und Beforschten als einen zentralen Aspekt zu berücksichtigen. Eine veränderte Positionierung der Forscher/innenrolle findet z. B. im Ansatz der Disability Studies oder der partizipatorischen Forschung Ausdruck (vgl. Schönwiese 2005; Hermes/Köbsell 2003).

Auch wenn das Dilemma der Reifizierung nicht abschließend gelöst werden kann (vgl. Diehm et al. 2010, 90) bleibt dennoch die Herausforderung an eine konsequent inklusionstheoretisch ausgerichtete Forschung bestehen: sie muss, aufbauend auf den Erkenntnissen der Integrationsforschung, herausarbeiten, wie der Umgang mit Differenzkonstrukten in Zusammenhang mit einer gleichwertigen Anerkennung von Gleichheit und Differenz (vgl. Prengel 1999) einhergehen kann. Eine große Bandbreite an Forschungsperspektiven und eine Verknüpfung verschiedener Forschungslinien bieten die Möglichkeit, neue Zusammenhänge zu erkennen. Für eine reifizierungssensible Forschung ist es notwendig, die (unumgängliche) Begrenztheit der eigenen Perspektive zu erkennen und zu reflektieren.

Literaturverzeichnis

Budde, Jürgen (2012): Problematisiernde Perspektiven auf Heterogenität als ambivalentes Thema der Schul und Unterrichtsforschung. In: Zeitschrift für Pädagogik, 58. Jg. (4), 522-540

Diehm, Isabell; Kuhn, Melanie; Machold, Claudia (2010): Die Schwierigkeit, ethnische Differenz durch Forschung nicht zu reifizieren - Ethnographie im Kindergarten. In: Heinzel, Friederike; Panagiotopoulou, Argyro (Hg.) (2010): Qualitative Bildungsforschung im Elementar- und Primarbereich. Hohengehren: Scheider, 78–92

Eichler, Margrit (1991): Nonsexist research methods. A practical guide. New York: routledge

Fine, Michelle (1994). Working the hyphens: Reinventing self and other in qualitative research. In Denzin, Norman K.; Lincoln, Yvonna S (Eds.), Handbook of qualitative research (pp.70-82). Thousand Oaks: Sage

Gomolla, Mechthild; Radtke, Frank-Olaf (2002): Institutionelle Diskriminierung. Die Herstellung ethnischer Differenz in der Schule. Wiesbaden: VS Verlag für Sozialwissenschaften

Hermes, Gisela; Köbsell, Swantje (2003): Disability Studies in Deutschland - Behinderung neu denken! Dokumentation der Sommeruniversität Bremen 2003. Kassel (bifos)

Karakaşoğlu, Yasemine; Amipur, Donja (2012): Inklusive Interkulturalität. In: Seitz, Simone, Finnern, Nina-Kathrin; Korff, Natascha, Scheidt, Katja (Hg.): Inklusiv gleich gerecht? Inklusion und Bildungsgerechtigkeit. Bad Heilbrunnen: Klinkhardt, 63-70

Kelle, Helga; Tervooren, Anja (Hg.) (2008): Ganz normale Kinder. Heterogenität und Standardisierung kindlicher Entwicklung. Weinheim: Juventa-Verlag

Keller, Heidi (2007): Kulturunterschiede in der Entwicklung. In: Hasselhorn, Marcus; Schneider, Wolfgang; Bengel, Jürgen (Hg.): Handbuch der Entwicklungspsychologie. Göttingen: Hogrefe, 429-442

Largo, Remo H. (2008a): Babyjahre. Die frühkindliche Entwicklung aus biologischer Sicht. 17. Aufl. München

Largo, Remo H. (2008b): Kinderjahre. Die Individualität des Kindes als erzieherische Herausforderung. 16. Aufl. München

Leiprecht, Rudolf (2012): Integrativ – inklusiv – diversitätsbewusst: Fachdiskurse und Praxisformen in Bewegung. Inklusive Interkulturalität. In: Seitz, Simone/Finnern, Nina-Kathrin/Korff, Natascha/Scheidt, Katja (Hg.): Inklusiv gleich gerecht? Inklusion und Bildungsgerechtigkeit. Bad Heilbrunnen: Klinkhardt, 46-62

Powell, Justin J.W.; Sandra J. (2002): Zur Entwicklung der Überrepräsentanz von Migrantenjugendlichen an Sonderschulen in der BRD seit 1991. In: Gemeinsam Leben 10 (2). 66-77

Prengel, Annedore (1999): Vielfalt durch Gute Ordnung im Anfangsunterricht. Opladen: Leske + Budrich Verlag

Prengel, Annedore (2004): Zwischen Gender-Gesichtspunkten gleiten – Perspektivitätstheoretische Beiträge. In: Glaser, Edith/Klika/Prengel, Annedore (Hg.): Handbuch Gender und Erziehungswissenschaft. Bad Heilbrunn: Klinkhardt, 90–101

Prengel, Annedore (2010): Inklusion der Frühpädagogik. Bildungstheoretische, empirische und pädagogische Grundlagen; Expertise für das Projekt Weiterbildungsinitiative Frühpädagogischer Fachkräfte (WiFF). München: DJI

Schönwiese, Volker (2005): Perspektiven der Disability Studies. Aus: Behinderte in Familie und Gesellschaft, Nr: 5/2005, S. 16-21; Im Internet: http://www.bidok.uibk.ac.at/library/schoenwiese-studies.html (Stand: 27.07.2012)

Seitz, Simone (2005): Lehr-Lernforschung für inklusiven Sachunterricht. Forschungsmethodische Strategien zum Lernfeld Zeit. Oldenburg: Didaktisches Zentrum

Weltgesundheitsorganisation (WHO) (2001): International Classification of Functioning, Disability and Health. Genf

Nina-Kathrin Finnern, Dipl. Päd.in, Promotionsstipendiatin der Universität Bremen. Arbeitsschwerpunkte: Inklusion im Elementarbereich, Heterogenität in der frühen Kindheit.
Kontakt: finnern@uni-bremen.de

Anja Thim ist wissenschaftliche Mitarbeiterin an der Universität Bremen in dem Arbeitsgebiet Inklusive Pädagogik. Ihre Arbeitsschwerpunkte sind Inklusive Elementarpädagogik, Interaktionen in heterogenen Kindergruppen von Kindern bis drei Jahren und Fachberatung für Kindertageseinrichtungen mit Kindern bis drei Jahren.
Kontakt: thim@uni-bremen.de

Judith Dubiski / Andrea Platte

„Im gemeinsamen Leben entsteht Normalität." – Inklusion und non-formale Bildung am Beispiel des Kinder- und Jugendreisens

Zusammenfassung

Die Autorinnen fordern auf, inklusive Bildung stärker außerhalb von Schule zu suchen und zu gestalten. Auf gemeinsamen Reisen beispielsweise können Kinder und Jugendliche gemeinsam leben und lernen und so inklusive Bildung realisieren – und das in der Regel in einem freiwilligen Rahmen, der Mitbestimmung ermöglicht.

„*Im gemeinsamen Leben entsteht Normalität.*" – Mit diesen Worten bringt ein Mitarbeiter eines Jugendhauses auf den Punkt, warum seiner Ansicht nach in der außerschulischen Kinder- und Jugendarbeit und speziell im Bereich des Kinder- und Jugendreisens Inklusion besondere Aufmerksamkeit erfahren und mit entsprechenden finanziellen Mitteln ausgestattet werden sollte. Dabei enthält dieser eine Satz vier Aspekte, die für die Begründung eines Zusammenhangs von Inklusion und non-formaler Bildung wesentlich sind: Es geht *erstens* um Gemeinsamkeit und Gemeinsam-Sein, es geht *zweitens* um das Leben als Gesamtes – nicht um einzelne Ausschnitte –, es geht *drittens* um einen Prozess, der Zeit braucht, und es geht *viertens* um so etwas wie „*Normalität*" als Zielperspektive.

Auf diesen Zusammenhang und die Potenziale einer inklusiven non-formalen Bildung soll im Folgenden eingegangen werden. Dabei ist zunächst zu klären, was *non-formale Bildung* meint, bevor der Zusammenhang zu *inklusiver Bildung* hergestellt und dann anhand des *Kinder- und Jugendreisens* als Teilbereich der Kinder- und Jugendhilfe im Sinne von §11 und 12 KJHG (SGB VIII) konkretisiert wird[1].

---

[1] Den Hintergrund dieses Artikels bildet das Projekt „Potenzialanalyse Inklusives Kinder- und Jugendreisen in NRW", welches mit finanzieller Förderung des Ministeriums für Familie, Kinder, Jugend, Kultur und Sport des Landes Nordrhein-Westfalen von November 2011 bis Mai 2012 am Forschungsschwerpunkt Nonformale Bildung der Fachhochschule Köln umgesetzt wurde. Es hatte zum Ziel, (1.) einen datenbasierten Überblick über bereits vorhandene Angebote des inklusiven Kinder- und Jugendreisens im Land zu geben, (2.) Erfahrungen aus der Praxis zu eruieren und zu systematisieren und, darauf aufbauend, (3.) einen konzeptionel-

1. Non-formale Bildung

Non-formales Lernen bzw. non-formale Bildung im Sinne von Lernen und Bildung außerhalb institutioneller Kontexte ist, so heißt es in einem gemeinsamen Dokument der Europäischen Kommission und des Europarates, *„die Kernaktivität, aber auch die Kernkompetenz von Jugendarbeit"* (Europarat/ Europäische Union 2011, 5). Dabei unterscheidet der Sprachgebrauch der europäischen Institutionen zwischen formaler, non-formaler und informeller Bildung anhand der Kriterien der Intentionalität des Lernens, der Organisiertheit und Strukturiertheit des Lernkontextes und der Zertifizierung des Gelernten (vgl. CEDEFOP 2008):

- Formales Lernen ist dabei Lernen, das in einem organisierten Kontext stattfindet und in Bezug auf Lernziele, Lernzeit oder Lernförderung strukturiert ist. Formales Lernen ist aus der Sicht des Lernenden zielgerichtet und führt im Allgemeinen zur Zertifizierung.

- Non-formales Lernen meint Lernen, das in planvolle Tätigkeiten eingebettet ist, die in Bezug auf Lernziele, Lernzeit oder Lernförderung nicht strukturiert sind, jedoch ein ausgeprägtes *„Lernelement"* beinhalten. Nicht formales Lernen ist aus Sicht des Lernenden beabsichtigt. Seine Ergebnisse *können* validiert und zertifiziert werden.

- Informelles Lernen findet im Alltag, am Arbeitsplatz, im Familienkreis oder in der Freizeit statt. Es ist in Bezug auf Lernziele, Lernzeit oder Lernförderung nicht organisiert oder strukturiert. Informelles Lernen ist in den meisten Fällen aus Sicht des Lernenden nicht ausdrücklich beabsichtigt.

Eine weitergehende Diskussion dieser Differenzierung wäre an anderer Stelle zu führen. Für den hier interessierenden Zusammenhang mag der Hinweis von Karin Bock und Hans-Uwe Otto genügen, dass die Unterteilung der drei *„klassischen"* institutionalisierten Orte von Erfahrung, Lernen und Bildung in das soziale Herkunftsmilieu (also familiale Lebensformen), öffentlich organisierte Lernarrangements (v.a. Schule und Ausbildung) und die Arbeits- und Handlungsfelder der Kinder- und Jugendhilfe (denen in erster Linie öffentliche Betreuungs- und Unterstützungsfunktionen und die Bereiche *„nonformaler"* Bildung zugeschrieben werden), eine künstliche Trennung herstellt, die den realen Bedingungen des Aufwachsens nicht entspricht. Zudem missachtet diese Konstruktion, dass Lern- und Bildungsprozesse nicht separat innerhalb unterschiedlicher Kontexte ablaufen, sondern immer biographische und damit durchgängige Prozesse sind. (vgl. Bock/Otto 2007, 206f). Für die

---

len Vorschlag für einen längerfristigen Prozess zur weiteren Implementierung inklusiven Kinder- und Jugendreisens zu erarbeiten.

Gestaltung von Bildung als Prozess im Sinne der *Aneignung von Welt* muss es daher darum gehen,

> „(…) möglichst umfassende und unterschiedliche Bildungsgelegenheiten zur Lebens- resp. Welterfahrung für Kinder und Jugendliche bereitzustellen, damit jedes Kind und jede(r) Jugendliche die Möglichkeit hat, sich als geschichtlich gewordenes, soziales, kulturelles und geistiges Subjekt erfahren und erkennen zu können und in Differenz zu anderen die eigenen Welterkenntnisse zu reflektieren" (ebd., 205).

Aus pädagogischer Sicht ermöglicht eine so verstandene non-formale Bildung Lernprozesse, die für die Entwicklung von jungen Menschen von besonderer Bedeutung sind und damit eine wichtige Ergänzung zu formaler Bildung darstellen. Neben persönlichem, schul- und arbeitsweltbezogenem, biografischem, ganzheitlichem, sozialem und politischem Lernen geht es auch um Freizeit, Spaß, Geselligkeit, Gemeinschaftserfahrung und besondere Erlebnisse durch Primärerfahrungen. Als Leitlinien der außerschulischen Kinder- und Jugendarbeit lassen sich mit Werner Thole Freiwilligkeit, Partizipation, Integration, Lebensweltorientierung, Gruppenorientierung, Biographieorientierung, Zeitorientierung, Alltagsorientierung, Förderung der Selbstwertkompetenzen und die Regionalisierung und Dezentralisierung benennen. (vgl. Thole 2000, 259ff).

2. Non-formale Bildung und Inklusion

Versteht man Inklusion als Leitidee oder Zielrichtung einer grundlegenden Veränderung von Gesellschaft, die auf einer von gegenseitigem Respekt geprägten Werthaltung beruht und sich auf alle Teilbereiche des Zusammenlebens und damit auch der Bildung erstreckt, wird deutlich, dass ein Umbau des formalen Bildungssystems hin zu einer „Schule für alle" alleine nicht ausreicht. Vielmehr dürfte die Entwicklung inklusiver Haltungen umso besser gelingen, je selbstverständlicher diese eingeübt werden können – je selbstverständlicher beispielsweise das gemeinsame Lernen und Leben mit Kindern und Jugendlichen anderer kultureller Herkunft oder Religion, unterschiedlicher physischer Verfassung oder sozialer Herkunft für alle Kinder und Jugendlichen wird, und das eben nicht nur im Kontext Schule. Inklusive Kinder- und Jugendarbeit hat daher mit Gunda Voigts die Aufgabe, allen Kindern und Jugendlichen die Möglichkeit einzuräumen,

> „in außerschulischen Angeboten mit Gleichaltrigen aus ihrem Sozialraum zusammenzutreffen und ihnen Raum zu geben, für ihre Interessen selbst einzutreten" (Voigts 2012, 168).

Wichtige Bedingung für eine solche inklusive Kinder- und Jugendarbeit ist, dass sie generell *vor Ort* stattfinden muss, damit Beziehungen zwischen Gleichaltrigen innerhalb ihres Sozialraums – das heißt: in ihrem Lebensraum und direkten Wohnumfeld – entstehen können. Solange jedoch Kinder und Jugendliche mit Behinderungen Förderschulen fernab ihres Wohnortes und mit anderen Schul- und Therapiezeiten besuchen, ist es ihnen nur bedingt möglich, Angebote der Jugendarbeit in ihrem Stadtteil zu besuchen. Dies verweist wiederum auf den engen Zusammenhang mit und die Abhängigkeit von den Rahmenbedingungen des formalen Schulsystems. Gunda Voigts kommt zu dem Schluss,

> „dass es nahezu unmöglich erscheint, eine inklusive Kinder- und Jugendarbeit fernab von einer inklusiven Schule zu entwickeln. [...] Die Neugestaltung von Schule ist und bleibt der Dreh- und Angelpunkt auf dem Weg zu einer inklusiven Gesellschaft" (ebd.).

Aufgrund der im Vergleich zum formalen System grundlegend unterschiedlichen Strukturen können non-formale Angebote dennoch besonders günstige Ausgangsbedingungen für inklusive Bildung bieten: Die Teilnahme an ihnen beruht auf Freiwilligkeit, zudem sind sie frei von den Zwängen der Leistungsbewertung. Für inklusive Lernprozesse bieten sich damit besondere Freiräume, die u.a. ein hohes Maß an Partizipation aller Beteiligten zulassen, welche wiederum ein konstitutives Merkmal von Inklusion ist. Unter bestimmten Bedingungen lässt in non-formalen Angeboten auch das für formale Kontexte charakteristische, i.d.R. unumgängliche hierarchische Verhältnis zwischen Lehrkräften und Schüler/-innen auflösen in ein von flachen Hierarchien gekennzeichnetes Miteinander; auch dies ist eine wichtige Bedingung für die Gestaltung von Gruppenprozessen im Sinne der Inklusion.
Allerdings stellen sich dem non-formalen Bereich im Zusammenhang mit Inklusion aber auch vor besonderen Herausforderungen: Der finanzielle Rahmen, innerhalb dessen die gemeinnützigen Träger arbeiten, ist zumeist eng gesteckt. Eine Mehrheit der Träger in der Jugendarbeit, Jugendverbandsarbeit, Jugendbildungsarbeit und Jugendsozialarbeit arbeitet daher zu einem großen Teil, wenn nicht sogar ausschließlich, mit ehrenamtlichen Mitarbeiterinnen und Mitarbeitern. Diese bringen einerseits eine Vielfalt an Qualifikationen und Vorerfahrungen mit, verfügen aber andererseits nicht alle über Fachwissen in den einzelnen Bereichen; sie bringen ihre Freizeit, viel Energie und ein hohes Maß an persönlichen und materiellen Ressourcen ein und erhalten im Gegenzug – wenn überhaupt – nur eine geringe Aufwandsentschädigung. Vor diesem Hintergrund ist auch auf die Gefahr einer Überfrachtung des Ehrenamtes durch immer neue Anforderungen hinzuweisen.

3. Potenziale des inklusiven Kinder- und Jugendreisens

Kinder- und Jugendreisen lassen sich definieren als

> „räumlich wie sozial außergewöhnliches und hinsichtlich der Teilnahme formal
> freiwilliges Angebot an eine begrenzte Anzahl (junger) Menschen, sofern es min-
> destens eine auswärtige Übernachtung einschließt und neben einer expliziten The-
> menstellung implizit das Ziel geselliger Vergemeinschaftung verfolgt" (Dimbath et
> al. 2008, 119).

Sie stellen damit ein pädagogisches Setting dar, welches Kindern und Jugendlichen die Möglichkeit bietet, Anerkennung und Selbstwirksamkeit zu
erfahren, neue Freundinnen und Freunde kennenzulernen, in der Gruppe
positive Erfahrungen zu machen und im touristischen und erfahrungsorien-
tierten Sinne Neues zu erfahren. Sie können ihren Horizont erweitern und
neues Selbstvertrauen für die Bewältigung des Alltags gewinnen. Für einen
begrenzten Zeitraum erleben sich die Kinder und Jugendlichen in einer anderen als ihrer alltäglichen sozialen und räumlichen Umwelt und haben dabei
die Möglichkeit, eingefahrene soziale Rollen als Schüler/Schülerin,
Sohn/Tochter, „Looser" in der Clique hinter sich zu lassen. Innerhalb der
Gruppe können anhaltende oder zeitlich begrenzte Freundschaften entstehen,
wobei mit Thimmel

> „die Möglichkeit entsteht, sich zeitweise unabhängig von den in der Erwachse-
> nenwelt vorherrschenden Differenzlinien wie kulturelle Herkunft, Bildungsstand
> der Eltern, finanzielle Ressourcen der Familie, sozialräumliche Segregation zu ori-
> entieren und zu entwickeln" (Thimmel 2011, 150).

Als „andere Erwachsene" (Hafeneger 1998) übernehmen die Teamerinnen
und Teamer eine wichtige Funktion als erwachsene Bezugspersonen, zu denen ein anderes Verhältnis aufgebaut werden kann als zu Lehrerkräften und
Eltern. Sie helfen den Teilnehmenden bei Fragen der Lebensbewältigung
oder der Identitätsarbeit beispielsweise angesichts der Herausforderungen der
Pubertät und erfüllen dabei oftmals eine wichtige Rolle mit Vorbildcharakter.
Es liegen mittlerweile umfangreiche Evaluationsergebnisse vor, die belegen,
welch große Bedeutung dem Kinder- und Jugendreisen aus Sicht der Kinder
und Jugendlichen zukommt. (vgl. u.a. Ilg 2008, Ilg/Diehl 2011, Peters et al.
2011). Die genannten Effekte treten allerdings nicht automatisch ein, vielmehr ist das pädagogische Setting des Kinder- und Jugendreisens in hohem
Maße voraussetzungsvoll. Zu den Bedingungen für die Realisierung des
Anspruchs von Jugendarbeit, ein eigenständiges Lernfeld zu sein, gehört mit
Christian Spatscheck neben der Diskursivität im Sinne dialogischer Begegnungen zwischen den Teilnehmenden und TeamerInnen auch die gemeinsame Reflexion über das Erlebte. Zur Gestaltung eines „Aneignungsfeldes",

welches *„junge Menschen anhand interessanter Angebote anregt, Verantwortung für sich und andere zu übernehmen"* (Spatscheck 2005, 511) gehört dabei auch die Bereitstellung von Schonräumen, in denen Autonomie und Selbstverantwortung erlernt werden können und die auch Fehlversuche zulassen.

Unter Berücksichtigung dieser (mit inklusiven Werten gut in Einklang zu bringenden) Anforderungen birgt das Kinder- und Jugendreisen besondere Potenziale für inklusive Bildung, ganz im Sinne des eingangs genannten Zitats: Im Unterschied zu den kurzzeitigen Angeboten der Kinder- und Jugendarbeit vor Ort, die sich nur über einzelne Nachmittage erstrecken und an bestimmte Aktivitäten gekoppelt sind, bietet das Reisen bei entsprechender Ausgestaltung des Programms Räume für gemeinsam verbachte Zeit, für allmähliches Kennenlernen und *„Herantasten"*, für gemeinsame Erfahrungen und Erlebnisse, die verbinden. Das große Spektrum an Aktivitäten im Rahmen einer Reise – vom Zähneputzen bis zum Tagesausflug, vom Küchendienst bis zur Nachtwanderung – und den damit verbundenen zahlreichen Momenten der Kommunikation ermöglicht *gemeinsames Leben* in unterschiedlichsten Facetten, wie sie in der Schule kaum vorzufinden sind. Dabei kann für die Teilnehmenden und ebenso für die Teamerinnen und Teamer eine Normalität im Umgang miteinander entstehen, die über die Differenzlinien von Behinderung, sozialer und kultureller Herkunft, Geschlecht, Religionszugehörigkeit und Alter hinweg reicht.

Annäherungen an eine solche „Normalität" finden dabei aus unterschiedlichen Richtungen statt; dies soll an zwei Beispielen verdeutlicht werden[2]. In Bezug auf die Zimmerverteilung während der Reise berichtet eine Teamerin:

> „Also für manche Kinder ist es halt befremdlich, ähm, nehmen wir mal zum Beispiel die erste Nacht, wenn dann ein hörbehindertes Kind in einem normalen Zimmer schläft und mit anderen Kindern zusammen. Da gibt's dann oft das Problem, dass die ähm auch nachts manchmal schreien oder laut Geräusche von sich geben, die sie ja selber nicht hören. Und das ist für die anderen in den ersten Nächten schon manchmal erschreckend und ungewohnt, aber ähm, da kann man gut dran arbeiten, und das gelingt uns eigentlich recht gut. Dass wir vorher ein bisschen was erklären, dass wir zwischendurch um Verständnis werben, ähm, dass wir nicht jedem Tauschwunsch sofort nachgeben, sondern auch sagen, nö dann guck mal, ne da kannste dich dran gewöhnen, da kommste schon mit klar, und dann auch meistens feststellen, dass das wirklich innerhalb weniger Tage sich einspielt."

Ein Teamer einer anderen Reise berichtet von einem jungen Mann, der seit mehreren Jahren mit auf die Freizeit fährt und der blind ist:

---

[2] Die folgenden Zitate stammen aus dem in Fußnote 1 erwähnten Projekt.

„Er hat am Anfang ganz komische Macken gehabt, also z.B. mochte er nicht, wenn das Toast und Salami – war das einzige, was er morgens gegessen hat – auf einem Teller liegt. Also, das musste immer auf getrennten Tellern sein. (...) Bis er aber mitgekriegt hat, dass das keiner so isst wie er, dass die alle normal essen und seitdem macht der das auch nicht. (...) Und ich glaube, solche Sachen wären nicht möglich, wenn er in einer Einrichtung wäre, wo nur Menschen sind, die blind sind. Ja, weil man da z.B. mehr auf so Ticks achtet. Und ich glaube, viel Normalität auch für Menschen mit Behinderung kommt halt nur durch solche Freizeiten, dass man halt auch merkt, es geht halt jetzt eben nicht anders, so. Du musst jetzt eben, das geht halt eben nicht anders und jetzt ist das halt eben so. Wir haben hier nicht dreitausend Teller für dich und die anderen essen auch und das schaffst du auch – und er hat ganz viele Sachen abgelegt, von solchen merkwürdigen Verhaltensweisen, einfach weil er bemerkt hat, dass das auch anders funktioniert und das andere Leute auch anders sind.“

Allerdings stellen sich derlei Effekte nicht von selbst ein. Inklusives Kinder- und Jugendreisen ist voraussetzungsvoll und bedarf neben den entsprechenden äußeren Rahmenbedingungen wie angemessener finanzieller und personeller Ausstattung vor allem reflektierter, engagierter und sensibilisierter Teams. Dass Inklusion auch im non-formalen Bereich zuallererst in den Köpfen der beteiligten Personen scheitern kann, verdeutlicht folgende Erzählung einer Freizeitleitung:

„Im Übrigen stelle ich bei meinen Mitarbeitern fest, dass da ganz viel Ängste am Anfang waren. Als wir uns entschieden haben, behinderte Kinder mitzunehmen, war das beim Team zunächst sehr angstbesetzt, weil sie Sorge hatten, dass sie es nicht schaffen. Und wir hatten beim letzten Jahr zum ersten Mal ein stark sehbehindertes Kind dabei, (...) Und dann habe ich in der Vorbereitung mit den Mitarbeitern so Übungen gemacht, wie man mit hörbehinderten und sehbehinderten Kindern umgeht, worauf man achten muss, und stellte fest, dass sie also wirklich der Meinung waren, dass sie es nicht könnten. Also, ein sehbehindertes Kind könnte nicht mit abtrocknen, weil es ja den Tisch nicht findet, wohin es den Teller hinstellen soll. Und ich habe sie eine ganze Weile machen lassen, und hab sie dann mal gefragt, was sie eigentlich glauben, ob das Kind auch geistig behindert wäre. Sie trauten dem überhaupt nichts mehr zu. Und waren nachher auch total begeistert, was der alles kann und wie gut der eigentlich zurecht gekommen ist. Und das war, glaube ich, fürs Team auch ganz wichtig, solche Erfahrungen zu machen.“

4. Inklusive Kulturen, Strukturen und Praktiken in non-formaler Bildung

„Im gemeinsamen Leben entsteht Normalität", wenn – das zeigen die Zitate – Engagement, Offenheit und Verantwortungsbereitschaft der Beteiligten, hier vor allem des Teams, entsprechende Rahmenbedingungen, sowie Sensibilität für gemeinschaftliche Alltagssituationen kultiviert werden. In Orientierung am *„Index für Inklusion"* können diese Anforderungen auch als inklusive Kulturen (1), Strukturen (2) und Praktiken (3) beschrieben werden. Für Schulen, Kindertagesstätten und Kommunen gibt es vielfältige Erfahrungen aus Qualitätsentwicklungsprozessen in Richtung der Leitidee der Inklusion mithilfe dieser drei Dimensionen des *„Index für Inklusion"* (vgl. Booth/ Ainscow 2000; Boban/Hinz 2003; Montag Stiftung Jugend und Gesellschaft 2011). In einem vergleichbaren Vorgehen könnten auch in non-formalen Bildungssettings, hier in der Gestaltung von Kinder- und Jugendreiseangeboten, mittels Fragen Selbstreflexionen angeregt, tradierte Organisationsformen, Zuständigkeiten und Zielgruppen hinterfragt oder auch Partizipation provoziert werden. Zu erwarten wäre dabei, das zeigen die ersten Einblicke, eine größere Selbstverständlichkeit beispielsweise in der Umsetzung inklusiver Strategien (im Index auch Praktiken genannt), als sie aus leistungsorientierten und pflichtgebundenen formalen Bildungsbereichen bekannt sind. Zu erwarten wäre auch, dass auf gemeinsam gestalteten Reisen längst Räume entstanden sind, in denen sich Partizipation entwickeln kann – was beispielhaft für Partizipation z.B. im stärker hierarchisierten formalen Kontext sein kann.

Die Diskussion um Anforderungen an eine inklusive Gesellschaft und damit verbundene notwendige Veränderungsprozesse konzentriert sich nach wie vor stark auf das formale Bildungssystem. Konsequenzen für non-formale und informelle Bildungsbereiche finden im bildungspolitischen und im wissenschaftlichen Diskurs um Inklusion bisher weit weniger Beachtung. Darüber besteht zugleich wenig Bewusstheit für mögliche Impulse, Erfahrungen, Vorbildprojekte zum Beispiel innerhalb der Offenen Kinder- und Jugendarbeit. Die Aktionspläne zur Vorbereitung eines inklusiven Bildungssystems, die gegenwärtig von Ländern und Kommunen geschrieben werden, fokussieren überwiegend das Schulsystem und nehmen nur am Rande Bereiche der non-formalen und informellen Bildung in den Blick. In Anbetracht des oben formulierten Hinweises darauf, dass diese künstliche Trennung den realen Aufwachsbedingungen nicht entspricht (s. Kap. 1 und 2), aber auch im Hinblick auf sich verändernde Strukturen im Bildungssystem (Offene Ganztagsangebote, bevorstehende Schließung von Förderschulen), die unweigerlich zu stärkeren Kooperationen und Vernetzungen von Bildungspartnern führen werden, wird deutlich, dass die Gestaltung einer inklusiven Gesellschaft nicht allein über das formale Bildungssystem realisiert werden kann. Ein wesentliches Moment in dem Veränderungsprozess, der sich mit der Leitidee der Inklusiven Bildung andeutet, sollte dementsprechend die stärkere Gewichtung non-formaler Bildung für die verantwortungsbewusste, demokratische und chancengerechte Entwicklung von Kindern und Jugendlichen sein.

Literaturverzeichnis

Boban, Ines/Hinz, Andreas (Hrsg.) (2003): Index für Inklusion. Lernen und Teilhabe in der Schule der Vielfalt entwickeln. Halle (Saale): Martin_Luther Universität

Bock, Karin/Otto, Hans-Uwe (2007): Die Kinder- und Jugendhilfe als Ort flexibler Bildung. In: Harring, Markus / Rohlfs, Carsten / Palentien, Christian (Hrsg.): Perspektiven der Bildung. Kinder und Jugendliche in formellen, nicht-formellen und informellen Bildungsprozessen. Wiesbaden: VS, 203-218

Booth, Tony/Ainscow, Mel (Hrsg.) (2002): Index for Inclusion – Developing Learning and Participation in Schools. CSIE: Bristol

CEDEFOP, European Centre for the Development of Vocational Training (2008): Terminology of European education and training policy. A selection of 100 key terms. http://www.cedefop.europa.eu/EN/Files/4064_en.pdf, download vom 23.07.2012

Dimbath, Oliver/Ernst, Michael/Holzinger, Eva/Wankerl, Carola (2008): Elemente einer Soziologie der Jugendfreizeit. Überlegungen zu einer empirisch begründeten Rekonstruktion von Teilnahmeerfahrungen auf Jugendfreizeiten. In: deutsche jugend. 56 (3), 118-127

Europarat/Europäische Union (2011): Pathways 2.0 – Wege zur Anerkennung von nicht formalem Lernen / nicht formaler Bildung und Jugendarbeit in Europa. Abrufbar unter: http://www.jugendfuereuropa.de/informationsangebote/publikationen/download am 23.07.12

Hafeneger, Benno (1998): Der pädagogische Bezug. Thesen zur Standortbestimmung einer vernachlässigten Dimension der Jugendarbeit. In: Kiesel, Doron/Scherr, Albert u.a.: Standortbestimmung Jugendarbeit. Theoretische Orientierungen und empirische Befunde. Schwalbach/Ts.: Wochenschau-Verlag, 104-126

Ilg, Wolfgang (2008): Evaluation von Freizeiten und Jugendreisen. Einführung und Ergebnisse zum bundesweiten Standard-Verfahren. aej-Studien 7. Hannover: aej

Ilg, Wolfgang/Diehl, Michael (2011): Jugendgruppenfahrten im Spiegel mehrebenenanalytischer Untersuchungen. Erfahrungen mit vernetzter Selbstevaluation in non-formalen Bildungssettings. In: Zeitschrift für Evaluation, Heft 10, 225-248

Montag Stiftung Jugend und Gesellschaft (Hrsg.) (2011): Inklusion vor Ort. Der kommunale Index für Inklusion – ein Praxishandbuch. Berlin: Eigenverlag des deutschen Vereins für öffentliche und private Fürsorge e.V.

Peters, Heike/Otto, Stephanie/Ilg, Wolfgang/Kistner, Günter (2011): Evaluation von Kinderfreizeiten. Wissenschaftliche Grundlagen, Ergebnisse und Anleitung zur eigenen Durchführung. Hannover: aej

Spatscheck, Christian (2005): Jugendarbeit im beginnenden 21. Jahrhundert. Zentrale Kriterien für eine fachlich fundierte Positionierung. In: Neue Praxis, 35 (5), 510-521

Thimmel, Andreas (2011): Stellenwert von Freizeiten für Kinder – wissenschaftliche und politische Begründungslinien. In: Peters, Heike/Otto, Stephanie/Ilg, Wolfgang/Kistner, Günter: Evaluation von Kinderfreizeiten. Wissenschaftliche Grundlagen, Ergebnisse und Anleitung zur eigenen Durchführung. Hannover: aej, 143-151

Thole, Werner (2000): Kinder- und Jugendarbeit: Eine Einführung. Weinheim: Juventa

Voigts, Gisela (2012): Inklusion als handlungsleitendes Ziel der Kinder- und Jugendarbeit. Die UN-Konvention über die Rechte von Menschen mit Behinderungen fordert positiv heraus. In: deutsche jugend, 60 (4), 166-173

Judith Dubiski ist Wissenschaftliche Mitarbeiterin am Forschungsschwerpunkt Nonformale Bildung der Fachhochschule Köln.
Email: judith.dubiski@fh-koeln.de

Dr. Andrea Platte ist Professorin für Bildungsdidaktik und Leiterin des Studiengangs BA Pädagogik der Kindheit und Familienbildung an der Fachhochschule Köln.
Email: andrea.platte@fh-koeln.de

Lisa Pfahl / Simone Seitz

Wissen um Begabung.
Theoretische und methodologische Überlegungen zu Praktiken der Begabungsförderung an inklusiven Schulen

Zusammenfassung

Viele Menschen glauben, Kinder die schnell lernen, sind begabt. Aber auch Kinder, die langsam lernen, haben Begabungen. In der Forschung wird meist zwischen behinderten und begabten Kindern unterschieden. In einem Projekt mit zwei Schulen in Bremen wollen wir das anders machen. Wir fragen die Kinder, was ihnen beim Lernen hilft. Wir schauen beim Unterricht zu. Und wir sprechen mit den Lehrern und Lehrerinnen. Wir wollen wissen, was die Kinder können und was sie machen dürfen. Wir haben gesehen: Wenn Lehrer wissen, was Kinder können, dann lernen Kinder besser. Aber Lehrer müssen Kindern helfen, ihr Können in der Schule zu zeigen.

1. Wissen um Begabung

Werden Kinder im Zusammenhang mit der Schule als *„begabt"* bezeichnet, so sind damit gemeinhin Schülerinnen und Schüler gemeint, die als leistungsstark und schnellentwickelnd sowie als besonders produktiv, sozial, sportlich oder kreativ auffallen (zum Überblick vgl. Ziegler 2008). Jedoch ist Begabung (ebenso wie Behinderung) nicht als angeborenes und damit stabiles Personenmerkmal zu verstehen, sondern vielmehr als soziale Konstruktion (vgl. Seitz/Pfahl/Scheidt 2012). Begabung und Behinderung müssen als historisch veränderbare Konstruktionen wissenschaftlichen und pädagogischen Wissens begriffen werden, welche die Entwicklung von Fähigkeiten von Kindern und Jugendlichen beschreiben.

Ein kursorischer Blick in die Geschichte zeigt, dass Begabung ursprünglich *„ausgestattet"*, *„beschenkt"* bedeutet (Kluge 1989). Noch zu Beginn des 20. Jahrhunderts wurde er ausschließlich in dieser Bedeutung verwendet. Im Verlauf der 1920er und 1930er Jahre entstanden jedoch bereits differenziertere wissenschaftliche Vorstellungen über Begabung und es wurden pädagogische Ansätze der Begabungsförderung entwickelt (vgl. Weigand 2011). Dennoch hat sich bis heute im Alltagsdiskurs die Auffassung gehalten eine Begabung sei eine Fähigkeit, die ein Kind von Geburt an besäße.[1] Was unter der Begrifflichkeit „Begabung" verstanden wird, variiert jedoch nicht nur historisch, sondern ist zugleich stark vom Beobachtungskontext abhängig und führt zu unterschiedlichen Konsequenzen hinsichtlich schulstruktureller und unterrichtspraktischer Fragen (vgl. Seitz/Pfahl im Druck).

Für eine Begabungsförderung durch Bildungsinstitutionen ist, über die strukturelle Begabungszuschreibung aufgrund der erreichbaren Abschlüsse vor allem die Schulorganisation und konkrete Unterrichtsgestaltung verantwortlich. Um Genaueres über das Potential der Begabungsförderung einer Schule zu erfahren, ist also zu untersuchen, welches Wissen die Schulleitung und die Lehrkräfte über Begabung besitzen und wie diese Vorstellungen ihr pädagogisches Handeln anleitet. Dazu ist eine genaue Betrachtung der pädagogischen Diskurse über Begabung notwendig sowie eine Rekonstruktion des Begabungswissens von Lehrkräften, das ihr professionelles Handeln in der Begabungsförderung von Kindern strukturiert. Gerahmt werden sollte eine solche Analyse durch die Untersuchung des subjektiven Wissens der Adressaten und Adressatinnen der Begabungsförderung. Denn auch die Schüler und Schülerinnen besitzen ein Wissen um Begabung und vollziehen unterschiedliche Praktiken im Umgang mit den durch die Schule an sie gerichteten Erwartungen. Dieses subjektive Wissen ist ein biografisch gewonnenes Wissen der Schüler und Schülerinnen, dass je nach Alter, Geschlecht, kultureller und sozialer Herkunft und auch sonst divergenter Lebenserfahrungen unterschiedlich geprägt ist. Kinder und Jugendliche werden im schulischen Kontext in unterschiedlicher Weise subjektiviert und nehmen innerlich und äußerlich Positionen wie die des „begabten Schülers" oder der „sozial auffälligen Schülerin" ein. Solche sozialen Positionen werden aktiv ausgestaltet und wirken damit auf die Unterrichtspraktiken, indem die Schüler und Schülerinnen diverse Bedürfnisse artikulieren. Um zu erfassen, ob und wie die biografischen Erfahrungen der Schülerschaft und die von ihnen in der Schule eingenommenen Positionen in die Begabungsförderung einbezogen werden,

---

[1] Auch die im modernen erziehungswissenschaftlichen Diskurs zu findende Differenz zwischen sogenannten praktischen Begabungen und theoretischen Begabungen schreibt Kindern und Jugendlichen letztlich unterschiedliche Begabungen als quasi natürliche Eigenschaft zu. Die Unterscheidung in praktische (Geschick und Fleiß) und theoretische Begabungen (abstraktes Vorstellungsvermögen) bezieht sich dabei jeweils auf Personen als Ganze. Als solcherart kategorisierendes Begabungskonzept dient die Vorstellung noch immer als Begründungsgrundlage des stratifizierten „begabungsgerechten" Bildungsangebots in Deutschland, d.h. für äußere Differenzierungsmaßnahmen in unterschiedlichen Schultypen (vgl. Pfahl 2012; Prengel 2012).

stellt das subjektive Wissen der Schülerschaft einen weiteren Gegenstand
unserer Untersuchung dar.

2. Begabungsdiskurse, pädagogische Praktiken und subjektives Wissen von Schülern und Schülerinnen

Grundlegend ist davon auszugehen, dass Schulen Infrastrukturen, mit eigener
Bürokratie, Lehrpersonal und weiterer akademischer Expertenschaft wie z.b.
der Schulpsychologie, Schulmedizin etc., besitzen (vgl. Lehnhardt 1984), die
ein pädagogisches Sonderwissen etablieren (vgl. Pfahl 2011, 46ff). Das von
den verschiedenen Schulen oder Schultypen entwickelte Sonderwissen zu
Begabung und Begabungsförderung beinhaltet dann auch Vorstellungen über
die Wissensvermittlung an die Schülerschaft, über deren Eigenschaften sowie
die jeweils angemessenen pädagogischen Praktiken.

Dieses Sonderwissen wird in wissenschaftlichen Diskursen verhandelt und ist
anhand von Fachpublikationen nachvollziehbar. Darüberhinaus muss auch
das Wissen der Lehrkräfte über Begabung und Begabungsförderung als Teil
der *„Begabungsdiskurse"* bezeichnet werden. Denn Diskurse entstehen in
Diskursarenen, in denen neben dem wissenschaftlichen Personal auch Experten und Expertinnen wie Lehrkräfte oder staatliche Akteure beteiligt sind
(vgl. Keller 2005). Diskurse sind als wiederkehrende Muster von Aussagen
zu verstehen, gleichzeitig aber auch als Bezeichnungspraktiken oder *„Anru-
fungen"* (vgl. Althusser 1977), die von den Adressierten rezipiert werden.
Bildungsdiskurse zeichnen sich allgemein dadurch aus, dass sie größtenteils
öffentlich sind und die Adressierten selber, also sowohl die Lehrkräfte als
auch die Schüler und Schülerinnen, mit ihnen umgehen (müssen), teilweise
direkt, teilweise vermittelt über das Expertenhandeln von Dritten. So ist im
Falle der Lehrkräfte bspw. wissenschaftliche Weiterbildung, im Falle der
Schüler und Schülerinnen das Handeln der Lehrkräfte als Expertenhandeln zu
betrachten.

Wie oben dargestellt, beinhalten Begabungsdiskurse ganz bestimmte Vorstellungen über Schüler und Schülerinnen sowie über Entwicklungsmöglichkeiten von Kindern und Jugendlichen. Begabungsdiskurse charakterisieren und
bezeichnen also *„Typen"* von Schülern und Schülerinnen. Deshalb ist davon
auszugehen, dass Begabungsdiskurse, die sich im Wissen von Schulleitungen
und Lehrkräften wiederfinden, einen besonderen Einfluss auf das pädagogische Handeln an einer Schule besitzen.

Pädagogische Praktiken sind, wie das professionelle Handeln anderer akade-
mischer Experten und Expertinnen auch, eng an das diskursive Wissen der
Pädagogik als Disziplin geknüpft. Wie bereits im Rahmen des *„Labeling
Approach"* (vgl. Becker 1963) aufgezeigt wurde, lässt sich die Bezeichnung

(wie z.B. hochbegabter Schüler) von der Bezeichnungspraktik (in diesem Fall eine positive Diskriminierung desselben Schülers) nicht analytisch trennen. Die herangezogene Bezeichnung „hochbegabt" stellt eine sprachliche Typisierung und Kategorisierung dar, die mit der Praktik des Klassifizierens in eins fällt. Deshalb ist davon auszugehen, dass die unter den Lehrkräften dominierenden Begabungsdiskurse vermittelt durch Bezeichnungspraktiken einen starken Einfluss auf die adressierten Schülerindividuen besitzen. Ob und inwiefern solche positiv diskriminierenden Bezeichnungspraktiken ebenso wie die negativ diskriminierenden subjektkonstitutierend wirken (vgl. Pfahl 2012), soll in dem Forschungsprojekt untersucht werden.

Die Rekonstruktion des subjektiven Wissens der Schüler und Schülerinnen basiert auf der Selbstauskunft der Kinder und Jugendlichen. Subjektives Wissen ist auf die Erschließung von Handlungsmöglichkeiten ausgerichtet. Gegenwärtig vorhandene Handlungsprobleme werden vor dem Hintergrund vergangener Erfahrungen, Routinen und Wissensbestände bearbeitet (vgl. Corsten 1994). Damit stellt das biografisch verfasste, subjektive Wissen immer das Korrelat einer Lebenspraxis dar. Die fallanalytische Untersuchung des subjektiven Wissens von Schülern und Schülerinnen ermöglicht es, den Einfluss der erlebten pädagogischen Praktiken zu rekonstruieren. Um auf diese Weise die subjektivierende Wirkung (vgl. Foucault 1987) der mit der Begabungsförderung einhergehenden Klasssifikationspraktiken zu untersuchen, werden sowohl das subjektive Wissen der Lehrkräfte erhoben und analysiert als auch das der Schüler und Schülerinnen in die Analyse miteinbezogen. Im Fokus stehen außerdem die sozialen Praktiken von Typisierungen, Klassifizierungen und Kategorisierungen im Unterricht, sowohl zwischen Lehrkraft und Schülerinnen oder Schülern als auch zwischen Schülern und Schülerinnen untereinander. Anders als beim Sozialisationsbegriff ist mit dem Begriff der Subjektivierung nicht so sehr die Vorstellung eines individuellen, psychologisch motivierten Prozesses des Einfügens in die Schule verbunden (vgl. Hurrelmann 1983). Vielmehr handelt es sich um eine aktive Auseinandersetzung mit den vorgefundenen sozialen Verhältnissen in den Schulklassen und den Erwartungen der Lehrkräfte in Bezug auf die Fähigkeiten von Schülern und Schülerinnen. Subjektivierung kann daher auch nicht gleichgesetzt werden mit „Identitätsbildung" (vgl. Goffman 1975). Subjektivierung bezeichnet das Erlangen bzw. die Einübung von praktischen Umgangsweisen mit sich selbst und dem Kontext werden. Diese können im Anschluss an Hahn (1987) und Foucault (1988) als „Selbsttechniken" beschrieben werden. In Anlehnung an das Konzept der „Biografiegeneratoren" (Hahn 1987) werden hier als Selbsttechniken solche biografischen Deutungen und Praktiken bezeichnet, die allgemein anerkannten und erwartbaren Strategien folgen, eine soziale Position auszufüllen (vgl. Rose 1998). Selbstbeschreibungen, die solche Selbsttechniken thematisieren werden deshalb in den Interaktionsprotokollen und Interviewtranskripten gezielt gesucht, systematisch verglichen und sozialwissenschaftlich-hermeneutisch interpretiert (vgl. Pfahl/Traue 2012).

3. Das Forschungsprojekt „Begabung inklusive?"

Im Mittelpunkt eines mehrjährigen Forschungsprojekts zur Förderung von Begabung an inklusiven Schulen stehen zwei Schulen in Bremen; eine Grundschule und eine Oberschule. Ziel der Studie ist es, Merkmale von Begabungsförderung in inklusiven Schulen bzw. bewusst heterogen zusammengesetzten Lerngruppen in einem soziokulturell benachteiligten bzw. sozial heterogenen Stadtteil zu bestimmen.[2]

Untersucht wird, welchen Einfluss das Wissen der Lehrkräfte, die etablierten Praktiken einer Schule und die biografischen Erfahrungen der Schülerschaft auf die Entwicklung und Förderung besonderer Fähigkeiten von Kindern und Jugendlichen besitzen. Dazu werden, den eingangs dargelegten theoretischen Überlegungen folgend, drei Ebenen der Entstehung des sozialen Konstrukts Begabung von Schülern und Schülerinnen unterschieden: den Begabungsdiskursen, den pädagogischen Praktiken sowie den Lernbiografien bzw. subjektiven Theorien der Kinder und Jugendlichen.

Dementsprechend wird im Rahmen des Projektes drei Teilfragen nachgegangen:

1. Begabungsdiskurse: Welches Wissen über Begabung und Inklusion besitzen Schulleitungen und Lehrkräfte?

2. Pädagogische Praktiken: Welche Formen sozialer Anerkennung und Ermutigung entwickeln Lehrkräfte für besondere Fähigkeiten von Kindern und Jugendlichen im inklusiven Unterricht?

3. Lernbiografien: Welches Wissen über Begabung und Inklusion besitzen Schüler und Schülerinnen? Wie wirken Freundschaft und Familie auf ihre Entwicklung?

Basierend auf einem Verständnis von Begabung als soziale und kulturelle Konstruktion ist die interaktive Verhandlung von Begabungen im Unterricht zwischen Lehrkraft und Schülerschaft, aber auch zwischen den Schülern oder Schülerinnen untereinander von besonderem Interesse. Zusammengeführt mit Beobachtungen der Unterrichtsorganisation (soziale Handlungsmuster, Diffe-

---

[2]   Die Studie ist finanziert von der Karg-Stiftung und der Senatorin für Bildung und Wissenschaft Bremen. Die vorgesehen Laufzeit beträgt 08/2011 bis 12/2013.

renzierungsformen etc.) und Interviews mit den Lehrkräften über ihre Erfahrungen mit der Begabungsförderung werden Rückschlüsse für die Konzeption begabungsfördernden Unterrichts gezogen.

Im Rahmen der Studie sollen also Kennzeichen begabungsfördernden Unterrichts an inklusiven Schulen erarbeitet werden. Die im Forschungsprojekt untersuchten Schulen nehmen dabei zugleich an einem Modellprojekt der Karg-Stiftung zur Schulentwicklung teil Die Schulleitung und große teile der Lehrpersonals werden über einen Zeitraum von vorerst drei Jahren gezielt im Hinblick auf Förderung von Begabungen geschult. Die beteiligte Grundschule praktiziert bereits seit mehreren Jahrzehnten integrativen bzw. inklusiven Unterricht und arbeitet jahrgangsübergreifend, die Oberschule hat sich im Rahmen der Neustrukturierung des bremischen Schulsystems in den letzten Jahren von einer Stadtteilschule (mit getrennten Bildungsgängen) in eine Oberschule mit Abiturangebot umstrukturiert und zeitgleich zu einer inklusiven Schule weiterentwickelt. Beide Schulen sind eng im Stadtteil vernetzt. Das Einzugsgebiet der Schulen ist kulturell vielfältig; zugleich ist der Anteil an Schülern und Schülerinnen aus Familien in prekären ökonomischen Einkommenslagen sehr hoch.

Angesichts dieser Kontextbedingungen gilt es im Forschungsprozess das Feld reflexiv und kritisch einer Beschreibung und Untersuchung zu unterziehen. Denn die Thematisierung von Aspekten, die soziale Ungleichheit und ihre Folgen benennen, kann dazu führen, diese defizitorientiert zu umschreiben und damit das Feld verallgemeinernd als *„problematisch"* zu umrahmen.[3] Dabei ist auch die historische Entwicklung des Forschungsfeldes einzubeziehen. So ist die Grundschule als Institution in ihrer Entstehung als Schulform um 1920 ideengeschichtlich mit der Einheitsschule verbunden, insofern sind Reflexionen über Heterogenität kennzeichnend für grundschulbezogene Diskurse. Die in unserer Studie untersuchten Grundschulklassen werden seit mehreren Jahrzehnten gezielt heterogen zusammengesetzt (jahrgangsübergreifend, integrativ/inklusiv). Mit der Überführung der Sekundarstufenschulen in eine gemeinsame Oberschule zum einen und der zeitgleichen Öffnung für Schüler und Schülerinnen mit sogenanntem sonderpädagogischem Förderbedarf zum anderen werden Schüler und Schülerinnen mit

---

[3] Auch Beschreibungen des Feldes als *„heterogen"* greifen zu kurz, sofern sie als gegebenes Merkmal des gewählten Untersuchungsfeldes gesetzt und nicht weiter bearbeitet werden (vgl. Budde 2012). Denn auf diesem Weg kann Heterogenität schnell ontisch als Normabweichung gedeutet und einer hierüber definierten *„Normalität"* gegenübergestellt werden. Heterogenität lässt sich aber als ein historisch kontingentes, d. h. veränderbares Produkt wissenschaftlicher und pädagogischer Praktiken verstehen, das damit auch durch die Schule selbst mit hervorgebracht wird. Kritisch reflektiert werden müssen daher im Forschungsprozess mögliche Reifizierungen von Homogenität sowie von Heterogenität, denn hierdurch könnte der forschende Blick in problematischer Weise eingeengt werden.

heterogenen Lernausgangslagen auch in dieser Altersstufe bewusst gemeinsam unterrichtet.

4. Methodisches Vorgehen und erste Ergebnisse

Das Design der Studie greift im Kern auf Instrumente der qualitativen Sozialforschung zurück und strukturiert sich inhaltlich entlang der oben explizierten Leitfragen. Im Zentrum stehen Unterrichtsbeobachtungen verknüpft mit der Erfassung der Perspektive der Lehrkräfte und der Schülerschaft. Eingangs wurden Experteninterviews mit den Leitungen beider Schulen durchgeführt, um relevanten Institutionendaten der Schulen zu erfassen (vgl. Meuser/Nagel 2002), aber auch wichtige berufsbiografische Ereignisse der Befragten erhoben sowie eine Beschreibungen des Unterrichtsalltags gewonnen (Flick 2000). Nach einer ersten Auswertung der Expertenbefragung wurden in einem zweiten Schritt Unterrichtsbeobachtungen in verschiedenen Lerngruppen durchgeführt. Die Beobachtungen orientieren sich am Vorgehen einer *„fokussierten Ethnografie"* (Knoblauch 2001), d. h. es handelt sich um nicht-teilnehmende Beobachtungen mit fragenden Elementen an die unterrichtenden Lehrer und Lehrerinnen. Die Unterrichtsbeobachtungen wurden Großteils von zwei Projektmitarbeiterinnen durchgeführt und in Feldtagebüchern protokolliert. Unterstützt wurden die Beobachtungen durch Videoaufzeichungen des Unterrichtsablaufs mit zwei Kameras. Die Auswertung der Unterrichtsbeobachtungen basiert auf den schriftlich verfassten Interaktionsprotokollen, die sozialwissenschaftlich-hermeneutisch ausgewertet werden (vgl. Reichertz/Schröer 1995). Für die Analyse von Schlüsselstellen im Unterrichtsablauf wird das Videomaterial für eine Feinanalyse ergänzend hinzugezogen. Dies ermöglicht teilweise die Rekonstruktion von Unterrichtssituationen im Wortlaut; Darüberhinaus ermöglicht der Einbezug des Videomaterial in die Auswertung eine Kontextualisierung von relevanten Interaktionen in den Gesamtablauf des Unterrichts. In einem dritten Schritt werden Ergebnisse aus den Unterrichtsbeobachtungen und Fragen an das Material in vertiefende Praxisgespräche mit den Lehrkräften der beobachteten Klassen diskutiert. Dies geschieht, indem Ausschnitte aus den Videoaufzeichnungen gemeinsam betrachtet und im Gespräch reflektiert werden.[4]

In einer Ergänzungsstudie wird schließlich das Wissen der Kinder und Jugendlichen mit diversen sozialstrukturellen und kulturellen Ausgangslagen über ihre (besonderen) Fähigkeiten untersucht und analysiert werden, welche Selbstdeutungen sie in Bezug auf Begabung entwickeln und wie diese

---

[4] Von einer Videointeraktionsanalyse (vgl. Bohnsack 2009; Corsten 2010) wird abgesehen, weil eine adäquate Auswertung den Rahmen des Projektes sprengen würde.

Selbstdeutungen im Unterricht verhandelt werden. Aufbauend auf dem qualitativen Design der Gesamtstudie werden daher in einer Teilstudie an Einzelfällen rekonstruierte „Portraits" von Lernbiografien entstehen, die einerseits das subjektive Wissen der Kinder und Jugendlichen auf ihre Fähigkeiten aufzeigen und andererseits den Einfluss von Schule, Peers und Stadtteil auf die biographischen Selbstthematisierungen der Schüler und Schülerinnen verdeutlichen. Um die Selbsttechniken der Schüler und Schülerinnen für relevante Familien- und Schulbelange anhand von Selbstthematisierungen rekonstruieren zu können, werden biographisch-narrative Einzelinterviews mit ihnen geführt (vgl. Rosenthal 2008; Flick 2002). Teilweise werden Freunde sowie Familienmitglieder der Kinder und Jugendlichen in Form von Gruppendiskussionen (vgl. Bohnsack 1997) in die Untersuchung miteinbezogen. Soziale Praktiken der Anerkennung und der Partizipation zeichnen sich nach dem derzeitigen Auswertungsstand als zunächst wichtigste Elemente einer Begabungsförderung an inklusiver Schule ab (vgl. Seitz/Pfahl, im Druck). Im Sinne der Verdichtung des laufenden qualitativen Forschungsprozesses gilt es diesen Aspekt weitergehend zu konturieren und zu deuten. Darüber hinaus ist der Zusammenhang von Schulentwicklung bzw. Schulorganisation, pädagogischen Praktiken und dem subjektiven Wissen der Schüler und Schülerinnen zu klären. Zu diesem Zweck sollen einerseits die Ergebnisse der Expertenbefragung zu schulorganisatorischen Begrenzungen und Möglichkeiten mit den Ergebnissen der Unterrichtsbeobachtungen verknüpft werden. Andererseits sollen die Ergebnisse der Schülerbefragung mit den pädagogischen Wissenspraktiken verknüpft werden, um nachzuverfolgen, inwiefern Selbstthematisierungen und Selbsttechniken von Schülern und Schülerinnen durch schulische Programme beeinflusst werden. Hierbei gilt es methodische Auswertungsverfahren für den Projektkontext zu entwickeln, die eine Subjektivierungsanalyse ermöglichen.

Literaturverzeichnis

Althusser, Louis (1977): Ideologie und ideologische Staatsapparate. Hamburg/Westberlin: VSA

Becker, Howard S. (1963): Outsiders: studies in the sociology of deviance. New York: Free Press

Bohnsack, Ralf (1997): Gruppendiskussionsverfahren und Milieuforschung. In: Friebertshäuser, B./Prengel, A. (Hrsg.): Handbuch Qualitative Forschungsmethoden in der Erziehungswissenschaft. Weinheim, München: Juventa, S. 492-501

Bohnsack, Ralf (2009) Qualitative Bild- und Videointerpretation. Opladen & Farmington Hills: Verlag Barbara Budrich

Budde, Jürgen (2012): Problematisierende Perspektiven auf Heterogenität als ambivalentes Thema der Schul- und Unterrichtsforschung. In: Zeitschrift für Pädagogik, 58(4), S. 522-540

Corsten, Michael (2010) Videographie praktizieren. Ansprüche und Folgen. In: Corsten, Michael/Krug, Melanie/Moritz, Christine (Hg.): Videographie praktizieren. Wiesbaden, S. 7-22

Flick, Uwe (2000): Qualitative Forschung. Theorie, Methoden, Anwendung in Psychologie und Sozialwissenschaften. Reinbek bei Hamburg: Rowohlt

Foucault, Michel (1988): Technologies of the Self. In: Hutton, H. P./Gutman, H./Martin, L. H. (Hg.): A Seminar with Michel Foucault, Amherst: University of Massachusetts, S. 6-49

Goffman, Erving (1975): Stigma.Frankfurt a. M.: Suhrkamp.

Hahn, Alois (1987): Identität und Selbstthematisierung. In: Hahn, A./Kapp, V. (Hg.): Identität und Selbstthematisierung. Frankfurt a. M.: Suhrkamp, S. 9-24

Hurrelmann, Klaus (1983): Das Modell des produktiv realitätsverarbeitenden Subjekts in der Sozialisationsforschung. In: Zeitschrift für Soziologie der Erziehung und Sozialisation 3/86, S. 291-310

Keller, Reiner (2005): Wissenssoziologische Diskursanalyse. Wiesbaden: VS

Kluge, Friedrich (1989): Etymologisches Wörterbuch der deutschen Sprache. Berlin/New York: Walter de Gruyter

Knoblauch, Hubert (2001): Fokussierte Ethnografie. In: sozialersinn, 1/2001, S. 123-141

Lehnhardt, Gero (1984): Schule und bürokratische Rationalität. Frankfurt a. M.: Suhrkamp

Meuser, Michael/Nagel, Ulrike (2002): ExpertInneninterviews – vielfach erprobt, wenig bedacht. In: Bogner, A./Littig, B./Menz W. (Hg.): Das Experteninterview. Opladen: Leske & Budrich, S. 71–93

Pfahl, Lisa (2011): Techniken der Behinderung. Der deutsche Lernbehinderungsdiskurs; die Sonderschule und ihre Auswirkungen auf Bildungsbiografien. Bielefeld: transcript Verlag

Pfahl, Lisa (2012): Bildung, Behinderung und Agency. Eine wissenssoziologische Untersuchung über die Folgen von Segregation und Inklusion. In: Berger, Peter/Solga, Heike (Hg.): Soziologische Bildungsforschung. Sonderheft der Kölner Zeitschrift für Soziologie und Sozialpsychologie 52/2012, S. 415-436

Pfahl, Lisa/Traue, Boris (2012): Die Erfahrung des Diskurses. Zur Methode der Subjektivierungsanalyse in der Untersuchung von Bildungsprozessen. In: Keller, Reiner/ Truschkat, Inga (Hg.): Anwendungen der wissenssoziologischen Diskursanalyse. Wiesbaden: VS-Verlag, S. 425-450

Prengel, Annedore (2012): Kann Inklusive Pädagogik die Sehnsucht nach Gerechtigkeit erfüllen? In: Seitz, Simone et al. (Hg.): Inklusiv gleich gerecht? Klinkhardt: Bad Heilbrunn

Reichertz, Jo/Schröer, Norbert (1994): Erheben, Auswerten, Darstellen. Konturen einer hermeneutischen Wissenssoziologie. In: Schröer, N. (Hg.): Interpretative Sozialforschung. Opladen: Leske & Budrich, S. 56-84

Rose, Nicolas (1998): Inventing our Selves. Psychology, Power, and Personhood. Cambridge: Cambridge University Press

Rosenthal, Gabriele (2005): Interpretative Sozialforschung. Weinheim: Juventa

Seitz, Simone (2007): Kinder zwischen Begabung und Behinderung. In Carle, Ursula/ Hahn, Heike/ Möller, Regina (Hg.): Begabungsförderung in der Grundschule. Hohengehren: Schneider, S. 39-48

Seitz, Simone/Pfahl, Lisa/Scheidt, Katja (2012): Wie Begabungsförderung und inklusive Pädagogik zusammenpassen – ein Diskussionsbeitrag. In: Gemeinsam Leben 2012(3), S. 132-138

Seitz, Simone/ Pfahl, Lisa (im Druck): Begabungsförderung an inklusiven Schulen. In: Schenz, Christina (Hg.): Demokratische Schule (entwickeln)

Weigand, Gabriele (2011): Pädagogische Perspektiven auf Hochbegabung und Begabtenförderung. In: Steenbuck, Olaf et al. (Hg.): Inklusive Begabtenförderung in der Grundschule. Weinheim: Beltz, S. 31-37

Ziegler, Albert (2008): Hochbegabung. München: Reinhardt Verlag

Dr. Lisa Pfahl ist Vertretungsprofessorin für Inklusive Pädagogik an der Universität Bremen, Fachbereich Erziehungs- und Bildungswissenschaften und leitet die Forschungsstelle Inklusion; E-Mail: pfahl@uni-bremen.de

Dr. Simone Seitz ist Professorin für Inklusive Pädagogik an der Universität Bremen, Fachbereich Erziehungs- und Bildungswissenschaften; E-Mail: simone.seitz@uni-bremen.de

Marcel Veber / David Rott / Christian Fischer

Lehrerbildung durch Schülerförderung – ein Baustein zur inklusiv-individuellen Förderung

Zusammenfassung

Der Text beschreibt zwei beispielhafte Projekte zur Lehrerbildung an der Universität Münster. Hier werden Studierende auf ihre zukünftige Aufgabe als Lehrpersonen vorbereitet. Gleichzeitig unterstützen sie jetzt schon im Studium Lehrkräfte in der Förderung von Schülerinnen und Schülern. In diesem Text werden wichtige Begriffe zur Begabung und Individuellen Förderung geklärt und die Projekte beschrieben.

1. Einleitung

„Inclusion means the full involvement of all students in all aspects of schooling, regardless of the presence of individual differences. It implies the elimination of segregated school settings such as special schools and classrooms for 'those who do not fit' in the conventional view of what is 'normal'. Under an inclusive model, all students learn together in conventional schools, classrooms and other contexts, and these adapt and change in a responsive and proactive way in order to meet the needs of all" (Loremann 2010).

Dieses weite Verständnis von Inklusion, das deutlich über die Integration von Kindern und Jugendlichen mit sonderpädagogischem Förderbedarf hinausgeht, ist nicht neu und findet sich bereits u.a. in der Salamanca-Erklärung (vgl. UNESCO 1994). Dort werden beispielsweise auch Schülerinnen und Schüler (SuS) mit besonderen Begabungen explizit erwähnt, die in der aktuellen Inklusionsdiskussion kaum Berücksichtigung

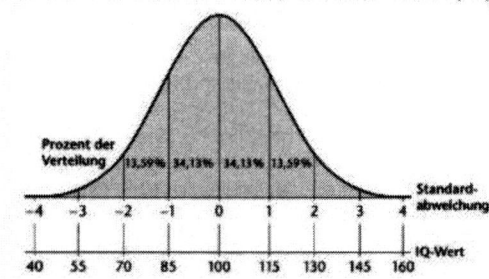

Abb. 1: Gauß'sche Normalverteilungskurve der Intelligenz

finden. Da Inklusion eine Herausforderung für den Umgang mit Vielfalt ist, hat auch die Lehrerbildung diesem weiten Anspruch Rechnung zu tragen. Auf die kognitiven Potenziale der SuS übertragen bedeutet dies, dass die Lehrerbildung beide Enden der Gauß'schen Normalverteilungskurve (vgl. Ziegler 2008, 25) in den Fokus nehmen und sich nicht nur auf den linken Rand, die Schüler mit Lernbeeinträchtigungen, fokussieren sollte (Abb. 1, bearbeitet nach www.hochbegabt.ch). In dem unter der Leitung von Prof. Christian Fischer in Münster entwickelten Ansatz *Kompetenzorientierte Lehrerbildung durch individuelle Schülerförderung (LBdSF)* werden verschiedene Projekte der Lehreraus- und -weiterbildung umgesetzt, die, um ein bekanntes Jugendbuch zu bemühen (vgl. Steinhöfel 2008), *„Hoch- und Tiefbegabungen"* in die Aus- und Fortbildung integrieren. An dieser Stelle werden zwei Projekte beispielhaft vorgestellt: *Praxisphasen in Inklusion – PinI* und das *Forder-Förder-Projekt – FFP*. Die Projekte haben große konzeptionelle und personelle Überschneidungen. Des Weiteren gibt es teilweise gemeinsame Kooperationsschulen und immer mehr Studierende, die nacheinander an beiden Projekten teilnehmen.

2. Inklusiv-individuelle Förderung

In unterschiedlichen Kontexten wird darauf verwiesen, dass Inklusion in der schulischen Umgebung mithilfe der Konzepte und Instrumente aus dem Bereich der Individuellen Förderung fundiert umgesetzt werden kann (vgl. Evers-Meyer 2010, 30; Löhrmann 2011; Preuß-Lausitz 2011, 21). Zahlreiche Praxisbeispiele wurden bereits publiziert (vgl. u.a. Stähling/Wenders 2012). Dass Individualisierung und Förderung differenziert betrachtet werden sollten, ist unstrittig (vgl. u.a. Kahlert/Heimlich 2012, 155; Oelkers 2011, 79 ff.). Jedoch sollte gerade im Zuge der inklusiven Umgestaltung des allgemeinen Schulsystems ein schulpädagogisches Verständnis von Individueller Förderung als Basis einer theoretischen Fundierung von Individueller Förderung in inklusiven Settings, d.h *Inklusiv-individuelle Förderung*, herangezogen werden. Da Lehrpersonen im inklusiven Unterricht auch weiterhin den curricularen Rahmenbedingungen und dem Anspruch auf Individuelle Förderung aller SuS verpflichtet sind, ist u.E. ein potenzialorientiertes, systemisch ausgerichtetes, ganzheitlich auf Begabungsentfaltung aller Kinder und Jugendlichen fokussiertes Verständnis sinnvoll:

„Individuelle Förderung erfordert die Adaption des Forder-Förder-Angebotes der außer-/vor-/schulischen Umwelt an die kognitiven, sozial-emotionalen und psychomotorischen Forder- und Förderbedürfnisse des Kindes mit dem Ziel einer optimalen Begabungsentfaltung und Persönlichkeitsentwicklung" (Fischer 2010).

Dieser ressourcenorientierte Ansatz findet sich auch im Integrativen Bega-
bungs- und Lernprozessmodell nach Fischer (2012) wieder (Abb. 2), das an
dieser Stelle aus Platzgründen nicht en détail auf Inklusion übertragen werden kann.

Integratives Begabungs- und Lernprozessmodell

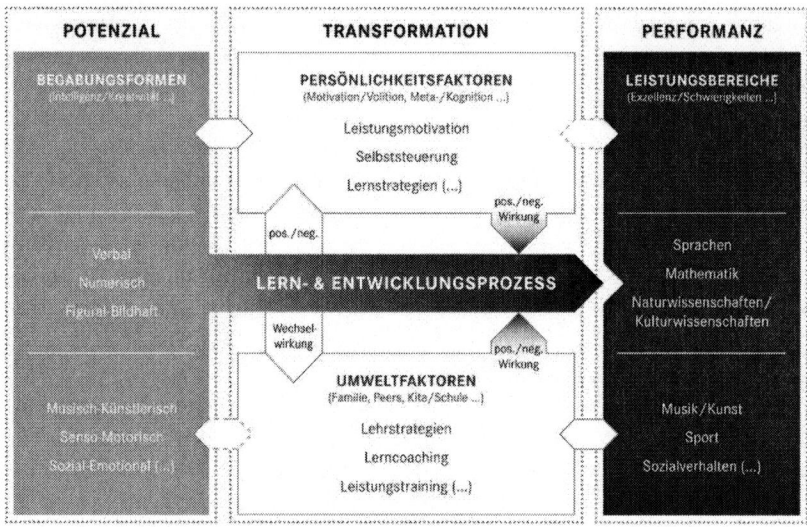

Abb. 2:   Integratives Begabungs- und Lernprozessmodell (Fischer 2012)

Überschneidungen mit dem aktuellen Verständnis von Behinderung der
Weltgesundheitsorganisation (WHO) (vgl. Gröschke 2007,103 ff.) sind nicht
zu übersehen. Da inklusiver Unterricht potenzialorientiert gestaltet sein sollte
(vgl. Kahlert/Heimlich 2012, 174), erscheint es sinnvoll, primär sich darauf
zu fokussieren, wann, wie und mit welcher systemischen Unterstützung SuS
mit sehr differentem Potenzial eine optimale Performanz erreichen können.
Dieses Verständnis einer Inklusiv-individuellen Förderung erfordert weitrei-
chende Konsequenzen für die Professionalisierung von Lehrpersonen in inklusiven Settings (vgl. Veber/Brimmers/Schönhofen 2012). Ohne notwendige
sonderpädagogische Kompetenz zu vernachlässigen, bedarf es in einem in-
klusionsanregenden Professionalisierungsprozess einer Orientierung auf
spezialisierte Generalisten, indem Aspekte wie Kooperation, Individuelle
Förderung, Förderdiagnostik (vgl. u.a. Rittmeyer 2012) unter Berücksichtigung der Beliefs zur schulischen Heterogenität deutlich beleuchtet werden
(vgl. Feyerer 2011, 15). Inklusion mit ihren weitreichenden Auswirkungen

auf die Schullandschaft und somit auf das Arbeitsfeld von Lehrpersonen muss demnach eine Erweiterung der Kompetenzentwicklung von Lehrkräften nach sich ziehen, da diese noch nicht adäquat auf Inklusion vorbereitet werden bzw. sind (vgl. Franzkowiak 2010; Kopp 2009; Meyer 2011).

3. Lehrerbildung durch Schülerförderung

Mit der Gesamtmaßnahme *Kompetenzorientierte Lehrerbildung durch individuelle Schülerförderung* wird ein Konzept umgesetzt, das die Heterogenität der Schülerschaft, der Studierenden sowie der Lehrpersonen und der Schule als System fokussiert. Heterogenität als *„schulpädagogischer Dauerbrenner"* (Trautmann/ Wischer 2011, 17) wird dabei nicht als gegeben verstanden, sondern als im Diskurs von Schule und Unterricht hergestellt. Trautmann & Wischer (2011) verweisen darauf, dass ein idealisierender Umgang mit der Begrifflichkeit hinderlich ist, wenn Unterricht adaptiv gestaltet werden soll. So beobachten Bohl et al. (2012), dass Heterogenität in der Schule zwar allgemein anerkannt wird, der Umgang mit ihr aber auf Grundlage unterschiedlichster Konzeptionen erfolgt. Zentral ist zumeist eine Defizitorientierung. SuS mit Zuwanderungsgeschichte werden unter dem Label *„Sprachproblem"* oder *„Kulturproblem"* verortet, solche mit Behinderungen werden anhand ihrer Beeinträchtigungen kategorisiert. Im Sinne einer inklusiv-individuellen Förderung strebt LbdSf eine Ressourcenorientierung an, die bei den Stärken der SuS, Studierenden, Lehrpersonen und Schulen ansetzt und auf dieser Grundlage an den individuellen Entwicklungsaufgaben arbeitet.

Mit den Studierenden wird die für die universitäre Bildung zentrale Ebene der inklusiv-individuellen Förderung angesprochen. Die Studierenden sind mit vielfältigen Aufgaben betraut. Neben dem Aufbau von Fachwissen und fachdidaktischem Wissen geht es vor allem darum, die angehenden Lehrpersonen auf ihre Profession vorzubereiten. Im Sinne des Forschenden Lernens bedeutet dies eine Passung zwischen den theoretischen Grundlagen auf der einen und die Entwicklung der eigenen Lehrpersönlichkeit durch Erfahrung auf der anderen Seite. Die Studierenden kommen mit individuellen Erfahrungen, Erwartungen und Kompetenzen an die Universität. Es wird angestrebt, auf die individuellen Bedürfnisse einzugehen.

In LbdSf werden mit dem dialogischen Prinzip, dem persönlichen Entwicklungsportfolio und dem pädagogischen Doppeldecker drei pädagogisch-didaktische Prinzipien umgesetzt. Ziel ist es, die Begleitung der Teilnehmenden systematisch aufzubauen und die individuellen Kompetenzen zu fokussieren.

Mit dem *dialogischen Prinzip* ist die Idee eines barrierefreien Austausches zwischen allen Teilnehmenden verbunden. Rückmeldungen erfolgen nicht über ein Top-Down-Prinzip, sondern in einer konstruktiven Offenheit zwischen allen Ebenen.

Das *persönliche Entwicklungsportfolio* erfordert einen hohen Reflexionsgrad und greift vier zentrale Kompetenzbereiche in Anlehnung an Helmke & Weinert (1997) auf: Fachliche Kompetenzen (etwa Grundlagen der individuellen Förderung, Begabung), Diagnostische Kompetenzen (etwa pädagogische Bestandsaufnahme, Evaluation), Didaktische Kompetenzen (etwa Organisationsformen individueller Förderung, Strategien des Selbstgesteuerten Lernens), Kommunikative Kompetenzen (etwa Coaching, Feedback). Diese Kompetenzbereiche dienen den Studierenden als Folie zur Wahrnehmung, Reflexion und Beschreibung der persönlichen Kompetenzentwicklung.

Der *pädagogische Doppeldecker* (Wahl 2004) ermöglicht die Passung zwischen hochschuldidaktischer Arbeit und schulischer Praxis (Fischer 2006). Ziel ist es, die Studierenden auf ihre Aufgaben individuell vorzubereiten und ein Gelingen ihres Handelns zu begünstigen. Werden mit den SuS etwa Lesestrategien erarbeitet, werden diese zuvor mit den Studierenden entwickelt. Auf diese Weise wird der Reflexionsgrad der Studierenden erhöht, da sie durch ihr Handeln intensive Erfahrungen sammeln und diese in die Vermittlungsprozesse für die SuS einfließen lassen können. Sie werden für Fragen sensibilisiert und befähigt, sich in die Lernenden hineinzuversetzen.

In verschiedenen Einzelprojekten der Lehreraus- und Weiterbildung werden die Teilnehmenden mit der inklusiv-individuellen Vielfalt von Schule und Unterricht konfrontiert. Zwei dieser Projekte werden im Folgenden vorgestellt: Während in dem Projekt *Praxisphasen in Inklusion* (PinI) Studierende Prozesse der schulischen Inklusion primär aus Sicht der SuS mit sonderpädagogischem Förderbedarf mitgestalten, bietet das *Forschungspraktikum zum Forder-Förder-Projekt* (FFP) die Möglichkeit, SuS mit besonderen Begabungen zu begleiten. Beide Projekte werden im Folgenden skizziert.

4. Praxisphasen in Inklusion – PinI

Im Rahmen von PinI bearbeiten Studierende Fragen der konkreten Unterrichtsentwicklung an inklusiv bzw. integrativ arbeitenden Schulen. Damit haben Studierende die Chance,  durch den Umgang mit heterogenen Lerngruppen Einblicke in die schulische Praxis zu erhalten (Veber/Stellbrink 2011).

Neben den Studierenden können auch die Kooperationsschulen auf vielfältige Weise profitieren. Im Rahmen des Forschenden Lernens (vgl. Schneider 2009) setzen sich die Studenten mithilfe des Index' für Inklusion (vgl.

Boban/Hinz 2011) während des Praktikums mit einem für die jeweilige Klasse relevanten Aspekt inklusiver Unterrichtsentwicklung auseinander. Von den Schulen aufgezeigte Entwicklungsfelder können so durch Studierende in enger Kooperation mit den Lehrpersonen bearbeitet und für den Schulentwicklungsprozess genutzt werden. Während des Semesters nehmen die Studierenden am Vorbereitungsseminar teil (vgl. Abb. 3). Darin werden die theoretischen Grundlagen der Inklusionspädagogik und damit verwandte Bereiche wie Individuelle Förderung, aber v.a. auch die Arbeit mit dem *Index für Inklusion* sowie einzelne Methoden, beispielsweise aus der *Montessori-Pädagogik*, thematisiert. Das Seminar stellt für viele Studierende meist die erste Begegnung und inhaltliche Auseinandersetzung mit dem Themenkomplex Inklusion dar.

Ablauf von PinI

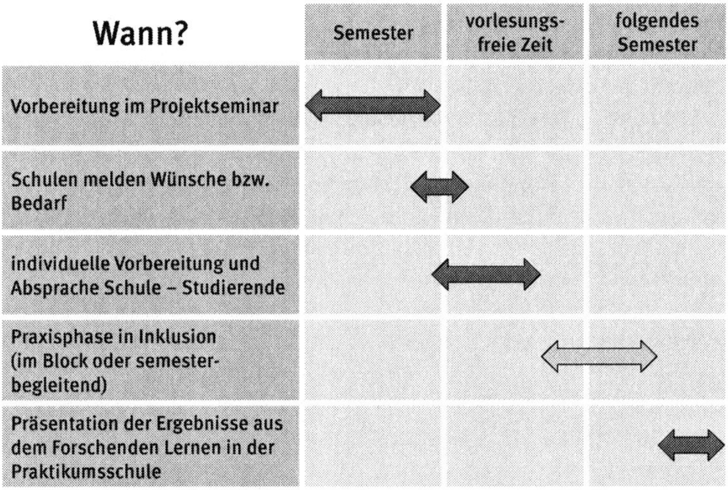

Wann?	Semester	vorlesungs-freie Zeit	folgendes Semester
Vorbereitung im Projektseminar	⬅➡		
Schulen melden Wünsche bzw. Bedarf		⬅➡	
individuelle Vorbereitung und Absprache Schule – Studierende		⬅➡	
Praxisphase in Inklusion (im Block oder semesterbegleitend)			⬅➡
Präsentation der Ergebnisse aus dem Forschenden Lernen in der Praktikumsschule			⬅➡

Abb. 3: Ablauf von PinI

Daran schließt sich die eigentliche Praxisphase an. Während dieser Zeit steht das PinI-Team den Studierenden und den Schulen als Ansprechpartner und Unterstützung zur Verfügung. Zum Ende der Praxisphase erfolgt ein Abschlussgespräch mit den einzelnen Studierenden, einem PinI-Mitarbeiter sowie einer betreuenden Lehrperson in der jeweiligen Praktikumsschule. Darin präsentieren die Studierenden Ergebnisse aus dem Forschenden Lernen, d.h. ihre durch konkrete Beispiele aus der Praktikumsklasse begründete Einschätzung bezüglich der zuvor formulierten Forschungsfrage (vgl. Veber/Brimmers/Schönhofen 2012).

5. Forschungspraktikum zum Forder-Förder-Projekt

Die Studierenden begleiten im Forschungspraktikum zum Forder- **FORDER**
Förder-Projekt (FFP) potenziell begabte Schülerinnen und Schüler **FÖRDER**
bei der Erstellung einer Expertenarbeit und eines Expertenvor- **PROJEKT**
trags zu einem frei gewählten Thema über den Zeitraum eines Schulhalbjah-
res. Das FFP wird seit 2002 an Grundschulen und Gymnasien durchgeführt
und wissenschaftlich begleitet.

Das Projekt wird in verschiedenen Formaten praktiziert: Ursprünglich richte-
te sich das FFP an begabte SuS, die über ihren Schulalltag hinaus herausgefordert werden wollen und für eine Doppelstunde in der Woche den Regelunterricht verlassen, um frei an einem selbst gewählten Thema zu arbeiten.

Neben diesem Drehtürmodell wurde das FFP im Regelunterricht zur individuellen Förderung aller SuS etabliert. Beide Projektformen wurden vertieft
im Rahmen eines Dissertations- und Habilitationsprojekts untersucht (Bayer
2009; Fischer 2006). Diese Projektformen werden in den Klassen 2-6 durchgeführt. Seit dem Schuljahr 2010/11 wird das FFP für SuS in der Mittelstufe
als FFP-Advanced pilotiert. Während die SuS im Drehtürmodell und im
Regelunterricht ein individuelles Thema bearbeiten und Strategien des
Selbstgesteuerten Lernens (Fischer 2008) umsetzen, nutzen die älteren SuS
Strategien des Forschenden Lernens und beschäftigen sich nach den Standards des wissenschaftlichen Arbeitens mit einer frei gewählten Fragestellung (Rott 2011).

Phasen des Forder-Förder-Projekts

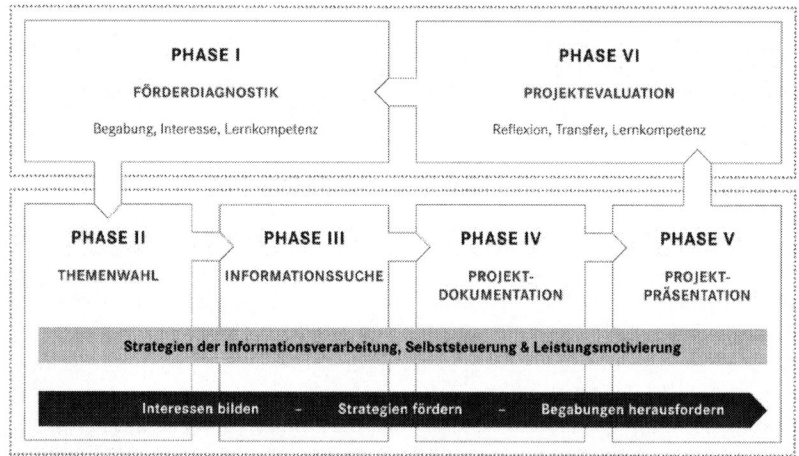

Abb. 4: Phasen des Forder-Förder-Projekts, Fischer 2012-12-02

Grundlegend im Projekt ist die Phasenorientierung (Abb. 4). Beginnend mit der Förderdiagnostik werden die Stärken und Schwächen der Teilnehmenden identifiziert. In der Phase der Themenwahl entscheiden sich die SuS für ein persönliches Thema beziehungsweise eine persönliche Fragestellung (Phase II), zu dem sie Informationen suchen (Phase III) und eine eigene Expertenarbeit schreiben (Phase IV). Zentrale Ergebnisse stellen sie im Rahmen einer Expertentagung vor (Phase V). Die Projektevaluation (Phase VI) ermöglicht die Reflexion und den Transfer auf den schulischen Alltag der SuS. Beginnend mit dem Wintersemester werden die Studierenden für die Arbeit im FFP vorbereitet. Zum zweiten Schulhalbjahr gehen sie dann in die Schulen und betreuen eine feste Kleingruppe über ein gesamtes Schulhalbjahr. Dabei werden sie durch die Lehrpersonen an den Projektschulen begleitet und beraten. Darüber hinaus werden sie in den Seminaren unterstützt und erhalten differenzierte Entwicklungsmöglichkeiten der individuellen Kompetenzen.

6. Ausblick

Im Rahmen der Gesamtmaßnahme Lehrerbildung durch Schülerförderung soll es zukünftig darum gehen, die Angebote weiter auszubauen und die systematische Evaluation der bestehenden Projekte voranzubringen. Angeknüpft werden kann dabei an mehrere, bereits bestehende Forschungsarbeiten (Bayer 2009; Fischer 2006; Fischer-Ontrup 2011). Momentan entstehen mehrere Qualifikationsarbeiten in der Gesamtmaßnahme, die sich mit der Qualität der hochschuldidaktischen Angebote auseinandersetzen und die jeweiligen Settings kritisch auf ihre Wirksamkeit prüfen. Um sich den verschiedenen Heterogenitätsfacetten angemessen nähern zu können, erscheint ein Ausbau der Perspektiven sinnvoll. Während bislang vor allem Fragen der Inklusion, der individuellen Begabungsförderung, der Motivations- und Selbststeuerung sowie der Lernschwierigkeiten aufgegriffen wurden, werden zur Zeit Fragen der interkulturellen Pädagogik oder auch die Gender-Thematik aufgegriffen und in Kooperationen vertieft behandelt. Notwendig ist eine Verankerung der Ideen einer inklusiv-individuellen Förderung in der Zusammenarbeit mit den Fachdidaktiken. Hier werden bereits bestehende Vernetzungen weiter ausgebaut, um so die Perspektiven aus den einzelnen Disziplinen verstärkt berücksichtigen zu können.

Literaturverzeichnis

Bayer, Astrid. (2009): *Individuelle Förderung von Strategien selbstgesteuerten Lernens im Regelunterricht*. Dissertationsschrift. Münster

Boban, Ines/Hinz, Andreas (2011): „Index für Inklusion" – ein breites Feld von Möglichkeiten zur Umsetzung der UN-Konvention. In: Flieger, Petra/Schönwiese, Volker (Hrsg.): Menschenrechte – Integration – Inklusion. Aktuelle Perspektiven aus der Forschung. Bad Heilbrunn: Klinkhardt, 169-175

Bohl, Thorsten/Batzel, Andrea/Richey, Petra (2011): Öffnung – Differenzierung – Adaptivität. Charakteristika, didaktische Implikationen und Forschungsbefunde verwandter Unterrichtskonzepte zum Umgang mit Heterogenität. In: *Schulpädagogik heute. Binnendifferenzierung 2* (4)

Ewers-Meyer, Karin (2010): Zur Situation von Menschen mit Behinderungen in Deutschland. In: Wernstedt, Rolf/John-Onsorg, Marei (Hrsg.): Inklusive Bildung. Die UN-Konvention und ihre Folgen. Schriftenreihe des Netzwerk Bildung, 27-31 online abrufbar unter: http://library.fes.de/pdf-files/studienfoerderung/07621.pdf (Zugriff am 20.08.2012)

Feyerer, Ewald (2011): Inklusion meint mehr als Integration. In: Journal für Lehrerinnen und Lehrerbildung 4 (11) 9-18

Fischer, Christian. (2006). *Lernstrategien in der Begabtenförderung. Eine empirische Untersuchung zu Strategien Selbstgesteuerten Lernens in der individuellen Begabungsförderung*. Habilitationsschrift. Münster

Fischer, Christian: (2008). Lernstrategien in der Begabtenförderung. Strategien Selbstgesteuerten Lernens in der Individuellen Förderung besonders begabter Kinder. In *news & science. Begabtenförderung und Begabungsforschung*. özbf, 19 (1), 31-34

Fischer, Christian/Konrad, Monika/Rott, David/Veber, Marcel (2011): *Inklusiv-interkulturell. Umgang mit Vielfalt im Fokus Individueller Förderung*. Vortrag gehalten anlässlich des Jahreskongresses der Stiftung Partner für Schule NRW. Leben. Lernen. Leisten. Neue Perspektiven – neue Chancen nutzen. Oberhausen, 09.04.2011.

Fischer, Christian. (2009): Individuelle Förderung besonders begabter Kinder mit Lern- und Leistungsschwierigkeiten. In: Fischer, C./Fischer-Ontrup, C./ Westphal,U. (Hrsg.): *Individuelle Förderung: Lernschwierigkeiten als schulische Herausforderung. Lese-Rechtschreibschwierigkeiten – Rechenschwierigkeiten*. Münster, S. 178-191

Fischer, Christian (2012): Integratives Begabungs- und Lernprozessmodell. In: Labyrinth 35 (5) 11-14

Fischer-Ontrup, Christiane (2011): *Underachievement oder: Schlaue Köpfe mit schlechten Noten: Lern- und Leistungsschwierigkeiten bei besonders begabten Kindern: Entwicklung und Evaluation von Interventionsmaßnahmen zur Verbesserung der Handlungskompetenz – Eine empirische Analyse auf der Basis von Einzelfallstudien*. Dissertationsschrift. Münster

Franzkowiak, Thomas (2010): „Dafür bin ich doch gar nicht ausgebildet!" Was lernen künftige Grundschullehrkräfte an der Hochschule über „inklusive Pädagogik"? In: Stein, Anne-Dore/ Krach, Stefanie/Niediek, Imke (Hrsg.): Integration und Inklusion auf dem Weg ins Gemeinwesen. Möglichkeitsräume und Perspektiven. Bad Heilbrunn: Klinkhardt, 245-269

Gröschke, Dieter (2007): Behinderung. In: Greving, Heinrich (Hrsg.): Kompendium der Heilpädagogik. Band 1 A-H. Troisdorf: Bildungsverlag Eins, 97-109

Helmke, Andreas/Weinert, Franz. (1997): *Bedingungsfaktoren schulischer Leistungen*. In: Weinert, Franz (Hrsg.). Enzyklopädie der Psychologie. Psychologie des Unterrichts und der Schule. Pädagogische Psychologie, 3. Aufl.. Göttingen, 71-176

Helmke, Andreas (2010): Unterrichtsqualität und Lehrerprofessionalität. Diagnose, Evaluation und Verbesserung des Unterrichts. 3. Aufl. Seelze-Velber: Friedrich-Verlag

Kahlert, Joachim/Heimlich, Ulrich (2012): Inklusionsdidaktische Netze – Konturen eines Unterrichts für alle (dargestellt am Beispiel des Sachunterrichts). In: Heimlich, Ulrich/Kahlert, Joachim (Hrsg.): Inklusion in Schule und Unterricht. Wege zur Bildung für alle. Stuttgart: Kohlhammer, 153-190

Kopp, Bärbel (2009): Inklusive Überzeugung und Selbstwirksamkeit im Umgang mit Heterogenität – Wie denken Studierende des Lehramts für Grundschulen? In: Empirische Sonderpädagogik 1 (1) 5-25

Loreman, Tim/Deppler, Joanne/Harvey, David (2010): Inclusive Education. Supporting Diversity in the Classroom. 2. Auflage. London: Routledge

Löhrmann, Sylvia (2011): Auf dem Weg zur Inklusion – eine „Kultur des Behaltens". In: Schule NRW 4 (7) 102-106

Meyer, Nadine (2011): Einstellungen von Lehrerinnen und Lehrern an Berliner Grundschulen zur Inklusion. Eine empirische Studie. Online abrufbar unter: http://bidok.uibk.ac.at/library/meyer-einstellung-dipl.html (Zugriff am 19.08.2012)

Oelkers, Jürgen (2011): Quo Vadis: Thesen zur Steuerung von Führung in Schulen und Bildungsorganisationen. In: Hahn, Stefan/Klewin, Gabriele (Hrsg.): Impulse für die Schulentwicklung und -forschung. Münster u.a.: Lit Verlag, 73-90

Preuss-Lausitz, Ulf (2011): Gutachten zum Stand und zu den Perspektiven inklusiver sonderpädagogischer Förderung in Sachsen und Thüringen. Online abrufbar unter: http://gruene-fraktion.thueringen.de/fileadmin/dokumente/Faltblaetter___Broschueren/18-03-2011Gutachten_zum_Stand_und_zu_den_Perspektiven_sonderpaedagogischer_Foerderung_in_Sachsen_und_Thueringen.pdf (Zugriff am 20.08.2012)

Rittmeyer, Christel (2012): Inklusive Didaktik und Diagnostik. In: Pädagogische Führung, online abrufbar unter: http://www.paedagogischefuehrung.de/public1/paef/home.nsf/url/0B0A250E0E 78CF52C125 79AE002CD4D8?OpenDocument (Zugriff am 19.08.2012).

Schneider, Ralf (2009): Kompetenzentwicklung durch Forschendes Lernen? In: journal für hochschuldidaktik 20. Jg. Online abrufbar unter: http://www.zhb.tu-dortmund.de/hd/ fileadmin/JournalHD/2009_2/2009_2_Schneider.pdf (Zugriff am 18.08.2012)

Rott, David (2011): Mit Forschungsnovizen Forschen lernen. Das Forder-Förder-Projekt Advanced als Maßnahme zur Herausforderung potenziell begabter Schülerinnen und Schüler in den Jahrgangsstufen 8 und 9. Diplomarbeit im Rahmen des Ausbildungsgangs zum Specialist in Gifted Education. Münster

Stähling, Reinhard/Wenders, Barbara (2012): Das können wir hier nicht leisten! Wie Grundschulen doch die Inklusion schaffen können. Ein Praxisbuch zum Umbau des Unterrichts: Hohengehren: Schneider-Verlag

Steinhöfel, Andreas (2008): Rico, Oskar und die Tieferschatten. Hamburg: Carlsen.

Stiftung für hochbegabte Kinder: http://www.hochbegabt.ch (Zugriff am 18.08.2012)

Trautmann, Matthias/Wischer, Beate (2011): Heterogenität in der Schule. Eine kritische Einführung. Wiesbaden

UNESCO: Die Salamanca Erklärung und der Aktionsrahmen zur Pädagogik für besondere Bedürfnisse angenommen von der Weltkonferenz "Pädagogik für besondere Bedürfnisse: Zugang und Qualität". Online abrufbar unter: http://www.unesco.at/bildung/basisdokumente/salamanca_erklaerung.pdf (Zugriff am 19.08.2012)

Veber, Marcel/Brimmers, Stefanie/Schönhofen, Kathrina (2012): Professionalisierung in Inklusion für Inklusion. In: Schulpädagogik heute 5 (3) online abrufbar unter: http://www.schulpaedagogik-heute.de/conimg/211.pdf (Zugriff am 19.08.2012)

Veber, Marcel/Stellbrink, Mareike (2011): Praxisphasen in Inklusion – Professionalisierung an der Schnittstelle von allgemeiner Schulpädagogik und Sonderpädagogik. In: Sonderpädagogische Förderung in NRW 1 (49) 11-18

Wahl, Diethelm (2005). Lernumgebungen erfolgreich gestalten. Vom trägen Wissen zum kompetenten Handeln. Bad Heilbrunn
Ziegler, Albert (2008): Hochbegabung. München: Ernst Reinhardt

Marcel Veber ist Lehrer im Hochschuldienst an der Westfälischen Wilhelms-Universität Münster. Er ist Projektinitiator und -leiter von Praxisphasen in Inklusion-PinI und arbeitet im Team des Landeskompetenzzentrums für Individuelle Förderung NRW in Münster. marcel.veber@uni-muenster.de

David Rott arbeitet am Institut für Erziehungswissenschaft der Westfälischen Wilhelms-Universität Münster. Im Team des Internationalen Centrums für Begabungsforschung hat er die Projektkoordination für das Forder-Förder-Projekt Advanced übernommen, ein spezielles Projekt zur Förderung von potenziell Begabten in den Jahrgangsstufen 8 und 9. david.rott@uni-muenster.de

Christian Fischer ist Professor der Erziehungswissenschaft mit dem Schwerpunkt Schulpädagogik: Begabungsforschung und Individuelle Förderung. Er forscht und lehrt an der Westfälischen Wilhelms-Universität Münster. Er ist Vorstandsvorsitzender des Internationalen Centrums für Begabungsforschung und Wissenschaftlicher Leiter des Landeskompetenzzentrums für Individuelle Förderung NRW. lif@uni-muenster.de

Sandra Pohl

Wie Schüler/-innen „*Behinderung*" sehen – Ergebnisse einer Studie in einer Bremer Koop-Klasse

Ich habe eine Studie gemacht
in einer Grundschul-Klasse.
Es gibt dort behinderte Kinder
und nicht-behinderte Kinder.
3 behinderte Kinder gehen in eine Extra-Klasse.
Manchmal haben sie Unterricht zusammen.

Ich habe Kinder aus den Klassen gefragt:
Was ist Behinderung?
Und wer ist behindert?

Ein Kind hat gesagt:
Das Kind im Rollstuhl gehört zur Klasse.
Es ist wie wir alle.
Das Kind aus der Extra-Klasse ist behindert.
Weil es in die Extra-Klasse geht.

Das Ergebnis von der Studie ist:
Kinder denken anders als Erwachsene.
Wenn Kinder zusammen in eine Klasse gehen,
dann gehören sie zusammen.
Egal ob behindert oder nicht.

Es klingelt gerade zur Hofpause und ich helfe Adam[1] aus der kleinen Klasse im Flur vor den Klassenräumen dabei, seine Schuhe anzuziehen. Patrick aus der großen Klasse stellt sich neben Adam und fragt: *„Warum gehst du eigentlich in die Behindertenklasse? Du bist doch gar nicht so behindert."* Adam sieht ihn an, macht den Eindruck, als würde er nachdenken, entgegnet aber nichts. Da stellt

---

[1] Aus Gründen des Datenschutzes sind alle Namen anonymisiert.

Patrick fest: *„Hm, das weißt du nicht? Vielleicht bist du deswegen behindert?"*
Adam scheint verwirrt und sieht mich an. Auch Patrick sieht mich nun fragend an.
Ich versuche zu erklären: *„Manche Kinder lernen langsamer und manche Kinder
lernen schneller. Deswegen gehen Adam und die anderen Kinder in die kleine
Klasse, weil sie da in ihrem Tempo lernen können."* Patricks Augen weiten sich.
„Achso," sagt er, *„das ist ja wie mit der Größe. Manche Kinder sind klein und
manche Kinder sind groß. Mein Papa sagt immer, Patrick, du bist zwar vom
Körper her klein, aber in anderen Dingen groß. Und in der Klasse habe ich dann
eben einen höheren Stuhl, aber dafür kann ich besser Mathe als andere Kinder"*
(vgl. Pohl 2011).

Diese Beobachtung fand vor der Masterarbeit während eines Aufenthaltes in
einer Grundschule in Bremen statt. Bei der *„kleinen"* und der *„großen Klasse"* handelt es sich um Kooperationsklassen, die an der Grundschulklasse
teilweise gemeinsamen Unterricht haben. Patrick hat mich durch sein Fragen
zu meinem Forschungsthema angeregt. Anscheinend ist ihm der Grund, warum manche Kinder in eine gesonderte Klasse gehen, nicht ganz klar und er
sucht nach Erklärungen. Dabei setzt er sich mit dem Konstrukt der Behinderung auseinander.

Bislang wurde die Perspektive von Kindern auf Themen der Integra-
tion/Inklusion in sowohl politische Entscheidungsprozesse als auch die wissenschaftliche Bildungsforschung nur wenig einbezogen. Die Schüler/-innen
sind jedoch diejenigen, um die es bei der aktuellen bildungspolitischen Diskussion um Inklusion hauptsächlich gehen sollte. In der in diesem Beitrag
vorgestellten Studie wird die Perspektive der Schüler/-innen in den Mittelpunkt gestellt. Welche Auswirkungen hat eine integrative bzw. inklusive Beschulung im Gegensatz zu einer nicht-integrativen Beschulung auf das Bild
der Schüler/-innen von Behinderung? Dabei soll im Unterschied zu der oben
vorgestellten Szene möglichst darauf verzichtet werden, eigene Deutungen
einzubringen und den befragten Kindern eine Stimme zu geben.

1. Das Projekt *„Wie Schüler/-innen Behinderung sehen"*

Die hier vorgestellte Studie wurde im Rahmen einer Masterarbeit im Stu-
diengang *„Inklusive Pädagogik"* an der Universität Bremen durchgeführt.
Die Perspektive der Kinder auf Integration/Inklusion und deren Wahrnehmung von *„Behinderung"* war dabei das Grundinteresse: Welche Konzepte haben Kinder in der Grundschule von *„Behinderung"*? Vorausgehend
stellt sich hier die Frage: Ist *„Behinderung"* überhaupt eine Kategorie, in der
Kinder denken, mit deren Hilfe sie ihr soziales Umfeld strukturieren, oder
kommt es mehr auf andere Kategorien wie Alter oder Interessen an? Bezogen
auf den schulischen Kontext, in dem die Forschung stattfand, lässt sich weitergehend die Frage stellen, wie weit diese Sichtweise abhängt von den

schulorganisatorischen Strukturen, in denen die Kinder in Kontakt zu Kindern mit Behinderung treten. Die Studie knüpft inhaltlich und methodisch an die Forschungslinie der Kindheitsforschung an. Da die Perspektive der Kinder und ihre spezifische (Er-)Lebenswelt im Mittelpunkt des Interesses stehen, gelten deren Prämissen der Kindheitsforschung auch in der hier vorgestellten Arbeit: Kinder haben eine spezifisch kindliche Sicht auf die Welt (vgl. Honig 1999), die von den Erwachsenen nur schwerlich nachvollzogen werden kann. Kinder sind Akteure und Konstrukteure ihres Handelns und nicht „*unfertige Erwachsene*". Unter anderem haben Krappmann und Oswald (1995) in ihrer Studie zum Alltag von Schüler/-innen gezeigt, dass sich in Schulen eine eigene Schülerkultur entwickelt, die weitestgehend vor den Erwachsenen verborgen wird. Von großer Wichtigkeit im Forschungsprozess mit Kindern sind deswegen Offenheit und Transparenz bei einer Begegnung mit den Kindern auf Augenhöhe, sowie Wertschätzung und Empathie ihnen gegenüber (vgl. Bamler et al. 2010).

Die Methodik orientiert sich außerdem an einer ethnographischen Vorgehensweise. Somit wurde ein Schwerpunkt auf intensive teilnehmende Beobachtung gelegt. Feldtypische Begrifflichkeiten und Situationen aus den Beobachtungen konnten dabei aufgegriffen und in den Interviews verwendet werden.

Bei einer Befragung von Kindern zum Thema Behinderung besteht die Gefahr, diesen Begriff als Forscher/in erst in das Feld einzubringen bzw. eine Unterscheidung nach der Kategorie Behinderung zu verfestigen. Beim methodischen Vorgehen wurde deswegen ein besonderes Augenmerk auf die Gefahr der Reifizierung von Differenz bzw. von Behinderung gelegt (vgl. den Beitrag von Finnern/Thim in diesem Band).

Die Untersuchung wurde in einer zweiten Grundschulklasse durchgeführt, die mit einer Klasse des Förderzentrums für Geistige Entwicklung nach dem oft und heftig kritisierten Bremer Kooperationsklassen-Modell (vgl. u.a. Feuser 2003) zusammenarbeitet[2]. Die Klasse der Grundschule und die Klasse des Förderzentrums sind organisatorisch getrennt, liegen aber beide im Gebäude der Grundschule räumlich nebeneinander. Die beobachteten Klassen haben etwa die Hälfte der Unterrichtszeit gemeinsamen Unterricht. Die Besonderheit dieser Klasse ist, dass Kinder mit zugewiesenem sonderpädagogischem Förderbedarf in Einzelintegration sowohl in die Grundschulklasse als auch in die Förderklasse gehen. Aus diesen besonderen Gege-

---

[2]   Seit dem Schuljahr 2011/12 sind die Förderzentren in Bremen weitestgehend aufgelöst worden, so dass die neu eingeschulten Kinder mit und ohne Förderbedarf Schüler/-innen der Grundschulen sind. Die Auswirkungen dieser strukturellen Veränderung auf Klassenklima und pädagogisches Handeln sind dabei noch nicht abzusehen.

benheiten des Forschungsfelds ergibt sich eine weitere spezifische Fragestellung: Gibt es Unterschiede in der Wahrnehmung der Kinder mit Behinderungen bezüglich der Klassenorganisation?
Die Teilnehmende Beobachtung fand über einen Zeitraum von 4 Wochen
statt. Der Beobachtungsfokus lag dabei auf der Organisation der Klassen,
dem pädagogischen Handeln der Lehrkräfte und der pädagogischen Mitarbei-
ter/-innen und dem Verhalten der Kinder während des Gemeinsamen Unterrichts. Außerdem fanden mehrere Gespräche mit den Pädagog/-innen über
eben diese Themen statt, in denen zudem deren Einstellungen zu Integration
bzw. Inklusion erfragt wurden. Im Anschluss an die Beobachtungen wurden
vier Interviews mit Kindern aus beiden Klassen durchgeführt. Um eine möglichst breite Stichprobe zu erhalten, wurden Kinder ausgewählt, die nach den
Beobachtungen möglichst unterschiedlich in Bezug auf ihre Interaktionen mit
Kinder mit sonderpädagogischem Förderbedarf bzw. denen aus der Förderklasse erschienen. Außerdem waren in Anlehnung an die realen Zahlenver-
hältnisse in den Klassen beide Geschlechter gleichermaßen vertreten und es
wurden drei Kinder aus der Grundschulklasse und ein Kind aus der Förderklasse befragt.
Es handelte sich um ein halbstrukturiertes, offenes Interview mit Leitfragen.
Für einen handlungsorientierten Einstieg wurden Bauklötze bereitgestellt, an
denen die Fotos der aller Kinder aus beiden Klassen befestigt waren. Angelehnt an das Vorgehen von Köbberling/Schley (2000) sollten die interviewten Kinder diese Bauklötze vor sich auf dem Tisch wie in einer Art So-
ziogramm anordnen. Die Anweisung dabei lautete:

> „Ich möchte, dass du die Bauklötze mit den Fotos in eine Ordnung bringst. Meinst
> du, alle Kinder sind gleich? Gibt es Gruppen in der Klasse? Wo stehst du?" (Pohl
> 2011)

Die Aufstellung der Bauklötze diente als Anlass für ein offenes Gespräch, für
das jedoch Leitfragen entwickelt wurden zu den Beziehungen der Kinder
untereinander, Wissen und Meinungen über das Koop-Klassen-System sowie
zuletzt – falls das Thema nicht schon im Verlauf des Gespräches angesprochen wurde – dem Verständnis der Kinder vom Begriff *„Behinderung"*. Um
der Gefahr der Reifizierung der Differenzkategorie Behinderung entgegen zu
wirken, wurde in den Interviews nach Möglichkeit darauf verzichtet, direkt
nach *„Behinderung"* zu fragen. Vielmehr wurde das Gespräch auf das Thema Behinderung gelenkt, indem Nachfragen gestellt wurden, wenn die Kinder selbst darauf zu sprechen kamen.

2. Ergebnisse

2.1 Die soziale Position der Kinder mit Behinderungen

Durch eine Verknüpfung der Ergebnisse der Beobachtungen und der Interviews lassen sich zunächst Aussagen über die soziale Position der Kinder mit Förderbedarf im Klassenbund treffen. Die Kinder aus Förder-klasse lassen eine deutlich andere Position als Kinder mit sonderpädagogischem Förderbedarf aus der Grundschulklasse erkennen. Das zeigt sich auf drei Ebenen.

1. Auf der Ebene der Organisation der Klassen zeigen sich Unterschiede in den Zeitabläufen beider Klassen, z.b. in Form von unterschiedlichen Pausenzeiten. Dieser Umstand wird von den interviewten Kindern als hinderlich für ein gemeinsames Miteinander genannt. Außerdem werden oft auch während des gemeinsamen Unterrichts unterschiedliche Aufgaben für Kinder aus der Förderklasse und der Grundschulklasse gestellt, wodurch für alle Kinder eine Unterschiedlichkeit sichtbar wird.

2. Seitens der Pädagog/-innen werden Unterschiede in ähnlicher Form suggeriert. Bei den Kindern der Förderklasse konnte eine vermehrte Kontaktaufnahme zu den Erwachsenen im Vergleich zu ihren Mitschüler/-innen beobachtet werden. Eine vermehrte Kontaktaufnahme zu diesen Kindern geht auch von den Pädagog/-innen aus, vor allem mit dem Ziel ihnen individuelle Unterstützung und Hilfestellungen zu geben. Sicherlich gut gemeint ist die positive Wertung des Umgangs mit Kindern aus der Förderklasse durch Pädagog/-innen, worauf Äußerungen von Stolz auf das „*Kümmern*" um Kinder mit Förderbedarf oder den sozial erwünschten Antworten in den Kinderinterviews schließen lassen. Jedoch wird dabei suggeriert, dass die Kinder aus der Förderklasse eines solchen besonderen Umgangs bedürfen.

3. Schließlich zeigen auch die Schüler/-innen selbst ein unterschiedliches Verhalten während des gemeinsamen Unterrichts. Bei den Kindern aus der Förderklasse konnten deutlich weniger Interaktionen zu ihren Mitschüler/-innen beobachtet werden als bei den Kindern der Grundschulklasse. Sie sind dafür, wie bereits oben erwähnt, mehr auf die Erwachsenen bezogen.

In den Interviews wird deutlich, dass die Kinder aus der Förderklasse als die „*Anderen*" wahrgenommen werden: Sie werden explizit als „*Koops*" oder „*Partnerkinder*" bezeichnet. Die Kinder mit Förderbedarf aus der Grundschulklasse dagegen werden nicht als eigene Gruppe wahrgenommen.

Die interviewten Kinder kategorisieren ihre Mitschüler/-innen hauptsächlich nach dem Kriterium Freundschaft bzw. Sympathie und gemeinsamen Interessen – insbesondere Fußball. Dabei ist die zeitliche und räumliche Verfügbarkeit des jeweiligen Kindes ein wichtiger Faktor für den Erhalt einer Freundschaft. Daraus kann geschlussfolgert werden, dass insbesondere durch die getrennte Organisation der Klassen, nach der die Kinder der Förderklasse nur die Hälfte ihrer Zeit in der Schule gemeinsam mit der Grundschulklasse verbringen, Freundschaften zwischen Kindern der Grundschulklasse und der Kleinklasse erschwert sind.

Auffällig ist über die gesamte Studie hinweg, dass beim Thema Behinderung hauptsächlich über die Kinder der Förderklasse gesprochen wird. Die Kinder mit sonderpädagogischem Förderbedarf aus der Grundschulklasse werden teilweise nicht als behindert bezeichnet, was die Ergebnisse aus den Interviews mit den Kindern zeigen.

2.2 Zum Bild von Behinderung der befragten Kinder

In den Interviews werden individuell unterschiedliche Sichtweisen der befragten Kinder auf *„Behinderung"* deutlich, die ausschlaggebend dafür sind, wer als behindert wahrgenommen wird. Die Bilder der Kinder von Behinderung lassen sich grob wie folgt beschreiben.

Daniel sieht *Behinderung als eine besondere Krankheit,* die körperlich ist und behandelt werden kann oder nicht. Dass sein Freund Sven (Diagnose Autismus) als behindert bezeichnet wird, erklärt er sich dadurch, dass Sven immer nur Süßes essen will, so dass er Zahnprobleme bekommen hat. Bei den Kindern der kleinen Klasse kommt die Dimension der gesundheitlichen Gefährdung hinzu, durch die er sich erklärt, dass diese Kinder in eine getrennte Klasse gehen. Dass Leonie (Förderschwerpunkt Wahrnehmung und Entwicklung) in die Förderklasse geht, erklärt sich Daniel dadurch, dass es durch ihre Lebensmittelallergie zu gefährlich wäre, eine Grundschulklasse zu besuchen. Es zeigt sich, dass seine Erklärung für die Beschulung in der Förderklasse eine ganz andere ist als die schulorganisatorische.

Kelly sagt im Interview: *„in allen b-Klassen sind behinderte Kinder"* (Pohl 2011, 84). Es stellt sich bei weiterem Nachfragen heraus, dass sie nur die Kinder als behindert wahrnimmt, die in die Förderklassen gehen. Selbst bei mehrmaligem Nachfragen nennt Kelly den Jungen im Rollstuhl aus der Grundschulklasse, der vielen Erwachsenen *„sichtbar"* behindert erscheint, nicht als behindert. Kellys Sichtweise lässt sich mit einem institutionellen Modell von Behinderung in Verbindung bringen, wie sie z.B. in den Ausführungen zur Salamaca-Erklärung beschrieben wird (vgl. Begemann 2002, 131). Eine *„Behinderung"* ist hiernach abhängig von Umfeldfaktoren und insbesondere vom institutionellen Umfeld. In diesem Fall ist die Behinderung

bestimmt von den schulorganisatorischen Gegebenheiten im Kooperationsklassen-Modell: die Kinder sind behindert, weil sie in eine Förderklasse
gehen.
Daniel beschreibt *Behinderung als Schwierigkeiten, die Sprache des anderen
Kindes zu verstehen:*

> „Florian versteht ja manches nicht, was wir zu ihm sagen." „Das finde ich nicht
> schlimm, das gehört ja zu einem behinderten Kind dazu (...). Manche verstehen ja
> auch nicht, was du sagst, der weiß ja gar nicht, was das bedeutet und so, weil wenn
> er zum Beispiel was sagt, dann verstehen wir das ja auch nicht" (Pohl 2011, 85).

Damit verortet er die Behinderung im Interaktionsprozess zwischen zwei
Individuen, und dazu gehören immer zwei Seiten.
Leonie beschreibt *„behindert sein"* als Gegensatz zu *„lieb sein"* für jeman-
den, der Verhaltensregeln verletzt und damit anderen Kindern schadet. Eine
Lesart wäre, dass sie die Behinderung im Bereich des emotional-sozialen
Verhaltens meint. Eine andere (m.E. zutreffendere) Interpretation ist, dass sie
den Begriff als Schimpfwort auffasst. Es zeigen sich im weiteren Gesprächs-
verlauf Wut und Ärger gegenüber den von ihr als behindert bezeichneten
Kindern. Der Begriff besitzt damit eine negative Konnotation. Sie selbst bezeichnet sich trotz ihrer Diagnose nicht als behindert.
Für Theo sind Kinder mit Behinderung *„ganz normale Kinder".* Obwohl die
Kinder aus der kleinen Klasse in seiner Bauklotzaufstellung eine eigene
Gruppe bilden, die abseits vom Rest der Gruppe steht, sieht er keinen Grund,
warum die Klassen nicht zusammengelegt werden könnten. Auch wenn seine
Antworten auf soziale Erwünschtheit schließen lassen, scheint für Theo doch
die Haltung, dass Kinder mit Behinderungen *„ganz normale Kinder"* seien,
die richtige zu sein.

3. Schlussfolgerungen

Die organisatorische Trennung der Klassen trägt dazu bei, dass die Kinder
der kleinen Klasse anders wahrgenommen werden als die Kinder der großen
Klasse. Die in der Grundschulklasse integrierten Kinder werden entweder
nicht als behindert bezeichnet oder die Behinderung wird nicht als bedeutsam
empfunden. Indem die einzeln integrierten Kinder von den Grundschüler/
-innen als Ihresgleichen wahrgenommen werden, lassen sich zumindest innerhalb dieser Klasse inklusive Qualitäten erkennen. Daraus lässt sich
schlussfolgern, dass eine inklusive Klassen-und Unterrichtsorganisation
Auswirkungen darauf hat, wie Kinder im Grundschulalter Kinder mit Behinderungen wahrnehmen. Demnach würde die Kategorie Behinderung bei inklusiven Organisationsformen des Unterrichtsalltags an Bedeutung verlieren.
Auch für das pädagogische Handeln im inklusiven Unterricht lassen sich

Schlüsse ziehen. Die Kinder aus der Förderklasse haben mehr Kontakt zu Erwachsenen als die Kinder der Grundschulklasse. Diese Ergebnisse konnten auch Maikowski und Podlesch in ihrer Studie von 1988 zeigen. Dort konnte die vermehrte Interaktion zwischen den Schüler/-innen angeregt werden, indem die Hilfestellungen durch die Pädagog/-innen zurückgenommen wurden. Bei der individuellen Unterstützung für die Kinder mit Förderbedarf sollte also immer bedacht werden, dass durch den vermehrten Kontakt zu Erwachsenen die Kontakte zu den Mitschüler/-innen behindert werden können. Wichtig bleibt, dass die Kinder sich mit individuellen Unterschieden auseinander setzen. Dies sollte von den Pädagog/-innen gefördert werden. Inklusion als administrative Vorgabe bietet lediglich den Rahmen, gefüllt werden muss dieser durch inklusives Handeln der Lehrkräfte und Mitarbeiter/-innen.

Literaturverzeichnis

Bamler, Vera/Werner, Jillian/Wustmann, Cornelia (2010): Methodologische Besonderheiten bei Untersuchungen mit Kindern. In: Bamler, Vera/Werner, Jillian/Wustmann, Cornelia (Hg.): Lehrbuch Kindheitsforschung: Grundlagen, Zugänge und Methoden Weinheim: Juventa, S. 74-84

Begemann, Ernst (2002): Theoretische und institutionelle Behinderungen der Integration und der "inclusion". In: Eberwein, Hans (Hg.): Integrationspädagogik. Kinder mit und ohne Beeinträchtigung lernen gemeinsam. 6. Auflage. Weinheim: Beltz

Breidenstein, Georg/Kelle, Helga (1999): Alltagspraktiken von Kindern in ethnomethodologischer Sicht. In: Honig, Michael-Sebastian/Lange, Andreas/Leu, Hans Rudolf (Hg.): Aus der Perspektive von Kindern? Zur Methodologie der Kindheitsforschung. Weinheim: Juventa

Feuser, Georg (Hg.) (2003): Integration heute – Perspektiven ihrer Weiterentwicklung in Theorie und Praxis. Frankfurt am Main: Lang

Honig, Michael-Sebastian (1999): Forschung "vom Kinde aus"? In: Honig, Michael-Sebastian/Lange, Andreas/Leu, Hans Rudolf (Hg.): Aus der Perspektive von Kindern? Zur Methodologie der Kindheitsforschung. Weinheim: Juventa

Krappmann, Lothar/Oswald, Hans (1995): Alltag der Schulkinder. Beobachtungen und Analysen von Interaktionen und Sozialbeziehungen. München: Juventa

Köbberling, Almut/Schley, Wilfried (2000): Sozialisation und Entwicklung in Integrationsklassen. Untersuchungen zur Evaluation eines Schulversuchs in der Sekundarstufe. Weinheim: Juventa

Maikowski, Rainer/Podlesch, Wolfgang (1988): Zur Sozialentwicklung behinderter und nichtbehinderter Kinder. In: Projektgruppe Integrationsversuch (Hg.): Das Fläming-Modell. Gemeinsamer Unterricht für behinderte und nichtbehinderte Kinder an der Grundschule. Weinheim: Beltz

Pohl, Sandra (2011): Wie Schüler/innen "Behinderung" sehen. Eine Studie in einer Bremer Koop-Klasse. Masterarbeit. Universität Bremen. Online verfügbar unter http://bidok.uibk.ac.at/library/pohl-schuelerinnen-dipl.html.

Sandra Pohl, M.Ed., Inklusionspädagogin, Wissenschaftliche Hilfskraft im Arbeitsgebiet „Inklusive Pädagogik" der Uni Bremen, Brückenstipendiatin zur Promotion. Kontakt: siso@uni-bremen.de

Natascha Korff

Lehrer/-innenbeliefs zum gemeinsamen Lernen im inklusiven Mathematikunterricht

Zusammenfassung
In einer Schule für alle darf jedes Kind etwas anderes lernen. Das nennt man Differenzierung. Aber Kinder sollen auch von anderen Kindern lernen. Das nennt man gemeinsames Lernen. In einer Untersuchung wurden Lehrer und Lehrerinnen gefragt, was sie über Mathematikunterricht in einer Schule für alle denken. Die Lehrer und Lehrerinnen sagen, dass sie viel Differenzierung machen. Gemeinsames Lernen in Mathematik finden viele Lehrer und Lehrerinnen besonders schwierig. Einige finden deswegen Mathematikunterricht in einer Schule für alle zu schwierig. Andere finden, dass man in einer Schule für alle gar nicht so viel gemeinsames Lernen braucht. Deswegen finden sie Mathematikunterricht in einer Schule für alle nicht schwierig. Für eine gute Schule für alle müssen Lehrer und Lehrerinnen lernen, dass man nicht immer gemeinsames Lernen braucht. Sie müssen aber auch aufpassen, dass sie das gemeinsame Lernen nicht ganz vergessen. Denn gemeinsames Lernen ist wichtig für guten Mathematikunterricht.

Innerhalb des deutschsprachigen Diskurses zur integrativen/inklusiven Didaktik wurde und wird kontrovers diskutiert, was angebrachte Formen von innerer Differenzierung sind und auf welcher Ebene im inklusiven Unterricht gemeinsames Lernen zu verhandeln ist. In einer Interviewstudie zu Belief-Systemen[1] von Lehrkräften der Primarstufe zeigt sich die zentrale Bedeutung des Spannungsfeldes von Gemeinsamkeit und Individualisierung auch unter der Perspektive von Unterrichtsentwicklung und Lehrer/-innenprofessionalisierung. Befragt wurden Grundschul- und Sonderpädagogiklehrkräfte aus Kooperations- und Integrationsklassen zu ihren Vorstellungen von gutem

---

[1] Aus der begrifflichen Vielfalt zum Forschungsgegenstand wurde der Belief-Begriff gewählt, der in etwa mit *„Vorstellungen"* zu übersetzen wäre und wie folgt verstanden wird: *„the compound of [an individuals] subjective (experiencebased) implicit knowledge (and feelings) concerning mathematics and its teaching/learning"* (Pehkonen/ Törner 1996, 102). Belief-Systeme umfassen dabei ähnlich der Konzeption der subjektiven Theorien auch Argumentationsstrukturen (vgl. auch Korff 2011b).

Mathematikunterricht und dem Umgang mit Heterogenität in diesem Lernbereich. Die Untersuchung zielt insgesamt darauf ab, Erkenntnisse zu notwendigen Qualifizierungsprozessen und fachdidaktischen Entwicklungen zu gewinnen. Der vorliegende Beitrag gibt einen ersten Einblick in die Belief-Systeme zu gemeinsamem und individuellem Lernen im (inklusiven) Mathematikunterricht. Einleitend soll ein kurzer Blick auf den Diskurs zum gemeinsamen Lernen im inklusiven Unterricht aus der Perspektive der Mathematikdidaktik geworfen werden.

1. Gemeinsames Lernen im Diskurs zum inklusiven (Mathematik)unterricht

Lernen ist stets sozial situiert und eine heterogene Lerngruppe schöpft ihr Potential aus der gegenseitigen Anregung der Lerner/-innen. Soziale Eingebundenheit sollte daher im inklusiven Unterricht nicht auf (soziale) Teilhabeprozesse reduziert werden. Die beiden einzigen didaktischen Gesamtkonzeptionen zum inklusiven Unterricht (Feuser 1995; Seitz 2006; 2008) legen ihren Fokus entsprechend auf die Kooperation der Kinder miteinander. Dennoch lässt sich in den Entwicklungen zur inklusiven Didaktik insgesamt eine Vernachlässigung der inhaltlichen Seite feststellen. Dieses Desiderat verweist zugleich auf die bisher ungeklärte Frage nach der Ebene, auf der gemeinsames Lernen im inklusiven Unterricht verortet werden sollte (vgl. Köpfer/Scheidt in diesem Band).
Interessant ist vor diesem Hintergrund ein Vergleich des inklusionspädagogischen Diskurses mit der Konzeption der *„natürlichen Differenzierung"* in der Mathematikdidaktik (vgl. Krauthausen/Scherer 2010). Diese Form der inneren Differenzierung vom Kind aus soll eine Lernziel- und Lernwegdifferenzierung innerhalb der Bearbeitung einer gemeinsamen Problemstellung ermöglichen. Es findet sich nicht nur eine Betonung gemeinsamer Lerninhalte, sondern auch eine scharfe Abgrenzung zur materialgebundenen Differenzierung anhand von niveaudifferenzierten Aufgaben(blättern).
Freudenthal hält dazu bereits 1974 fest, dass natürliche Differenzierung sich von anderen Formen des Umgangs mit Heterogenität dahingehend unterscheidet, dass *„die Schüler nicht neben-, sondern miteinander am gleichen Gegenstand auf verschiedenen Stufen tätig sind"* (166, zit. nach Krauthausen/Scherer 2010, 3). Dies wird für mathematisches Lernen als notwendig erachtet, da erst die Auseinandersetzung mit verschiedenen Zugangsweisen und Lösungen die Möglichkeit bietet, die eigenen Erkenntnisse zu erweitern und zu vertiefen. Hier zeigt sich das Potential der Verbindung von fachdidaktischen und inklusionspädagogischen Entwicklungen nicht nur im Sinne didaktischer Entwicklungen (vgl. auch Korff 2011a), sondern auch durch

eine Schärfung grundlegender Begrifflichkeiten wie der Frage was *„gemeinsames Lernen"* kennzeichnet. Für die vertiefte Diskussion einer fachdidaktischen Annäherung an diese Kernfrage inklusiver Didaktik muss allerdings auf eine andere Stelle verwiesen werden (vgl. Korff in Vorb.).

2. Bedeutung des gemeinsamen Lernens in der Lehrer/-innenperspektive

In den erhobenen Belief-Systemen der Lehrkräfte findet sich, vergleichbar der Literatur zum inklusiven Unterricht, sowohl die Zielsetzung individuelle Lernwege und -fortschritte zu beachten als auch gemeinsames Lernen zu unterstützen. Was die Befragten unter gemeinsamem Lernen im Mathematikunterricht verstehen und welche Bedeutung sie ihm zumessen, ist dabei an vielen Stellen nicht nur inter- sondern auch intrapersonell widersprüchlich.

Interpersonell finden sich, zunächst übereinstimmend zur Pilotstudie, bei allen Lehrkräften sehr ähnliche Aussagen zu den konkreten Chancen und Schwierigkeiten gemeinsamen mathematischen Lernens im Sinne von Austausch und Kooperation unterschiedlicher Lerner/-innen (vgl. Korff/Scheidt 2011, Korff 2011b). Zugleich findet sich bei allen Befragten (wenngleich in unterschiedlichem Ausmaß) eine explizite Wertschätzung von (inhaltlichen) Begegnungen der Schüler/-innen miteinander. Auf dieser Basis kommen die Lehrkräfte dann allerdings zu kontroversen Bewertungen bezüglich der Frage, ob ein inklusiver Mathematikunterricht möglich ist oder eine äußere Differenzierung im Sinne einer gruppenbezogenen räumlichen Trennung in diesem Lernbereich notwendig (vgl. auch Korff 2012). In dieser Differenz zeigt sich die Bedeutung der Belief-Systeme zur Rolle des gemeinsamen Lernens im inklusiven Unterricht: Die unterschiedlichen Schlussfolgerungen lassen sich nur damit erklären, welche Bedeutung die Lehrkräfte dem gemeinsamen Lernen im Rahmen des inklusiven Unterrichtes zumessen.

Auf intrapersoneller Ebene ist daran anknüpfend der Befund interessant, dass gemeinsames Lernen im Rahmen des *„Unterrichts von Schüler/-innen mit und ohne zugewiesenem sonderpädagogischen Förderbedarf"* für einen Teil der Lehrkräfte eine besondere Rolle zu gewinnen scheint. Diejenigen Lehrkräfte, die einen *„inklusiven Mathematikunterricht"* nicht für umsetzbar halten, führen als Grund an, dass nur geringe Möglichkeiten des gemeinsamen Lernens in diesem Lernbereich bestehen. Folglich könne die Gruppe aus ihrer Sicht nicht als Ganze erfolgreich unterrichtet werden und sie praktizieren eine äußere Differenzierung getrennt nach Kindern ohne und mit sonderpädagogischem Förderbedarf.[2] Dieselben Lehrkräfte schildern jedoch für die separierten Gruppen einen Unterricht, der überwiegend hoch individualisierte

---

[2]   Diese Position wird wohlgemerkt auch von einem Teil der Integrationslehrkräfte vertreten und im Unterricht umgesetzt.

Lernformen umfasst. Im Unterricht in der (Klein)Gruppe der Förderschüler/ -innen bzw. der Regelschüler/-innen spielt gemeinsames mathematisches Lernen also keine zentrale Rolle, obgleich gerade die fehlenden Möglichkeiten von gemeinsamem Lernen in der Gesamtgruppe (d.h. mit der Kooperationspartnerklasse bzw. der Gesamtgruppe der Integrationsklasse) als Grund für die Notwendigkeit der Trennung angeführt wird. Erst im Kontext der Zusammenführung von zwei Gruppen (die eigene Klasse und die Partnerklasse, bzw. die Integrationsschüler/-innen und die Regelschüler/-innen) scheint die Dominanz individueller Lernformen zum Problem zu werden bzw. wird kritisch hinterfragt.

Im Folgenden soll vor dem Hintergrund dieses Widerspruchs analysiert werden welche Bedeutung gemeinsame Lernsituationen in den Schilderungen der Lehrkräfte zu ihrem Unterricht insgesamt haben. Zu beachten ist, dass die hierfür getroffene Unterscheidung zwischen individuellen und gemeinsamen Lernsituationen letztlich artifiziell ist (vgl. auch Seitz 2008, 228f). Die analytische Trennung erscheint dennoch aus zwei Gründen gewinnbringend: Zum einen verläuft die zentrale Diskussionslinie zu einer inklusiven Didaktik dahingehend, welche Bedeutung gemeinsames Lernen im inklusiven Unterricht hat und welches Gewicht ein gemeinsamer Lerninhalt dabei haben sollte. Zum anderen scheinen sich Möglichkeiten und Barrieren für inklusiven Mathematikunterricht auch in der Praxis gerade an dieser Differenzlinie (und dem Anspruch, gemeinsames Lernen umzusetzen) zu manifestieren.

3. Gemeinsames Lernen im *typischen Mathematikunterricht*

Unter der Perspektive von gemeinsamem und individuellem Lernen lassen sich die von den Lehrkräften beschriebenen typischen Unterrichtssituationen ihres Mathematikunterrichts[3] in *drei Kategorien* unterteilen:

a) *Lehrkraftzentrierte Lernsituationen*: Die Kinder arbeiten im Rahmen einer von der Lehrkraft angeleiteten (Klassen- oder Teil-)Gruppe insbesondere zur Einführung neuer Themen oder Vertiefung spezifischer Aspekte, aber auch für spielerische Übungssituationen wie das sog. „*Eckenrechnen*".

b) *Individuelle Lernsituationen*: Die Kinder arbeiten individualisiert und unabhängig von anderen Schüler/-innen (insbesondere mit Arbeitsblättern/Mathematikbuch, teilweise in Wochenplan- oder Karteikastenarbeit

---

[3] Die Lehrkräfte wurden gebeten vier typische Situationen ihres Unterrichts zu notieren. Im Anschluss wurde in Anlehnung an das Repetory Grid Verfahren über das Bilden von Gegensatzpaaren zu jeweils zwei Situationen eine genauere Beschreibung der Situationen provoziert.

organisiert). Hier ist auch Raum für Eins-Zu-Eins-Begleitung für Kinder mit Schwierigkeiten, aber auch mathematisch interessierte Schüler/-innen.

c) *Gemeinsame Lernsituationen*: Die Kinder arbeiten zu zweit oder in Gruppen gemeinsam an einer Aufgabe und befinden sich im (inhaltlichen) Austausch miteinander. Hierunter wurden alle Schilderungen zu Gruppen- oder Partnerarbeiten gefasst sowie die häufig benannte Situation der Hilfe/Erklärung der Kinder untereinander. Einige wenige Lehrkräfte benennen in diesem Kontext explizit das mathematikdidaktische Anliegen, einen Austausch über Lösungswege anzuregen.

Mit der getroffenen Kategorisierung ist wohlgemerkt noch keine Aussage zur Qualität der Begegnungen der Kinder verbunden – weder aus mathematikdidaktischer noch aus inklusionsdidaktischer Sicht.[4] Außerdem ist natürlich auch hier auf die oben angesprochenen Überschneidungen im Unterrichtsgeschehen zu verweisen. Durch die Zuordnung wird aber die Untersuchung möglich, in welchem Umfang in den Schilderungen überhaupt Situationen vorkommen, in denen nach Aussagen der Lehrkräfte ein Austausch oder eine Begegnung der Kinder miteinander – in irgendeiner Form – eine Rolle spielen.

Zunächst kann hierzu festgehalten werden, dass keine Unterschiede zwischen den Professionen (Grundschul-/Sonderpädagogen) oder schulischen Strukturen (Kooperation oder Integration) auszumachen sind. Wie auch in verschiedenen Dokumentationen zur integrativen/inklusiven Praxis in der Literatur finden sich alle drei Formen als reguläre Bestandteile des Unterrichts – in allen Lerngruppen. Eine genauere inhaltliche Betrachtung der Schilderungen zeigt dann aber, dass sowohl der zu vermutende zeitliche Umfang als auch die Bedeutung, die den Situationen *individuellen Lernens* (b) für die Lernfortschritte der Kinder zugemessen wird, deutlich höher ist, als bei den beiden anderen Kategorien. So lassen sich anhand der Beschreibungen der Lehrkräfte die Mehrzahl der Situationen des *individuellen Lernens* (b) als zentrale und länger anhaltende Unterrichtsphasen einordnen. Im Kontrast dazu sind etwas mehr als die Hälfte der benannten typischen Situationen, die als *gemeinsame Lernsituationen* (c) kategorisiert wurden, solche bei denen das Miteinander lediglich als kurze, punktuelle Begegnung beschrieben wird. Die *lehrerzentrierten Situationen* (a) finden zwar in der Gruppe statt, ein

---

[4] Nicht genauer diskutiert werden kann an dieser Stelle beispielweise, wie gleichberechtigt der Austausch der Schüler/-innen ist, inwiefern er sich auf mathematische Inhalte bezieht, wie Gruppen zusammengestellt werden, welche Lernentwicklung für den Einzelnen damit verbunden wird oder auch inwiefern im Rahmen der individuellen Lernsituationen und der lehrerzentrierten Gruppen Differenzierungen Raum haben oder Orientierung an einem Durchschnitt erfolgt (vgl. dazu Korff in Vorb.).

Austausch der Kinder miteinander spielt hier aber in den Schilderungen der Lehrkräfte keine weitere Rolle.[5] Die zentrale Bedeutung, die die *individuellen Lernsituationen (b)* im Unterrichtsgeschehen einnehmen, spiegelt sich auch in einem Muster des Unterrichtsverlaufs Dieses findet sich bei fast allen Befragten und scheint ebenfalls relativ unabhängig von der Lerngruppe zu sein: Eine (lehrkraftzentrierte) Einführung in der Gesamtgruppe bildet den Einstieg in die Stunde und wird von einer längeren Kernarbeitsphase individuellen Lernens mit lediglich punktuellem Austausch, vor allem zum Zweck der gegenseitigen Hilfestellung, gefolgt. Ein Teil der Lehrkräfte weist auch explizit darauf hin, dass es die individuellen Lernsituationen sind, die sie mit Lernfortschritten der Kinder verbinden.

4. Gemeinsames Lernen im Umgang mit Heterogenität

Den Unterrichtsschilderungen zum *typischen Mathematikunterricht* ist zu entnehmen, dass individuelle Lernformen, in denen der Austausch mit anderen keine Rolle für den eigenen Lernprozess spielt, über alle Lerngruppen hinweg zu einem Großteil den Mathematikunterricht ausmachen. Dies gilt – soweit sich dies anhand der Unterrichtsbeschreibungen der Lehrkräfte beurteilen lässt – sowohl bezogen auf den zeitlichen Anteil am Unterrichtsgeschehen, wie offenbar auch in Bezug auf die Bedeutung für das Lernen der Schüler/-innen aus der Sicht der Lehrkräfte. Betrachtet man nun die Antworten der Lehrkräfte auf die Frage nach dem Umgang mit der Vielfalt der Schüler/-innen wird deutlich, dass die Lehrkräfte hierfür überwiegend auf lehrer- bzw. materialzentrierte Differenzierungen zurückgreifen, die vor allem auf Anpassungen hinsichtlich Bearbeitungszeit und -umfang abzielen. Ein Austausch der Schüler/-innen miteinander als Teil des Lernprozesses wird nur vereinzelt benannt, obwohl aus den Schilderungen deutlich wird, dass die Schüler/-innen sich in der Regel im gleichen (mathematischen) Themenfeld bewegen und selbst Lernzieldifferenzierungen keine größere Rolle spielen.[6] Die geringe Bedeutung, die Austausch und Miteinander der Schüler/-innen im Rahmen des Umgangs mit Heterogenität zu haben scheinen deckt sich mit den Ergebnissen zum typischen Mathematikunterricht. Diese Konsistenz

---

[5] Unterrichtssituationen *wie „Mathe-Konferenzen",* bei denen die Lehrkräfte das Ziel des Austausches der Kinder miteinander in den Fokus nehmen, wurden bereits den *gemeinsamen Lernsituationen* zugeordnet.

[6] Eine Ausnahme bilden Schüler/-innen, die dem Förderschwerpunkt geistige Entwicklung zugeordnet werden. Hier verweisen Kooperations- wie Integrationslehrkräften überwiegend auf individualisierte Materialien und Eins-zu-Eins-Begleitung durch pädagogische Fachkräfte, sowie teilweise auf eigene/getrennte Inhalte.

kann zugleich als ein Beleg für die Nähe der erhobenen Belief-Systeme zum Fall- und Erfahrungswissen der Lehrkräfte gesehen werden. Es kann also davon ausgegangen werden, dass in der Studie wirklich unterrichtsbezogene Belief-Systemen erfasst werden konnten und nicht ein (vermeintliches) Idealbild wiedergegeben wurde.

Im Ergebnis lässt sich festhalten, dass gemeinsame Lernsituationen, in denen die Mitschüler/-innen in irgendeiner Form eine Rolle für das Lernen des Einzelnen spielen, im Unterricht der befragten Lehrkräfte ein eher randständiges Dasein zu fristen scheinen – obwohl die Lehrkräfte miteinander Lernen an anderer Stelle der Interviews (Sternstunden ihres Mathematikunterrichts) durchaus als wichtiges Element eines guten (inklusiven) Mathematikunterrichts bewerten. Auf die explizite Frage nach *„der Gemeinsamkeit"* in ihrem Unterricht, verweist ein Großteil der befragten Lehrkräfte auf lehrerzentrierte Einführungs- und Abschlussphasen sowie auf von den Schüler/-innen selbst initiierten Austausch und gegenseitige Hilfe. Zentrales Merkmal der gemeinsamen Lernsituationen scheint dabei, übereinstimmend mit den Ergebnissen der Pilotphase, eine Handlungs- und Materialorientierung zu sein (vgl. Korff/Scheidt 2011).

5. Fazit: Gemeinsames Lernen als zentraler Faktor für die Entwicklung inklusiven Mathematikunterrichts

Die Ergebnisse der Interviewstudie verweisen auf eine über alle Professionen und schulstrukturellen Unterschiede hinweggehende Dominanz der individuellen Lernsituationen im Mathematikunterricht der befragten Lehrkräfte. Diese wird allerdings von den Lehrkräften für die unterschiedlichen Lerngruppen insbesondere hinsichtlich der Frage der Möglichkeiten eines inklusiven Mathematikunterrichts sehr unterschiedlich bewertet. Was die befragten Lehrkräfte unter inklusivem (Mathematik)Unterricht verstehen, welche Rolle dabei das gemeinsame Lernen für sie spielt und inwiefern sie sich für dessen Herstellung verantwortlich fühlen, erscheint damit als ein Schlüsselelement der vorgefundenen Belief-Systeme.

Es lässt sich abschließend eine interessante Diskrepanz feststellen: Gemeinsames Lernen spielt zwar in den Belief-Systemen der Lehrkräfte eine zentrale Rolle, wenn es um die Einschätzung zu den Möglichkeiten inklusiven Mathematikunterricht geht, aber – nach ihren eigenen Schilderungen – nicht in ihrem Unterricht (egal in welcher Lerngruppe). Die Implikationen der dargestellten Ergebnisse erscheinen damit aus Professionalisierungssicht ambivalent.

Auf der einen Seite sollten die Lehrkräfte, die sich bisher nicht in der Lage sehen einen inklusiven Mathematikunterricht zu gestalten und daher auf eine äußere Differenzierung zurückgreifen, darin bestärkt werden, Phasen individuellen und nebeneinander Lernens als legitime Anteile inklusiven Unterrichts zu betrachten – so wie sie es bereits für den Unterricht in den jeweilig separierten Gruppen tun.

Auf der anderen Seite sollten in der (fach)didaktischen und Unterrichtsentwicklung gemeinsame Lernsituationen mit dem Ziel eines (mathematischen) Austausches in den Mittelpunkt gestellt werden. Denn hier liegt im Gegensatz zur Gestaltung differenzierter individueller Lernformen offenbar eine zentrale Herausforderung für die Praxis und zugleich das Hauptpotential inklusiven Unterrichts. Wenn die Vielfalt der Kinderperspektiven und Lernwege didaktisch genutzt werden sollen, dann ist dies nur auf Basis einer inhaltlichen Auseinandersetzung der unterschiedlichen Lerner/-innen miteinander möglich.

Angezeigt ist insgesamt eine fachdidaktische Fundierung und Konkretisierung von *„gemeinsamem Lernen"* ohne dass dies mit einem Ausschließlichkeitsanspruch gegenüber individuellen Lernsituationen verbunden wäre.

Literaturverzeichnis

Feuser, Georg (1995): Behinderte Kinder und Jugendliche: Zwischen Integration und Aussonderung. Darmstadt

Korff, Natascha (2011a): Das Ganze gemeinsam entdecken: Chance und Herausforderung für einen inklusiven Mathematikunterricht. In: Mittendrin e. V. (Hrsg.): Eine Schule für Alle. Vielfalt leben! Materialien zum Kongress vom 12. - 14. März 2010 in Köln. Norderstedt

Korff, Natascha (2011b): "In allen anderen Fächern ist das einfach einfacher." Belief-Systeme von Primarstufenlehrer/innen zu einem inklusiven Mathematikunterricht. In: Lütje-Klose, B./Langer, M.-T./Serke, B./Urban, M. (Hrsg.): Inklusion in Bildungsinstitutionen. Eine Herausforderung an die Heil- und Sonderpädagogik. Bad Heilbrunn, 150-156

Korff, Natascha (2012): Inklusiver Unterricht – Didaktische Modelle und Forschung. In: Chilla, Solveig/Benkmann, Rainer (Hrsg.): Die Inklusive Schule – Theorien, Forschungen und Erfahrungen. Immenhausen: Prolog-Verlag

Korff, Natascha (in Vorb.): Belief-Systeme von Lehrkräften der Primarstufe zu einem inklusiven Mathematikunterricht. Dissertationsvorhaben, Universität Bremen

Korff, Natascha/Scheidt, Katja (2011): Inklusive (Fach)Didaktik und LehrerInnenexpertise: Ergebnisse zweier Pilotstudien. In: Flieger, Petra/Schönwiese, Volker (Hrsg.): Menschenrechte – Integration – Inklusion. Aktuelle Perspektiven aus der Forschung. Bad Heilbrunn, 91-97

Krauthausen, Günter/Scherer, Petra (2010): Umgang mit Heterogenität. Natürliche Differenzierung im Mathematikunterricht in der Grundschule. Kiel. Online-Publikation. URL: http://www.sinus-an-grundschulen.de/fileadmin/uploads/Material_aus_SGS/Handreichung_K rauthausen-Scherer.pdf (letzter Zugriff: 29.07.2012).

Seitz, Simone (2008): Leitlinien didaktischen Handelns. In: Zeitschrift für Heilpädagogik, 6/ 2008, 226-233

Seitz, Simone (2006): Inklusive Didaktik: Die Frage nach dem 'Kern der Sache'. In: Zeitschrift für Inklusion, 1/ 2006. Online-Publikation. URL: http://www.inklusion-online.net/index.php/ inklusion/article/view/15/15 (letzter Zugriff: 29.07.2012).

Natascha Korff, Universität Bremen, Arbeitsgebiet Inklusive Pädagogik. Forschungsschwerpunkte: Inklusive Fachdidaktik Mathematik; Lehrer/-innen-professionalisierung sowie Inklusion im Elementarbereich.

Katja Scheidt / Andreas Köpfer

Die Antinomie
Individualisiertes & Gemeinsames Lernen –
Versuch einer Strukturierung

Zusammenfassung
Inklusiver Unterricht liegt in einem Spannungsfeld: Auf der einen Seite soll der Unterricht zu jeder/m einzelnen Schüler/in passen. Auf der anderen Seite sollen alle Schüler/-innen gemeinsam lernen. Aber was heißt Gemeinsames Lernen genau? In diesem Beitrag wird mit Hilfe einer Struktur gezeigt, was unterschiedliche Forscher-/innen unter Gemeinsamem Lernen verstehen.

1. Einleitung – Entwicklungslinien einer Inklusiven Didaktik

Die UN-Behindertenrechtskonvention (UN 2006), insbesondere Artikel 24 (Bildung), rückt die inklusive Bildung aller Kinder ins Zentrum bildungspolitischer Interessen und Pflichten. Der daraus resultierende fachwissenschaftliche Diskurs kulminiert dabei in der Frage, wie ein Inklusiver Unterricht gestaltet sein kann, der der Heterogenität ihrer Schülerschaft gerecht wird und diese in didaktischen Konzeptionen abbildet (vgl. Wocken 2011, 140). Die UN-Konvention selbst beinhaltet jedoch *„keine pädagogische Theorie oder Handlungsanweisung"* (Feuser 2012, 26) und wirkt lediglich als rechtliche Grundlage, die durch didaktische Konzepte und Modelle für Inklusiven Unterricht weiter zu spezifizieren ist.

Durch die Loslösung von der *„Homodoxie"*, dem *„Glaube an die Gleichheit der Schüler"* (Wocken 2011, 140), scheint in den letzten Dekaden ein paradigmatisches Umdenken stattzufinden, das zunehmend die Vielfalt der Schüler/-innen in den Blick nimmt. Grundlegend erweist sich für die Gestaltung inklusiver Unterrichtsprozesse die Öffnung des Unterrichts im Sinne der didaktisch-methodischen Anwendung offener Unterrichtskonzepte (vgl. Meister/Schnell 2012, 184 ff.). Als Orientierung auf schulpraktischer Ebene dienten und dienen dazu vornehmlich reformpädagogische Konzepte, während auf theoretisch-konzeptioneller Ebene die entwicklungslogische Didaktik (Feuser 1995) als erstes umfassendes didaktisches Modell entworfen wurde, das sich in einer *„Allgemeinen (Integrativen) Pädagogik"* (ebd.) verortet sieht. Als didaktisches Fundamentum repräsentiert die entwicklungslogische Didaktik den *„dialektischen Zusammenhang der vier konstituierenden Momente der Kooperation, des Gemeinsamen Gegenstands, der inneren Differenzierung und der Individualisierung"* (Feuser 2011, 91). Bezogen auf die Kooperation der Schüler/-innen setzt Feuser das Postulat der Arbeit am Gemeinsamen Gegenstand; die Umsetzung findet ausschließlich in Projektform statt. Wenngleich das Modell der entwicklungslogischen Didaktik wenige schulpraktische Handlungsformen birgt (vgl. Seitz 2006), fungiert es als Reflexionsfläche für theoretische Konzepte auf verschiedenen Ebenen, z.b. in Bezug auf gemeinsame Lernsituationen (vgl. Wocken 1998), auf die Vermittlungswege (vgl. Ziemen 2003) oder auf die Sicht der Kinder als Protagonisten für didaktische Strukturierungen (vgl. Seitz 2006).

Mit der Etablierung des Inklusionsbegriffs und der zunehmenden Vernetzung im Bereich der Heterogenitäts- und Diversitätsforschung hat sich die Perspektive auf die unterschiedlichen Heterogenitätsaspekte von Kindern und Jugendlichen sukzessive geweitet (vgl. ebd.). Eine Didaktik, die die Dichotomie von Behinderung und Nicht-Behinderung überwindet, die verschiedensten Differenzlinien berücksichtigt und für Gemeinsames Lernen in heterogenen Gruppen geeignet ist, kann als Inklusive Didaktik bezeichnet werden (vgl. Platte 2007). Als grundlegend für diese Didaktik haben sich neben Feusers didaktischen Kernkategorien insbesondere Elemente herauskristallisiert, die als verstärkte Orientierung auf die Schüler/-innen subsumiert werden können (vgl. Seitz 2008, 229 ff.) und Möglichkeitsräume für soziales und solidarisches Lernen in Kooperation postulieren (vgl. Ziemen 2011, 16).

Im Allgemeinen geht es darum, *„Bedingungen für Entwicklung und für Begegnung"* (Ziemen 2002, 136) zu schaffen, die sich im Unterricht sowohl in individuellen Arbeitsformen als auch in gemeinschaftlichen Lernsituationen entfalten können. *„Balance von Individualität und Gemeinschaft"*, die im Folgenden näher spezifiziert wird, *„stellt für die Inklusion eine Herausforderung, gleichzeitig aber Bedingung dar"* (ebd. 2011, 16).

2. Die Antinomie *Individualisiertes* vs. *Gemeinsamens Lernen*

In der Literatur zu Integrativem/ Inklusivem Unterricht lassen sich verschiedene Spannungsfelder finden, so z.B. Offenheit vs. Struktur, Individualisierung vs. Bildungsstandards oder Selbstbestimmung vs. Schulpflicht (vgl. Joller-Graf 2006 79ff.). Diese lassen sich auch als Antinomien bezeichnen (vgl. ebd. 80f.; Scheidt, in Vorb.).

Eine Antinomie entsteht, wenn zwei Aussagen oder Anforderungen im Widerspruch zueinander stehen. Antinomien sind Postulate, die *„als gleichwer-*

tig bewertet werden, die aber nicht zugleich oder nicht in gleicher Intensität realisiert werden können" (Schlömerkemper 2006, 283).
Eine Forderung, die in der Integrativen/ Inklusiven Pädagogik bzw. in der Pädagogik der Vielfalt eine zentrale Rolle spielt, ist die gleichwertige Beachtung von *„Gleichheit und Verschiedenheit"* (Prengel 2006, 29ff.) der Lernenden. Daraus ergibt sich die Konsequenz, einerseits individualisierte Lernangebote zu arrangieren und andererseits Gemeinsames Lernen zu ermöglichen.
Über die Existenz dieses Bedingungsfeldes scheint unter den Inklusionsforscher/-innen Einigkeit zu herrschen, ebenso über die Relevanz, zwischen den zwei vermeintlichen Polen eine gewisse Balance herzustellen (vgl. bspw. Demmer-Dieckmann 2001, 124; Reiser 1991, 14). Neuere Ansätze betonen darüber hinaus die Komplementarität des Beziehungsverhältnisses von Individualisiertem und Gemeinsamem Lernen (vgl. Prengel 2006, 29 ff.; Seitz 2008, 228).
Auf welche Ebenen sich die Individualisierung beim Individualisierten Lernen bzw. das Gemeinsame beim Gemeinsamen Lernen jedoch bezieht, wird in den meisten Fällen nicht thematisiert oder aber, in den wenigen Konkretisierungen darüber, unterschiedlich verhandelt.
Eine Möglichkeit zur Strukturierung wird im Folgenden vorgestellt. Dazu werden Aussagen von Inklusionsforscher/-innen auf ein Strukturierungsmodell bezogen. Andrea Platte, Simone Seitz, Hans Wocken und Jutta Schöler wurden im Rahmen einer Podiumsdiskussion gebeten, ihre Position zur Inklusiven Didaktik im Allgemeinen sowie zur Antinomie Individualisiertes vs. Gemeinsames Lernen im Besonderen darzustellen.[1] Dabei ist zu beachten, dass die skizzierten Standpunkte der Teilnehmenden ausschließlich auf Basis der Podiumsdiskussion zusammengefasst sind, nicht aber das Gesamt der jeweiligen Position der/des Forscherenden repräsentieren. Weiterhin kann im Rahmen dieses Artikels lediglich auf die Aussagen zum *Gemeinsamen Lernen* eingegangen werden.
Um nun die Standpunkte der Einzelnen diesbezüglich auszudifferenzieren und in einen übergeordneten Rahmen zu setzen, werden das Strukturmodell von Meyer (2004, 25) sowie die 9-W-Fragen zur Analyse von Unterricht (Jank/Meyer 2005, 16) zugrunde gelegt und erweitert. Die Unterscheidung von Gemeinsamem Lernen in *kollektiv gemeinsam* und *universell gemeinsam* ist in Anlehnung an Prengels *„Ordnung der Blicke"* (Prengel 2003, 30; aber auch Seitz 2005, 2006) zu verstehen.

---

[1] Die Podiumsdiskussion wurde im Rahmen der AG 7 *„Inklusive Unterrichtsentwicklung"* auf der Inklusionsforscher/-innen-Tagung 2012 in Wartaweil von Katja Scheidt und Andreas Köpfer durchgeführt.

Dimensionen der Antinomie Individualisiertes und Gemeinsames Lernen

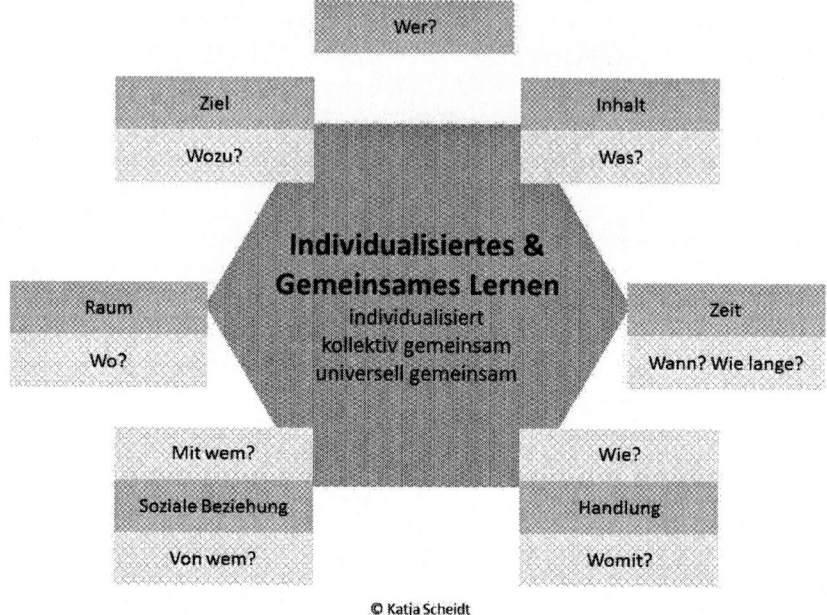

© Katja Scheidt

Abb.:   Dimensionen der Antinomie Individualisiertes und Gemeinsames Lernen (Scheidt)

Fasst man die auf der Podiumsdiskussion geäußerten Positionen zusammen, wird deutlich, dass zumeist die *soziale* sowie *zeitlich/räumliche* Dimension gemeinsamer Lernprozesse hervorgehoben wird. Die *Zieldimension* bleibt innerhalb der Diskussion weitestgehend unberücksichtigt. Die *inhaltliche* Dimension wird darüber hinaus kontrovers diskutiert.

Als eine Position kann die Definition von Gemeinsamem Lernen als soziales Miteinander, ohne expliziten inhaltlichen Bezug, bestimmt werden. Es wird davon ausgegangen, dass sich Schüler/-innen ganz natürlich aufgrund ihrer Zugehörigkeit zu einer Lerngemeinschaft begegnen. Dementsprechend unterschiedlich kann die methodische Umsetzung im Unterricht sein (Freiarbeit, Frontalunterricht, kooperatives Lernen...). Wichtig erscheint eine gute Mischung unterschiedlicher Methoden, um die Balance zwischen Gemeinsamem und Individualisiertem Lernen zu gewährleisten. Diese Position wird insbesondere durch Wocken vertreten. Die Priorisierung der *sozialen* Dimension des Gemeinsamen Lernens wird an folgendem Zitat deutlich:

„Gemeinsames Lernen setzt immer voraus, dass mehrere Personen vorhanden sind, dass diese Personen miteinander interagieren. Das ist Gemeinsames Lernen" (Wocken P[2], 38:45f.).

Wocken grenzt sich deutlich von der Idee des Gemeinsamen Gegenstandes nach Feuser ab:

„Also ich folge dem Satz ‚Kooperation am Gemeinsamen Lerngegenstand' ausdrücklich nicht" (ebd., 12:48 f.).

Eine weitere Position resultiert aus der Festlegung, Gemeinsames Lernen bedürfe eines gemeinsamen Inhaltes. Nur über gemeinsame (Ober-)Themen kann tatsächlich ein Austausch zwischen allen Lernenden gewährleistet werden. Der gemeinsame Inhalt ist das zentral Verbindende. Dementsprechend bieten sich zur Umsetzung Methoden wie Projektarbeit, Vorhaben oder Stationsverfahren zu einer übergreifenden Thematik an. Diese Position wird im Rahmen der Podiumsdiskussion von Schöler thematisiert. Schöler stellt die Anforderungen an Gemeinsames Lernen auf *inhaltlicher* Ebene in Form eines gemeinsamen Unterrichtsfaches heraus:

„Ich habe schon die Forderung, wenn (…) auf dem Stundenplan Mathematik steht, dass dann auch alle Kinder Mathematik machen. Und dann kann das auf sehr unterschiedlichem Niveau sein. Dann kann das in der Form sein, dass durchaus die Kinder, (…), die als geistig behindert bezeichnet werden, vielleicht im Zahlenraum bis Hundert üben und den Zehnerübergang und die Anderen in irgendwelchen höheren mathematischen Sphären sind. Und dann ist nicht mehr Gemeinsamkeit, als dass sie mitkriegen, alle beschäftigen sich mit Zahlen" (Schöler P, 40:15 f.).

An anderer Stelle spricht sie auch von der Bedeutung fächerübergreifenden Lernens (Schöler 2012, 17:02f.) im Sinne eines übergreifenden *Inhaltes*. Dies zeigt sich anschlussfähig an Feusers Theorie des Gemeinsamen Gegenstandes, die allerdings die inhaltliche Dimension weitaus stärker in den Vordergrund rückt und daran anknüpfend eine soziale Kooperation am Gemeinsamen Gegenstand einfordert (vgl. 1995, 178 ff.).

Weiter kann eine Position zwischen den dargestellten Standpunkten ausgemacht werden. Für Seitz und Platte sind übergreifende Inhalte von Bedeutung und fungieren als verbindende Elemente, stellen allerdings keine essenziellen Komponenten für das Gemeinsame Lernen dar. Platte expliziert zum Thema Gemeinsames Lernen:

„[…] es müssen nicht alle Kinder nur gemeinsam Mathematik lernen, um gemeinsam zu lernen, sondern für mich könnte es auch heißen, Kinder sprechen [miteinander], also man braucht wirksame Bezugspunkte" (ebd., 46:49 f.).

---

2   Zitate aus der Podiumsdiskussion sind mit „P" gekennzeichnet.

Damit macht Platte Gemeinsames Lernen an gemeinsamen Bezugspunkten fest, die Kindern Austausch ermöglichen. Sie betrachtet Gemeinsames Lernen also in erster Linie auf der *sozialen* Ebene, führt aber die Notwendigkeit gemeinsamer *inhaltlicher* Bezugspunkt an.

Auch Seitz bestimmt das Gemeinsame Lernen über die Kommunikation der Kinder untereinander. Sie beschreibt Unterricht als Sozialraum, der Kontakte und Austausch zwischen unterschiedlichen Lernenden ermöglicht (vgl. Seitz P, 44:48 f.). Damit hebt sie die *soziale* Dimension von Lernen im Allgemeinen hervor. Dass der Austausch nicht permanent über einen Gemeinsamen Gegenstand stattfinden muss, macht sie anhand eines Beispiels deutlich:

> „Das Gemeinsame Lernen kann eben auch darin bestehen, dass ich meinem Spezialinteresse für Vulkane nachgehe, zwei Tage lang nichts anderes tue [...], und dann erst in Kommunikation mit anderen gehe über das, was ich jetzt bearbeitet habe dazu" (ebd.).

Sehr unterschiedliche Lernwege und lange Phasen individualisierten Lernens, auch auf inhaltlicher Ebene, stehen demnach gleichwertig neben dem Austausch zu einer Sache. Adäquat dazu plädiert Seitz in bisherigen Veröffentlichungen für Formen Offenen Unterrichts (vgl. z.B. Seitz 2008, 228) und interessengeleitenden Lernens (vgl. Seitz/ Scheidt 2012) zur Umsetzung Inklusiver Didaktik. In ihrer didaktischen Konzeption zum *„Kern der Sache"* (vgl. Seitz 2005, 2006) steht allerdings ein bereichsspezifischer *übergreifender Lerninhalt* im Mittelpunkt.

Anschlussfähig an die beschriebene Position von Platte und Seitz erscheint die Unterscheidung von Demmer-Dieckmann, die in Bezug auf gemeinsame Vorhaben und Projekte feststellt, es gehe

> „[...] nicht um gleiche Ziele und Inhalte, sondern um gemeinsame Ziele und Inhalte" (Demmer-Dieckmann 2001, 124).

3. Zusammenfassung und Ausblick

Die bisherigen Ausführungen zeigen, dass die Antinomie *Individualisiertes und Gemeinsames Lernen* aus verschiedenen Perspektiven bzw. auf unterschiedlichen Ebenen betrachtet werden kann (s. Abb.).

Unterrichtsprozesse variieren in der Praxis und sind abhängig von schulorganisatorischen Kontextfaktoren. Der Anspruch, der an die Lehrperson gestellt wird, besteht darin, adäquate Lösungsstrategien für die Antinomien im Umgang mit einer heterogenen Schülerschaft zu entwickeln. Sie muss sich dabei der bestehenden Gefahr der/des übermäßigen oder mangelnden Individualisierung/Gemeinsamen Lernens bewusst sein (vgl. auch Korff 2012).

Auf internationaler Ebene kann eine Untersuchung (vgl. Köpfer, in Vorb.) herangezogen werden, die sich mit inklusiven Unterrichtsprozessen und Unterstützungsstrukturen ausgewählter kanadischer Provinzen beschäftigt und die die Unterstützung der Lehrperson als zentralen Faktor im Umgang mit einer heterogenen Schülerschaft betont. Für den Inklusiven Unterricht kristallisiert sich heraus, dass den beschriebenen unauflösbaren Antinomien eine flexible und pragmatische Unterrichtspraxis entgegengesetzt wird, die eine Balance aus Individualisiertem sowie Gemeinsamem Lernen bereithält. Festgemacht wird dies in Kanada allerdings nicht als inhaltlich verbindende Dimension im Sinne eines Gemeinsamen Lerngegenstandes, sondern in Bezug auf soziale und räumliche Dimensionen, welche durch Methodenpluralität ausgeschöpft werden.

In einer derzeit laufenden Promotionsstudie wird davon ausgegangen, dass Lehrer/-innen im Inklusiven Unterricht eine Expertise im Umgang mit ihrer heterogenen Schülerschaft allgemein und bei der Bewältigung von Antinomien im Besonderen entwickelt haben. Diese Strategien und Routinen können für die Weiterentwicklung einer Inklusiven Didaktik gewinnbringend sein (vgl. Scheidt, in Vorb.).

Insgesamt gilt es insbesondere für Lehrpersonen, die skizzierten Spannungsfelder innerhalb eines Inklusiven Unterrichts auf der entsprechenden Ebene zu identifizieren, um ein ausgewogenes Verhältnis zu realisieren und auch um Grenzen nicht als eigenes Versagen, sondern als Resultat eines komplexen Umgangs mit Widersprüchen zu erklären.

Literaturverzeichnis

Demmer-Dieckmann, Irene/Struck, Bruno (2001): Gemeinsamkeit und Vielfalt. Pädagogik und Didaktik einer Schule ohne Aussonderung. Weinheim: Juventa-Verlag

Feuser, Georg (1995): Behinderte Kinder und Jugendliche – zwischen Integration und Aussonderung. Darmstadt: Wissenschaftliche Buchgesellschaft

Feuser, Georg (2011): Entwicklungslogische Didaktik. In: Kaiser, Astrid et al. (Hg.): Didaktik und Unterricht. Enzyklopädisches Handbuch der Behindertenpädagogik, S. 86-100

Feuser, Georg (2012): Der lange Marsch durch die Institutionen... Ein Inklusionismus war nicht das Ziel. In: Behindertenpädagogik, Jg. 51, H. 1, S. 5-34

Feuser, Georg; Meyer, Heike (1986): Integrativer Unterricht in der Grundschule. Ein Zwischenbericht. Solms-Oberbiel, 248-269

Jank, Werner; Meyer, Hilbert (2005): Didaktische Modelle. Frankfurt am Main: Cornelsen Scriptor

Joller-Graf, Klaus (2006): Lernen und Lehren in heterogenen Gruppen. Zur Didaktik des integrativen Unterrichts. 1. Aufl. Donauwörth: Auer [u.a.] (Module der Lehrerbildung)

Köpfer, Andreas (in Vorbereitung): Inclusion in Canada – Analyse inclusiver Unterrichtsprozesse, Unterstützungsstrukturen und Rollen am Beispiel kanadischer Schulen in den Provinzen New Brunswick, Prince Edward Island und Québec. Dissertationsvorhaben, Universität zu Köln

Korff, Natascha (2012): Inklusiver Unterricht – Didaktische Modelle und Forschung. In: Chilla, Solveig/Benkmann, Rainer (Hg.): Die Inklusive Schule – Theorien, Forschungen und Erfahrungen. Immenhausen: Prolog-Verlag

Meister, Ulrike/Schnell, Irmtraud (2012): Gemeinsam und individuell – Anforderungen an eine inklusive Didaktik. In: Moser, Vera (Hg.): Die inklusive Schule: Standards für die Umsetzung. Stuttgart: Kohlhammer, S. 184-189

Meyer, Hilbert (2004): Was ist guter Unterricht? Berlin: Cornelsen

Platte, Andrea (2007): „Alle Kinder lernen lesen...?! Inklusive Didaktik und Schriftspracherwerb. In: Zeitschrift für inklusion-online, H. 1, online verfügbar unter http://bidok.uibk.ac.at/library/inkl-01-07-platte-kinder.html [Zugriff: 20.07.2012]

Prengel, Annedore (2006): Pädagogik der Vielfalt. Verschiedenheit und Gleichberechtigung in Interkultureller, Feministischer und Integrativer Pädagogik. 3. Auflage. Opladen: Leske & Budrich

Reiser, Helmut (1991): Wege und Irrwege zur Integration. In: Saarbrücker Beiträge zur Integrationspädagogik. 6. St. Ingbert: Roehrig, S. 13-33

Scheidt, Katja (in Vorbereitung): Inklusive Didaktik – Eine Studie zur didaktischen Expertise von Lehrer/innen an inklusiven Grundschulen. Dissertationsvorhaben, Universität Bremen

Schlömerkemper, Jörg (2006): Die Kompetenz des antinomischen Blicks. In: Plöger, Wilfried (Hg.): Was müssen Lehrerinnen und Lehrer können? Paderborn u.a.: Schöningh, S. 281-308

Seitz, Simone (2005): Zeit für inklusiven Sachunterricht. Baltmannsweiler: Schneider

Seitz, Simone (2006): Die Frage nach dem „Kern der Sache". In: Zeitschrift für Inklusion, H. 1, online verfügbar unter www.inklusion-online.net/index.php/inklusion/article/view/15/15 [Zugriff: 22.06.2012]

Seitz, Simone (2008): Leitlinien didaktischen Handelns. In: Zeitschrift für Heilpädagogik, Jg. 59, H. 6, S. 226-233

Seitz, Simone; Scheidt, Katja (2012): Vom Reichtum inklusiven Unterrichts – Sechs Ressourcen zur Weiterentwicklung. In Zeitschrift für Inklusion Nr. 1-2. Im Internet: http://www.inklusion-online.de.net/index.php/inklusion/article/view/148/140 [11.6.12]

UN (United Nations) (2006): Convention on the Rights of Persons with Disabilities. Online verfügbar unter www.un.org/esa/socdev/enable/rights/convtexte.htm#convtextΔ [Zugriff: 17.06.2012]

Wocken, Hans (1998): Gemeinsame Lernsituationen. Eine Skizze zur Theorie des gemeinsamen Unterrichts. In: Hildeschmidt, Anne; Schnell, Irmtraud (Hg.): Integrationspädagogik. Auf dem Weg zu einer Schule für alle. Weinheim, München: Juventa Verlag, S. 37-52

Wocken, Hans (2011): Das Haus der inklusiven Schule. Baustellen – Baupläne – Bausteine. Hamburg: Edition Hamburger Buchwerkstatt Feldhaus Verlag

Ziemen, Kerstin (2002): Eine Chance für alle Kinder und Jugendlichen – die „Vermittlung". Grundproblem der Didaktik. In: Zeitschrift für Heilpädagogik, Jg. 53, H. 4, S. 134-136

Ziemen, Kerstin (2003): Integrative Pädagogik und Didaktik. Aachen: Shaker Verlag

Ziemen, Kerstin (2011): Inklusion und „kulturhistorisches Denken". In: Ziemen, Kerstin et al. (Hg.): Inklusion – Herausforderungen, Chancen und Perspektiven. Hamburg: Kovac Verlag, S. 9-19

Andreas Köpfer ist wiss. Mitarbeiter am Lehrstuhl Pädagogik und Didaktik bei Menschen mit geistiger Behinderung, Universität zu Köln. Forschungsschwerpunkte: Inklusion und Didaktik im internationalen Kontext. Email: andreas.koepfer@uni-koeln.de

Katja Scheidt ist wiss. Mitarbeiterin im Arbeitsgebiet Inklusive Pädagogik an der Universität Bremen. Forschungsschwerpunkte: Inklusive Pädagogik und Didaktik, Begabungsförderung im Inklusiven Unterricht. Email: katja.scheidt@uni-bremen.de

Sabine Hettinger

Evangelisches Schulwerk
Projektskizze
inklusionsorientierte Schulentwicklung

Zusammenfassung

Dies ist ein kurzer Bericht über ein Projekt. Es dauert 3 Jahre. 14 Schulen machen mit. Sie wollen alle Schritte in Richtung Inklusion gehen. Sie erhalten dabei Unterstützung durch Fortbildungen. Außerdem bekommen sie 9mal Besuch von einem Prozessbegleiter oder einer Prozessbegleiterin: das ist eine Person, die ihnen hilft, ihre nächsten Schritte gemeinsam zu planen. Ein solcher Schritt kann sein: Wie können wir Pläne für alle Schüler/-innen machen, die helfen zu sehen: was kann jemand schon gut und wie kann sich jemand noch weiterentwickeln?
Es handelt sich hierbei um keine wissenschaftliche Forschung im engeren Sinn – eher um reflektierte Praxis.

1. Das Projekt im Rahmen des Evangelischen Schulwerks

Der Dachverband *Evangelisches Schulwerk Baden und Württemberg* hat seine Geschäftsstelle in Stuttgart. Er bündelt Interessen, gibt Impulse und bietet seinen 80 zugehörigen Trägern von ca. 200 Schulen aller Schularten in verschiedenen Foren und Fachgruppen schulartbezogene und -übergreifende Austauschmöglichkeiten. In dem Kontext ist das Projekt *inklusionsorientierte Schulentwicklung* als ein Angebot angesiedelt, an dem sich 10 evangelische Schulen und zum Teil Kooperationspartner beteiligen (4 staatliche Schulen) – das Projekt und die Unterstützungsangebote für die Schulen wurden ausgeschrieben und die Schulen konnten sich bewerben.

2. Die Rahmenbedingungen

Nach dem Positionspapier der Landeskirchen, die sich u.a. für längeres gemeinsames Lernen und Inklusion aussprachen, waren die evangelischen Schulen gefragt, Flagge zu zeigen – das Projekt sollte zu konkreten Initiativen ermutigen und dabei begleiten – Inklusion und christliches Menschenbild

– dass jede/r in seiner/ihrer Einzigartigkeit von Gott gewollt ist – passen gut zusammen. In den letzten 5 Jahren gab es diverse Veranstaltungen, Austauschrunden und Fortbildungen zu den Themenbereichen *Heterogenität* und *Inklusion*.

INKLUSIONSORIENTIERT – wir machen uns auf den Weg oder befinden uns auf dem Weg – am Ziel sind wir noch lange nicht – aber wir wollen unser Ziel auch nicht aus den Augen verlieren.

Im Sommer 2010 begann die Projektvorbereitung und -planung, die Projektdurchführung erfolgt in der Zeit von Mai 2011 bis Ende Mai 2014.

Über 3 Jahre wird das Projekt aus Mitteln der *Evangelischen Landeskirche Württemberg* finanziert und von der EKD-Schulstiftung bezuschusst – bis auf die Honorare für externe Trainer/-innen und das Projektsekretariat und evtl. eine studentische Hilfskraft, sind dabei keine Personalkosten berücksichtigt.

3. Projektstruktur und Inhalt

Das Projekt besteht aus den Teilprojekten, die sich jeweils auf die Entwicklung der Organisation, des Personals und des Unterrichts konzentrieren. Ursprünglich waren drei Teilprojekte geplant, nämlich

- inklusionsorientierte Übergangsgestaltung Kindertageseinrichtung / Schule (TP1)
- inklusionsorientierte Unterrichtsentwicklung (TP 2)
- inklusionsorientierte Schulkooperationen/Schultandems (TP3)

Beworben haben sich nur Schulen für Teilprojekt 2 und 3.

In der Beschäftigung mit dem *Index für Inklusion* wurde klar, dass die Projektsäulen den drei Dimensionen des *Index* entsprechen sollten:

- *Praktiken* – um diese Dimension zu unterstützen bedarf es teilnehmer/-innenorientierter Fortbildungen
- *Strukturen* – Fortbildungen zu *Changemanagement* und *Prozessbegleitung* für jede Schule, um die Implementierung von Projekt-, Arbeits- und *Reflexionsstrukturen* vor Ort zu unterstützen
- *Kulturen* – Indeximpulsgeber/-innenrunden, die 3-4 mal im Jahr stattfinden, um eine *Reflexionskultur* und *inklusive Haltung* zu entwickeln

Das Projekt ermöglicht einen Einblick in sehr viele unterschiedliche Praxen (z.B. beim Austausch in den Fortbildungen und Impulsgeber/-innenrunden), diverse Blickwinkel (Schulleitung, Trägervertretung, Lehrkräfte, Eltern), Problemlagen, Konflikte und Herausforderungen.

Durch viele intensive Begegnungen kann ein relativ kontinuierlicher Austausch erfolgen und durch zahlreiche, u.a. systematisierte Rückmeldungen ist ein starker Bezug zu den Teilnehmerwünschen/Projektanforderungen möglich.

Die Zusammenarbeit mit den Prozessbegleiter/-innen erweist sich manchmal als Zitterpartie, wenn sich diese bislang eher wenig mit dem Thema Inklusion befasst haben, da die Projektstruktur zeitlich sehr begrenzt ist und damit im Rahmen des Projekts kein beliebig langer und nach allen Seiten offener Schulentwicklungsprozess möglich erscheint. Wir profitieren sehr von anderen Bundesländern und ihren Referent/-innen und von deren Vorsprung in punkto Inklusion. Im Indeximpulsgeber/-innenworkshop werden viele zusätzliche Impulse und Informationen zu Inklusion gegeben, die die Prozessbegleitungen selbst nicht leisten /können.

Projektbezogene Unterstützungsangebote und Austauschforen werden als große Chance und als sehr hilfreich erlebt und die starke Teilnehmer/-innenorientierung wird sehr geschätzt.

Zentrale immer wiederkehrende Themen, die diskutiert und erlebt wurden, waren:

- Voneinander lernen und profitieren – wir brauchen einander – Verschränkung der Sichtweisen, Vernetzung und Weitblick – Bereicherung erleben
- Umgang mit Vielfalt und Unterschieden – partizipative Methoden
- Komplexität versus Komplexitätsreduktion
- individuelle Förderung - Unterstützungsbedarf – Unterstützungsangebote (zwischen vorhandenen Kompetenzen und Ressourcen und Qualifizierungsbedarf)
- Veränderungstempo – zwischen Risikobereitschaft und Angst und Absicherungsnotwendigkeit bzw. Folgenabschätzung – zwischen Veränderungsdruck und Veränderungsbereitschaft
- Zwischen Einzelprojekt und großflächiger Veränderung
- Zwischen Übergangslösungen und wirklich inklusiven Lösungen
- Zwischen Pionierrolle und Spurensuche (was ist übertragbar?)
- Zwischen Utopismus und Realismus
- Balanceakt zwischen den drei Dimensionen

Weil es auf allen Ebenen sich wiederholende Themen gibt, ist auch jede Ebene ein stückweit Modell für die anderen im Umgang mit Inklusion: ob wir nun als heterogenes Vorbereitungsteam einen Inklusionstag planen oder als Projektteam ein Projektvorhaben – in dieser Zusammensetzung und Vielfalt sind wir gefragt, inklusionsorientiert miteinander umzugehen und die Vielfalt der Perspektiven in der Planung umzusetzen.

4. Ausblick und Konsequenzen

Wie ein Stein, der ins Wasser fällt und Kreise zieht, wächst das Interesse, die Fragen, der Qualifizierungsbedarf, der Kreis derer, die sich öffnen – das heißt aber auch, dass, während ich für das Projekt und die Projektteilnehmenden im engeren Sinne die Angebote organisiere, schon die nächsten Anfragen und Interessierten „vor der Tür" stehen.

Öffentlichkeitsarbeit, Information sind gefragt und weitere Fortbildungsangebote (in Baden-Württemberg ergibt sich noch eine zusätzliche Veränderungsdynamik durch die Gemeinschaftsschule – Bedarf an Fortbildungen zu Methoden individueller Förderung)

Im Projekt arbeiten wir in vielem punktuell – wie kann es in die Fläche gehen?

Viele weitere Schulen brauchen nicht nur Fortbildungsangebote, sondern auch inklusionsorientierte Beratungsangebote und Prozessbegleitungen, die sie in dem anstehenden komplexen Kulturwandel begleiten. Wer qualifiziert Prozessbegleitungen und wer lässt sich qualifizieren? Wer finanziert diese Unterstützungsangebote?

Eine neue Idee wird in der ersten Phase belächelt, in der zweiten Phase bekämpft, in der dritten Phase waren alle immer schon begeistert (Arthur Schopenhauer).

Sabine Hettinger, Projektleitung, *Evangelisches Schulwerk Baden und Württemberg*, sabine.hettinger@eschw.elk-wue.de

Arnold Köpcke-Duttler

Die Konvention zum Schutz der Rechte von Menschen mit Beeinträchtigungen und der Welthunger

1. Einleitung

Die Präambel des Übereinkommens der Vereinten Nationen vom 13. Dezember 2006 über die Rechte von Menschen mit Behinderungen[1] enthält den besonderen Hinweis darauf, dass die Mehrzahl der Menschen mit Behinderungen in einem Zustand der Armut lebt, und die Erkenntnis, dass die nachteiligen Auswirkungen der Armut auf Menschen mit Behinderungen dringend angegangen werden müssen.

In Art. 28 heißt es, dass die Vertragsstaaten das Recht von Menschen mit Behinderungen auf einen angemessenen Lebensstandard für sich selbst und ihre Familien, einschließlich angemessener Ernährung, Bekleidung und Wohnung sowie auf eine stetige Verbesserung der Lebensbedingungen anerkennen und geeignete Schritte zum Schutz und zur Förderung der Verwirklichung dieses Rechts ohne Diskriminierung aufgrund von Behinderung unternehmen. Das Recht von Menschen auf sozialen Schutz, auf den gleichberechtigten Zugang zur Versorgung mit sauberem Wasser werden hervorgehoben. Unter anderem werden Maßnahmen gefordert, um in Armut lebenden Menschen mit Behinderungen und ihren Familien den Zugang zu staatlicher Hilfe bei behinderungsbedingten Aufwendungen, einschließlich ausreichender Schulung, Beratung, finanzieller Unterstützung sowie Kurzzeitbetreuung, zu sichern.

Der *„Teufelskreis von Armut und Behinderung"* (Gräber 2007, 4; vgl. Weigt 2007) ist unübersehbar; gerade auch in Programmen zur Armutsbekämpfung muss er beachtet und durchbrochen werden.

---

[1] Bundesgesetzblatt, Jahrgang 2008, Teil II, 35, ausgegeben zu Bonn am 31. Dezember 2008, S. 1422

2. Die Scham und das Recht

Das Land Bhutan, zwischen China und Indien gelegen, soll, was die Gesundheit der Menschen angeht, das erste Land der Welt mit einem Rauchverbot sein. In der Ernährung, so Dasho Karma Ura, der *„Hüter des Sozialglücks"* (Kessler 2011, 15), dominiert eine lokale Bioproduktion. Es kommt hinzu, dass die Stromversorgung auf der Kraft des Wassers ruht und die Vielfalt der biologischen Arten geschützt wird. Dieser scheinbaren Idylle ganz entgegen richtet sich das erdweite *„Imperium der Schande"* (Ziegler 2005). In seinem gleichnamigen Buch kritisiert Jean Ziegler, der frühere UNO-Sonderberichterstatter für das Recht auf Nahrung, das in dem Land Brasilien, einem der wichtigsten Exporteure von Getreide, Dutzende Millionen Menschen permanent unterernährt seien. Er erschrickt über die hohe Kindersterblichkeit; aufgrund des Proteinmangels seien hunderttausende Kinder seit der frühesten Kindheit behindert (ebd., 172; vgl. Ziegler 2009, 13)[2]. An einer anderen Stelle dieses aufrüttelnden Buchs erinnert der jetzige Vizepräsident des Beratenden Ausschusses des UNO-Menschenrechtsrates an das von der transkontinentalen Agrochemiegesellschaft Union Carbide zu verantwortende Unglück vom 3. Dezember 1984, als nach dem Austritt des Gases Methyl-Isocyanat tausende Menschen in Bhopal starben. Die Zahl der Blinden, der Verstümmelten, der chronisch Schwerkranken belaufe sich auf über einhunderttausend (vgl. Ziegler 2005, 231; Pogge 2008)[3]. Angesichts des Massakers an Millionen Menschen durch Unterernährung und Hunger hält Ziegler fest, dass im Jahr 2004 der Hunger mehr Menschen getötet habe als alle in diesem Jahr geführten Kriege zusammen. Der *„strukturelle Hunger"*, ein Verbrechen gegen die Menschheit und die Menschlichkeit, erinnert an die *„Macht der Schande"* (the power of shame). Scham – so Ziegler – empfindet ein Mensch über die Schmach, die einem anderen Menschen angetan wird, Schande über die davon befleckte Ehre, besser wohl: antastbare Würde, ein Mensch zu sein. Ein bedrückendes Beispiel zeigt sich in den *favelas*, wenn eine Mutter abends einen Topf Wasser erhitzt und Steine hineinlegt. Ihren Kindern sagt sie, das Essen sei gleich fertig, worauf sie dann darauf hoffen muss, dass die Kinder vor Hunger gleich einschlafen werden. Angesichts solcher Not fragt Ziegler, ob man die Scham ermessen kann, die eine Mutter gegenüber ihren vom Hunger geplagten Kindern empfindet, die sie nicht ernähren kann (ebd., 11;

---

[2]   Ziegler, Jean (2005): Das Imperium der Schande. Der Kampf gegen Armut und Unterdrückung.
      Das Imperium der Schande eröffnet nur eine Perspektive: die Unehre, die jedem Menschen aufgebürdet wird aufgrund des Leids seiner Mitmenschen (S. 13);

[3]   Pogge, Thomas (2008): Das Recht auf ein Existenzminimum.

vgl. Pogge 2007, 11-53)[4]. So ist anschließend zu fragen, wie ein herrschaftskritisches Mitgefühl erwachen kann, ob der Schmerz mich mit Schande beschwert. Von hier aus gelangt Ziegler zu seiner Grundlegung des Menschenrechts:

> „Meine Intuition, meine Vernunft und mein moralischer Imperativ sagen mir, dass jeder Mensch ein Anrecht hat auf Arbeit, Nahrung, Gesundheit, Bildung, Freiheit und Glück" (Ziegler 2005, 14)[5].

Zu entdecken ist hier demnach die Entstehung des menschlichen Rechts aus der Empfindung der Scham heraus.

3. Widerstand gegen den Welthunger

Ermutigende Beispiele des Widerstands gegen den Welthunger bieten das im Jahr 1979 gegründete International Babyfood Action Network, die von der Weltgesundheitsorganisation und von UNICEF einberufene Weltkonferenz zur Säuglingsernährung und der Internationale Kodex gegen die Kommerzialisierung von Produkten, die als Ersatz für die Muttermilch angepriesen und weltweit vermarktet werden. Im Jahr 2002 hat die Weltgesundheitsversammlung einen zweiten Kodex mit dem Titel *„Weltstrategie für die Ernährung des Säuglings und des Kleinkinds"* verabschiedet. Trotzdem sterben ungezählte Säuglinge auch heute noch, die die Trockenmilch einnehmen, die mit schmutzigem Wasser verdünnt oder in unsauberen Flaschen abgefüllt wurde. Der Boykott dieser Nahrung wurde unter anderem von katholischen Missionaren, den Comboniani, unterstützt. Es bleibt bei allem mutigem Widerstand die Frage, ob trotzdem von einer Agonie des Menschenrechts gesprochen werden muss, ob das Recht machtlos, der Weltmarkt stärker ist. So fragen nicht nur Theologen, ob eine bessere Welt für alle Menschen möglich ist (vgl. Kruip 2009; Bujo 2000)[6]. Sind Beziehungen der Wechselseitigkeit, der Solidarität, das Erwachen des Mitgefühls und die helfende Tat konstitutiv für jeden Menschen und stärker als die nur scheinbar nicht zu durchbrechende Macht des Welternährungs-Markts?

---

[4]   Pogge, Thomas (2007): Severe Poverty as a Human Rights Violation.
[5]   Vgl.: Ziegler (2005): *„Die Kosmokraten lieben die Menschenrechte; Aber nur solange sie der Ausbeutung der Völker nicht im Wege stehen"* (S. 279).
[6]   Kruip, Gerhard (2009): Moral und Religion im interkulturellen Dialog: Bei der *„Dialektik des interreligiösen und interkulturellen Dialogs"* (S. 221) geht es um die Suche nach Übereinstimmungen und zugleich das Ringen um die Differenzen;
       Vgl.: Bujo, Bénézet (2000): Wider den Universalanspruch westlicher Moral: Grundlagen afrikanischer Ethik.

4. Recht der Nahrung

Auf der menschenrechtlichen Ebene geht es darum, dem Recht auf Nahrung Geltung zu verschaffen, es als einklagbares personales Recht zu verstehen und von einer aktiven Zivilgesellschaft einfordern zu lassen. Entsprechend hat sich die brasilianische Regierung für das Programm *„Null Hunger"* entschieden, das die Lebensbedingungen armer Familien durch finanzielle Zuschüsse und die armer Kinder durch Schul-Speisungen zu verbessern trachtet (vgl. Kessler 2011)[7]. In einem Interview bringt Jean Ziegler das Beispiel, dass die Vereinten Staaten von Amerika Getreide für die Herstellung von Bioethanol und Biodiesel verbrannt haben, um die Abhängigkeit von Erdölimporten zu brechen. Für eine 50-Liter-Tankfüllung eines *„Biosprit-Autos"* müssten 358 Kilo Mais verbrannt werden, eine Menge, von der ein Kind in Sambia oder Mexico ein Jahr lang leben könne. Wie schon über Jahrzehnte hinweg zeigt Ziegler seinen Protest dagegen, dass Müttern der armen Welt künstliche Babynahrung angepriesen wird durch raffinierte Werbefeldzüge. Die Vermischung der künstlichen Pulvernahrung mit verseuchtem Wasser führt zur Erkrankung und zum Tod vieler Kinder (vgl. Sudbeck-Baur 2011)[8]. Eine Welt ohne Hunger, genauer: die Überwindung der Gleichzeitigkeit von Überfluss und Hunger steht an – trotz aller Verzweiflung (vgl. Stich 2011, 14-15; Ladenthin 2007, 230)[9] ist auf sie zu hoffen.

Zwei Krankenschwestern haben aus Dörfern im Nordosten Brasiliens berichtet, bei Dorfversammlungen sei von einem Kindersterben von unvorstellbarem Ausmaß gesprochen worden. Die Bauern erzählten, kleine Kinder könnten nicht wirklich sterben; Gott hole sie gleich wieder zu sich, um ihnen ein Leben im Elend zu ersparen. Manche Bäuerinnen sagten, arme Frauen hätten eine minderwertige Milch, die reichen Frauen stillten auch nicht und hätten gesunde und kräftige Kinder. Dagegen wurde gesagt, dass das Stillen die einzige vorbeugende Methode gegen das Kindersterben sei. Auf den Internationalen Kodex für die Vermarktung von Muttermilch-Ersatznahrung, der unter anderem festlegt, dass Gesundheitsarbeiter sich für die Förderung und den Schutz des Stillens einsetzen (vgl. Launer 1991, 75)[10], gehe ich hier nicht weiter ein. Dem Kodex der Weltgesundheitsorganisation gelingt es

---

[7] Vgl.: Kessler, Wolfgang (2011): Mehr als schöne Worte. Die wichtigsten und politischen Strategien gegen den Welthunger.

[8] Sudbeck-Baur, Wolf (2011): *„Mörderisch aber legal"*. Gespräch mit Jean Ziegler.

[9] Stich, August (2011): Dengue-Fieber auf dem Vormarsch.
    Vgl. Ladenthin, Volker (2007): *„Führt die Lebenswelt noch einigermaßen in das Wissen um gesunde Ernährung ein?"* (S. 230).

[10] Launer, Ekkehard (Hrsg.) (1991): Nestlé, Milupa ... Babynahrung in der Dritten Welt.

meines Wissens (noch) nicht, die „*Flaschen-Kinder-Krankheit*" zu überwinden, von Hunger, Analphabetismus und Unterernährung zu schweigen.

5. Alternativer Weltgesundheitsbericht

In dem zweiten Alternativen Weltgesundheitsbericht „*Global Health Watch 2*", der im Jahr 2008 erschienen ist, geht es um Elemente eines alternativen Aktionsplans für eine globale Gesundheit, um die „*Gesundheit für alle*", gemessen am weltweit produzierten Reichtum. Der Bericht ist herausgegeben unter anderem von *People's Health Movement* und mitfinanziert von *medico international*. Er geht aus von dem Scheitern des herrschenden Entwicklungsmodells der radikalen Markt-Öffnung und Liberalisierung des Welthandels. Verbesserungen der Gesundheit habe es in den sogenannten Entwicklungs- und Schwellenländern in den letzten dreißig Jahren nicht gegeben.

Drei große Herausforderungen des 21. Jahrhunderts stünden vor der Menschheit: Die Beseitigung der Armut; die Verwirklichung des Rechts aller Menschen auf gute Gesundheit; die Bewältigung des Klimawandels. Angesichts dieser Herausforderungen seien die herrschende globale Wirtschaftspolitik und die globale Kommerzialisierung (auch der Ernährung) fundamental in Frage zu stellen. Eine Alternative müsse als zentrale gesellschaftliche Ziele Armutsreduzierung, Gesundheit für alle, Bildung und ökologische Nachhaltigkeit umfassen. Die Synergien zwischen Entwicklung, Umwelt, Gesundheit und Bildung seien unbedingt zu verstärken. Die sozialen und Umweltfaktoren der Gesundheit und die „*Gesundheitsversorgungssysteme*" müssten als ein holistisches Bezugssystem verstanden werden. So wird das Recht auf Zugang zu dem globalen Gut Wasser hervorgehoben. Es geht also um einen Wechsel der Weltpolitik, wobei zu arbeiten ist für ein Wirtschaftssystem, das die Gesundheit der Armen über den Wohlstand der herrschenden Minorität stellt.

Eine bessere öffentliche Gesundheitsversorgung ist zu verbinden mit der Anstrengung der Friedens-Koordinierung (vgl. Claußen 2012, 33-35; Santa Barbara/Arya 2008; Senghaas 2006)[11].

---

[11]   Claußen, Angelika (2012): Frieden durch Gesundheit. Ein moderner Ansatz des konstruktiven Pazifismus.
Vgl.: Santa Barbara, Joanna/Neil Arya (2008): Peace through Health.
Vgl.: Senghaas, Dieter (2006): Konstruktiver Pazifismus.

6. Die neue Konvention zum Schutz der Rechte von Menschen mit Beeinträchtigungen

Die Behindertenrechtskonvention der Vereinten Nationen enthält in Art. 25 die Verpflichtung der Vertragsstaaten, anzuerkennen das Recht von Menschen mit Behinderungen auf das erreichbare Höchstmaß an Gesundheit (health; santé) ohne Diskriminierung aufgrund von Behinderung. Alle geeigneten Maßnahmen seien zu treffen, zu gewährleisten, dass Menschen mit Behinderung Zugang zu geschlechtsspezifischen Gesundheitsdiensten, einschließlich gesundheitlicher Rehabilitation, haben. Insbesondere soll die Gesundheitsversorgung unentgeltlich oder erschwinglich sein und von gleicher Qualität wie bei anderen Menschen. Sexual- und fortpflanzungs-medizinische Gesundheitsleistungen gehören dazu. Der gesamten Bevölkerung sollen Programme des öffentlichen Gesundheitswesens zur Verfügung stehen. Gesundheitsleistungen (health services; services de santé), die von Menschen mit Behinderung speziell wegen ihrer Behinderung benötigt werden, bieten die Vertragsstaaten an, einschließlich Früherkennung und Frühintervention, zudem Leistungen, auch bei Kindern und alten Menschen, durch die weitere Behinderungen (disabilities; handicaps) möglichst gering gehalten oder vermieden werden. Diese Gesundheitsleistungen sollen gemeindenah angeboten werden. Angehörige der Gesundheitsberufe werden verpflichtet, Menschen mit Behinderungen eine Versorgung von gleicher Qualität wie anderen Menschen angedeihen zu lassen. Aufklärung, Schulungen, der Erlass ethischer Normen sollen das Bewusstsein für die Menschenrechte, die Würde (dignity; dignité), die Autonomie und die Bedürfnisse von Menschen mit Behinderungen schärfen. In Art. 26 der Konvention werden umfassende Habilitations- und Rehabilitationsdienste und -programme – auch auf dem Feld der Gesundheit – gefordert.

In der neuen Konvention[12] (vgl. Köpcke-Duttler 2009; 2007) drückt sich unter anderem die Erkenntnis aus, dass die Förderung des vollen Genusses der Menschenrechte und Grundfreiheiten durch Menschen mit Behinderungen sowie ihre uneingeschränkte Teilhabe ihr Zugehörigkeitsgefühl (sense of belonging; sentiment d'appartenance) verstärken (vgl. UN-BRK)[13] und zu erheblichen Fortschritten in der menschlichen, sozialen und wirtschaftlichen Entwicklung der Gesellschaft und bei der Beseitigung der Armut führen wird. Menschen mit Behinderungen sollen vollen Zugang auch zu

---

[12]   Vgl.: Köpcke-Duttler, Arnold (2007): Armut, Behinderung und menschliche Würde – Die UN-Konvention zum Schutz der Rechte von Menschen mit Behinderung, S. 205-213; Vgl.: Köpcke-Duttler, Arnold (2009): Zum Übereinkommen der Vereinten Nationen über die Rechte von Menschen mit Behinderung.

[13]   UN-Behindertenrechtskonvention, Präambel lit. m

Gesundheit und Bildung in Zukunft haben. Die Vereinten Nationen, die die Konvention im Dezember 2006 in New York verabschiedet haben, wissen um den Teufelskreis von Armut und Behinderung (vgl. Gräber 2007, 4; Despouy 1993)[14], um die erschreckenden Zusammenhänge, nach denen Hunger, mangelnde Ernährung, unreines Wasser und hygienische Wohnverhältnisse und der fehlende Zugang zu Gesundheitsdiensten die häufigsten Ursachen von Behinderungen sind. Dabei ist die menschliche Würde gerade in der Seite ihrer Verletzbarkeit wahrzunehmen – auf der Suche nach dem Aufgang der Menschlichkeit aus der Erfahrung dieser Antastbarkeit heraus (vgl.: Köpcke-Duttler 2007, 19-23; Margalit 1999; Moltmann 1989)[15]. Die Konvention soll – wie auch die Kinderrechtskonvention der Vereinten Nationen – das Recht der in ihren Lebensmöglichkeiten Behinderten, der Verachteten und Marginalisierten[16], der Schwachen und Ausgegrenzten stärken. Von dort aus ist gerade ein Blick zu werfen auf die Gesundheitsfürsorge der Kinder, auf die Sorge für eine gute Ernährung, auf ihren Schutz vor Gewalt und Missbrauch, auf die Menschenrechte der Kinder.

Eine zu wenig gelebte christliche Grunderfahrung soll neu belebt werden: Nach einer *paulinischen theologia crucis* ist die göttliche Kraft in den Schwachen mächtig, in den in ihrem Leben Gehinderten und Beeinträchtigten (vgl. Seysen 2004)[17]. Anders gewendet:

„Ein christlicher ‚Grundwert' besteht in dem annehmenden Umgang Jesu mit den In-validen, den sozial für un-wert erklärten Menschen" (Reinhold 2009, 219)[18].

Aus ihrer Machtlosigkeit heraus soll in den Armen eine neue Kraft entstehen, die dem Welthunger widersteht und für die Verwirklichung des Menschenrechts auf Befreiung vom Hunger und gesunde Ernährung eintritt. Dazu gehören Paulo Freires Projekt der Befreiung und seine Ehrfurcht vor den Armen und Unterdrückten.

„Freires Werk bleibt unverzichtbar, wenn es darum geht, das Konzept einer demokratischen und befreienden Erziehung und Bildung zu entwickeln; die Erkenntnisse, die dieses Werk liefert, werden von unschätzbarem Wert für all jene

---

[14]　Despouy, Leandro (1993): Human Rights and Disabled Persons.

[15]　Köpcke-Duttler, Arnold (2007): Menschliche Würde und Solidarität der Schwachen. Vgl.: Margalit, Avishai (1999): Politik der Würde. Vgl.: Moltmann, Jürgen (1989): Der Weg Jesu Christi. Moltmann erinnert hier (S. 366) an Ernst Blochs „aufrechten Gang".

[16]　Zu dem Home-Based-Care Programm Sinosizo („Wir helfen") in Durban siehe: Ochel, Klemens (2011): Kinder-Aids-Programme sind wichtiger denn je, S. 16-17

[17]　Seysen, Christan (2004): Das Heilige und das Reine – Diskriminierung des Behinderten?

[18]　Bernhardt, Reinhold (2009): Christliche Werte im interkulturellen Dialog.

bleiben, die sich dem Kampf gegen Unterdrückung zugunsten einer gerechten Gesellschaft verschrieben haben" (McLaren / de Lissovoy 2003, 225)[19].

7. Weltarmut und globale Gerechtigkeit

In seinem Buch „*Weltarmut und Menschenrechte*" sucht Thomas Pogge nach einem einzigen, universellen Gerechtigkeitskriterium. Bei dieser Suche geht es ihm nicht nur darum, die Autonomie von Personen, sondern auch die von Gesellschaften und Kulturen zu respektieren. Das gemeinsame Gerechtigkeitskriterium sollte nicht implizieren, dass die Autonomie einer Kultur nur dann anerkennungswürdig sei, wenn ihre Vorstellung vom guten Leben auf kulturübergreifenden Überlegungen und Wahlmöglichkeiten beruhe. Das gesuchte Gerechtigkeitskriterium dürfe diese Forderung gar nicht stellen, soll es weltweit Akzeptanz finden und nicht dem Vorwurf ausgesetzt sein, man wolle damit anderen Kulturen die Werte der westlichen Aufklärung aufzwingen. Es geht also um das Ziel einer freien interkulturellen Einigung auf ein universelles Gerechtigkeitskriterium (vgl.: Pogge 2011, 49)[20]. Ein komplexes und international akzeptables Kernkriterium elementarer Gerechtigkeit formuliert Pogge in der Sprache der Menschenrechte. Pogge geht es um ein institutionelles Verständnis der Menschenrechte, um eine

> „moralische Forderung an soziale Zwangsinstitutionen, die einem auferlegt werden, und somit eine moralische Forderung gegen diejenigen, die sich an der Gestaltung oder Durchsetzung dieser Institutionen beteiligen" (ebd., 63).

Damit will Pogge den Verdacht abwenden, der in Gemeinschaftskulturen und von Kommunitaristen oft erhoben wird, den Verdacht nämlich, dass Menschenrechte den Individualismus oder sogar den Egoismus fördern und dazu führen, dass Menschen sich nach westlichem Vorbild verstehen – als atomisierte, autonome, säkulare und eigennützige Individuen, bereit, ihre Rechte einzufordern ohne Rücksicht auf andere oder die Gesellschaft als Ganzes; ausdrücklich spricht Pogge von moralischen Rechten, die mit „*juristischen Rechten*" nicht gleichgesetzt werden. Er plädiert für den Gedanken, dass ein sicherer Zugang zu den Gegenständen von Menschenrechten in verschiedenen ökonomischen und kulturellen Kontexten auf unterschiedliche Weisen realisiert werden kann und widerspricht zudem jeder „*verrechtlichten Kultur*". Es geht um den sicheren Zugang zu bestimmten Grundgütern, um den sicheren Zugang zu den Gegenständen der Menschen-

---

[19] McLaren, Peter / de Lissovoy, Noah (2003): Paulo Freire (1921 – 1977).
      Vgl.: Hitzel-Cassagnes, Tanja (2010): Die Inklusion von Betroffenenperspektiven bei der Anerkennung von Menschenrechten, S. 4-12 („Kosmopolitische Erinnerungsgemeinschaft")
[20] Pogge, Thomas (2011): Weltarmut und Menschenrechte.

rechte. Damit drückt er aus, dass zum Beispiel das Menschenrecht auf minimal angemessene Ernährung nicht allein ein juristisches Recht auf Nahrung sein muss, sondern auch durch andere rechtliche Mechanismen, politische Prozeduren und die Stärkung verschiedener Kulturen (z.B. einer Kultur der Solidarität) verwirklicht werden könne. Grundgüterdefiziten könne nicht allein durch Änderungen der Gesetze begegnet werden. Menschenrechte werden bezogen auf die institutionelle Struktur einer Gesellschaft oder eines anderen umfassenden sozialen Systems. Menschenrechte sollen bestimmen, *„wie wir gemeinsam die Grundregeln unseres Zusammenlebens gestalten wollen"* (Pogge 2011, 65).

Zu den Grundgütern des menschlichen Lebens gehören nach Pogge körperliche Unversehrtheit, die nötigen Mittel für den Lebensunterhalt (Nahrung, Trinkwasser, Kleidung, Unterkunft und eine grundlegende medizinische Versorgung), Bewegungs- und Handlungsfreiheit, grundlegende Bildung und ökonomische Teilhabe. Alle diese Gegenstände sollten als Gegenstände von Menschenrechten betrachtet werden mit dem Ziel, dass Menschen einen hinreichend sicheren Zugang zu einem Anteil an diesen Gütern erlangen. Die Anerkennung eines universellen Kernkriteriums elementarer Gerechtigkeit muss die Autonomie verschiedener Kulturen und Religionen respektieren, wobei auch zusätzliche Grundbedürfnisse anerkannt werden können. Irritierend ist, dass Pogge die Vermeidung schwerer sozialer Benachteiligungen und die Ausgleichsleistungen für angeborene Behinderungen nur als zusätzliche Grundbedürfnisse deutet, die er als zweitrangig gegenüber den universellen menschlichen Bedürfnissen, die in der global akzeptierten Menschenrechtskonzeption verankert sind, erachtet.

Dabei übersieht Pogge, dass es eine Konvention der Vereinten Nationen über die Rechte von Menschen mit Beeinträchtigungen und Behinderungen gibt. Mit diesem Hinweis, dass die Menschenrechtskonzeption weiter ausgebaut ist, als Pogge anzunehmen scheint, soll seine zentrale Forderung an alle institutionellen Zwangsordnungen freilich nicht bestritten werden. Diese zentrale Forderung lautet, den

> „betroffenen Menschen, soweit vernünftigerweise machbar, sicheren Zugang zu minimaladäquaten Anteilen an elementaren Freiheiten und Mitbestimmung, an Nahrung, Trinkwasser, Kleidung, Unterkunft, Bildung und medizinischer Versorgung zu gewähren" (Pogge 2011, 69).

Aber die global akzeptierte Menschenrechtskonzeption geht darüber schon hinaus, so dass die Forderung, dafür zu sorgen, dass diese Grundbedürfnisse weltweit anerkannt und verwirklicht werden (eine Forderung, die Pogge als wichtigste moralische Aufgabe unserer Zeit erkennt) weiter ausgebaut werden muss. Pogge versteht Menschenrechte demnach als moralische Rechte, als moralische Forderungen. Die moralische Bedeutung der Menschenrechte und der Menschenrechtsverletzungen sei unabhängig davon, wessen Menschenrechte auf dem Spiel stünden. Die größte Menschenrechtsverletzung der Menschheitsgeschichte ist für Pogge die Weltarmut, die ihm viel größer und zugleich viel kleiner scheint, als man sie sich gewöhnlich vorstellt:

> „Sie tötet ein Drittel aller Menschen, die in unsere Welt geboren werden. Und ihre Beseitigung würde erheblich weniger kosten als ein Prozent des Weltsozialprodukts" (Pogge 2011, 309).

8. Chancen der Verwirklichung

Der indische Ökonom Amartya Sen unterbreitet einen allgemeinen Ansatz, der sich auf die Verwirklichungschancen der Menschen konzentriert, bestimmte Dinge zu tun und über die Freiheit zu verfügen, ein von ihnen mit Gründen für erstrebenswert gehaltenes Leben zu führen. In der Perspektive der Verwirklichungschancen wird die Armut gedeutet als Mangel an Verwirklichungschancen. Diese These konzentriert sich – im Gegensatz zum bloß bedeutsamen niedrigen Einkommen – auf einen „intrinsisch bedeutsamen Mangel" (Sen 2005, 110)[21]. Sen erörtert die Gründe für unterschiedliche Abhängigkeitsverhältnisse und stellt sie auch im Kontext praktischer politischer Entscheidungen dar. So entdeckt er auch einige „Kopplungen" von Nachteilen zwischen dem Mangel an Einkommen und Hindernissen bei der Umwandlung des Einkommens in Funktionen.

> „Handikaps wie Alter, Behinderung oder Krankheit verringern nicht nur die Fähigkeit, ein Einkommen zu erwerben; sie erschweren auch eine Umwandlung von Einkommen in Verwirklichungschancen, da ein älterer, behinderter oder schwer kranker Mensch ein größeres Einkommen benötigt (für Pflege, Prothesen, medizinische Behandlung), um dieselben Funktionen zu erreichen (sofern dies überhaupt möglich ist). Daraus folgt, dass ‚reale Armut', verstanden als Mangel an Verwirklichungschancen, in einem signifikanten Sinn gravierender sein kann, als es nach Maßgabe des Einkommens den Anschein hat" (Sen 2005, 111).

Sens Suche nach einer gerechten Gesellschaft führt ihn zu Situationen eindeutiger Ungerechtigkeit. Eine Gesellschaft, die Hungersnöte zulasse, obwohl sie hätten verhindert werden können, sei beispielsweise eindeutig ungerecht, doch brauche dieser Befund nicht auf der Überzeugung zu beruhen, irgendein bestimmter Verteilungsschlüssel für Nahrung, Einkommen oder berechtigte Ansprüche sei bezogen auf alle Staatsangehörigen maximal gerecht und die Folge anderer exakter Verteilungen, welche im Verhältnis zueinander allesamt wohlgeordnet seien.

---

[21] Sen, Amartya (2005): Ökonomie für den Menschen.

„Gerechtigkeitsvorstellungen haben ihre größte Bedeutungen darin, dass auf diese Weise offensichtliches Unrecht ausgemacht wird, worüber man sich rational verständigen kann, und nicht in der Ableitung irgendeiner Formel, wie genau die Welt betrieben werden sollte" (Sen 2005, 340).

Sen fragt, ob Demokratie und elementare politische und bürgerliche Rechte den Entwicklungsprozess fördern. Es gelte, dass das Herausbilden und Stärken dieser Rechte als konstitutiv für den Entwicklungsprozess anzusehen sei. Demokratie und politische Grundrechte sollen eine große Bedeutung als Sicherheit und Schutz der sozial Schwachen haben (vgl. Sen 2005, 341). Die allgemeine Ausbreitung der politischen und bürgerlichen Rechte für den Entwicklungsprozess selber sei zentral. Die Verwirklichungschancen, die ein Mensch tatsächlich habe (und an deren er sich nicht nur theoretisch erfreue), würden in ihrer Abhängigkeit von der Beschaffenheit der sozialen Umstände gesehen. Weder Staat und Gesellschaft könnten sich ihrer Verantwortung entziehen, einer *„sozialen Verantwortung".* Sen geht es über die Einführung des Begriffs *„Humankapital"* hinaus um eine umfassendere Vorstellung der *„produktiven Ressourcen".* Menschen seien nicht bloß Produktionsmittel; in einer Diskussion mit David Hume habe Adam Smith (1977) [1759][22] hervorgehoben, dass es menschenverachtend sei, die Menschen nur nach ihrem produktiven Nutzen in Anschlag zu bringen (vgl. ebd., 323). Es ist also über den Begriff des Humankapitals weit hinauszugehen. Die Rolle von Menschen erschöpfe sich keinesfalls wirtschaftlich in der Produktionstätigkeit; es gehe um den Entwurf sozialer und politischer Entwicklungen, so um die Ausweitung der Schulbildung für Frauen, die Senkung der Kindersterblichkeit. Insgesamt sucht Sen nach der Wirkung menschlicher Verwirklichungschancen, nach einer Entwicklung als *„Ausweitung substantieller Freiheiten".* In seinen Andeutungen einer Sozialethik werden das fundamentale Interesse an der fortschreitenden Vergrößerung der individuellen Freiheitsspielräume und der soziale Wille, dazu beizutragen, deutlich (vgl. Sen 2005, 453).

9. Mitgefühl und Mit-Leiden

Auf der Suche nach einer globalen Gerechtigkeit müssen große Asymmetrien der Macht und der Fähigkeit (capacity) unbedingt bedacht werden. So schreibt die Philosophin Martha Nussbaum:

---

[22] Smith, Adam (1977) [1759]: The Theory of Moral Sentiments, 1759; Theorie der ethischen Gefühle.

„A satisfactory account of human justice must extend reciprocity and respect to people with impairments, including severe mental impairments" (Nussbaum 2006, 92)[23].

Die Würde des Menschen hänge nicht vollständig ab von einer idealisierten Rationalität; der Ansatz soll dazu beitragen, *„capabilities approach"* zu umreißen, die Konzeption einer vollen und gleichen Zivilität auch der Menschen mit geistigen Behinderungen. Bei der weltweiten Gerechtigkeit geht es also auch um moralische Verpflichtungen, um die Sicherung der grundlegenden Möglichkeiten für ein volles menschliches Leben für alle Menschen (vgl. Nussbaum 2006, 93). Martha C. Nussbaum geht von zentralen menschlichen Fähigkeiten aus, unter anderem von der Fähigkeit, zu leben bis zu dem Ende eines menschlichen Lebens normaler Länge, von der Fähigkeit, gute Gesundheit zu besitzen, angemessen ernährt zu werden, angemessenen Schutz zu haben, von der körperlichen Integrität, die die Gelegenheit sexueller Befriedigung einschließt. Aus der Zusammenstellung dieser menschlichen Fähigkeiten (vgl. Nussbaum 2006, 76) führe ich hier nur noch die *„affiliation"* an, die Fähigkeit, mit und auf andere Menschen hin zu leben, zu erkennen und zu zeigen die Zuwendung zu anderen menschlichen Lebewesen, das Engagement in verschiedenen Formen sozialer Interaktion, die Fähigkeit, sich die Lebenssituation anderer Menschen überhaupt vorzustellen. Nussbaum spricht von den sozialen Grundlagen des Selbstrespekts und der Nicht-Demütigung. Jeder Mensch sei fähig, behandelt zu werden als würdiger Mensch, dessen Wert dem anderer Menschen gleich sei. Zu einem erfüllten menschlichen Leben gehören auch *„care for the handicapped"*, die Bedürfnisse nach Zuwendung *„needs for care"* (vgl. Nussbaum 2006, 96). Kinder und Erwachsene mit mentalen Beeinträchtigungen seien Bürger (citizens); genauer gesagt: Menschen, Mit-Menschen. So erläutert Martha C. Nussbaum in dem Kapitel *„Public Policy"* Zusammenhänge zwischen Erziehung und Inklusion (vgl. Nussbaum 2006, 199ff.). Die Suche nach einer globalen Gerechtigkeit wird von dem Ethos der *„Verbundenheit mit anderen Menschen"* (Nussbaum 1999, 53ff.)[24] gehalten. Von hier aus werden die Grundfähigkeiten des Menschen erkannt. Martha C. Nussbaum plädiert auch für die Entwicklung des Mitgefühls, des Mitleids, zu der auch die Anerkennung der eigenen Verletzbarkeit gehört.

„Die Grundlage des Mitgefühls und seiner sozialen Rolle ist die Überzeugung, dass viele Formen von Unglück – der Verlust von Kindern und anderen nahen Angehörigen, das Elend des Krieges, der Verlust von politischen Rechten, Krank-

---

[23] Nussbaum, Martha C. (2006): Frontiers of Justice. Disability, Nationality, Species Membership.

[24] Nussbaum, Martha C. (1999): Gerechtigkeit oder Das gute Leben.

heit und körperliche Gebrechen, die Aussicht auf den eigenen Tod – sehr ernst zu nehmen sind" (ebd., 153).

Mit dem Blick auf Rousseau sieht Nussbaum Mitleid als Gefühl der Zusammengehörigkeit und starke Empfänglichkeit für das Leiden anderer. Die Gesellschaft müsse danach streben,

> „in jedem einzelnen Menschen die volle Bandbreite menschlicher Fähigkeiten zu entwickeln" (ebd., 225).

Jeder Mensch – auch der Mensch „*with mental disabilities*" – ist in seiner Würde zu achten; zu entfalten sei sein menschliches Potential – unabhängig davon, ob es gesellschaftlich von Nutzen ist. Es geht also um die Entwicklung des wechselseitigen Respekts.

10. Menschenrecht auf Befreiung von der Armut

Die Menschenrechte sollen einzelne Menschen in grundlegenden Situationen der Verletzlichkeit schützen – zumal in einem Zeitalter nach Auschwitz und Hiroshima (vgl. Köpcke-Duttler 2009, 52-58). Menschenrechte beziehen sich auf den Menschen als sterbliches, verwundbares, leidensfähiges, in seinen Lebensmöglichkeiten zu stärkendes Wesen.

> „Der Schutz, den Menschenrechte gewähren (sollen), gründet sich auf die schlichte Evidenz menschlicher Verletzlichkeit und die nicht minder evidente Vorzugswürdigkeit eines Zustands der Abwesenheit von Mord und Totschlag, Schmerz und Gewalt, Folter, Not und Hunger, Unterdrückung und Ausbeutung" (Gosepath 2007, 106)[25].

Gosepath spricht von einem minimalen Kerngehalt des Menschenrechtsgedankens, in dem sich komplexe historische Lernprozesse mit Bezug auf das jeweilige Verständnis der grundsätzlichen Belange des Menschen widerspiegeln. Es geht um die erneut zu erringende Einsicht in die verschiedenen Dimensionen der Verletzlichkeit menschlicher Wesen als abhängige, anerkennungsbedürftige, ihre Freiheit von der anderer Menschen abgrenzende und zugleich mit ihnen zu entfaltende Personen. Nach einem alten Gedanken liegen den Menschenrechten konkrete Unrechtserfahrungen, die Unterwerfung unter die Exekution von Macht und Gewalt, von Unterdrückung und Schutzlosigkeit zugrunde. Auszugehen ist von einem globalen minimalen Konsens, in dem auch die sogenannten sozialen Menschenrechte hineingehören. Nach Gosepath müssen die geschützten Dimensionen so elementar sein,

---

[25] Gosepath, Stefan (2007): Soziale Menschenrechte als universalistische Ansprüche auf Grundsicherung.

„dass transkulturell unstrittig ist, dass ihr Schutz zu den Bedingungen für eine friedliche und minimal gerechte Koexistenz von Menschen sowie den Bedingungen der Möglichkeit menschlichen Lebens überhaupt gehört und nicht – darüber hinausgehend und damit strittig – zu den Bedingungen guten menschlichen Lebens" (ebd., 110).

Menschen mit Benachteiligungen wie z.b. Behinderungen und Krankheiten, Menschen in Notlagen unterliegen Nachteilen, die ungleiche Chancen auf ein autonomes und selbst zu verantwortendes Leben mit sich bringen. Es gehört zu einer globalen sozialen Gerechtigkeit, diese Benachteiligung auszugleichen. Zu solchen Benachteiligungen gehören Naturkatastrophen, Hungersnöte, Kriege, Behinderungen, Krankheiten. Voraussetzungen für die Befriedigung der Grundbedürfnisse nach Nahrung, Kleidung, Behausung und Schutz der körperlichen, geistigen und seelischen Unversehrtheit müssen geschaffen werden, wobei die *„spezifische Versehrbarkeit"* immer berücksichtigt werden muss (vgl. Nussbaum 1993, 323-361)[26]. Soziale Menschenrechte zielen also auf die Beseitigung ungleicher, unverantworteter Benachteiligungen und die Herstellung gerechter Chancen des Lebens (vgl.: Menke / Pollmann 2007)[27].

11. Ressourcengerechtigkeit

Das Wuppertal-Institut für Klima, Umwelt, Energie fasst *„Leitbilder der Ressourcengerechtigkeit"* zusammen: Den Widerstand gegen Ungerechtigkeit und die Herausforderung einer *„transnationalen Ethik"*. Kraft seines Menschseins komme jedem Menschen das Recht zu, ein würdiges Leben zu führen, ein *„unverstümmeltes Leben"*[28]. Menschenrechte sollten eine *„politische Waffe in der Hand der Machtlosen"* werden. Es komme gerade auf die Unteilbarkeit und die wechselseitige Abhängigkeit der Menschenrechte an.

„Es wäre in der Tat schwer einzusehen, warum Mangelernährung oder Krankheit die Handlungsfähigkeit von Menschen weniger beeinträchtigen sollte als Pressezensur oder religiöse Verfolgung. Wem die wirtschaftlich-sozialen Rechte verweigert werden, dessen bürgerlich-politische Rechte sind meistens nicht das Papier wert, auf dem sie geschrieben sind. Und umgekehrt, die bürgerlich-politischen Rechte werden oft unterdrückt, um keine wirtschaftlich-sozialen Zugeständnisse an die Habenichtse machen zu müssen. Existenzrechte als der elementarste Teil der Menschenrechte umgreifen daher, was Personen zu ihrer

---

[26] Nussbaum, Martha C. (1993): Menschliches Tun und soziale Gerechtigkeit.

[27] Vgl.: Menke, Christoph / Pollmann, Arnd (2007): Philosophie der Menschenrechte.

[28] Wuppertal-Institut für Klima, Umwelt, Energie (Hrsg.) (2005): Fair Future. Ein Report des Wuppertal-Instituts. Begrenzte Ressourcen und globale Gerechtigkeit, S. 137

Entfaltung als Lebewesen brauchen: gesunde Luft und genießbares Wasser, elementare Gesundheitspflege, angemessene Nahrung, Bekleidung und Wohnung – und ebenso das Recht auf soziale Teilnahme und Handlungsfreiheit" (ebd., S. 137).

Dass eine erniedrigende Armut oft zusammenhängt mit einer Verweigerung von Existenzrechten, kann überhaupt nicht übersehen werden. Das Institut fügt an, vom Gesichtspunkt der Ressourcengerechtigkeit sei entscheidend, dass zur Sicherung der Existenzrechte den Naturräumen ein hoher Stellenwert zukomme. Das Interesse einer Existenzsicherung stimme zusammen mit dem Interesse am Umweltschutz. Niemand sei stärker auf intakte Ökosysteme angewiesen als jenes Drittel der Weltbevölkerung, das für Nahrung, Kleidung, Behausung, Medizin und Kultur direkt vom unentgeltlichen Zugang zu den natürlichen Ressourcen abhänge. Mit der Zerstörung von Naturräumen würden ihre Existenzrechte untergraben. Gesucht wird nach einem *„gerechtigkeitsfähigen Wohlstand"*, wobei diesem die ressourcenintensiven Wohlstandsmodelle des globalisierten Nordens und der Drang im Süden entgegenstehen, diese Wohlstandsmodelle zu kopieren.

„Wolkenkratzer in Shanghai, Autobahnen in Indien, Shopping-Malls in Marokko: Bauweisen, Technologien, Vermarktungsformen breiten sich aus, die historisch überholt sind. Doch sie verkörpern die Hoffnung, der Armut und Machtlosigkeit zu entrinnen und eines Tages so viel an Wohlstand und Ansehen zu erringen, dass sich weder die Menschen noch die Nationen ihrer Unterlegenheit noch länger schämen müssen. Diesen Wunsch nach ausgleichender Gerechtigkeit zu erfüllen, ohne gleichzeitig die Biosphäre zu überfordern, darin besteht die Herausforderung der nachhaltigen Entwicklung" (ebd., S. 172f.)[29].

Angesichts dieser Erfahrungen weltweiten Unrechts und der Unteilbarkeit der Menschenrechte sollte eine interkulturelle und vergleichende Heil- und Sonderpädagogik sich lösen von Länderstudien und vergleichenden Statistiken, sich konzentrieren auf unterschiedliche Lebenswelten, wobei zentrale *„Querschnittsfaktoren"* berücksichtigt werden sollten, die Schmidtke benennt mit Armut, Flucht, Migration, Genderfragen, Umweltproblematik (vgl. Schmidtke 2006, 127-133; Albrecht 2009, 157-168)[30].

---

[29] Vgl.: Köpcke-Duttler, Arnold (2011): Ökologie und Gerechtigkeit. In: ders., Pädagogik und Rechtswissenschaft im Gespräch. Band 2. Interdisziplinäre Brückenschläge, S. 57-61

[30] Schmidtke, Hans-Peter (2006): Bildung, Lernen und Entwicklung – Vom internationalen zum interkulturellen Vergleich in der Sonderpädagogik.
Vgl.: Albrecht, Friedrich (2009): Kultur ist überall – Grundzüge der Interkulturell Vergleichenden Heil- und Sonderpädagogik.

12. Ein gelingendes Beispiel: Die Sekem-Initiative

In diesem Teil gebe ich das Beispiel eines schon seit langer Zeit gelingenden Versuchs der Verbindung zwischen der Wahrung des Rechts der Menschen und des Rechts der Erde. Die ägyptische Sekem-Initiative sieht sich selbst als einen Beitrag zu einer ganzheitlichen Entfaltung menschlicher Bildung aus der Armut heraus. Ihr geht es um einen freien Dienst an den Menschen und an der Erde, der transkulturell wirksam werden soll. Auch bei Sekem müssen die Kinder angesichts der Armut ihrer Familie mitarbeiten für den Lebensunterhalt. Neben leichter Arbeit erhalten sie Unterricht in Lesen, Schreiben, Rechnen, Singen und Eurythmie; sie werden medizinisch versorgt und in Fragen der Hygiene erzogen. Menschen mit Behinderung aus den umliegenden Dörfern, die früher oft ausgestoßen oder zur Belustigung missbraucht und entwürdigt worden waren, erhalten durch künstlerisches Arbeiten und Partizipation an dem Farmbetrieb eine neue Lebensperspektive. Ibrahim Abouleish, der Gründer der Sekem-Vision, lebte seine Kindheit in Kairo. Drei Ereignisse seien hervorgehoben: Das Kind erschrak, als er dem Wächter des Hauses, einem äußerst hässlichen, buckligen alten Mann mit struppigem Haar, roten Augen und großen, braun-gelben Zähnen begegnete. Lange verlor Ibrahim nicht seine Scheu vor dem alten Mohammed. Zur Zeit des Ramadan (vgl. Grotzfeld 1974, 172 ff.)[31] erzählte seine Mutter ihm abendliche Geschichten von dem Propheten Muhammad, dessen Bild in der Seele des Kindes entstand als das eines sehr zarten und sehr weisen, sehr starken und sehr bestimmenden Mannes (vgl. Abouleish 2009, 16)[32]. Am Ende des Monats Ramadan sortierte seine Mutter das Gebäck in kleine Schachteln; die Aufgabe des Kindes bestand darin, sie zu den Armen zu bringen. Über das Studium der technischen Chemie in Graz und seine Heirat mit einer Katholikin will ich hier nichts sagen; durch Martha Werth, eine Klavierlehrerin, erhielt Abouleish seinen Zugang zu der Welt der Anthroposophie und zu ihrem biodynamischen Landbau.

Abouleish und seine Frau gründeten bewusst am Rande der Wüste Ägyptens Sekem (sonnengeleitete Lebenskraft gemäß einer altägyptischen Hieroglyphe), *„eine große Schule"* mit integrativen heilpädagogischen Grundströmungen. Er beschreibt, wie eines Tages der aus seinem Dorf vertriebene, bucklige Ali auf Sekem auftauchte und einfache handwerkliche Arbeiten im Garten verrichtete. Später folgten der taubstumme Hassan, der geistig behinderte Zacharias, auch Eltern mit ihren Kindern. Abouleish arbeitete sie

---

[31] Grotzfeld, Heinz (1974): Fasten. In: Lexikon der islamischen Welt, 1. Band.

[32] Abouleish, Ibrahim (2009): Die Sekem-Vision. Eine Begegnung von Orient und Okzident verändert Ägypten.

ein in die verschiedenen Tätigkeiten wie Bewässerung, Aus-misten des
Stalls, Ebnen und Befestigen der Wege, Errichtung der Lehmbauten. So
wurde schließlich von einer „Farm der Behinderten" (ebd., 159) gesprochen,
der schließlich eine heilpädagogische Schule angegliedert wurde.

Die ökologische Seite wird darin deutlich, dass zu den Bildungsbedürfnissen
und Bildungswegen der Kinder unaufgebbar gehören eine ehrfurchtsvolle
Haltung gegenüber der Schöpfung, die zu dem Islam gehört (vgl. Garaudy
1977, 136; vgl. Razvi 1995, 68-73; Court 2004, 119 ff.)[33]. Diese Ehrfurcht
vor der Schöpfung und der Lebenskraft der Sonne verbindet sich mit einem
wahren Sinn für die Verletzungen des menschlichen Lebens durch Mangelernährung, durch Kriege, durch Einsätze von Pestiziden im Landbau, durch
Landminen. So wird das Ethos des Islam, für die Armen und Versehrten zu
sorgen, verbunden mit der bedachten politischen Entscheidung für eine
ganzheitliche, nachhaltige Entwicklung (sustainable development) von
Mensch und Erde. Eine ökologische Heilpädagogik wird aufgebaut
zusammen mit einer ökologischen Landwirtschaft, der es neben dem
wirtschaftlichen Erfolg um den Schutz der menschlichen Gesundheit und die
Schonung der Natur geht, um das Recht der Erde und das Recht des
Menschen zugleich (vgl.: Seiffert 2005; Köpcke-Duttler 1990, 169-182)[34].
Von diesem in der Armut der Wüste Ägyptens entstehenden Projekt aus
wende ich meinen Blick nun wieder zurück auf die mir vertrautere Welt. In
der Welt Franz Kafkas taucht Schönheit nur an versteckten Stellen auf, wenn
überhaupt. Das Urbild der Entstellung ist der Bucklige, der Mann, der den
Kopf tief auf die Brust herunter beugt. Das „Bucklichte Männlein" ist für
Walter Benjamin der „Insasse des entstellten Lebens", das einst verschwin-
den wird, wenn der Messias kommt (Benjamin 1991, 431)[35].

13. Schluss

Da aber der Zeitpunkt des Kommens aussteht und ungewiss ist, darf niemand
gehindert werden, das Ziel der Armuts-Überwindung bereits jetzt zu
verfolgen. Das messianische Licht erlaubt auch nicht die Möglichkeit der
Exkulpation und Resignation angesichts der Schwierigkeit der Aufgabe, die

---

[33]   Garaudy, Roger (1977): Pour un dialogue des civilisations.
      Vgl.: Razvi, Mehdi (1995): Islam – Die quranische Botschaft in ihrer Bedeutung für
      gegenwärtige Unrechtsstrukturen.
      Vgl.: Court, Constantin (2004): Behinderung und sustainable development in Ägypten am
      Beispiel der Sekem-Initiative.
[34]   Seiffert, Johannes Ernst (2005): Areligiöse Frömmigkeit.
      Köpcke-Duttler, Arnold (1990): Menschenrecht und ökologisches Recht.
[35]   Benjamin, Walter (1991): Gesammelte Schriften, Band II-2.

Milleniums-Entwicklungsziele der Vereinten Nationen in Angriff zu nehmen. Zu diesen Zielen gehören bzw. gehörten die Halbierung des Anteils der Weltbevölkerung, der unter extremer Armut und Hunger leidet, die Ermöglichung einer universellen Grundschulbildung unter den Bedingungen der Armut, die Verringerung der Kindersterblichkeit, die Verbesserung der Gesundheit der Mütter, der Schutz der Umwelt (vgl. Schwinge 2008, 187-195)[36].

Den *„Kulturen der Behinderung"* (Hans-Peter Schmidtke) ist zu widerstehen. Die Kraft des Widerstehens wird genährt von der guten Botschaft für die Ökologie, dass Armutsüberwindung keine Umweltzerstörung gebiete. Eine gegenteilige Behauptung, wer Ersteres wolle, müsse Letzteres leider in Kauf nehmen, führt in die Irre. Die Bekämpfung der Armut gelingt auch nicht durch eine sich selbst auferlegende Expertokratie, durch Experten, Geldgeber und Unternehmen, die von außen gerufen werden. Es geht nicht um ein Behandlungs- und Investitionsprogramm, sondern um dieses: Die Bekämpfung der Armut muss durch die Armen selber geschehen, deren Gestaltungsspielraum erweitert und deren Rechte gestärkt werden müssen. So heißt es in einer umfassenden Studie:

> „Jedem Bewohner der Erde, so sagt es die Erklärung der Menschenrechte, kommt dank seines Menschseins das Recht zu, ein würdiges Leben zu führen, also ein Leben, das physisch sicher ist und die Ausübung des eigenen Willens erlaubt. Denn ohne Schutz der körperlichen Integrität, ohne Basis für den Lebensunterhalt und ohne Äußerungs- und Handlungsfreiheit ist kein Mensch in der Lage, ein unverstümmeltes Leben zu führen. Sie umgreifen daher das, was Personen zu ihrer Entfaltung als Lebewesen brauchen: gesunde Luft und genießbares Wasser, elementare Gesundheitspflege, angemessene Nahrung, Bekleidung und Wohnung – und ebenso das Recht auf soziale Teilhabe und Handlungsfreiheit" (Brot für die Welt / Evangelischer Entwicklungsdienst / Bund für Umwelt und Naturschutz Deutschland 2008, 199)[37].

Wahrzunehmen ist die Krise des globalisierten Nahrungssystems, das gekennzeichnet ist von einer Übernutzung von Boden und Wasser, der Zerstörung der Biodiversität und der Umweltvergiftung durch Pestizide und Düngemittel. So wird die Aufmerksamkeit gerichtet auf den Hunger einer Milliarde Menschen, denen ihr rechtmäßiger Anteil an den Produkten der Erde verweigert wird. Gegen diese weltweite Krise, die zugleich ökologisch, ökonomisch, kulturell und politisch ist, wenden sich Bewegungen für Nahrungsdemokratie und Nahrungssouveränität. Die indische Physikerin und

---

[36] Schwinge, Mirella (2008): Heilpädagogik im Kontext von Armut und Entwicklungszusammenarbeit – Ein aktueller Überblick.

[37] Brot für die Welt / Evangelischer Entwicklungsdienst / Bund für Umwelt und Naturschutz Deutschland (Hrsg.) (2008): Zukunftsfähiges Deutschland in einer globalisierten Welt.

Philosophin Vandana Shiva hat das in ihrem Buch „*Erd-Demokratie* "[38] näher dargestellt. Zu dem Aufbau solch einer „*Nahrungsdemokratie*" gehören nicht allein die Verabschiedung des „*Manifests über die Zukunft der Nahrung*" im Juli 2003, sondern auch die praktische Bewährung der unteilbaren Menschenrechte. Nach Art. 25 Abs. 1 der Allgemeinen Erklärung der Menschenrechte hat jeder Mensch das Recht auf einen Lebensstandard, der seine und seiner Familie Gesundheit und Wohl gewährleistet, einschließlich Nahrung, Kleidung, Wohnung, ärztliche Versorgung und notwendige soziale Leistungen. Das Recht auf Gesundheit steht in enger Beziehung zu dem Recht auf Nahrung, Arbeit, Bildung. Der Internationale Pakt über wirtschaftliche, soziale und kulturelle Rechte proklamiert in Art. 12 Abs. 1 das Recht eines jeden Menschen auf das für ihn erreichbare Höchstmaß an körperlicher und geistiger Gesundheit. Dieses Menschenrecht auf Gesundheit umfasst soziale und wirtschaftliche Faktoren, aufgrund derer Menschen ein gesundes Leben führen können. Es erstreckt sich auf Parameter der Gesundheit wie Nahrung und Ernährung, Wohnung, Zugang zu sicherem Trinkwasser und angemessenen Sanitäreinrichtungen, sichere und gesunde Arbeitsbedingungen und eine gesunde Umwelt. Gemäß Art. 11 Abs. 2 des Internationalen Pakts über wirtschaftliche, soziale und kulturelle Rechte wird das grundlegende Recht jedes Menschen gewährleistet, vor Hunger und Mangelernährung geschützt zu sein. Es gibt also ein Menschenrecht auf angemessene und auf gesunde Nahrung.

Nicht allein Vandana Shiva kritisiert, dass das letzte halbe Jahrhundert ein Experiment mit nichtnachhaltiger, chemisch intensiver, wasserintensiver und kapitalintensiver industrieller Agrikultur gewesen sei. Die ökonomische Globalisierung bedrohe die Freiheit der Bauern und Konsumenten und zerstöre die ökologischen, ökonomischen und kulturellen Grundlagen unserer Nahrung und unserer Landwirtschaft. Von daher sind in Zukunft Nahrungsdemokratie und Nahrungssouveränität (Saatgutsouveränität eingeschlossen) zu stärken. Es geht um Nahrungssouveränität sowohl auf der Produktions- als auch auf der Konsumtionsebene.

So gibt es in verschiedenen Ländern Slow-Food-Bewegungen, die noch stärker werden müssen. In einem „*Manifest über die Zukunft der Lebensmittel*" heißt es unter anderem, praktische Visionen, Ideen und Programme seien notwendig in Richtung auf die Sicherheit, dass Lebensmittel und Agrikultur sozialer und ökologisch nachhaltiger werden müssen. Qualität der Lebensmittel, Sicherheit der Lebensmittel und öffentliche Gesundheit müssen den Vorrang haben vor Profitinteressen weniger Unternehmen. Das im Juli 2003 veröffentlichte Manifest soll als Katalysator wirken, die Bewegung in

---

[38] Shiva, Vandana (2006): Erd-Demokratie.

Richtung auf eine nachhaltige Landwirtschaft, Nahrungssouveränität, Biodiversität und agrikulturelle Diversität zu stärken. Auch auf diese Weise sollen Hunger und Armut weltweit überwunden werden. Die Rückseite der Armut bildet ein nicht fassbares Übermaß an Verschwendung und Wegwerfen von Lebensmitteln. In einem Themenheft der *„VerbraucherInitiative e.V."* in Berlin heißt es:

> „Nicht nur die Landwirtschaft, der weltweite Handel und der Einzelhandel vor Ort tragen Verantwortung für diese gigantische Verschwendung an Ressourcen. Auch wir Verbraucher können eine Menge dazu beitragen, dass weniger im Müll landet und so Energie- und Wasserkreisläufe und die Umwelt entlastet werden. Warum muss ein Apfel immer aussehen, als sei er aus Plastik? Welche Angst treibt uns, ein Joghurt könnte morgen abgelaufen sein und uns nicht mehr schmecken oder sogar schaden?" (VerbraucherInitiative 2011, 2)[39].

Gegen die Lebensmittelverschwendung gibt es viele Handlungsmöglichkeiten, die bereits jetzt ohne Mühe geübt werden können[40]. Weite Bündnisse sind zu bilden mit Ökotrophologen, Naturschützern, Ökobauern, Verbraucherinitiativen und Anderen.

Auch Heil-Pädagoginnen und -Pädagogen sind aufgerufen, ihren Beitrag zur Verwirklichung des Menschenrechts auf Befreiung von aufgezwungener Armut zu leisten.

Anhang: Gandhis Weg des Nicht-Stehlens

Der bereits angesprochene Amartya Sen geht von einer *„instrumentellen Bedeutung"* aus, die Demokratie und politische Grundrechte als Sicherheit und *„Schutz der sozial Schwachen"* (Sen 2005, 341) haben.

Können Staaten empfänglicher werden für die Not der Schwachen?

Kann ökonomischen Katastrophen wie z.B. Hungernöten vorgebeugt werden?

Welche neuen Formen des Wirschaftens müssen praktiziert werden?

Welches Ethos hält diese Anstrengungen?

Ich wähle ein indisches Beispiel.

Mahatma Gandhi hat im Horizont seines weltverändernden Hinduismus es für unmöglich erklärt, dass ein Mensch stiehlt und gleichzeitig meint, die

---

[39] Verbraucher konkret. Themenheft der VerbraucherInitiative, November 2011.

[40] Vgl.: das Buch zum Film *„Taste the Waste"* von Stefan Kreutzberger und Valentin Thurn (2011): Die Essensvernichter – Warum die Hälfte aller Lebensmittel im Müll landet und wer dafür verantwortlich ist – Felix zu Löwenstein (Vorstandsvorsitzender des Bundes Ökologische Lebensmittelwirtschaft), Food Crash. Wir werden uns ökologisch ernähren oder gar nicht mehr.

Wahrheit zu kennen oder Liebe zu hegen. Doch jeder von uns sei bewusst oder unbewusst mehr oder weniger des Diebstahls schuldig.

„Es ist Diebstahl, vom anderen etwas zu nehmen, auch mit seiner Erlaubnis, wenn wir es wirklich nicht notwendig brauchen. Nahrungsmittel sind für gewöhnlich Gegenstand solchen Diebstahls. Es ist Diebstahl in meinen Augen, irgendeine Frucht fortzunehmen, die ich nicht brauche, oder sie in größerer Menge zu nehmen, als notwendig ist. Wir haben nicht immer die richtige Vorstellung von unseren wahren Bedürfnissen, und die meisten von uns vervielfältigen ihren Bedarf in unangemessener Weise und machen sich so unbewusst zu Dieben" (Gandhi 1962, 21)[41].

Nach Gandhi ist ein großer Teil der schmerzlichen Armut in dieser Welt entstanden, weil der Grundsatz des Nichtstehlens gebrochen worden sei und immer wieder gebrochen werde.
Verbunden mit dem ethischen Weg des Nichtstehlens ist der des Nichtbesitzens. Nichtbesitzen sei – so Gandhi – im Bunde mit Nichtstehlen. Mit der Ungleichheit unter den Menschen sei das Elend über sie hereingebrochen.

„Die Reichen haben einen überflüssigen Vorrat an all den Dingen, die sie nicht brauchen und die deshalb missachtet und verschwendet werden, während Millionen aus Mangel an Nahrung am Rande des Hungertodes leben. Wollte jeder nur soviel besitzen, wie er braucht, so lebte niemand in Not, und alle wären zufrieden. So wie die Dinge jetzt liegen, ist der Reiche nicht weniger unzufrieden als der Arme. Der arme Mann möchte gern Millionär werden und der Millionär Multimillionär. Hinsichtlich der Ausbreitung allgemeiner Zufriedenheit sollten die Reichen die Initiative ergreifen und sich des Besitzes entäußern. Wenn sie ihren Besitz in bescheidenen Grenzen halten, können die Hungernden leicht gesättigt werden, und diese werden dann zusammen mit den Reichen erlernen, wie man zufrieden lebt" (ebd., 22f.).

Literaturverzeichnis

Abouleish, Ibrahim (2009): Die Sekem-Vision. Eine Begegnung von Orient und Okzident verändert Ägypten. 3. Aufl., Stuttgart / Berlin: Mayer
Alexy, Robert (1998): Die Institutionalisierung der Menschenrechte im demokratischen Verfassungsstaat. In: Gosepath Stefan/Lohmann, Georg (Hrsg.): Die Philosophie der Menschenrechte. Frankfurt: Suhrkamp, S. 244-264
Benjamin, Walter (1991): Gesammelte Schriften, Band II-2. Frankfurt: Suhrkamp
Bernhardt, Reinhold (2009): Christliche Werte im interkulturellen Dialog. In: Der Wert der Menschenwürde, S. 207-221

---

[41] Gandhi, Mohandas Karamchand (1962): Wohlfahrt für alle (Sarvodaya).

Brot für die Welt / Evangelischer Entwicklungsdienst / Bund für Umwelt und Naturschutz Deutschland (Hrsg.) (2008): Zukunftsfähiges Deutschland in einer globalisierten Welt. Frankfurt: Fischer Taschenbuch Verlag

Bujo, Bénézet (2000): Wider den Universalanspruch westlicher Moral: Grundlagen afrikanischer Ethik. Freiburg i. Br.: Herder

Bundesgesetzblatt, Jahrgang 2008, Teil II, 35, ausgegeben zu Bonn am 31. Dezember 2008, S. 1422

Claußen, Angelika (2012): Frieden durch Gesundheit. Ein moderner Ansatz des konstruktiven Pazifismus. In: Wissenschaft und Frieden, Heft 1/2012, S. 33-35

Court, Constantin (2004): Behinderung und sustainable development in Ägypten am Beispiel der Sekem-Initiative. In: Zeitschrift Behinderung und Dritte Welt, Heft 3/2004, S. 119-122

Despouy, Leandro (1993): Human Rights and Disabled Persons. New York: United Nations

Friedrich Albrecht (2009): Kultur ist überall – Grundzüge der Interkulturell Vergleichenden Heil- und Sonderpädagogik. In: Bürli, Alois/ Strasser, Urs/ Stein, Anne-Dore (Hrsg.): Integration / Inklusion aus internationaler Sicht. Bad Heilbrunn: Klinkhardt, S. 157-168

Gandhi, Mohandas Karamchand (1962): Wohlfahrt für alle (Sarvodaya). Verl. d. Instituts f. Geosoziologie u. Politik

Garaudy, Roger (1977): Pour un dialogue des civilisations. Paris: Du Devin

Gosepath, Stefan (2007): Soziale Menschenrechte als universalistische Ansprüche auf Grundsicherung. In: Richter, Ingo (Hrsg.): Transnationale Menschenrechte. Schritte zu einer weltweiten Verwirklichung der Menschenrechte. Opladen & Farmington Hills: Barbara Budrich, S. 105-120

Gräber, Doris (2007): Menschenrechtsverletzungen und Behinderung – eine folgenschwere Verkettung. In: Behinderung und Dritte Welt. Journal for Disability and international Development. 18. Jahrgang, Ausgabe 1/2007, S. 4-13

Grotzfeld, Heinz (1974): Fasten. In: Lexikon der islamischen Welt. 1. Band. Stuttgart/ Berlin/Köln/Mainz, S. 172

Hitzel-Cassagnes, Tanja (2010): Die Inklusion von Betroffenenperspektiven bei der Anerkennung von Menschenrechten. In: Kritische Justiz, Heft 1/2010, S. 4-12

Kessler, Wolfgang (2011): „Geld ist ein leerer Wert". Fragen von Wolfgang Kessler an Dasho Karma Ura. In: Publik-Forum, Nr. 12/2011, S. 15

Kessler, Wolfgang (2011): Mehr als schöne Worte. Die wichtigsten und politischen Strategien gegen den Welthunger. In: Publik-Forum, Dossier, Juni 2011, S. XIV

Köpcke-Duttler, Arnold (2009): Zum Übereinkommen der Vereinten Nationen über die Rechte von Menschen mit Behinderung. In: Behindertenrecht, S. 52 - 58

Köpcke-Duttler, Arnold (2011): Ökologie und Gerechtigkeit. In: Köpcke-Duttler, Arnold (Hrsg.): Pädagogik und Rechtswissenschaft im Gespräch. Band 2. Interdisziplinäre Brückenschläge, S. 57-61

Köpcke-Duttler, Arnold (2009): Zum Übereinkommen der Vereinten Nationen über die Rechte von Menschen mit Behinderung. In: Behindertenrecht. Zeitschrift für Fragen der Rehabilitation, Heft 2/2009, S. 52 - 58

Köpcke-Duttler, Arnold (2007): Armut, Behinderung und menschliche Würde – Die UN-Konvention zum Schutz der Rechte von Menschen mit Behinderung. In: Biewer, Gottfried/ Luciak, Mikael / Schwinge, Mirella (Hrsg.): Begegnung und Differenz: Menschen – Länder – Kulturen. Beiträge zur Heil- und Sonderpädagogik. Bad Heilbrunn Klinkhardt, S. 205-213

Köpcke-Duttler, Arnold (2007): Menschliche Würde und Solidarität der Schwachen. In: Zeitschrift Behinderung und Dritte Welt. Heft 1/2007, S. 19-23

Köpcke-Duttler, Arnold (1990): Menschenrecht und ökologisches Recht. In: Klawitter, Jörg/ Kümmel, Reiner/Maier-Rigaud, Gerhard (Hrsg.): Natur und Industriegesellschaft. Berlin / Heidelberg: Springer-Verlag, S. 169-182

Kreutzberger, Stefan/ Thurn, Valentin (2011): Die Essensvernichter: Taste the Waste - Warum die Hälfte aller Lebensmittel im Müll landet und wer dafür verantwortlich ist. das Buch zum Film „Taste the Waste". München: Kiepenheuer & Witsch

Kruip, Gerhard (2009): Moral und Religion im interkulturellen Dialog. In: Christian Thies (Hrsg.): Der Wert der Menschenwürde. Paderborn: Ferdinand Schöningh Verlag, S. 223-240

Ladenthin, Volker (2007): Die bildungsgerechte Schule. Was kann Schule leisten – was kann sie nicht? In: Fuchs, Birgitta/ Schönherr, Christian (Hrsg.): Urteilskraft und Pädagogik. Beiträge zu einer pädagogischen Handlungstheorie. Lutz Koch zum 65. Geburtstag. Würzburg: Königshausen & Neumann, S. 227-238

Launer, Ekkehard (Hrsg.) (1991): Nestlé, Milupa ... Babynahrung in der Dritten Welt. Göttimgen: Lamuv Verlag

Margalit, Avishai (1999): Politik der Würde. Frankfurt: Fest

McLaren, Peter / de Lissovoy, Noah (2003): Paulo Freire (1921 – 1977). In: Tenorth, Heinz-Elmar (Hrsg.): Klassiker der Pädagogik. Zweiter Band. Von John Dewey bis Paulo Freire, München, S. 217-226

Menke, Christoph/Pollmann, Arnd (2007): Philosophie der Menschenrechte zur Einführung. Hamburg: Junius

Moltmann, Jürgen (1989): Der Weg Jesu Christi. München: Christian Kaiser Verlag

Nussbaum, Martha C. (2006): Frontiers of Justice. Disability, Nationality, Species Membership. Frankfurt a./M.: Suhrkamp

Nussbaum, Martha C. (1999): Gerechtigkeit oder Das gute Leben. Frankfurt a./M.: Suhrkamp

Nussbaum, Martha C. (1993): Menschliches Tun und soziale Gerechtigkeit. In: Brumlik, Micha/Brunkhorst, Hauke (Hrsg.): Gemeinschaft und Gerechtigkeit, Frankfurt: Fischer, S. 323-361

Ochel, Klemens (2011): Kinder-Aids-Programme sind wichtiger denn je. In: Heilung und Heil 2/2011, S. 16-17

People's Health Movement, Medact and Global Equity Gauge Alliance (2008): Global Health Watch 2. An Alternative World Health Report. London/New York: Zed Books, ISBN 13:978-1848130357

Pogge, Thomas (2011): Weltarmut und Menschenrechte. Kosmopolitische Verantwortung und Reformen. Berlin / New York: De Gruyter

Pogge, Thomas (2008): Das Recht auf ein Existenzminimum. In: Ingo Richter (Hrsg.): Transnationale Menschenrechte. Schritte zu einer weltweiten Verwirklichung der Menschenrechte. Opladen und Farmington Hills: Budrich, S. 139-179

Pogge, Thomas (2007): Severe Poverty as a Human Rights Violation. In: Freedom from Poverty as Human Right: Who Owes What to the Very Poor? Oxford, S. 11-53

Razvi, Mehdi (1995): Islam – Die quranische Botschaft in ihrer Bedeutung für gegenwärtige Unrechtsstrukturen. In: Lähnemann, Johannes (Hrsg.) „Das Projekt Weltethos" in der Erziehung, Hamburg: Eb-Verlag, S. 68-73

Santa Barbara, Joanna/Neil Arya (2008): Peace through Health: How Health Professionals Can Work for a Less Violent World. Sterling, VA: Kumarian Press

Schmidtke, Hans-Peter (2006): Bildung, Lernen und Entwicklung – Vom internationalen zum interkulturellen Vergleich in der Sonderpädagogik. In: Albrecht, Friedrich u.a. (Hrsg.): Bildung, Lernen und Entwicklung. Bad Heilbrunn: Klinkhardt, S. 127-133;

Schwinge, Mirella (2008): Heilpädagogik im Kontext von Armut und Entwicklungs-zusammenarbeit – Ein aktueller Überblick. In: Biewer, Gottfried/ Luciak, Mikael/ Schwinge,

Mirella (Hrsg.): Begegnung und Differenz: Menschen – Länder – Kulturen. Beiträge zur Heil- und Sonderpädagogik. Bad Heilbrunn: Klinkhardt, S. 187-195

Seiffert, Johannes Ernst (2005): Areligiöse Frömmigkeit. Kassel

Sen, Amartya (2005): Ökonomie für den Menschen: Wege zu Gerechtigkeit und Solidarität in der Marktwirtschaft 3. Aufl. München: DTV

Senghaas, Dieter (2006): Konstruktiver Pazifismus im 21. Jahrhundert. Symposium zum 80. Geburtstag von Gerald Mader, Dieter Senghaas. In: Mader, Gerald (Hrsg.): Dialog: Beiträge zur Friedensforschung, Bd. 51. Konferenz: Symposium 'Konstruktiver Pazifismus im 21. Jahrhundert' Hamburg: Lit Verl., S. 15-31

Shiva, Vandana (2006): Erd-Demokratie: Alternativen zur neoliberalen Globalisierung. Zürich: Rotpunktverlag

Seysen, Christan (2004): Das Heilige und das Reine – Diskriminierung des Behinderten? In: Kodalle, Klaus-M. (Hrsg.): Home perfectus? Behinderung und menschliche Existenz. Kritisches Jahrbuch der Philosophie, Beiheft 5/2004, Würzburg 2004, S. 93-102

Smith, Adam (1977) [1759]: The Theory of Moral Sentiments, 1759; Theorie der ethischen Gefühle. Hamburg 1977, S. 323

Stich, August (2011): Dengue-Fieber auf dem Vormarsch. In: Heilung und Heil (Mitteilungen und Berichte des Missionsärztlichen Instituts Würzburg), Heft 2/2011, S. 14-15

Sudbeck-Baur, Wolf (2011): „Mörderisch aber legal". Gespräch mit Jean Ziegler. In: Publik-Forum, Dossier, Juni 2011, S. IX

Verbraucher konkret. Themenheft der VerbraucherInitiative, November 2011, S. 2

United Nations (2006): Un-Konvention über die Rechte von Menschen mit Behinderungen. (UN-Behindertenrechtskonvention)

Weigt, Gabriele (2007): Inclusive development. Das Recht von Menschen mit Behinderung auf gleichberechtigte Teilhabe. In: Behinderung und Dritte Welt. 18. Jahrgang, Ausgabe 1/2007, S. 41-42

Wuppertal-Institut für Klima, Umwelt, Energie (Hrsg.) (2005): Fair Future. Ein Report des Wuppertal-Instituts. Begrenzte Ressourcen und globale Gerechtigkeit, München: Beck

Ziegler, Jean (2009): Der Hass auf den Westen: Wie sich die armen Völker gegen den wirtschaftlichen Weltkrieg wehren. München: C. Bertelsmann Verlag

Ziegler, Jean (2005): Das Imperium der Schande. Der Kampf gegen Armut und Unterdrückung, 5. Aufl. München: C. Bertelsmann Verlag

Prof. Dr. Köpcke-Duttler, Rechtsanwalt und Diplom-Pädagoge
Bernhard-Fischer-Straße 8, 97340 Marktbreit, Tel. und Fax: 09332 / 592512

Christian Kemper

Inklusion und *open space* – Gemeinsam inklusiv handeln

Zusammenfassung

Open space (englisch, sprich: Oupen Sbeis) bedeutet offener Raum. Wenn eine Tagung im *open space* stattfindet, bedeutet das: Es gibt keine Tagesordnung, alle entwickeln die Struktur eines Treffens gemeinsam – und alle haben die Möglichkeit, ihre Themen vorzuschlagen. Etwas, das ihr oder ihm ganz wichtig ist. Dann diskutieren alle gemeinsam und in kleinen Arbeitsgruppen. Und jeder kann an den Fragen mitarbeiten, die ihn interessieren. Je unterschiedlicher die Teilnehmenden sind, desto besser ist das für einen *open space*. Vielfalt ist wichtig – denn alle bringen ihre Erfahrungen und Ideen ein. Nur zusammen kann man etwas Großes erreichen!

So ähnlich ist das auch mit dem Thema Inklusion. Alle sind willkommen, so wie sie sind. Und alle werden mit ihrer Unterschiedlichkeit gebraucht, um die Zukunft unserer Gesellschaft zu gestalten.

Genau deswegen ist *open space* ein wunderbarer Ansatz, der auch für die Entwicklung von ganzen Organisationen hin zu inklusiven Einrichtungen hilfreich sein kann.

Bei der diesjährigen InklusionsforscherInnen-Tagung in Wartaweil wurde erstmals ein Tag im Format open space durchgeführt – worin genau lag die Motivation der Veranstalter für ein solch offenes Verfahren?

Während der letzten beiden InklusionsforscherInnen-Tagungen haben die Teilnehmenden deutlich den Wunsch geäußert, neben den Fachvorträgen auch eigene Themen besprechen zu können und ausgiebiger Gelegenheit für den persönlichen Austausch zu haben.

Die Veranstalter selbst hatten zuvor bereits an einem *open space* in Benneckenstein teilgenommen, dessen Verlauf und Ergebnisse sie so überzeugt hatten, dass sie diesem Wunsch entsprechen und den Raum für die Vernetzung untereinander und für die individuellen Belange der Einzelnen öffnen wollten. Weiteres Anliegen war, dem Gesundheitsfaktor Rechnung zu tragen und eine Alternative anzubieten zu dem vielen eindimensional (im

Sinne eindirektionaler Kommunikation) vorgetragenen Input, der für gewöhnlich einen Großteil solcher Veranstaltungen ausmacht: Wenn Menschen die Möglichkeit haben, sich um sich selbst zu kümmern und Verantwortung für die Thematiken und den Verlauf zu übernehmen, sorgen sie in der Regel gut für sich. Sie arbeiten zwar hart, sind aber wegen des (im *open space* geltenden) Gesetzes der Mobilität ständig an dem für sie richtigen Ort: allein oder zu zweit oder in einer kleinen oder großen Gruppe, bei diesem oder jenem Thema, drinnen oder draußen an der frischen Luft oder an der Kaffeebar.

Für diejenigen, die das Verfahren open space nicht kennen –
wie genau läuft ein solcher Prozess ab?

Es gibt zunächst ein Vorbereitungstreffen idealerweise mit VertreterInnen aus dem gesamten Teilnehmendensystem. Hier wird ein Blick in die Zukunft geworfen – auf das, was sich nach dem open space getan und entwickelt haben soll. Außerdem formuliert die Vorbereitungsgruppe einen Titel für die Veranstaltung. Für Wartaweil lautete der *„Der Kongress nimmt sich die Zeit und gibt Raum für alle[s]"*.
Am Veranstaltungstag selbst gibt es eine kurze Einführung in das Verfahren. Anschließend formulieren die Teilnehmenden selbst ihre Agenda – das heißt, sie benennen ihnen wichtige Themen und Anliegen, stellen sie der Gesamtgruppe vor und fügen sie in eine klare, vorgebene Raum- und Zeitstruktur. Anschließend gibt es eine Marktplatzphase – die Menschen schauen, welche Themen angeboten werden und von Interesse sind und begeben sich dann direkt in die einzelnen Workshops.
Es gibt also keine vorgegebene Tagesordnung oder vorher feststehenden Inhalte, keine Vortragsredner oder Podiumsdiskussionen. Stattdessen haben unterschiedliche und vielfältige Themen Raum, die die Teilnehmenden selbst brennend bewegen – jedes Thema ist willkommen, keines wird abgelehnt. In Wartaweil haben die rund 100 Teilnehmenden etwa 40 Anliegen eingebracht, in unterschiedlichen Gruppen bearbeitet, protokolliert und für alle anderen zugänglich gemacht.
Das Besondere, oder besser das besonders Bestechende an der Methode ist ihre Einfachheit und sind die hohe Kreativität und Energie, die freigesetzt werden, das Miteinander und die Gemeinschaft, die entsteht, wenn viele Menschen intensiv und freudvoll miteinander arbeiten.

Um den Bogen von der Methode zum Inhalt des Kongresses zu spannen – warum bietet sich dieses Verfahren beim Thema Inklusion an?

Im Grunde genommen ist der Kern inklusiven Denkens und Handelns bereits in der Methode selbst angelegt. Alle Menschen sind willkommen, mit dem, was sie mitbringen, so, wie sie gerade sind. Auch die räumliche Ordnung ist anders angelegt als dies üblicherweise bei Fachtagungen der Fall ist: Die Teilnehmenden sitzen und arbeiten im Kreis, das heißt alle sind gleichwertig, gleichwürdig. Es gibt keine herausgehobenen Personen. Schließlich zeigt die Erfahrung aus tausenden *open space* Konferenzen auf der ganzen Welt, dass alle Menschen, egal welche Begabung oder welches Handicap sie mitbringen, sich in die Diskussionen einbringen wollen, an den Stellen, an denen sie einen Beitrag leisten können. Es gibt keinen Unterschied zwischen Studenten, Professoren, SchülerInnen und LehrerInnen. Dieses Setting ist bereits ein wesentlicher Aspekt zur Schaffung einer inklusiven Lern- und Arbeitsatmosphäre.

Zudem ist Vielfalt und ein wertschätzender Umgang mit Vielfalt im *open space* deutlich erwünscht. Je heterogener die Teilnehmendenschar, je vielfältiger die Perspektiven, desto gewinnbringender und letztlich auch tragfähiger sind die diskutierten Ergebnisse.

Nun waren die Teilnehmenden der Tagung InklusionsforscherInnen, d.h. ein Kreis, der es gewohnt ist, auf hohem kognitivem Niveau zu arbeiten. Wenn in Bildungseinrichtungen über Inklusion gesprochen wird, kommt schnell die Angst auf, wie mit Menschen mit Beeinträchtigungen umgegangen wird. In der Praxis geht es also auch um die Etablierung von Lern- und Lehrsituationen für und mit Menschen, die andere Begabungen haben, die mitunter, rein kognitiv betrachtet, ein anderes Leistungsniveau mitbringen.

Bei Inklusion geht es darum, alle Menschen willkommen zu heißen, ganz unabhängig von individuellen Kompetenzen oder Fähigkeiten. Es geht darum, eine Grundhaltung zu entwickeln, mit der jedem Menschen die bestmöglichen Voraussetzungen für ein gelingendes und inspirierendes Leben und Lernen geschaffen werden können (vgl. Booth 2011).

Genau dies war auf dieser Tagung gewünscht; dass sich alle, mit dem was sie mitbringen, in die Gesamtheit einbringen können. Das Gleiche gilt für die KiTa oder die Grund- oder weiterführende Schule auf dem Land oder im Stadtteil: Der einzelne Mensch wird willkommen geheißen, und zwar ohne dass der Blick zuerst auf die eventuellen Defizite gelenkt ist. Wichtig ist, sich auf die jeweiligen Stärken zu besinnen, diese zu festigen, kraftvoller zu machen – und vielleicht dann auch Schwächen auszugleichen. So, dass jeder Mensch in seiner Einzigartigkeit angenommen wird und die beste Möglichkeit hat, zu lernen und einen wertvollen Beitrag für ein gelingendes Ganzes zu leisten.

Konnte dieses Anliegen denn im Kongressverlauf erfolgreich umgesetzt werden? Gibt es Beispiele, anhand derer etwas sichtbar wurde, das durch andere Verfahren nicht offenkundig geworden wäre?

Das ist für mich schwer zu beantworten, da ich ja inhaltlich nicht involviert war. Meine Aufgabe war es, den Raum zu halten für die Menschen und ihre jeweiligen Anliegen. Was ich im Nachgang wahr nahm war, dass die diskutierten Themen sehr heterogen waren und ihre Anzahl im Vergleich zu anderen *open space* Kongressen recht hoch. Es schien, als wären durchaus Inhalte bearbeitet worden, die in einem anderen Setting wohl keinen Platz gehabt hätten. Die Workshopprotokolle haben gezeigt, dass intensiv miteinander gearbeitet wurde; zudem hat es konkrete Verabredungen gegeben, was in einem klassisch angelegten Tagungsverlauf kaum geschehen wäre.

Wie geht es Dir sozusagen als Mensch vom Fach damit, sich inhaltlich komplett aus dem Geschehen herauszuziehen? Du arbeitest selbst unter anderem zum Thema Inklusion, begleitest Schulen, KiTas und Kommunen in Entwicklungsprozessen, leitest Workshops, Tagungen, Seminare und Schulungen...

Ja, das war nicht leicht. Ich hätte gern in vielen Themen mitgearbeitet, mich eingebracht, von anderen gelernt. Zum Beispiel im Anliegen Partizipation von Kindern und Jugendlichen. Gleichzeitig ist diese Form der Begleitung ja auch eine Art Ausblick auf die künftige Funktion von LehrerInnen – nicht mehr vortragen und abfragen, sondern Coach sein, damit die Menschen ihre eigenen Fragen finden und diese dann auch bearbeiten und beantworten können. Genau das habe ich getan. Ich war also ermöglichender Begleiter, im Englischen gibt es dafür das treffende Wort *Faciliator,* für die ganze Gruppe – und dies in einer Weise, die alle in einer von uns aufgebauten perfekten Arbeitsumgebung ihre Themen bearbeiten und auch nachhaltig behandeln ließ durch eine entsprechende Dokumentation der Protokolle.

Nun ist das rein methodische Verfahren open space sicher einfach zu lernen. Was genau macht aber das Gelingen aus? Und was bedeutet die Rolle des Coach- bzw. Facilitator-seins?

Die klassische Antwort darauf ist: absolut präsent und unsichtbar zu sein. Also den Rahmen zu halten, den Raum, die Gesamtstruktur so zu gestalten, so dass Selbstorganisation leicht möglich wird. Die Menschen können dann komplett eigenverantwortlich handeln. Das ist doch das, worum es auch in Schule geht: Lernlust zu fördern. Anreize zu geben und dann ein guter Lernbegleiter zu sein. Menschen darin zu bestärken, ihre eigenen Fragen aufzudecken, eigene Wege des Lernens und Erfahrens zu erkunden, eigene Antworten und Lösungen zu finden. Und eben nicht vorzugeben, was, in welcher Form und mit welchen Resultaten geschehen soll. Eine solche Haltung verlangt Vertrauen in die Gruppe, in die Menschen selbst, in ihre Fähigkeit zur Selbstorganisation und in ihren Willen, schöpferisch tätig zu werden, in ihren Wunsch nach Beteiligung und Mitwirkung. Auch das heißt für mich inklusiv zu denken und zu handeln – Vertrauen zu haben, *Ermöglicher* zu sein, förderliche Rahmenbedingungen für sehr unterschiedliche Menschen zu schaffen. Wenn es jedoch darum geht, Entscheidungen in zuvor bestimmte Richtungen zu lenken, bestimmte Themen und Ergebnisse zu forcieren, verdeckte Motive blumig zu verkleiden, ist ein *Facilitator* fehl am Platze und sind Verfahren, die wie *open space* auf Partizipation und Selbstorganisation setzen, völlig sinnlos.

Klingt nicht leicht und überdies nach einer großen Herausforderung vor allem für die Veranstalter – ein Kongress ohne inhaltliche Verlaufsstruktur, ohne erwartbare Ergebnisse, ohne Bühne für Experten...

Ja klar, für die Veranstalter bedeutet ein solches Format auch, gewohnte Pfade zu verlassen, Unsicherheiten auszuhalten, sich mit diversen Ängsten auseinanderzusetzen (es kommt niemand, die Teilnehmenden sind gelangweilt, gehen frustriert nach Hause etc.) und den Menschen, die kommen, vertrauensvoll das inhaltliche Zepter in die Hand zu geben.
Nun wird eine solche Tagung unter einem bestimmten Thema ausgeschrieben und wir – Begleiter und Veranstalter – gehen davon aus, dass genau die Menschen erscheinen, denen es am Herzen liegt, die sich dazu austauschen und Verabredungen treffen wollen. Und genau das geschieht. Sicher ist es nicht leicht, die Kontrolle über das, was geschieht, an die Gruppe abzugeben. Gleichzeitig öffnet sich damit auch die Chance, sich als Veranstalter zurückzunehmen, Verantwortung zu teilen und anderen zu übertragen, die inhaltliche Füllung den Teilnehmenden zu überlassen. Die Erfahrungen zeigen, dass

das funktioniert und die Menschen die wirklich drängenden Fragen in Arten und Weisen bearbeiten, die für sie richtig sind. Und die Erfahrungen zeigen auch, dass Themen und Ergebnisse vielfältiger sind, als man das hätte mit vorgegebenen Tagungsinhalten hätte erreichen können.

Gleichwohl sehen sich viele Bildungseinrichtungen spätestens mit der 2009 in Kraft getretenen UN-Behindertenrechtskonvention in Deutschland vor allerlei Herausforderungen und Aufgaben, die aus der Sicht Vieler nach Expertenrat verlangen. Im open space werden Menschen auf sich zurück geworfen sowohl mit Blick auf das Verfahren wie auch das Thema selbst. Wäre es da nicht klüger, eine Beratung von außen vorzuschalten, um eine Richtung vorzugeben?

Es ist sicher gut, für das Thema zu sensibilisieren und die Menschen erkennen zu lassen, dass sie ja bereits mit einer gesellschaftlichen Vielfalt umgehen. Und es kann auch an der einen oder anderen Stelle gut sein, Input zu einem konkreten Umgang mit dem Vorhandensein von Unterschieden, der Individualität von Menschen zu geben, auf die Möglichkeiten zu verweisen, die eine umfassende Teilhabe und Gleichwertigkeit sicher stellen bzw. entsprechende Tools oder methodische Herangehensweisen zu vermitteln. Andererseits – bleiben wir mal bei Wartaweil – haben an diesem Kongress ja ungefähr 100 Personen teilgenommen; geschätzt waren da also mehrere tausend Jahre Lebens-, Lehr- und Lernerfahrung im Raum, ganze Bibliotheken angefüllt mit umfassendem, ganz unterschiedlichem Wissen zum Thema. So viel Podiumsredner kann ich an einem Tag gar nicht auf die Bühne holen, um nur annähernd einen solchen Fundus an Kenntnissen und Know-how zugänglich zu machen. Aber ich nutze die Energie und die Zeit, ein solch vorhandenes Potenzial, diese kollektive Weisheit und Intelligenz für die Vernetzung, den Austausch und die Entwicklung des weiteren Weges. Zudem sind die Erfahrungen der einen Organisation nur bedingt auf die Lebenswelten von anderen übertragbar – in der Regel müssen ohnehin die eigenen Lösungen entwickelt werden.

Das ist im Übrigen etwas, was mir persönlich an all den verschiedenen Formaten, die auf eine breite Beteiligung des gesamten Systems setzen und damit letztlich bereits im Kern inklusiv angelegt sind, gut gefällt. Sie alle binden den – „richtig" umgesetzt – das Wissen, die Erfahrungen und Ideen derer ein, die letztlich mit Veränderungen und Entwicklungen leben möchten oder müssen und zwar mit Blick auf ein erfolgreiches Ganzes.

Das klingt alles nach einem Allheilmittel für unlösbar scheinende Probleme und festgefahrene Strukturen – inwieweit haben wir es angesichts der Popularität solcher Formate nicht einfach nur mit Modeerscheinungen oder Trends zu tun?

Open space ist, wie andere Verfahren auch, ein wunderbares – und kein Allheilmittel. Mit einer sorgfältigen, zeitintensiven Vorbereitung und der entsprechenden Haltung, zu der ich ja schon einiges gesagt habe, können solche Formate sehr unterstützend für Veränderungs- und Entwicklungsprozesse sein. Gleichwohl liegt der Schlüssel zur Lösung nicht allein in der Methode. Ob ich einen Prozess nun im *open space* gestalte, als U-Prozess, World Café oder Zukunftswerkstatt, in Form einer Wertschätzenden Erkundung, als Zukunftskonferenz oder in einer Mischform – entscheidend ist die Grundhaltung und das Selbstverständnis desjenigen, der solche Entwicklungen begleitet (vgl. Scharmer 2009, Holman et al. 2007, Weisbord / Janoff 2007). Dass heißt nicht, dass sich alles von alleine regelt und ich sozusagen wohlwollend daneben sitze – ein professioneller Rahmengeber und Raumöffner, der Verlauf und Verfahren kennt und eben nicht inhaltlich involviert ist, trägt maßgeblich zum Gelingen bei. Aber eben nur dann, wenn er sich aus dem Weg des Arbeitsprozesses und der Lösungsfindung heraus hält, weniger moderiert und im Wortsinne mäßigt, sondern vielmehr ermöglicht, strukturiert, erleichert, facilitiert (vgl. Weisbord / Janoff 2011, Williams 2010).
Was das Gefühl der Modeerscheinung angeht... da haben viele Organisationen erfreulicherweise inzwischen erkannt, dass die Zeiten des direktiven, hierarchischen und instruktiven Handelns vorbei sind und die Menschen nach echter Beteiligung, transparenter Zusammenarbeit, Eigenverantwortung verlangen. Dafür gibt es eine ganze Reihe wunderbarer Verfahren, je nachdem, welches Kernansinnen ich habe.
Gleichwohl: *open space* und andere Verfahren sind einfach, aber nicht leicht. Und das erklärt die Vielzahl negativer Erfahrungen von Menschen mit derartigen Formaten. Eine gute Ausbildung und viel Lernzeit ermöglichen den Blick in die tieferen Ebenen der Ansätze – und das kann sehr lustvoll sein!

Wann genau ist open space die richtige Wahl? Und ist das Format ein reines Tagungs- und Veranstaltungskonzept oder kann es möglicherweise auch Anregungen als Funktionsprinzip für gelingende Schulen bieten?

Ganz allgemein gesagt ist *open space* für eine Tagung dann perfekt passend, wenn die Fragestellung komplex, die Zusammensetzung der Teilnehmenden mannigfaltig und heterogen ist, wenn die zu behandelnde Frage konfliktträchtig oder dringend und eine Antwort unbekannt ist.

Für die Transformation von ganzen Organisationen kann *open space* ein geeignetes Werkzeug sein, um die gesamte Einrichtung oder Kommune weiterzuentwickeln und dabei zum Beispiel Inklusion und weitere Themen wie Nachhaltigkeit oder was auch immer zu bearbeiten (vgl. auch Senge et al. 2000 und Schweitz / Martens 2005). Ich glaube jedoch auch, dass sich die Grundidee von *open space* mit einem gelingenden Bild von Schule deckt. Wesentlich sind für mich an dieser Stelle drei Dinge:

- Schaffung einer perfekten Arbeitsumgebung,
- willkommen Heißen aller Menschen,
- ein Unterstützungssystem für aufkommende Fragen und Vorhaben.

Das ist im Prinzip auch das, was demokratische oder freie Schulen ausmacht. Insofern geht es für mich auch darum, Einrichtungen auf dem Weg zu mehr Demokratie zu begleiten. Wo sonst können Kinder und Jugendliche soziale Fähigkeiten ausbauen, Solidarität erfahren? Dies lernen sie in einem Umfeld, das ihnen selbst die Verantwortung darüber gibt, was sie sich wann, wie und wo aneignen. In einem Umfeld, das darauf vertraut, dass sie genau das auch tun. Die Erfahrungen mit solchen Schulen zeigen, dass Menschen hier in einer gesunden Weise in sozialer Form eben das lernen, was ihnen wichtig ist, kein überflüssiges Wissen, sondern demokratisch zu handeln und die für das Leben erforderlichen Kompetenzen zu erlangen.

An dieser Stelle würden wohl viele LehrerInnen deutlich widersprechen und auf Lehrpläne, fachliche Vorgaben, notwendiges Wissen für entsprechende Abschlüsse verweisen. Würden wir das open space Prinzip konsequent auf Schule übertragen, hätten wir Bildungseinrichtungen, die sich „nur" auf eine klare Raum-Zeit-Struktur ohne thematische Vorgaben konzentrieren. Ist sicher nett für Kinder und Jugendliche. Aber wie lernen sie Deutsch, Mathematik, Geschichte, Biologie, Messen oder Projektarbeit, wenn wir komplett offen lassen, womit sich die Menschen beschäftigen?

Es kommt heute in der Schule weniger auf fachspezifische Kenntnisse an (außer die Fächer hießen Energie, Ernährung, Wasser etc.); methodisches Wissen und soziale Kompetenzen sind längst notwendige Ergänzungen zum fachlichen Können. Worum es heute geht ist, die Menschen zu befähigen, sich selbsttätig die nötigen Kompetenzen anzueignen, sie darin zu bestärken, ihren Lebensweg eigenverantwortlich und konstruktiv zu bestreiten, legitime Fragen mutig zu stellen und eigene Antworten zu finden, wesentliche Zusammenhänge zu verstehen. Und es geht sicherlich auch darum, die Lust am Lernen zu befördern und immer wieder neu zu initiieren.

Das erzeugt sicherlich Ängste, da unser heutiges Bildungssystem noch sehr an die Vermittlung von fachlichem Wissen gekoppelt ist. Aber wenn ich den Lehrberuf tatsächlich hinsichtlich seiner wirklichen Berufung befrage, sehe ich, dass das Lernen für Klausuren und Prüfungen nicht allein das ist, worum es im Leben geht. Das meiste, das in Schulen gelehrt (und auch gelernt) wird, vergessen die Schülerinnen und Schüler zum größten Teil ohnehin direkt wieder.

Davon abgesehen braucht es eine Vielzahl von Sichtweisen, um gute und tragfähige Antworten auf drängende Fragen oder künftige Herausforderungen zu finden. Ich erinnere mich zum Beispiel an ein Vorhaben in einem Schulfusionsprozess, in dem es um die Auflösung des 45-Minuten-Taktes ging. Die Menschen besprachen, in einem Teilsystem zu beginnen und vereinbarten einen ersten Schritt dafür. Enthalten sind in einer solchen Diskussion und im Weg der Lösungsfindung aus meiner Sicht etliche Fähigkeiten und Kenntnisse, die sowohl fachliches Wissen einschließen und gleichzeitig auf Kompetenzen abzielen, die es zur Einbindung unterschiedlicher Meinungen und für eine von der Gesamtheit getragene Lösung braucht. Letztlich geht es ja darum, Kinder und Jugendliche zu kohärenten Persönlichkeiten heranwachsen zu lassen. Und dies gelingt aus meiner Sicht am ehesten in einer wertschätzenden Umgebung, durch gemeinsame Verantwortung, gegenseitige Ergänzung von unterschiedlichen Sichtweisen und über ein gleichberechtigtes Miteinander aller Beteiligten (vgl. dazu auch Stähling 2007 und 2011). Die Grundsätze des open space können an dieser Stelle sicherlich Anregungen geben; gleichzeitig liegt einem solchen Bildungsverständnis ganz automatisch eine inklusive Haltung zu Grunde.

Und die Kritiker? Diejenigen, die zu Recht auf rechtliche oder andere Rahmenbedingungen verweisen? Die berechtigen Ängste oder Interessen von Eltern oder Schulleitung?

Die Einladung – wenn wir beim Veranstaltungsformat *open space* bleiben – richtet sich ja an alle Menschen, die etwas beitragen können oder wollen. Im besten Fall sind an den anstehenden Entwicklungsprozessen bereits alle frühzeitig beteiligt – Eltern, SchülerInnen, LehrerInnen, die Leitung, kritische Freunde et cetera. Kritische Stimmen, die oft ungeliebten Bedenkenträger nehmen im *open space* eine ganz wichtige Funktion ein: Sie sorgen dafür, dass Ideen, Visionen, Wünsche die notwendige Bodenhaftung bewahren. In der Regel werden hier keine Luftschlösser gebaut, sondern Vorhaben auf den Weg gebracht, die auf mögliche Stolpersteine ebenso wie auf ihre Chancen hin umfassend befragt wurden. Und natürlich wird manchmal in kleinem Kreis etwas besprochen, das für ein Gesamtsystem gelten soll. Natürlich braucht es auch die Entscheidung der Schulleitung. Und klar gibt es Grenzen für Entwicklungen und Veränderungen; diese können ganz schnell gehen oder ziemlich viel Zeit brauchen. Die Menschen, die dabei sind, wissen sicher am besten, woran zu denken und wie zu entscheiden ist – und wenn es *„nur"* um eine Vorlage für die späteren EntscheiderInnen geht.

Wenn Menschen nun so intensiv zusammenarbeiten, Energie entsteht, am Ende konkrete Handlungen geplant werden – wie gelingt ein Anschluss an den Alltag und inwiefern sind die gewonnenen Ideen und Vorhaben wirklich nachhaltig? Mit anderen Worten, wie wird sicher gestellt, dass all das nicht nur eine schöne Ideenblase bleibt?

Wenn es eine schöne Ideenblase war, ist es ja schon mal gut, dann haben die Anwesenden drei Stunden oder drei Tage in besonderer Weise miteinander gearbeitet. Und diese Weise trägt.
Die Sorge von Veranstaltern oder Menschen in Bildungseinrichtungen ist häufig, dass offene Arbeitskontexte mit vielen Menschen wenig zielgerichtet, wenig linear, und ziemlich kompliziert verlaufen und am Ende eine Vielzahl bunter Ideen steht, die schwer zu bündeln und noch schwerer umzusetzen sind.
Die Teilnehmenden haben ja einen Überblick über alle Themen, die eingebracht werden, können sich für die Gruppen und Unterthemen entscheiden, in die sie sich einbringen wollen. All das, was besprochen wird, wird entsprechend protokolliert, schon während der Veranstaltung für alle sichtbar gemacht und kann zudem ergänzt werden. Im Anschluss daran gehen wir in die Handlungsplanung über – dann geht es um konkrete Vorhaben, um Dinge, die Herz, Hand, Verstand und vielleicht Flügel erhalten wollen. Hier werden klare Verabredungen getroffen und Aktionspläne entwickelt, die mit einem ersten Schritt oft schon in der Veranstaltung beginnen und in den nachfolgenden Wochen fortgeführt werden.
Wichtig zudem ist ein nächstes Treffen, in dem nach (Zwischen-) Ergebnissen geschaut wird. Zuweilen findet diese Art des miteinander Arbeitens so viel Anklang, dass die Teilnehmenden ein solches Vorgehen weiter etablieren möchten. Dann gestalten sie mehr Treffen (auch ganz kurze) im *open space* oder entwickeln ihre gesamte Organisation in diese Richtung. Es gibt Schulen, Unternehmen und andere Organisationen, die nach dem *open space*-Prinzip arbeiten. Nachhaltig sind all diese entwickelten Ideen und Vorhaben allein schon deshalb, weil sie nicht von einigen Wenigen ausgehandelt und an die weiteren Betroffenen weitergereicht werden, sondern weil das gesamte System von Beginn an eingebunden ist und Jeder und Jede mitgestalten kann. Auch das heißt schließlich inklusives Handeln – Strukturen und Bedingungen

bereit zu stellen, in die sich alle Personen mit ihren jeweiligen Besonderheiten einbringen und ihre jeweils ganz individuellen wertvollen Beiträge leisten können.

Gibt es ein prägnantes Beispiel, wie sich im open space inklusives Handeln gezeigt hat?

Ich höre in den Schlussrunden, in denen die Teilnehmenden eingeladen sind, wichtige Gedanken mit der Gruppe zu teilen, oft, dass die gemeinsame Zeit und die Art und Weise des Zusammenwirkens als sehr wertvoll und positiv erlebt wurden – gerade weil so viele unterschiedliche Menschen miteinander in den Dialog getreten sind. Dieses konstruktive, wertschätzende miteinander Arbeiten macht für mich, neben anderen Dingen, inklusives Handeln aus. Ganz besonders berührt hat mich in diesem Zusammenhang etwa ein *open space* für einen großen Sozialverband, an dem viele Teilnehmende mit besonderen Bedarfen teilnahmen. Ein anderes Beispiel ist ein open space zur künftigen Weiterentwicklung einer Grundschule mit den SchülerInnen, Eltern, allen Mitarbeitenden und Interessierten – in der Schlussrunde haben die Teilnehmenden von einer neuen Kommunikationskultur gesprochen, die begonnen hätte. Inklusive Schritte und Planungen wurden quasi nebenher angegangen.

Dazu füge ich noch zwei Zitate zweier *„Väter"* von *open space*. Diese Worte verbinden für mich den Gedanken der Inklusion ganz wunderbar mit dem Verfahren und der Haltung open space:

> „Soll irgendwo in der Welt ein großes Bildungsprogramm durchgeführt werden – open space! Laden wir die ein, denen es am Herzen liegt: Schüler, Eltern, Vertreter der lokalen Behörden, Lehrer, Experten, jeden der sich engagieren will. Zusammen initiieren sie den Prozess der Selbstorganisation, die Voraussetzung für alles weitere." (Owen 2005, 167)

> „Je ungehinderter sich Selbstorganisation entfalten kann, desto produktiver, gemeinschaftsstiftender, leistungsverbreitender, friedlicher... und vergnüglicher geht es zu." (Pannwitz 2010, 9)

Literaturverzeichnis

Booth, Tony (2011): Wie sollen wir zusammen leben? Inklusion als wertebezogener Rahmen für die pädagogische Praxis. Frankfurt am Main: Gewerkschaft Erziehung und Wissenschaft

Holman, Peggy et al. (2007): The Change Handbook. The Definitive Resource on Today's Best Methods for Engaging Whole Systems. San Francisco: Berrett-Koehler

Owen, Harrison (2005): Raum für den Frieden. The Practice of Peace. Berlin/Bonn: Westkreuz

Pannwitz, Michael M (2010): Meine open space Praxis. Berlin / Bonn: Westkreuz

Scharmer, Claus Otto (2009): Theorie U – Von der Zukunft her führen. Heidelberg: Carl-Auer
Schweitz, Rita/Martens, Kim (2005): Future Search in School District Change. Connection, Community, and Results. Oxford: Rowman & Littlefield Education
Senge, Peter et al. (2000): Schools That Learn. New York: Doubleday
Stähling, Reinhard (2007): "Du gehörst zu uns". Inklusive Grundschule. Ein Praxisbuch für den Umbau der Schule. Hohengehren: Schneider
Stähling, Reinhard (2011): Ungehorsam im Schuldienst. Der praktische Weg zu einer Schule für alle. Hohengehren: Schneider
Weisbord, Marvin/Janoff, Sandra (2007): Don't Just Do Something, Stand There! Ten Principles for Leading Meetings That Matter. San Francisco: Berrett-Koehler
Weisbord, Marvin/Janoff, Sandra (2011): Einfach mal Nichts tun! Berlin: Westkreuz.
Williams, Birgitt (2010): The Genuine Contact Way. An organizational breakthrough. A shift in consciousness. Raleigh: Dalar

Fragende war Kerstin Huven, Konzeptionistin, Projektbegleiterin, kh@inbetweener.eu.

Antwortender war Dr. Christian Kemper, Facilitator, ck@inbetweener.eu.

Dr. Christian Kemper, inbetweener.

inbetweener unterstützen Menschen, Teams und Organisationen in Veränderungen; sie bieten ihre Leistungen an für eine ganzheitliche Konzeption, Prozessbegleitung und Dokumentation von Vorhaben, die zu einer gerechten und nachhaltig gesunden Welt beitragen. Aktuelle inhaltliche Schwerpunkte sind Inklusion und Diversity Management (in Bildungseinrichtungen, Kommunen, Firmen und Verbänden), soziales Unternehmertum und Gemeinwohlökonomie sowie Großgruppenbegleitung.

Wir freuen uns über Fragen, Anmerkungen und Kritik an info@inbetweener.eu!

Pia Arend / Bernadette Felder / Marion Fuhrmann

Münchner Kultur leicht gemacht – Kultur–Heft in Leichter Sprache

Zusammenfassung

Drei Menschen mit Lernschwierigkeiten und drei Studentinnen haben zusammen ein Kulturheft in Leichter Sprache für die Stadt München gemacht. Darin stehen die wichtigsten Informationen zu verschiedenen kulturellen Einrichtungen, wie zum Beispiel Museen und Theater in München. Um das Heft zu machen, haben wir zusammen über zehn kulturelle Einrichtungen besucht. Das waren Museen, Theater und Konzerte. Nach den Besuchen haben wir dann in Leichter Sprache zusammengefasst, was man in den Einrichtungen alles ansehen kann. Wie man am besten zum Beispiel mit der U-Bahn zu den Museen kommt. Und wann die Museen geöffnet haben. Zum Schluss ist das Kulturheft noch mit Bildern verschönert worden und dann zu den *Special Olympic Games 2012* in München an die Sportler und Sportlerinnen ausgeteilt worden.

Anlässlich der „*Special Olympics Games*" die im Mai 2012 in München stattfanden erstellte unsere Forschungsgruppe[1] bestehend aus drei Studentinnen der Hochschule Landshut und drei Menschen mit Lernschwierigkeiten gemeinsam einen Museums- und Kulturführer für München in Leichter Sprache. Die Initiative für das Projekt ging vom Kulturreferat München aus und wurde fachlich betreut durch Prof. Dr. Clemens Dannenbeck. Zudem verfassten wir über dieses Projekt unsere Bachelorarbeit mit dem Thema

„Inklusion und kulturelle Teilhabe – ein Projekt im Rahmen der Special Olympics 2012 zur Selbstbestimmung von Menschen mit Lernschwierigkeiten".

Bevor wir mit der praktischen Umsetzung begannen, eigneten wir Studentinnen uns theoretisches Hintergrundwissen an, etwa zur Kommunikation mit Menschen mit Lernschwierigkeiten, zum Thema Inklusion im Zusammen-

---

[1] Zum Forschungsteam gehörten neben den Autorinnen dieses Beitrags Gereon Schwaiger, Eva Pechert und Jessica Zacherl

hang mit der UN-Behindertenrechtskonvention sowie Standards der Umsetzung von Barrierefreiheit in Museen und kulturellen Einrichtungen. Zudem besuchten wir den Kongress *„Inklusion durch Kunst und Kultur"* in Dresden, der den Stand der museumspädagogischen Forschung und Praxis in Deutschland beleuchtete. Hier konnten wir nicht nur einschlägige theoretische Informationen über Inklusion und kulturelle Teilhabe erlangen, sondern auch Kontakte mit Expert/-innen knüpfen, wie zum Beispiel mit Stefan Göthling (*Mensch zuerst – Netzwerk People First e.V. Deutschland*), der uns einen Zugang zu den Prinzipien Leichter Sprache eröffnete.

Um unsere praktischen Tätigkeiten zu strukturieren, erstellten wir zunächst einen Projektplan, der den zeitlichen Ablauf, sowie die Arbeitsmittel und die unterschiedlichen städtischen Kooperationspartner festlegte.

Mit einer der wichtigsten Schritte war die Bildung einer so genannten Fokusgruppe. Wir schrieben diverse Einrichtungen in München an, die mit Menschen mit Lernschwierigkeiten zusammenarbeiten. Von der *Lebenshilfe München e.V.* bekamen wir daraufhin die erste Antwort auf unser Schreiben. Die zuständige Sozialarbeiterin arrangierte ein Treffen mit den drei potentiellen Teilnehmer/-innen in der Wohngruppe. Alle drei hatten großes Interesse an dem Projekt, waren kulturell sehr interessiert und brachten vielfältiges Vorwissen mit. Wichtig war uns auch, dass alle Teilnehmer/-innen unserer Gruppe möglichst selbstbestimmt und selbstständig leben. Um die gesamte Gruppe besser kennenzulernen, führten wir mit jedem Mitglied zunächst ein leitfadengestütztes Interview durch.

Nachdem unsere Fokusgruppe vollständig war, wurde der Kreis unserer Kooperationspartner erweitert. Durch das Kulturreferat kam es zu einem Treffen mit einem Vertreter des *Museumspädagogischen Zentrums* (MPZ) sowie einem Vertreter der *Münchner Volkshochschule* (MVHS). Beide Einrichtungen boten zu diesem Zeitpunkt bereits spezielle Führungen und Ausflüge für Menschen mit Lernschwierigkeiten an und wollten dieses Angebot erweitern und einige kostenlose Führungen während der *Special Olympics* organisieren. Um die Angebote des *MPZ* sowie der *MVHS* auch in unser Kulturheft mit aufnehmen zu können, vereinbarten wir einige kulturelle Einrichtungen oder Führungen unter deren Leitung zu besuchen.

Nach diesen Vorbereitungen konnte es für unsere Gruppe mit den Besuchen der Museen, Theater, Konzerten und Ausstellungen und den Stadtführungen durch München losgehen. Die Auswahl der Einrichtungen lag alleinverantwortlich in den Händen des Kulturreferats der Landeshauptstadt München, das uns unserer Gruppe die jeweiligen Ansprechpartner vermittelte. So besuchten wir innerhalb von circa sechs Monaten das *Jüdische Museum*, das *Deutsches Theater*, die *Münchner Philharmoniker*, die *Münchner Kammerspiele*, die *Schauburg*, die *Villa Stuck*, den *Kunstbau des*

Lenbachhauses, das *Münchner Stadtmuseum*, die *Zentralbibliothek –
Münchner Stadtbibliothek*, das *Freie Musikzentrum München*, das *Münchner
Volkstheater* sowie das *Münchner Kammerorchester* im *Prinzregenten-
theater*.

Zudem bekamen wir eine Stadtführung durch eine Mitarbeiterin der *MVHS*
sowie eine Führung rund um den Münchener Königsplatz durch das NS-
Dokumentationszentrum.

Um diese Besuche über den gesamten Zeitraum für alle Teilnehmer/-innen
unserer Fokusgruppe zu strukturieren, wurde eine Terminliste erstellt. Wir
achteten darauf, immer dieselbe Informationsgrundlage anzugeben, wie die
zu besuchende Einrichtung, den Treffpunkt, die Zeit des Treffpunkts sowie
eine in Leichter Sprache verfasste Wegbeschreibung.

Um eine Strukturierung der Besuche vor Ort zu gewährleisten, erstellten wir
einen Ablaufplan. Dieser beinhaltete den Treffpunkt, an dem sich alle vor
dem Besuch und nach Beendigung des Besuchs wieder einfinden sollten
sowie die festgelegte Uhrzeit. Zudem sollte es zu jeder Einrichtung eine
kurze Einführung geben. Wurde diese nicht durch eine/n Mitarbeiter/in des
jeweiligen Hauses oder einen Vertreter des *MPZ* oder der *MVHS*
übernommen, gaben wir drei Studentinnen grobe Informationen über den
bevorstehenden Besuch. Auch im Ablaufplan festgehalten war der zeitliche
Rahmen, um einen Fragebogen zur jeweiligen Einrichtung auszufüllen.

Anhand von Museumspädagogischen Grundlagen erstellten wir Studentinnen
Fragebögen zu Konzerten, Museen, Theatern und Stadtführungen sowie extra
Fragebögen für die Besuche des Freien Musikzentrums und der Münchner
Stadtbibliothek. Anhand der Bögen sollten Attribute der Einrichtungen wie
Licht, Größe der Räume, Größe und Verständlichkeit der Schrift auf den
Schildern, Verständlichkeit von Führungen, das Vorhandensein von Auf-
zügen sowie die Orientierungsmöglichkeiten anhand von Wegweisern und
Schildern bewertet werden. Die einzelnen Aspekte waren als Ratingfragen
von 1 (schlecht) bis 10 (am besten) sowie dazugehörigen offenen
„*Warum?*"-Fragen gegliedert. Die Fragebögen dienten unserer Gruppe nicht
direkt als Positiv- beziehungsweise Negativbewertung der Häuser, sondern
sollten für uns einen Kriterienkatalog darstellen, aus dem ersichtlich wurde,
welche Kriterien eine kulturelle Einrichtung erfüllen müsste, um sowohl
Menschen mit als auch Menschen ohne Lernschwierigkeit anzusprechen.

Nachdem alle Einrichtungen besucht wurden, machte sich die Fokusgruppe
Gedanken über die Gestaltung des Kulturhefts „*Münchner Kultur leicht
gemacht – Kulturheft in Leichter Sprache*". Zum einen wurden zu jeder
Einrichtung Texte in Leichter Sprache verfasst und zum anderen wurden
Vorschläge zur Gestaltung des Layouts, unter Berücksichtigung der Richt-
linien der Landeshauptstadt München gemacht.

Die Forschungsgruppe konnte sich unter anderem darauf einigen, dass im Kulturheft jede Einrichtung mit einer Doppelseite beschrieben und durch ein Foto veranschaulicht wird. Abschließend wurde das Projekt ausgewertet. Dazu fand sich die Gruppe noch einmal zusammen und bereitete das gesamte Projekt nach. Zusätzlich wurden die Texte für den Kulturführer nochmals korrigiert und ein Vortrag für die Inklusionsforscher/-innentagung in Wartaweil vorbereitet. Im Zuge unserer Bachelorarbeit werteten wir Studentinnen zusätzlich die Interviews und Fragebögen aus. Dadurch wurden auch einige Probleme, die bei einen solchen Projekt entstehen können, aufgezeigt. Schwierigkeiten sind unter anderem in der Zusammenarbeit mit den Kooperationspartnern, kulturellen Einrichtungen und innerhalb der Fokusgruppe thematisiert worden. Das Endprodukt, das Kulturheft *„ Münchner Kultur leicht gemacht – Kultur – Heft in Leichter Sprache "* ist zu den *Special Olympics München* im Mai 2012 an alle teilnehmenden Sportler/-innen kostenlos verteilt worden und ist zudem zukünftig im Kulturreferat München zu beziehen.

Das Kulturheft ist auch unter folgendem Link erhältlich:
http://www.muenchen.de/rathaus/rathaus/Stadtverwaltung/Kulturreferat/Vera nstaltungen/Special_Olympics/Kultur_leicht_gemacht.html

Literaturverzeichnis

Landeshauptstadt München, Kulturreferat, Abteilung 2 Stadtteilkultur, Regionale Festivals, Kulturelle Infrastruktur, Veranstaltungstechnik (Hrsg.) (2012): Kulturheft *„ Münchner Kultur leicht gemacht – Kulturheft in Leichter Sprache "*. München http://www.muenchen.de/rathaus/rathaus/Stadtverwaltung/Kulturreferat/Veranstaltungen/Spe cial_Olympics/Kultur_leicht_gemacht.html

Pia Arend, BA-Studium der Sozialen Arbeit an der Hochschule Landshut, Studienabschluss 2012, piaarend@web.de

Bernadette Felder, BA-Studium der Sozialen Arbeit an der Hochschule Landshut, Studienabschluss 2012, bernadettef@gmx.de

Marion Fuhrmann, BA-Studium der Sozialen Arbeit an der Hochschule Landshut, Studienabschluss 2012, marion.fuhrmann@me.com

Christine Primbs

Diskussion mit dem Vorsitzenden der Interfraktionellen Arbeitsgruppe im Bayerischen Landtag und des wissenschaftlichen Beirats auf der Inklusionsforscher/-innentagung

Etwa 150 pädagogische Wissenschaftlerinnen und Wissenschaftler aus dem ganzen deutschsprachigen Raum trafen sich zur diesjährigen Inklusions-forscher/-innentagung Anfang März in Wartaweil am Ammersee in Bayern. In verschiedenen wissenschaftlichen Vorträgen und zahlreichen Arbeits-gruppen wurden aktuelle Fragen der Inklusionsentwicklung vorgestellt und diskutiert. An der abschließenden Podiumsdiskussion zur Umsetzung der UN-Konvention im Bildungsbereich in verschiedenen Bundesländern nahmen Georg Eisenreich, bildungspolitischer Sprecher der CSU und Vorsitzender der interfraktionellen Arbeitsgruppe im Bayerischen Landtag, Prof. Ulrich Heimlich, LMU München, Prof. Kerstin Merz-Atalik, Mitglied der Expertenkommission für die Weiterentwicklung der sonderpädago-gischen Förderung in Baden-Württemberg und Prof. Dr. Roland Merten, Staatssekretär im Bildungsministerium von Thüringen teil.

Nach Meinung von Prof. Merten sind wir gesellschaftlich immer noch weit davon entfernt, Heterogenität als Bereicherung und Chance zu verstehen. Zur Frage nach der Zukunft von Förderschulen meinte Prof. Merten, dass die Schulstrukturfrage wichtig sei, denn wenn man heute in irgendeinem Gebäu-de eine Sonderschule einrichte, würde morgen die Quote von Kindern des jeweiligen Förderschwerpunkts im Einzugsgebiet dieser Sonderschule signi-fikant ansteigen. Prof. Merz-Atalik monierte, dass 30 Jahre Forschung zur Inklusion in Deutschland nicht realisiert wird und fragte MdL Eisenreich und Prof. Heimlich, die davon gesprochen hatten, dass man darauf achten müsse, durch Inklusion nicht die Förderqualität in Frage zu stellen:

„Womit belegen Sie eigentlich die Förderqualität an Sonderschulen?"

In Deutschland sind die Förderschulen bei Pisa nicht mit einbezogen worden. Prof. Heimlich bestätigt ebenfalls, dass laut der gesamten internationalen Forschung inklusive Schulen in der Qualität besser als Förderschulen sind.

Leider gebe es aber in Bayern keine entsprechende wissenschaftliche Begleitforschung. MdL Eisenreich betonte, dass es beim Thema Inklusion nichts bringe, alle Verbände gegen sich aufzubringen, man müsse Inklusion im Konsens umsetzen. Die Autorin kritisierte die bisherige bayerische Politik als unverantwortlich. Vor kurzem habe sich in Nürnberg das Netzwerk Inklusion Bayern gegründet. Anlässlich der Gründungsveranstaltung haben dutzende Eltern von untragbaren Umständen bei der Einschulung ihrer Kinder in die Regelschule berichtet – trotz der mit Beginn des Schuljahres 2011/12 erfolgten Reform des Schulgesetzes in Bayern. Es gibt in Bayern nach wie vor kein Konzept für die Bereitstellung der in der UN-Behindertenrechtskonvention so bezeichneten ,angemessenen Vorkehrungen' zur Realisierung einer schulischen Integration. Der Streit zwischen Kommunen, Bezirk, Jugendamt und Kultusministerium werde auf dem Rücken der Kinder und Eltern ausgetragen. Für die einzelintegrierten Kinder werde finanziell nur etwa die Hälfte dessen eingesetzt, was eingesetzt würde, wenn das gleiche Kind in die Förderschule gehen würde. Die Schulbegleiter dürften nicht gruppenorientiert arbeiten, was zur Stigmatisierung der Kinder führen kann. Der MSD wird ineffektiv eingesetzt und steht nicht im erforderlichen Umfang zur Verfügung. Niemand stört sich daran, wenn ein Lehrer oder eine Lehrerin das behinderte Kind mit seiner Schulbegleitung stundenlang vor die Klassenzimmertüre setzt, es scheint auch niemand etwa dabei zu finden, wenn die Kinder mittags aus der ,inklusiven' Schule geholt werden und nachmittags zu anderen Kindern in heilpädagogische Tagesstätten gefahren werden. MSD und staatliche Stellen würden Eltern außerdem weiterhin mehr oder weniger subtil zur Aussonderung ihres Kindes raten.

Prof. Heimlich verwies auf die ebenfalls anwesende bayerische Behindertenbeauftragte, Frau Badura, mit der man derzeit an einer Weiterentwicklung des Schulbegleiterinstruments arbeite und lud nach der Diskussion das Netzwerk Inklusion Bayern zu einer Sitzung des wissenschaftlichen Beirats ein.

Von Moderatorin Alina Fuchs nach den Visionen befragt, wo wir in 10 Jahren stehen sollten, äußerte MdL Eisenreich die Erwartung, dass man in 10 Jahren keine Überzeugungsarbeit mehr leisten müsse, Prof. Heimlich hofft in Bayern auf eine Inklusionsquote von über 50%. Prof. Merten erhofft sich eine Angleichung der Inklusionsquote in Thüringen an den OECD-Durchschnitt.

Den gesamten Bericht können Sie über den Link im Anhang lesen!

Christine Primbs ist Mutter von drei Kindern (12, 13, 16), wovon eines einen komplexen Herzfehler hat und entwicklungsverzögert ist. Als Dipl. Ing. Landespflege 15 Jahre beim Bund Naturschutz auf Kreis- und Landesebene aktiv. Nach der Geburt ihrer Kinder Gründung und Führung eines Waldorfkindergartens, mehrjährige Mitarbeit in Eltern-Lehrer-Gremien verschiedener Schulen, Gründung einer Montessori-Sekundarstufe, seit fünf Jahren Engagement in der bayerischen Inklusionsbewegung in verschiedenen Landeselternvertretungen, Gründung des Netzwerk Inklusion Bayern, www.inklusion-bayern.de

Brief an die 16 Kultusministerien

Sehr geehrte Frau Ministerin, sehr geehrter Herr Minister,

die 26. Tagung der Inklusionsforscherinnen und Inklusionsforscher, die sich auch pointiert mit Fragen der schulischen Inklusion befasst, hat das am 20.10.2011 verabschiedete Papier der Kultusministerkonferenz ausführlich diskutiert. Wir begrüßen hier ausdrücklich, dass es nicht mehr um eine Weiterentwicklung der Sonderpädagogischen Förderung geht, sondern um die Einleitung eines inklusiven Bildungssystems. Auch haben die einzelnen Bundesländer bereits Anpassungen der Schulgesetze, der entsprechenden Verordnungen und Erlasse vorgenommen bzw. befinden sich in der Entwicklung.

Aufgrund unserer Forschungsaktivitäten möchten wir nun die folgenden Fragen an Sie richten und würden Ihre Antworten gerne persönlich auf unserer nächsten Tagung im Frühjahr 2013 mit Ihnen diskutieren, wozu wir Sie heute schon herzlich einladen!

- Welches Verständnis von Inklusiver Bildung liegt Ihren gesetzlichen Anstrengungen zu Grunde? Liegen diesbezügliche Indikatoren zur Qualitätsentwicklung und -sicherung vor? Inwiefern wird die Entwicklung inklusiver Schulen auch jenseits des Fokus' auf sonderpädagogische Förderung vorangetrieben?

- Welche Steuerungsmaßnahmen mit dem Ziel der Entwicklung inklusiver Schulen werden eingeleitet und welche qualifizierte Unterstützung erhalten Schulen für ihre individuellen Entwicklungsprozesse? Werden hier auch Konzepte zur Begleitung von Transitionen einbezogen?

- Wurden in Ihrem Bundesland bereits konkrete Maßnahmen zur Unterrichtsentwicklung für inklusive Schulen eingeleitet (z.B. Konzepte des jahrgangsübergreifenden Lernens, neue Konzepte zur Leistungsrückmeldung) und inwieweit sind diese auch implementiert in der Lehreraus-, fort- und -weiterbildung?

- Mit welchen zusätzlichen und verlässlichen Ressourcen werden inklusive Schulen ausgestattet?

- Inwiefern sind eventuelle Einschränkungen des Rechts auf inklusive Beschulung, z.T. begründet durch den sogenannten ‚Haushaltsvorbehalt‘, vorgesehen und inwieweit sind diese im Einklang mit der UN-BRK?

- Welche Bedeutung haben die in den Ländern durchgeführten Modellversuche inklusiver Schulen für den Prozess der flächendeckenden Implementierung?

- Welche konkreten Zeitpläne im Sinne von Aktionsplänen für die Entwicklung inklusiver Schulen liegen in Ihrem Bundesland vor?

- Inwiefern wird die Umsetzung inklusiver Bildung wissenschaftlich evaluiert?

Wir würden uns sehr freuen, diese Fragen mit Ihnen auf der nächsten Tagung der InklusionsforscherInnen zu diskutieren. Falls Ihnen dies aus Termingründen eventuell nicht möglich sein wird (den konkreten Termin werden wir Ihnen noch rechtzeitig mitteilen), nehmen wir Ihre Stellungnahme auch gerne schriftlich entgegen, und zwar bis zum 30.11.2012 an folgende Adresse:

	In Kopie an:
inklusion@fh-landshut.de Hochschule Landshut z.Hd. Prof. Dr. Clemens Dannenbeck / Dr. Carmen Dorrance Am Lurzenhof 1 84036 Landshut	- focal points in den Bundesländern - Behindertenbeauftragte der Bundesländer - Landesbeauftragte für Migration - Landesgleichstellungsbeauftragte - Monitoringstelle am Institut für Menschenrechte, Wissenschaft und Ethik

Doris Paulsen

Nachklang: Doing Inclusion – „*aber wie?*"

„Ja bitte?"

„Guten Tag. Hätten Sie bitte ein Präparat für Inklusion?"

„Nun ja, es kommt darauf an, was Sie erreichen wollen. Wir haben INCLU-DUNDUM, für Sie als Aktiven und INCLUDIER, wenn Sie betroffen sind und andere agieren. Oder das Ganze als Familienpackung."

„Ach, Familienpackung! Ja, das wäre gut. Unser Jüngstes soll integriert werden und wir sind ja alle davon betroffen. – Gibt es auch schon Vergleichbares für zum Beispiel Verwaltung, Ärzte und so weiter?"

„Daran wird noch gearbeitet. Bislang gibt es nur Medikamente für Einzelpersonen oder Familien und hier für Integration von beeinträchtigten Menschen im Speziellen, die in die Schule wollen oder in eine Ausbildung. Aber bitte bedenken Sie, dass sind Medikamente, die noch nicht im freien Handel sind. Aber sie werden bisher erfolgreich eingesetzt, gefährliche Nebenfolgen sind nicht bekannt."

„Nun, ich will es dennoch versuchen. Eine Familienpackung von „INCLUDIER", bitte."

„ Ein Mal INCLUDIMUR, bitte sehr. Und wenn Sie noch Fragen haben, ..."

„Vielen Dank und auf Wiedersehen."

„Auf Wiedersehen und alles Gute!"

Doing Inclusion – „*aber wie?*" – So der Titel unserer Arbeitsgruppe in Wartaweil.

Wir suchten nach den den Ursachen für eine gelingendes Miteinander, für eine gelungene Zusammenarbeit von Menschen mit unterschiedlichen Fähigkeiten und Fertigkeiten, ihren vielfältigen Potentialen an Ausdauer, Kraft, Flexibilität und Mobilität, ungeachtet ihrer Hautfarbe, Religion oder kulturellem Hintergrund.

Wir tauschten unsere Erfahrungen aus: *"Wie erfolgreich ist die Integrative Berufsschulausbildung in Österreich?",* Die *,Schwerpunktschule'* – ein integrativ gedachtes Schulmodell aus Rheinland-Pfalz sowie Erfahrungen mit der Lehrer/-innenausbildung in Baden-Württemberg.

Es zeigte sich schnell, dass wir auf verschiedenen Ebenen denken müssen:
Inklusion ist Haltung, Einstellung, Orientierung, Wertentscheidung und zielt
aus die Auseinandersetzung mit dem eigenen Menschenbild. Da kann jede/r
jederzeit für sich daran arbeiten – ganz ohne Rezept. Es gibt kein „so ist es
richtig".

Eine inklusionsorientierte Gemeinschaft, also das gesamte Gemeinwesen hat
einen deutlichen Auftrag:

- Sich gerecht zu strukturieren
- Jede/n nach seinen/ihren Fähigkeiten zu achten
- Für Bedingungen zu sorgen, dass Menschenrechte für alle und in allen
  Situationen gelten und geltend gemacht werden können.

Was muss ich also konkret tun – nach fast dreieinhalb Jahren Rechtsgültig-
keit der Konvention?

Ich lud zum Beispiel das Kollegium einer Schule zu einem Salat ein. Es gab
die unterschiedlichsten Zutaten an Gemüse und Blättern, Blüten und Einge-
legtem, Saurem und Süßem, Soßen, Nüsse, Fettiges und Cremiges, Obst und
Vieles mehr. Jeder konnte sich nach gewohnter Art einen Teller richten, –
doch alle begannen zu experimentieren und die Geschmacksknospen zu tes-
ten und heraus zu fordern.

Bereits mit noch vollem Mund begannen die ersten Gespräche:

- „wie unerwartet so ein Zusammenspiel von Verschiedenartigkeit"
- „welch neue Perspektive"
- „wie erfrischend"
- „mit ein wenig Wagemut"

Ich nutze gerne die alte Weisheit, dass auf der Grundlage vielfältiger Erfahrungen besser verstanden wird. Sinneseindrücke sind ein guter Einstieg – erst
recht, wenn es schmeckt.

Und zum nächsten „Salat" könnten auch die Bürgermeisterin und der Schul-
rat eingeladen sein.

Es sind die kleinen Schritte, die die großen Bewegungen begleiten müssen.
Es sind einzelne Menschen, für welche die allgemeinen Rechte gelten müssen.

Es sind du und ich und er und sie, die mit Worten, Gesten und konkreten
Beispielen zur Verwirklichung einer inklusiven Haltung der Gemeinschaft
beitragen.

Es ist wie mit dem Frieden: er beginnt bei mir, in der eigenen Familie, zwischen meinen Nachbarn, in der Gemeinde, in dem Land, in dem ich lebe – und dort kann er auch jeweils bedroht sein.

Ganz ohne Rezept, mit Mut, Bereitschaft zu Verantwortung und einem Schluck Phantasie wünsche ich ein gutes Gelingen und Erfolg für eine gemeinsame Sache, gleich auf welcher Ebene wir tätig sind.

Doris Paulsen, Dipl.-Päd., Integrationspädagogin. Schulassistentin und Integrationsbegleitung für Kinder mit Behinderungserfahrung an Regelschulen mit Ganztagsangebot in Speyer. Email: paulsen.doris@online.de